評伝　賀川ハル

―賀川豊彦とともに、人々とともに―

岩田三枝子　著

不二出版

はじめに

私が初めて賀川夫妻に「出会った」のは、二〇〇一年だった。アメリカに留学中だった私は、修士論文のテーマをどうしようかと悩んでいた。そんなある日、友人宅にて数人で集まってランチを食べていた際、あるアメリカ人の知人から唐突に、「トヨヒコ・カガワって知ってる?」と尋ねられた。当時の私は、賀川豊彦については「生協と関係のある人らしい」程度の認識しかなく、日本とは何の関わりもなさそうなアメリカ人の口から「トヨヒコ・カガワ」の名前が出てきたことに驚いた。その知人は、「トヨヒコ・カガワはとても興味深い人だ。信仰に篤く、そしてとても実践的だ。私は日本語が読めないから、読むことのできるカガワの文献は限られている。でもミエコは日本人だから、カガワの著作をたくさん読んで欲しい」と語った。その後その知人は、プリンストン神学校から大量のカガワ資料をコピーして持ち帰り、私に託してくれた。私は、アメリカで賀川豊彦に出会い、修士論文のテーマとして書く機会を得た。

その後、賀川ハルに出会ったのは、二〇〇九年頃だった。ある日、勤務先の大学の廊下を歩いていると、一枚の大きなポスターが目に留まった。『賀川ハル史料集』全三巻刊行予定のポスターである。ポスターには、史料集にハルの日記や賀川家の家計簿も掲載、とあり、これは読んでみたい、と野次馬根性で読んだことが始まりだった。

『賀川ハル史料集』には、ハルによる日記や手紙、小さなメモや講演原稿、自伝などの著述や、同時代の新聞・雑誌記事、家計簿といったハルに関わる一次資料が所収されている。史料集を読むまでは、賀川豊彦を陰で支えた内助の功的なハルのイメージしか持っていなかったが、史料集に記されたハルの日記や随筆、小説、講演記録などは、一人のキリスト者として神と市民社会に仕えていこうとする熱く力強い信仰と、夫や子供たち、そして日々の生活を愛して楽しむ女性らしい感性に満ちているようだった。さらには、彼女自身が中心発起人の一人となり覚醒婦人協会という労働者女性のための運動を展開するなど、ハルは、一人のキリスト者として、女性として、市民社会運動家としての評価に値する人物であると感じた。

私自身の話になるが、大学教育の場に長く携わっていくためにもいずれは博士課程を、とかねてから考えていたが、私らしく取り組める研究テーマは何だろうかと思い巡らせた時、自分自身がキリスト者であること、日本人であること、そして女性であり、妻であり、母であることなどが浮かんできた。その折に出会ったのが『賀川ハル史料集』であった。史料集を一読し、私が研究テーマとして込めたいすべてのテーマがハルの中にあると感じたことが、このハル研究の始まりとなった。

賀川豊彦の思想や活動が見直され、現代の文脈において注目される中、豊彦の活動を共に担った妻・ハルの存在も貴重である。また、政治や経済の分野、さらに企業における女性の果たす役割や、家庭における男女のワーク・ライフ・バランスのあり方が再検討される今日、賀川豊彦・ハル夫妻によって築き上げられた公私でのパートナーシップはよき指針の一つとなりうると考える。また、グローバル化の波の中で多様な文化背景の人々との共生が進む状況において、賀川夫妻の示した多様な背景を持つ人々との協働の姿勢を知ることもまた意義のあるものとなるだろう。

この度、ハル研究を出版する機会をいただいた。賀川豊彦・ハル夫妻に関心を持つ方々をはじめ、キリスト教や女性学、さらに公共哲学などの分野に関心を持つ多くの方々にハルの活動と思想に触れていただき、各分野での議論と対話のきっかけの一つとなれば幸いである。

総括

資料編

おわりに

序

第一節　目的と意義

賀川ハル（以下、ハル）（一八八八（明治二一）～一九八二（昭和五七））は、明治・大正・昭和期に、市民社会[1]における活動を展開したキリスト者である夫・賀川豊彦（以下、豊彦）（一八八八（明治二一）～一九六〇（昭和三五）[2]）の妻として、豊彦の市民社会活動からキリスト教活動に至る広範囲の活動を長きにわたって共に担ったが、ハルは単に豊彦の妻という枠組みにとどまらない女性でもあった。

ハルは、キリスト者市民社会活動家である豊彦の働きを支えただけではなく、豊彦の死後は二〇年以上にわたって幼稚園や出版社の理事長職を担い、亡くなる前年の一九八一（昭和五六）年には、九三歳で名誉都民の称号も得ている。また三人の子の母親でもあった。さらに二四歳でキリスト教信仰を持った後、スラム活動時代には路傍伝道を行い、晩年にも頻繁に家庭訪問や説教、講演を行った。また特筆すべきは、彼女自身が中心発起人の一人となり覚醒婦人協会という労働者女性のための運動を展開したことである。このようなハルの活動は、ハル個人としても、市民社会活動家としての評価に値する。

豊彦については近年、神学、社会学、哲学等の多方面からも注目され、国内外において研究が進められている。特に、豊彦がスラム伝道を開始した年から一〇〇年になる二〇〇九年は豊彦の献身一〇〇年として、各種講演会等の記念行事が開催されると同時に、国内外での豊彦研究の翻訳や、書籍の復刊、新たな研究書の発刊の機運も盛り上がりを見せ、キリスト教界だけではなく、一般的にもその評価が高まってきた感がある。例えば国外では、Princeton Theological Seminary で隔年、The Toyohiko Kagawa Lecture が開催されてきたが、二〇一四年には豊彦の著書『宇宙の目的』が Cosmic Purpose（Toyohiko Kagawa, Thomas John Hastings ed., *Cosmic Purpose*, Cascade Books, 2014）として英訳出版された。また国内では、一九八五年から賀川豊彦学会が活動を続けてきたが、近年では、二〇一二年に日本基督教学会で「賀川豊彦」が主要テーマとして採択され、二〇一四年には賀川豊彦研究会（賀川豊彦記念松沢資料館）が発足、さらに二〇一五年、二〇一六年、二〇一七年には賀川豊彦シンポジウム（東京基督教大学 共立基督教研究所、明治学院大学キリスト教研究所 賀川豊彦研究プロジェクト、賀川豊彦記念松沢資料館 共催）が開催されるなど、豊彦をめぐる研究が興隆している。豊彦は、幼児教育や福祉、各種組合運動、文学等の分野でも注目されており、また公共哲学の領域でも、その友愛思想が取り上げられている。[3]

一方、ハルについては、まだ本格的なまとまった研究は多くない。[4]多方面での業績を残した豊彦の妻として、その陰に隠れていたためかもしれない。また現実的理由として、多くの著述を残した豊彦に比べて、二〇〇九年に『賀川ハル史料集』[5]全三巻が発刊される以前は、ハル自身が執筆したものは一般的には極めて手に入りにくく、どのような思想を持っていたのかを把握する材料が揃っていなかったこともあるだろう。

ハルについては、例えば国内の評価に、「ハルにも考えや主張があった」[6]（賀川純基）や、ハルの見識は「固有の視点を感じさせもする」[7]（倉橋克人）、「生涯にわたり最大の理解者・協力者となったのは芝ハルという女性、後の賀川ハル夫人」[8]（加山久夫）、「ハル自身の独自性」[9]（三原容子）、さらに「ハルは豊彦の影響を深く受けたが、それに甘んじることなく、彼女自身の思想を、より積極的に女性解放運動へ、また貧しい人々の救済へと活動の幅を広げていった」[10]（鍋谷由美子）等、豊彦の理解者であったと同時に独自の思想を持つ女性としての指摘があるものの、どのような点に独自性があるのか、その思想とは具体的にどのようなものであるのか、また豊彦との協働を可能とした思想は何か、さらにハルが活動の中心を担った覚醒婦人協会とハルの思想との関連等は、先行研究の中では十分には明らかにされていない。

また国外の評価においても、シェルは、「賀川の活動を全力で支え実現させたのは、妻ハルであった。女性オルガナイザー、主婦、そして母として、夫の傍らを片時も離れることがなかった。このことは古い資料を見ても、これまで余り考慮されてなかった事実である」[11]と指摘するが、ハルについてはこの後、三行にわたって紹介するにとどまっている。またシルジェンも、次のようにハルを積極的に評価している。

> 多くの点において、彼女[12]は解放された女性の先駆けであり、進んで自分の責任を引き受け社会の因習に屈しなかった。／ハルは、要するに実際的に切りまわす人でもあり、彼と同じように体制に迎合しない人であった。つまり、賀川のような主張を持つ男にとって理想的な伴侶であった。彼女は彼が計画事業を進めるのを、その正当性を問うことをしないで、助けることが出来た。なぜなら、彼の宗教的熱意と社会奉仕に対する献身とを熱烈に分かち合っていたからである。[13]

このような高い評価を与えながらも、具体的にどのような点で「解放された女性の先駆け」であり、どのように豊彦と「宗教的熱意と社会奉仕に対する献身とを熱烈に分かち合っていた」かについては、踏み込んでは議論されていない。

このような研究の現状において、ハルに関する研究そのものに独自性があると考える。

以上をふまえ、本研究は次の四点において、意義を持つと考える。第一に、キリスト教信仰者・女性・市民社会活動家としてのハルを、神学的側面・女性学の側面・公共哲学等の側面から学際的に考察することで、多角的視野から理解する事に努める点である。第二に、賀川豊彦・ハル夫妻において、従来、夫・豊彦に比重が置かれていた研究にハル研究が加わることにより、賀川夫妻をより総合的視点から理解する点である。第三に、歴史におけるハルの意義のみならず、ハルの思想の今日的意義を追求することである。第二部では、ハルが中心の一人となって展開した労働者女性のための婦人運動である覚醒婦人協会に焦点を当て、ハルの思想がどのようにこの活動の中で実現されたかを探るが、これは、大正期の婦人運動である覚醒婦人協会について考察する初めての本格的な研究となる。

本書では、ハルの活動と思想を、主にハル執筆による一次資料の分析を中心に考察する。特に、キリスト教信仰に関連する思想、女性観及び家族観に関連する思想、そして市民社会に関連する思想の三つの側面に着目する。

本書によって、日本キリスト教史にとって、そして女性史にとっても激動の時代であった明治、大正から昭和にかけて、一キリスト者、一女性、そして一市民社会活動家として生きたハルの活動と思想を体系化することにより、歴史と今日的意義におけるハルの活動と思想の一端を明らかにしたい。

第二節　研究の視座

第一項　観点

本書はハルの活動とその意義に焦点を当てた研究であり、前述のように、日本キリスト教史、女性学、公共哲学といった各分野に接点を持つ学際的研究である。そのため、ハルのキリスト教信仰、女性観、市民社会への視点などを考察する際には、各学問分野で展開されている議論や観点も、比較検討の対象とする。それらの学際的な研究成果も視野に入れることにより、明治・大正・昭和の時代に生きた賀川ハルという一人の女性の活動とその思想を、より包括的かつ複合的視点から明らかにできると考える。

第二項　方法

研究方法は、ハルによる日記、手紙、メモ、講演原稿、自伝等の著作、及びハルに関する同時代の新聞・雑誌記事を一次資料とした文献研究であり、その資料を歴史的・文化的文脈の中に位置づけつつ、分析・解釈し、その意義と課題を導き出すという歴史学的方法による。

その際、『賀川ハル史料集』全三巻をはじめとしたハル自身による執筆資料の内容を、キリスト教信仰観、女性観、家庭観、市民社会観、労働観等に分類した上で、ハルの思想を分析・体系化する作業を行う。

また、ハルの活動や思想を時代の文脈の中で位置づけていくため、テーマに応じた関連資料、即ち同時代の書籍、新聞、雑誌、手紙、日記といった一次資料や、それらの資料を研究した周辺の二次資料を収集し、比較検討の材料とする。同時に、ハルが生きた時代背景と共に、家族との関わりといったハルの個人史も彼女の思想形成過程に重要なものと位置づけ、考察の対象とする。

第三節　先行研究

第一項　一次資料

ハルについての先行研究は、現時点では極めて限定されている。主要な一次資料には、先に挙げた『賀川ハル史料集』全三巻があり、現在発見されているハル自身によって執筆されたものは、この史料集にあらかた網羅されていると考えてよい。『賀川ハル史料集』編者の三原は、この史料集が、単にハルの直筆の手書き日記等をそのまま複写しているのではなく、読みやすく活字化したところに活用の可能性の大きさを期待しているが、[14]ハルの自伝的著書や、ハルにまつわる新聞記事や雑誌記事、また、ハルの膨大な日記もおさめられたこの史料集は、これまで豊彦の陰に隠れて注目されることの少なかったハルについて知ることのできる貴重な一次資料である。

また、『賀川ハル史料集』所収以外の一次資料として、一九三一（昭和六）年九月から一一月にかけて『読売新聞』「婦人ページ」に掲載された身の上相談「悩める女性へ」欄における回答二八件がある。そして、これまで活字化されていなかった音声資料として、ハルによる礼拝説教や対談数件が賀川豊彦記念松沢資料館（以下松沢資料館）に所蔵されている。その他、史料集に所収されていないハルと豊彦や子供らとの間の往復書簡も複数点、同資料館に所蔵されている。さらに史料集に所収されていないその他の雑誌等における資料についても、本書の中で取り上げる。

第二項　二次資料

ハルに関する二次資料として最も総合的なものは、加藤重による『わが妻恋し――賀川豊彦の妻ハルの生涯[15]』である。本書はハルの伝記であり、ハルの生い立ちから豊彦との出会い、信仰決心に至る経緯、共立女子神学校での日々、市民社会における働き等々を取り上げ、ハルの人となりを丁寧に描き出している。また、二〇一四年には鍋谷由美子による『賀川ハルものがたり[16]』が刊行された。

また、豊彦の没後、ハルの存命中に、ハルに関する短い伝記的内容の紹介文がいくつか記された。例えば、高見沢潤子「賀川はる[17]」では、教育や福祉などの分野で貢献を果たした明治生まれの二〇人のキリスト者女性が紹介されており、その中で、ハルに関して一五頁が割かれている。また、佃寛夫編『神奈川の人物〈下巻〉[18]』では、政治、経済、文化などの分野で貢献した主に明治生まれの神奈川県にまつわる人物を紹介した章の一つに「人間愛の伝道者　賀川ハル」として、一八頁にわたり横須賀生まれのハルの生涯が紹介される。さらに、前田ケイ「賀川ハル[19]」では、明治から昭和にかけて日本の社会事業の分野で貢献した日本人及び外国人の二三人の女性を紹介するが、その一人として一一頁にわたりハルの生涯が紹介される。

また、ハルの没後には、先に挙げた加藤重『わが妻恋し――賀川豊彦の妻ハルの生涯』の他にも、ハルを対象とした研究がみられるようになる。例えば、白石玲子「賀川ハル」[20]は、ハルの没後、ハルを単独で取り上げたおそらく初めての論文である。また、近現代日本女性人名事典編集委員会編『近現代日本女性人名事典』では、「賀川ハル」[21]として項目が設けられている。さらに高木正江「賀川春子」[22]でも、新婦人協会に関わった人物の一人として、ハルが三頁にわたり紹介されている。また、雨宮栄一が、三巻に及ぶ豊彦の伝記の一部に「賀川豊彦と芝はる」[23]として、結婚までのハルの歩みと二人の出会いを五〇頁ほど記す。そして、『賀川ハル史料集』を編集した三原が、「愛妻　ハルの幸い、社会の幸い」[24]として、史料集編纂作業を通してみたハル像について語る。この時期には、すでに故人であるハルを対象化、客観化した研究がみられるようになる。

以上のように、ハルを単独で扱う文献も発表されているものの、「独自の思想を持っている」と評されるにふさわしいだけのハルの思想面に焦点を当てた研究は未開拓であり、明治から大正・昭和の激動期に一キリスト者として、一女性として、一市民社会活動家として生きたハルの活動と思想を体系的にまとめる作業は、今後の日本キリスト教史や女性史等においても、また賀川豊彦研究においても、少なからず意義があると考える。

第四節　本書の構成

本書は、次のように構成される。第一部では、ハルの活動と思想に焦点を当てる。第一章では、後の信仰生活や市民社会活動の基盤となる倫理観や思想が、ハルの幼少期から青年期にかけてどのように形成されたのかを、家族との関わりを中心に分析する。また、第二章ではハルのキリスト教信仰、第三章ではハルの女性観、第四章ではハルの市民社会における活動と思想をそれぞれに考察する。この三つの側面は各々が独立した側面ではなく、ハルという一人の人間の中で統一されたものであるゆえに、三つは常に関連し合う。第二部では、ハルが発起人の一人となった婦人運動[25]である覚醒婦人協会に焦点を当て、その特徴を分析することにより、ハルの信仰、女性観、市民社会観がどのようにその活動の中に結実したのかを考察する。最後に総括として、結論と今後の課題を述べる。

■注（序）

1 「公共哲学」を、広辞苑第六版は次のように定義する。「市民的な連帯や共感、批判的な相互の討論にもとづいて公共性の蘇生をめざし、学際的な観点に立って、人々に社会的な活動への参加や貢献を呼びかけようとする実践的哲学」。この公共哲学の立場から、稲垣は、「市民」を次のように定義する。「非経済的（非利潤的）、非政府的（非暴力的）なレベルで主体的に活動する意欲のある教養人」（稲垣久和・佐々木炎編『キリスト教福祉の現在と未来』キリスト新聞社、二〇一五年、一一一頁）。その上で、「多様に異なっている人々から成る」「他者」性を視野に入れた（同書、七七頁）、「異なる人々との間の〝協働性〟」（同書、七八頁）が存在する市民による社会、すなわち市民社会の形成を提示する（同書、六〇―一一六頁参照）。本書においても、この理解に基づき、賀川豊彦・ハル夫妻が多様な他者のために活動を行った領域を、「市民社会」と呼ぶ。

2 以下、日本国内の出来事、また日本人に関する出来事等については、西暦と和暦を併記した。日本国外の出来事、日本人以外に関する出来事や出版年については西暦のみの記載とした。

3 例えば、稲垣久和「公共哲学から見た賀川豊彦」（『明治学院大学キリスト教研究所紀要』42、二〇〇九年、二四七―二七九頁）、伊丹謙太郎「賀川豊彦を読む――公共哲学部門対話研究会報告」（『千葉大学公共研究』第五巻第三号、二〇〇八年、一八七―一九七頁）など。

4 二〇〇九年に『賀川ハル史料集』が刊行されたものの、管見の限り、それ以降のハルに関する研究は、鍋谷由美子による以下のみである。鍋谷由美子「賀川（芝）ハルをスラム街へと動かした原動力とは」（『雲の柱』第二八号、賀川豊彦記念松沢資料館、二〇一四年、六一―八二頁）、鍋谷由美子『賀川ハルものがたり』（日本キリスト教団出版局、二〇一四年）。

5 三原容子編『賀川ハル史料集』第一巻―第三巻、緑蔭書房、二〇〇九年

6 「家庭人としての賀川豊彦」（二〇〇六年）（三原容子編『賀川ハル史料集』第三巻、緑蔭書房、二〇〇九年、一一七頁）
7 倉橋克人「女性史における賀川豊彦七　賀川を支える女性　二　芝ハルとの出会い」（『福音と世界』新教出版社、一九九二年一月、七一頁）
8 加山久夫、阿部志郎・他『賀川豊彦を知っていますか――人と信仰と思想』教文館、二〇〇九年、二〇頁
9 三原容子「資料で見ることができるハルの人となり、そして活動」（三原容子編『賀川ハル史料集』第三巻、緑蔭書房、二〇〇九年、四三四頁）
10 鍋谷由美子「賀川（芝）ハルをスラム街へと動かした原動力とは」（『雲の柱』第二八号、賀川豊彦記念松沢資料館、二〇一四年、七三頁）
11 K・H・シェル、後藤哲夫訳『賀川豊彦―その社会的・政治的活動』教文館、二〇〇九年、六五頁
12 ハルのこと。
13 ロバート・シルジェン、賀川豊彦記念松沢資料館監訳『賀川豊彦――愛と社会正義を追い求めた生涯』新教出版社、二〇〇七年、九五頁
14 三原容子編『賀川ハル史料集』第三巻、緑蔭書房、二〇〇九年、四三三頁
15 加藤重『わが妻恋し――賀川豊彦の妻ハルの生涯』晩聲社、一九九九年
16 鍋谷由美子『賀川ハルものがたり』日本キリスト教団出版局、二〇一四年
17 高見沢潤子「賀川はる」『二〇人の婦人たち』教文館、一九六九年、三〇九―三三三頁
18 佃寛夫編「人間愛の伝道者　賀川ハル」『神奈川の人物〈下巻〉』昭和書院、一九七三年、一四九―一六六頁
19 前田ケイ「賀川ハル」（五味百合子編『社会事業に生きた女性たち――その生涯としごと』ドメス出版、一九七三年、二二三―二三二頁）
20 白石玲子「賀川ハル」（『雲の柱』第七号、賀川豊彦記念松沢資料館、一九八八年、一六三―一七八頁）
21 近現代日本女性人名事典編集委員会編『近現代日本女性人名事典』ドメス出版、二〇〇一年、八七頁
22 高木正江「賀川春子」（折井美耶子・女性の歴史研究会編『新婦人協会の人びと』ドメス出版、二〇〇九年、六五―六七頁）
23 雨宮栄一『貧しい人々と賀川豊彦』新教出版社、二〇〇五年、四二―九四頁
24 三原容子「愛妻　ハルの幸い、社会の幸い」（『ともに生きる――賀川豊彦献身一〇〇年記念事業の軌跡』賀川豊彦記念・松沢

資料館、二〇一〇年、七六―八七頁）

25　日本国内の明治から昭和初期にかけての女性の人権に関連する運動は「婦人運動」や「婦人参政権運動」（例えば、千野陽一『近代日本婦人教育史』ドメス出版、一九七九年、一二八頁や、今井小の実『社会福祉思想としての母性保護論争――〝差異〟をめぐる運動史』ドメス出版、二〇〇五年、一九頁など）、アメリカなど国外の女性の運動は「女性解放運動」（例えば、小檜山ルイ『アメリカ婦人宣教師――来日の背景とその影響』東京大学出版会、一九九二年、三七頁など）と呼ばれていることが多いため、本書でも、その名称に倣って、基本的に国内に関しては「婦人運動」、国外に関しては「女性運動」とする。

第一部
ハルの活動と思想

第一章　ハルの生涯概略

ハルがキリスト教に入信したのは二四歳の時であった。すでに人格がある程度確立した二〇代半ばでキリスト教に入信したハルの場合は、それ以前に身に付けていた倫理観や思想が、たとえ無意識下であっても、その後のハルの思想に少なからず影響を与えている可能性が高い。また、一年間の女中生活を除いて、それまでの期間を家族と生活していたハルにとって、人格形成過程において両親から受けた影響も大きい。ハルのキリスト教入信後はそれ以前の人生と切り離されたものではなく、一人の人間としての連続線上にあり、それまでの生育期間に形成された倫理観や思想は、キリスト教に入信した後のハル自身の生涯にわたる思想を考察するうえで重要な意味を持つとの理解に立ち、ハルの生涯を概観する。本章では、特にハルの家族との関係に着目しながら入信前のハルの生育過程を検討することで、ハルがキリスト教入信以前に形成していた倫理観や思想と、その後のハルの活動・思想との関連を考察する手がかりとする。

以下、ハルの生涯の活動段階を五期に分類して考察する。

ハルの生涯を五期に分類（筆者作成）

第一期	一八八八（明治二一）年〜一九一二（大正元）年頃（〇歳〜二四歳） 倫理形成準備期（誕生からキリスト教入信まで）
第二期	一九一二（大正元）年頃〜一九一七（大正六）年頃（二四歳〜二九歳） 市民社会活動土台形成期（キリスト教入信から共立女子神学校卒業まで）
第三期	一九一七（大正六）年頃〜一九二三（大正一二）年頃（二九歳〜三五歳） 市民社会活動拡大期（共立女子神学校卒業から第一子誕生頃まで）
第四期	一九二三（大正一二）年頃〜一九三六（昭和一一）年頃（三五歳〜四八歳） 家庭中心熟成期（第一子誕生頃から第三子の手が離れ始める頃まで）
第五期	一九三六（昭和一一）年頃〜一九八二（昭和五七）年（四八歳〜九四歳） 市民社会活動総括期（第三子の手が離れ始める頃から永眠まで）

第一節　第一期　一八八八（明治二一）年〜一九一二（大正元）年頃（〇歳〜二四歳）倫理形成準備期

第一期は、ハルの誕生より、一四歳での女中奉公の経験[1]、一六歳から二五歳までの浦賀の親戚と過ごした期間を除いて約七年半の女工としての経験の中で、豊彦を通して二四歳でキリスト教に出会う以前までとした。主に家族、特に両親を通して、人格的、倫理的基盤形成が行われた時期である。

この時期については、ハルが後に記した『女中奉公と女工生活』[2]の中でのハル自身の回想が考察の中心となる。これは、一九二三（大正一二）年、ハルが三五歳の頃、覚醒婦人協会の活動の最中に出版された著作であり、スラムでの日々を描いたハルの処女作である『貧民窟物語』[3]（一九二〇（大正九）年）に続いて二冊目である。ハルの幼少時代、親類の家で女中として奉公した一四歳からの一年間、一六歳から七年半にわたる女工生活、そして結婚に至るまでの出来事が記された自伝的内容となっている。

読者がこのハルの著作を読む際、そこには二重のフィルターがあることに留意する必要がある。それは、ハルによって執筆された著作ではあるが、「三〇代半ば」の「キリスト者」となったハルが、「キリスト者になる以前」の「幼少時期から一〇代と二〇代前半」の自身について述べている、という点である。つまり読者は、「三〇代半ばのキリスト者であるハル」の視点から「キリスト者になる以前のハル」を見る作業を行う。公の目に触れることを想定せずに書かれた日記等では本人の真意が現れやすいこととは異なり、公開されることが前提で執筆された本著では、キリスト教信仰と矛盾するような部分は意識的・無意識的を問わず省かれている、もしくは触れられていない可能性も考慮されるべきであろう。しかし、ハルが残している日記と照らし合わせることにより、書かれている出来事やハルの内面描写の信憑性を確かめることは可能である。そこで、『女中奉公と女工生活』に登場するキリスト者となる以前のハルのエピソードを考察する際、キリスト者としてのハルが書いている日記との比較も並行して行いつつ、ハルがキリスト者になる以前の人格形成期を描き出していきたい。

第一項　ハルの両親

(一) ハル幼少期の地域環境

ハルは、一八八八（明治二一）年三月一六日、横須賀で父・芝房吉と母・ムラの長女として生まれる。

ここで、ハルの生まれ育った地域の環境について触れておく。ハルの高等小学校成績表[4]には、住所「中里二十番地」と記載があり、これは現在の横須賀市上町二丁目にあたる。[5]中里村の人口は、一八八二（明治一五）年には五〇戸、二〇一人だったものが、ハルの生まれた頃の一八九一（明治二四）年には四五四戸、一九九六人と一〇倍ほどに増加しており、ハルが生まれた前後にこの一帯が急激に開拓されていった様子がわかる。その後も一九〇八（明治四一）年には、一二一〇戸、六二七三人と、ハル一家が神戸に転居した後もこの一帯は順調に開拓が進んだようである。[6] 一九二一（大正一〇）年には、ハルが後に通う尋常高等横須賀小学校（以下、横須賀小学校）の児童数は二〇〇〇名となったということであるから、賑わいのある地域だったことが想像できる。[7]

ハルの父は横須賀の若松町で小間物屋「伊豆屋」を開いていたとされ、[8] ハルが幼い頃には奉公人もいたことがハルの自伝にも登場する。[9]「伊豆屋」が若松町のどのあたりだったのかの詳細は不明であるが、若松町はいずれにしても現在の横須賀中央駅を取り巻く一帯であり、旧中里町とは隣接している。その後、父親は隣接する大滝町にて質屋を開いていたということであるが、[10] これも現在の横須賀中央駅周辺の一帯である。現在でも、商店の立ち並ぶ賑わいのある通りとなっている。

ハルの自宅である中里町と父親が働く若松町、およびハルが入学した横須賀小学校は、いずれも現在の横須賀中央駅の徒歩圏内であり、ハルの自宅から横須賀小学校までは一キロほどの距離である。[11] また、ハルが横須賀小学校入学の翌年に転校した豊島尋常高等小学校（以下、豊島小学校）は、中里町二十番地からは四〇〇メートル程離れた所に位置している。[12] 距離的には、ハルの自宅からは豊島小学校の方がはるかに近いが、何らかの理由によってハルは横須賀小学校に入学することになったのだろう。『名誉都民小伝』によると、ハルは横須賀小学校に併設されていた幼稚科に通っていたということであるから、[13] そのまま横須賀小学校に進級することが自然の流れであったのかもしれない。

横須賀の港が自宅から一キロ以内の場所にあり、一八八三（明治一六）年にはカトリックの聖ルイ教会（現・カトリック横須賀三笠教会）が中里町に移転されるなど、異文化やキリスト教の雰囲気がハルのごく身近にあったことが想像できる。[14] その後、父親がハルの伯父である村岡平吉の福音印刷合資会社（以下、合資会社）に勤務することとなったために一家は横浜に住み、[15] ハルが一六歳の時には、父親の合資会社神戸工場転勤に伴い神戸に転居する。神戸の街中には

MAP 1

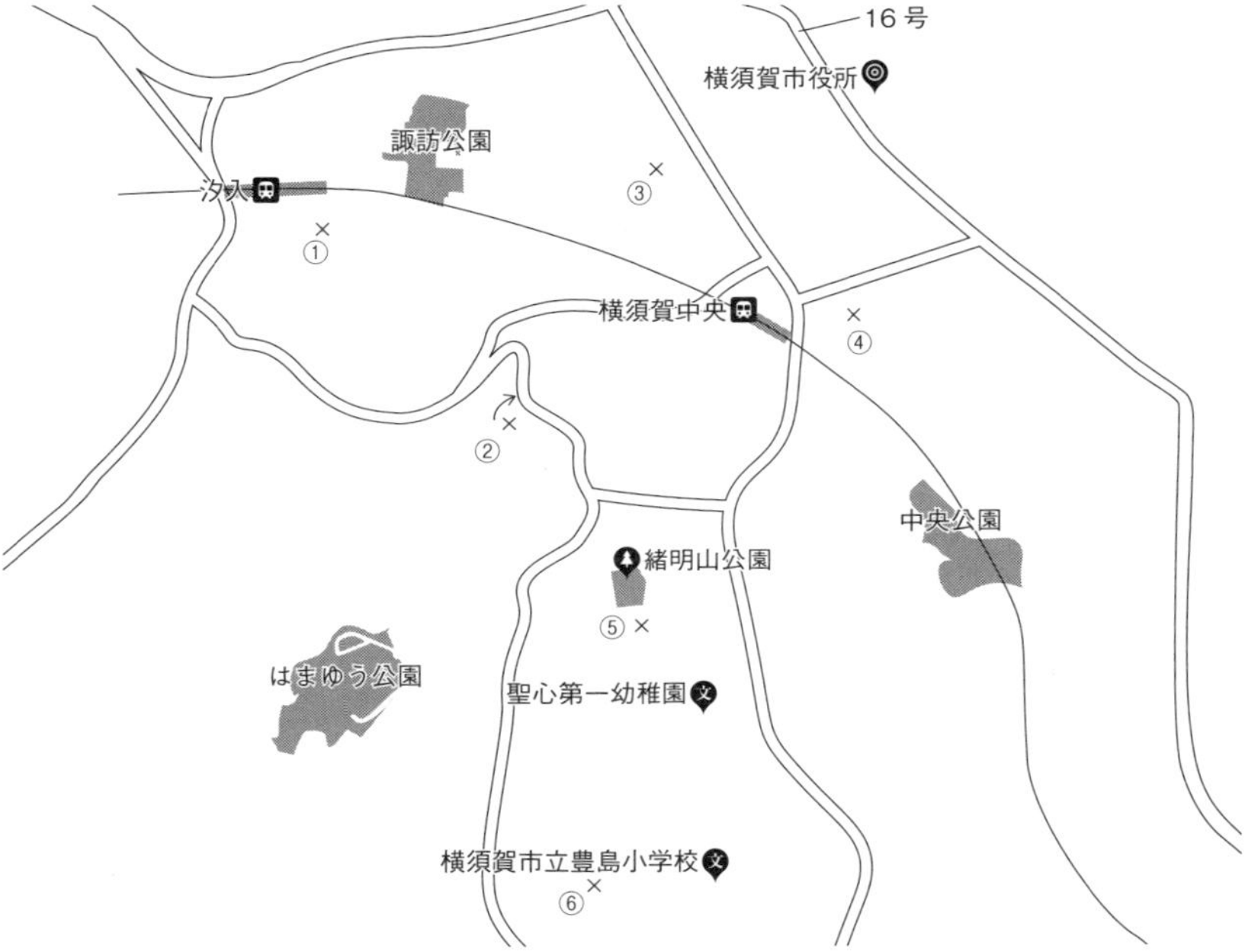

〈横須賀〉
①尋常高等横須賀小学校。ハルが最初に通った小学校（現・汐入小学校の現在地）。
②ハルが横須賀小学校まで通った「山あいの道」か？高低差の激しい道のり。
③ハルの父の質屋近辺（大滝町）。小間物屋の後で起こした商売。
④ハルの父の小間物屋近辺「伊豆屋」（若松町）。
⑤ハルの幼少期の自宅近辺（中里20番地。現在の上町２丁目）。
⑥豊島尋常高等小学校。ハルが11歳の時に転校した小学校（現・豊島小学校の現在地）。

MAP 2

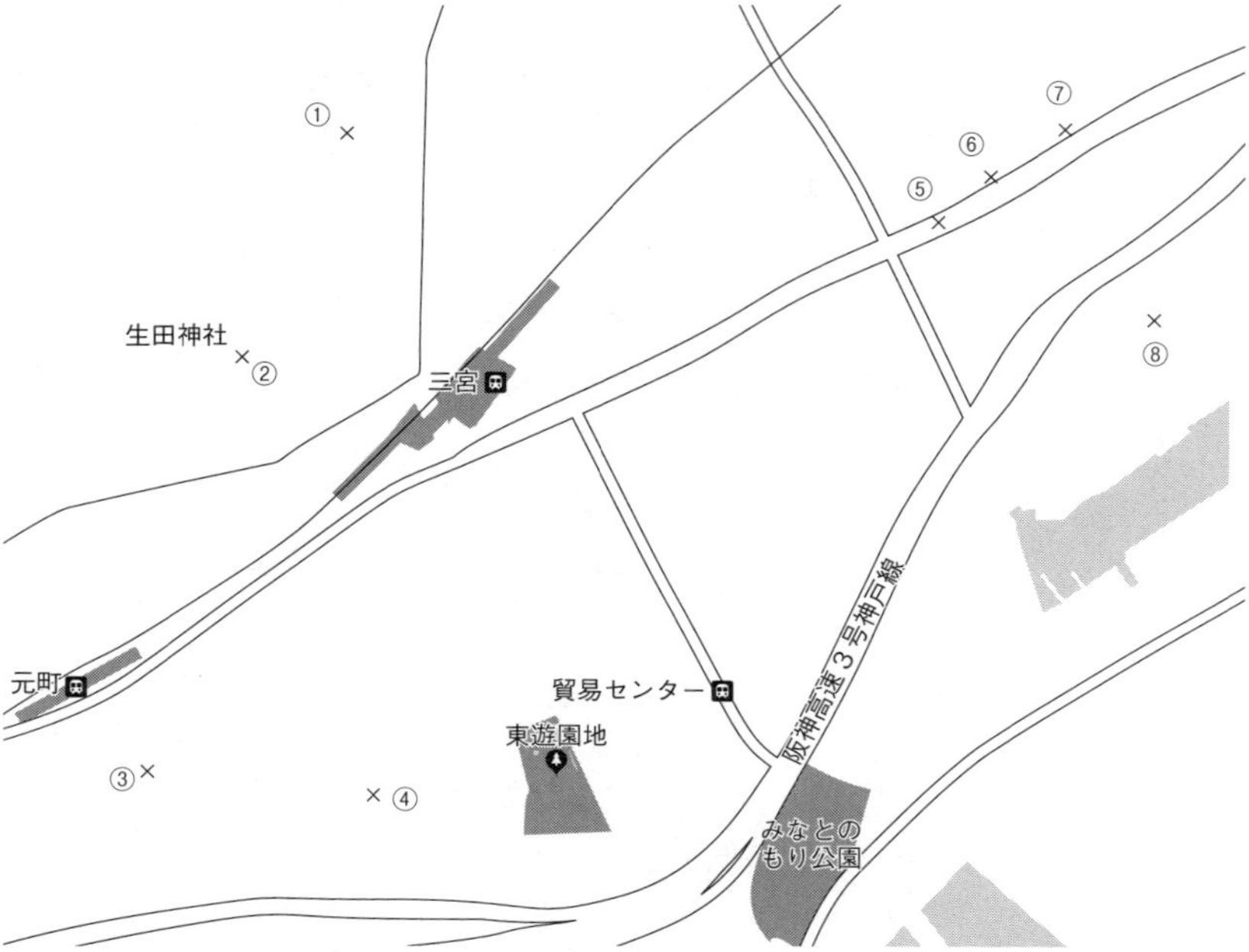

〈神戸〉賀川記念館作成地図を参照
①1904年、神戸転居後の芝一家の自宅（中山手通１丁目20番）。
②生田の森（生田神社）。女工時代前、芝家で下宿する工員たちの弁当を工場まで運ぶ途中に休憩した。女工時代には、仕事の帰りに屋台で天ぷらを買った。
③村岡平吉の福音印刷合資会社の最初の神戸工場（元町通り１丁目24番）。
④オリエンタルホテル。1919年11月に賀川夫妻と平塚らいてうは当ホテルにて食事をし、語り合った。
⑤豊彦のスラムでの最初の住居であり、伝道所でもあった。ハルと結婚後の新居ともなる（葺合北本町６丁目221番）。
⑥友愛診療所（吾妻通り５丁目）。妹・ヤヘが医師として働く。
⑦元町通から移転後の福音印刷合資会社神戸工場（吾妻通り３丁目82号６番）。
⑧中山手通から転居後の芝一家の自宅（脇浜）。

坂が多く、山が港の間際まで迫る風景等、横須賀や横浜と神戸の風景は共通点も多い。横浜の合資会社も、神戸の初期の合資会社も共に中華街に隣接しており、その点でもハルにとっては見慣れた風景であっただろう。関東から関西への転居により、文化や言葉の面では戸惑ったこともあっただろうが、生まれ育った町と重なる風景の中で、ハルの心が慰められることもあったのではないか。

　このような環境の中、二五歳で豊彦と結婚するまで、女中奉公や伯母たちとの生活のために一時期家族と離れて生活した期間はあったものの、[16]それ以外の大半の時期をハルは両親や妹たちと共に生活した。共に育った兄弟は、一八九六（明治二九）年生まれのフミ、[17]一八九八（明治三一）年生まれのヤへ、一九〇二（明治三五）年生まれのウタである。[18]

（二）父・房吉

ハルにとって、両親はどのような人物として映っていたのか。

ハルが両親を描写する時、ハルは、両親の倫理的側面と、ハルに対する愛情を強調する。例えば、父親についての次のような描写がある。

> 私は幸に我が家を誇り得ることが出来ました、父は決して金銭のために頭を下げぬ人でした、潔白でした。金を得たからと云つて放蕩しませんでした、儲からないからと云つて、尚更他の婦人のところなどへ行きませんでした、酒を好まぬ父には酒の上の乱暴など嘗て見られません。
>
> 芝居や、料理家、芸者家に取り巻かれた私の家は父が非常に厳格であつた。私は踊も唄も好きであつたが、稽古をする事は許されなかつた。で私は母に少し教へて貰つた。[19]

そのような「誇り得る」両親、特に「厳格」で「酒を好まぬ」父のもとで育ったハルは、女工時代の同僚たちの様子を、次のように回想している。

社会に恐るべき罪悪の多々あることを知つた。（中略）青年達は給料の支給日には必ず遊郭に足を入れる。そして悪性の病毒を受けて来て悩むで居る、女工は真面目に働いて居るかと思へば中には支那人、その他外人に貞操を売つて居るものもある。[20]

職工の多くは貧乏である。その貧なるものも大抵は自分の放蕩から来て居る。又酒呑がある。私は酒呑のあの不体裁極まる様子を見る時に全く堪えられない憎悪を感じた。又職工は不品行である、恥づべき行為を誇り気に云ひ触らす、勘定日の翌日の男工場の会話はとても顔を染めないでは居られない程であった。／もしこの種の人と結婚するならば恐らくは一生その家庭の円満は保たれまい。人生の幸福は破壊され、悲しい嘆きのうちにその生涯を終らねばならないと思つた。[21]

他人が淫猥な話をすれば自分は独り読書をして見たり、俗歌を唄ふ時詩吟をして見たり、職工達が遊郭に往つて持つて帰る濃厚な色彩の紙を私の目の前に散らつかせても私は目の汚れだと堅く避けてゐたものだ。[22]

キリスト者となる以前からハルは、「遊郭に足を入れ」たり、「支那人、その他外人に貞操を売つて」いる同僚たちの行為に対しては批判的である。その他、「放蕩」「酒呑」「不品行」「恥ずべき行為」「淫猥な話」「俗歌」「遊郭に往つて持つて帰る濃厚な色彩の紙」といったことに対する潔癖ともいえるハルの態度は、ハルが父親の中に見出していた厳格な倫理観にも通じる。

房吉は一九一七（大正六）年一〇月二五日、五六歳で亡くなったとされている。[23] ハルの著述の中で父親の死について触れている部分はないが、後に記すように、ハルの妹フミがスラム活動の最中に亡くなった一九一七（大正六）年二月の直後となる。父親がキリスト教信仰を持っていたかどうかは、諸資料からは不明である。

(三) 母・ムラ

母親のムラについては、ハルは次のように記す。

> 母もよい母です、外側だけ飾ると云ふ虚栄も持たず、始終子供のために骨を惜まず働かれた母は、たゞよい母と云ふより外はありません、やはり我家は嬉しいのです。[24]

父親を「厳格」と表現することに対し、ハルにとっての母親像は、慈愛ともいえるものである。踊りや唄を習う事を父親から禁じられていた一方で、母親はハルに踊りや唄を教える。父親は厳格であり、母親は、「子供のために骨を惜まず働」く「よい母」として描写される。後述するが、ハルの結婚後には、母親もスラム活動に積極的に協力するようになる。

ハル自身がキリスト教信仰を持った直後から、「愛の神よ、願はくばこの家族の救はれる様。神より命を得[25]」るように、と家族が信仰を持つことを願っていたハルであったが、一九一七（大正六）年三月二二日付けのアメリカ滞在中の豊彦への手紙には、「母が熱心に求道して居ます。八重子もそうで御座ります[26]」と、祈りが聞かれていることを喜ぶハルの姿がある。母親は一九一七（大正六）年八月にマイヤース宣教師から洗礼を受けている。ハルが共立女子神学校在学中で神戸には不在だった間も、母親は自ら教会に足を運び、ハルが共立女子神学校を一九一七（大正六）年六月に卒業して神戸に戻った機会に洗礼を受けたのだろう。後に記すように、この洗礼を受けた時期はハルの妹フ

写真１　母親　芝ムラ（前から２列目左から３人目）神戸イエス団にて。
（前から２列目左から２人目ハル）

ミの死から約半年後であるが、賀川夫妻の活動の協力者でもあったフミの死も、ムラにとって信仰への動機の一つとなったのかもしれない。

ムラは、晩年は賀川夫妻と共に松沢で過ごす様子が賀川夫妻間の書簡にも記され、[27] 一九五五年一二月七日、八九歳で亡くなる。

（四）両親との良好な関係

ハルは父親の金銭関係や女性関係に潔癖である点や、母親の外面を飾らないという点を高く評価しているが、そこにはある可能性も考えられよう。それは、すでにキリスト者であるハルが当時を回想しているため、キリスト者としての倫理観を基準として、両親を評価している可能性である。つまり、もしハルがキリスト者でなければ、父親の倫理的な側面に対してこれほど着目せず、関心を示さなかった可能性もある。しかし、その可能性を考慮してもなお、キリスト者となったハルが自らの幼少期を振り返るときに、ハル自身の両親について「我が家を誇り得る」と述べることができた点に着目したい。家族との肯定的関係が、ハルの生涯において、それはたとえ無意識下であったとしても、精神的支柱といった側面で果たした役割は過小評価すべきでないと考える。

　このような倫理的側面だけではなく、ハルは両親との間にあった親子間の愛情についても数多く描写している。例えば、一家が横浜から神戸に移住し、ハルが父親と共に合資会社で女工として働き始めた頃を回想した次のような一節がある。

　事務室に居る父は、私を案じて、時々製本部まで上つて来て呉れた。そして私の仕事を見て注意をして呉れたり、自分のお茶菓子を私に持つて来て呉れたりもした。私は嘗て父の全盛の頃美しい衣類を作つて貰つたり物見遊山に連れられたりした以上に、社員となつて働いて居る父の愛を深く思はせられた。[28]

ハルはこのように、「父の愛」を語るが、ハルは母親についても次のように回想する。ハルがキリスト教に入信した後、ハルの自宅で牧師を招いて家庭集会を行うようになった場面である。

　週に一回は私の家にもそのことが[29]行はれる様になつた。父が嫌なので私はほんとに困つた。母は父が反対なため父に気を兼ね、先生にも済まないと、心ならず座つてゐる。[30]

母親自身はまだキリスト教信仰を持っていないにもかかわらず、キリスト教を嫌う夫に気兼ねしながらも、キリスト教に入信した娘の顔を立てるためであるかのように共に家庭礼拝の席についている様子からは、子供に対する母親の思いやりがうかがえる。

　さらに、共立女子神学校卒業後にハルが豊彦と共にスラム活動を再開した折には、この時点ではすでにキリスト者となっていたムラはスラム活動に協力している。一九二二（大正一一）年の賀川夫妻のスラム活動を紹介する記事の中で、「家族としては夫妻の他に婦人の母堂（中略）が居る。母堂は台所の主任」[31]として、スラム活動で多くの人々の食事の準備を引き受ける母親の姿が記される。

ハルの自伝の中だけではなく、ハルの日記中にも、母親とハルの交流の様子はたびたび記される。日記には、ハルが結婚後もしばしば近隣にある実家を訪問している様子が記録され[32]、また、「芝から母が甘いものを送つて呉れた。親の心も甘い」[33]と、スラムに住むハルへの差し入れの品に母親の愛情を読み取る。また、「芝の母が来て呉れたので一所《ママ》に買物に行つた」と、スラムを訪ねてきた母について「親切な母を嬉しく思ふ」[34]と記す。読者の目に公に触れることが意識された先までのような自伝内での描写とは異なり、公にされることを予期せず、より私的な内容として記された日記の中での、母親の愛情への感謝の念は、それが決して公に向けられた家族のイメージづくりのためではなく、ハル自身の率直な思いであったと考えてよい。

次の記述にも、ハルの両親に対する思慕が示される。これは、ハルが一〇代後半の頃に従妹の住むアメリカに憧れ、渡米を切望していた時の回想である。

> 両親は反対しなかつた。行き度いなら行つてもよいと容易に許してくれた。（中略）だがこの決心を忽に砕いて仕舞つたものがあつた。私は余りに両親との離別の悲しみの深いことを思つた。私は両親を此上もなく愛した、私も愛された、よい父でありよい母であると常に思つてゐた。（中略）やはり静かに両親の膝元で、余り心配もかけないで楽しく送ることがよいのである[35]

ある時ハルは、職場の同僚の家庭生活について、「両人の家庭が祝福されて居らない消息を聞いて気の毒な事と思つた」[36]と感想を記しているが、このような感想の背後には、「私は両親を此上もなく愛した、私も愛された、よい父でありよい母であると常に思つてゐた」という、ハル自身が自らの家庭生活から得ていた安堵感や、充足感が反映されていると推測することは可能である。

ハルの父親の事業がうまくいかなかったために、ハルは一四歳で女中奉公に出ることになり、また一六歳になった時には、家庭の経済的困窮を支えるために女工として働き始める。しかし、女中奉公中の次の回想の中で、ハルの両親に対する敬意は、経済的な困窮には左右されていない様子がうかがえる。

当分はこんなに思つてよく泣きました。家から便りが有ると又新しく涙が湧きます。時折伯母が訪ねて呉れると、又涙です実に家を離れて見ると親の親心も家の温さも深く感ぜられるものであります。[37]

また、アメリカに住む従妹に関する記述では、次のように記す。

私の様に両親と共にほんとに親しんで居る家庭が彼の女には無かつた。／でそんなに考へてくると自分にも、かすかに幸福と言ふものは経済的に裕であるもののみではないと思へてくる。[38]

これらの記述からは、経済的豊かさよりも、家族との良好な関係、特に両親との間にある愛情により高い価値を置くハルの判断がうかがえる。このような視点は、両親との生活の中で体験的に培われた側面は小さくないと推測する。

以上のような、生育過程におけるハルにとっての両親との良好な関係や、厳格な倫理観を持ちかつ愛情に満ちた両親像が、その後のハルの肯定的な家族観および倫理観の形成に果たした役割は少なくないだろう。

第二項　ハルの妹たち

両親だけではなく、妹たちであるフミ（一八九六（明治二九）〜一九一七（大正六）?）、ヤヘ（一八九八（明治三一）〜一九七四（昭和四九））、ウタ（一九〇二（明治三五）〜?）[39]もハルの著作や日記にしばしば登場する。

（一）フミ

一番年の近いフミについては、一九一四年のハルの日記中に次のような記述がある。

> 東京の文子より便りあり。帰神したい様だ。帰れ〱、汝が働き場所は救霊団。ブース夫人の如く活働《ママ》せよ。神よ強め給へ。[40]

「ブース夫人」とは、イギリスで救世軍を設立したウィリアム・ブース（一八二九〜一九一二）の妻キャサリン・ブース（一八二九〜一九一〇）を指しているのだろう。「ブース夫人」をモデルとして挙げていることから、この時点でフミはすでにキリスト教に入信していたと考えられる。フミはこの時、一八歳頃であるが、どのような理由で東京にいたのかは不明である。この日記の直後である一九一四（大正三）年九月八日の日記に、ハルが共立女子神学校で学ぶために神戸を出発し、東京・大森に到着した日にフミと再会し、語り合った様子も記されていることから、何らかの理由で大森にいたのだろう。そしてその後、手紙にあるようにフミは神戸に戻り、賀川夫妻のスラム活動に加わる。

フミはこの数年後、賀川夫妻のスラム活動に協力する中で、病のため亡くなる。加藤作成の「賀川ハル・豊彦略年表」によると一九一四（大正三）年から一九一七（大正六）年の期間に「妹フミ死亡（年月日不明）」となっており[41]、また、『毎日新聞』一九六三年六月六日夕刊では、武内勝と「結婚することになっていた六つ年下の芝文子さん＝はるさん

写真２　妹　芝ヤヘ（前列右端）救ライ長島愛生園にて。

の令妹＝」が「大正六年二月」「無理がたたって肺病で死んでしまった」とされ[42]、また、一九二〇（大正九）年二月八日ハルの日記に「二月八日は文子の永眠の日である」と記されているのは、妹フミのことと思われる[43]。これらの記述を総合すると、フミは一九一七（大正六）年二月八日に亡くなったと推測できる。ちなみに、賀川豊彦『太陽を射るもの[44]』では、ハルをモデルとした「喜恵子」が共立女子神学校を卒業する年の二月に、フミをモデルとした「あき子」が亡くなったエピソードが登場する。自伝的小説であるため、根拠とすることはできないものの、先述のフミがなくなった月と一致する。また、一九一七（大正六）年三月二二日付けのハルから豊彦への手紙の中にも、豊彦がアメリカから帰国することを、「文子」が「丈夫で居ましたらどんなにか、よろこびますことでせう。けれど今は、潔い処から私共の祝福を祈つて居[45]」るだろう、と記されている内容にも一致している。

　賀川夫妻がそれぞれにアメリカと横浜に滞在のため不在中であったスラムにあって、賀川夫妻の理解者・協力者となり活動に取り組んでいた最中のフミの一〇代後半での若い死が、家族に与えた打撃は小さくなかったと推測することは難くない。先に記した母親の洗礼や次に記す妹ヤヘの洗礼もフミの死から約半年後のことであるが、フミの死が一つの動機となった可能性もある。

(二) ヤヘ

次の妹・ヤヘについても、ハルの著作や日記でしばしば言及されている。

ハルがキリスト教信仰を持った後、「日曜学校には末の妹二人をつれ、夜の集会は私の次の妹を伴つた[46]」として、妹たちと連れ立って教会へ通う様子が記される。ハルが信仰を持った二四歳頃のことだとすれば、教会学校へ連れて行った「末の妹二人」であるヤヘとウタはそれぞれ一四歳と一〇歳頃、そして、夜の集会に連れて行った「次の妹」であるフミは一六歳頃となる。

ハルの結婚後は、例えば、「八重子が来て蒲団を手伝つて呉れた[47]」など、スラム活動を助けるために一〇代半ばのヤヘがたびたびスラムを訪れている様子も日記に記されている。一〇代の多感な時期に、姉夫婦がスラムで奮闘する姿を間近に見たことは、ヤヘにとってもその後の人生を決定づけるような深い印象を残したことだろう。実際、ヤヘはその後、スラム内の無料診療所にて医師として活動するようになる。

ハルが共立女子神学校で学ぶために神戸を離れる際には、豊彦は留学のためにすでに渡米していたが、「歌子に別れ、父に別れ、八重に間口で別れ、慈愛の深き母と停車場まで兄姉に送られ、十二時五十三分神戸を去つた[48]」として、家族が総出でハルを見送っている。この時、ウタは一二歳、ヤヘは一六歳である。

先にも記したが、一九一七（大正六）年三月二二日付けのアメリカにいる豊彦への手紙には、「母が熱心に求道して居ます。八重子もそうで御座ります[49]」とあるが、ヤヘは一九一七（大正六）年に洗礼を受けている[50]。母親が一九一七年八月に洗礼を受けているので、同じ時に受けたのかもしれない。

このヤヘは、一九二二（大正一一）年、二四歳頃の時点で「目下東京女子医学専門学校二年生在学中だが明後年卒

写真３　妹　本多ウタ一家。左からウタ、健太郎（ウタの夫）、須磨子（ウタの次女）、美智子（ウタの三女）

業後は神戸葺合新川に帰り女医として救療事業に一身を捧げる」[51]予定であると紹介されており、その後、先に記したように医師として賀川夫妻と共に、また賀川夫妻が東京に去ってからもスラムに残って働き、晩年には瀬戸内海光明園等でも働いた。[52]

ハルとの交流は生涯続き、ハルの晩年の日記には、ハルが浜松にいるヤヘを見舞う記述が多数登場する。[53]また、単独伝道旅行中のアメリカ滞在のハルに送付された一九五五（昭和三〇）年四月二八日付けの豊彦からハルへの手紙には、「祖母様ハ近頃ハぼつぼつ動いて居られます。八重様がよく面倒を見て居られます」[54]として、豊彦・ハル夫妻と同居する母ムラの世話をするヤヘの姿が言及されており、一九七四（昭和四九）年一月六日のハルの日記には、ヤヘが七五歳で生涯を終えたことが記される。[55]

（三）ウタ

また、末の妹であるウタについても、ハルの日記でしばしば言及されている。ハルがスラムから時折芝家を訪れる際には、ウタも共に家族とくつろぐ様子や、ハルがウタを連れて知人の結婚式に出かける様子が記される。[56]また、一九二〇（大正九）年一月一日の日記には、「雑煮をこの食堂で祝ふた者ハ私共両人、母、うた」[57]として、当時一七歳頃のウタも共にお正月を祝う様子が記録される。

さらに一九二二（大正一一）年の賀川夫妻のスラム活動を紹介する記事には、「うた子さんは温厚な娘さんで四五年前から此処に住み姉さんと一緒に救療事業の看護婦と薬剤とを担当してゐる」[58]として紹介されており、この記事のとおりであるとすると、一五、六歳頃からウタは賀川夫妻と共にスラムの活動に参加していた様子がわかる。

一九二二（大正一一）年の四、五年前となると、一九一七（大正六）年から一九一八（大正七）年頃となり、フミがスラム活動を手伝う中、病で亡くなったと推測できる時期とほぼ同時期である。そのような、スラム活動に生涯をささげたともいえる姉の姿を間近に見たことも、ウタにとってのスラム活動への動機の一つとなった可能性もある。

ウタはその後、豊彦の同労者の一人でもある本多健太郎[59]と結婚した。ハルの日記にも、ウタの出産やウタの子供の誕生日を祝う記載が度々登場する。[60]

晩年のハルの日記には、西宮に住むウタをしばしば訪ねる様子が記録されており、交流のあった様子がみられる。

(四) 芝家の女性たちの貢献

ハルの妹たちは、ハルがキリスト教に入信した後、ハルと共に教会に通い、ハルが結婚してスラム活動を開始した後は、やはり次々とスラム活動に加わった。フミはスラム活動中の一九歳頃に病死し、ヤヘはスラムの無料診療所で賀川夫妻が東京に移住した後も医師として働きを継続し、一〇代のウタもまたスラムの中で活動に協力した。さらに、母親ムラも、スラム活動での大人数の食事の用意を受け持つなど協力的であった。賀川夫妻の初期の市民社会活動を最も身近で、精神的、実践的に支援した芝家の女性たちの働きは、評価されるべきものである。

第三項　ユーモアの精神

ハルには、生涯を通じてユーモアの精神がみられる。これは、スラムでの過酷な状態の生活を支える一要因でもあったのではないだろうか。彼女のユーモアの精神は、例えば、次の幼少期の回想にもみられる。

一年に一回か二回母に連れられて芝居に行くことは嬉しかつた、一生懸命に見てゐて帰つて来て真似るのでよく人を笑はせた。[61]

また、ハルの晩年の日記にもハルのユーモアを解する場面を読み取れる。例えば、一九六四（昭和三九）年三月二八日、ハルが七六歳の時の日記には、ハルが雲柱社の研修会で宿泊した翌朝、仲間から小さないたずらをしかけられ、「すつかりだまされて大笑」[62]と記す。自身にしかけられたいたずらを共に笑うことができるのは、ユーモアを解する心がなければ難しい。

ユーモアの精神は、過酷な状況において人に活力を与え、その働きを遂行する力となる。例えば、ハルがスラムにおける活動から、眼病のために片目がほぼ不自由になったことについて、同じく目が不自由な豊彦に対して、目は二人合わせて一人前、と言って笑った[63]、というエピソードも、ハルのユーモアの精神がハルのスラムでの活動を支える一側面であることを示しているといえるのではないか。

さらに、小学二年生になるまでハルと共に生活をした孫の冨澤康子氏は、ハルの姿が写ったお気に入りの写真として、「ハルがわざとやくざのような帽子をかぶり、ピストルを持った」コミカルな姿の写真を見て、家族で笑ったというエピソードにふれ、それを「ハルらしい写真」と評している点からも[64]、ハルから醸し出されるユーモラスさとコミカルさが垣間見えるようである。

ユーモアの精神は、ハルの幼少期からの安定した家庭環境の中で養われた側面も決して少なくはないと推測する。家族に受容されているという安心感があるからこそ、家族の前で芝居の物まねをし、仲間に受容されているという安心感があるからこそ、自らに向けられた仲間のたわいないいたずらを一緒に笑うことができるのだろう。

また、ユーモアの精神そのものとは異なるが、スラム活動の中で時折芝居を観に行く様子が記されている。[65] 厳しい生活環境の中でも、ユーモアの精神を持ち合わせていたことや、一種の気分転換の時間があったことが、スラム活動を長く継続できた一要因でもあったのだろう。

第四項　スラム活動に向かう原動力としての家庭

ハルの著述には、幸福の源として「家庭」への言及が度々みられる。例えば、先にも引用したが、結婚した同僚が、その後、「両人（同僚）の家庭が祝福されて居らない消息を聞いて気の毒な事と思つた」[66]という記述もその一例である。また、経済的には不足のない従姉が教育を受けている様子を目の当たりにし、経済的事情の為に教育を受けることができなかった自らの状況を嘆く一方で、「彼（の女）は早くその実母を失つた、父は後添を入れた、その人には子供が多くあつた。私の様に両親と共にほんとに親しんで居る家庭が彼の女には無かつた」従妹の家庭状況を顧みつつ、「幸福と言ふものは経済的に裕であるもののみではない」[67]とする記述からも、家庭の祝福が幸福の原点であるとハルが考えていた様子がうかがえる。それは、ハル自身が家庭において幸福感を感じ取っていたことと無関係ではないだろう。実際に、家族、特に両親に対しての愛情や感謝の念や妹たちとの絆を、公に出版された『女中奉公と女工生活』中だけではなく、外部の人々の目にさらされることを想定せずに書かれた日記の中でも書き綴っている点からも、ハルと家族との間の絆が浮かび上がる。

先に記したように、ハルの家族、特に女性たちは、ハルのスラム活動に対して極めて協力的であった。ハルの結婚後、母と妹たちは総がかりで賀川夫妻のスラム活動を手伝っている。父親も、キリスト教は「嫌」だったかもしれないが、ハルのキリスト教入信や豊彦との結婚、また共立女子神学校進学に際して、特に大反対をしたという記述はハルの著述には見当たらない。父親は娘の選択を信頼し、尊重しようとしたのかもしれない。このような賀川夫妻のスラムでの活動を精神的・実際的の両面から支えたハルの家族は、評価されてよい。

同時に、賀川夫妻もまたハルの家族、特に妹たちに人生を決定づける影響を与えた。妹たちは、いずれも一〇代半ばの頃に賀川夫妻の活動に触れ、スラムの中での活動に協力する。身近なロールモデルとしての賀川夫妻が一〇代の多感な時期にある若者たちに与えた影響力は看過すべきではない。

このようなハルの家庭環境は、スラム活動、およびその後の社会活動の中でどのような役割を果たしたのか。家庭環境は、その人の人格形成および対人対応能力や環境対応能力に対して大きな影響力を持つが、このようなハルと家族の関係も、ハルの歩んだその後の人生に果たした役割は小さくはない。ハルの幼少期からの両親に対する尊敬の念や、家族との親密な関係は、ハルの人格形成にとって肯定的な影響、つまり、人格的な安定感、穏やかさ、また信念を疑うことなく歩むといった精神的基盤を形成する一端となり得ただろう。

第五項　出発点としての家庭

ハルの両親と三人の妹達との家庭生活は、ハルにとって家庭の原点である。ハルの両親はハルの幼少期にはキリスト者ではなかったが、厳格な倫理的基準を保ち、ハルも両親に対して尊敬の念を抱き、両親からの愛情を受け止める。また妹たちはハルと共に教会に通い、スラム活動にも実際に加わるなど、良好な関係にあった。その家族間の密な交流はハルの結婚後も継続され、晩年にも妹たちと訪ねあう様子が日記に頻繁に登場する。

賀川豊彦とハルは、互いに二五歳で結婚した後、豊彦が七一歳で亡くなるまでの約四五年余り、市民社会における活動を共にし、三人の子供を育てたが、両者の結婚までの生育環境は大きく異なる。

豊彦は、ハルと同じ一八八八（明治二一）年七月一〇日、父親と妾の間の三男として神戸に生まれる。五歳になる前に両親は亡くなり、父親の正妻及び祖母のもとで姉・栄《エイ》と共に養育される。実際よりも一年早く小学校に入学し、そして中学校からは寮生活を送る。その間に、離れて暮らしていた兄は事業に失敗し、叔父・森六兵衛からの支援を受けることになる。一五歳でキリスト教に入信し、明治学院の神学部への入学を希望すると、キリスト教に反対する叔父からの支援も打ち切られる。[68] このような生育過程において、豊彦が両親と共に生活をしたのは五歳までであり、豊彦が五歳以降は年の離れた兄とはその後も年に数度の行き来の交流があったとしても別居であり、また養母宅に共に預けられた姉がいたとはいえ、幼少期の豊彦にとって、家族との親密な関わりが十分だったとはいいがたい。

雨宮は、豊彦の育った家庭環境をたどり、「賀川が生涯において生まれて始めて家庭らしい家庭を持ち得たのは、はるとの結婚による」[69] としているが、ハル個人との結婚生活のみならず、ハルの家族をも含めた「家庭」との関わりもまた、豊彦にとって「第二の家族」としての安らぎと原動力を与えるものとなり得たのではないか。

後年ハルは、家庭における宗教的教育の大切さを説くが、家庭がその出発点であるということをハル自身が体験していたのだろう。ハルの家族との関係の中で培われた人格的・倫理的基盤は、生涯の第二期以降の市民社会活動へとハルを向かわせた動機とも決して無関係ではないと考える。

第二節　第二期　一九一二（大正元）年頃～一九一七（大正六）年頃（二四歳～二九歳）　市民社会活動土台形成期

第二期は、女工時代にキリスト教に入信し、スラム活動への参加を開始した時期から、結婚を経てスラム活動を継続し[70]、さらに共立女子神学校卒業までとした。これはキリスト教信仰を基盤とした生活と市民社会活動の開始時期であると同時に土台作りの時期でもある。この時期以降のハルの活動と思想については、第二章以下で詳細に検討するが、ここでは第一期との関連から、家族との関係と、共立女子神学校進学に際してのハルの動機の一端に焦点を当てたい。

第一項　スラム活動の活力としての家族からの愛情

ハルの生涯の中でスラムでの生活は、それまでのハルの生活環境やそれ以降のハルの生活と比較しても、経済的にも衛生的にも最も貧困で劣悪な生活環境であったといえる。ハルの共立女子神学校での三年間の在学期間を除いて、第一子出産のために豊彦が身重のハルと胎内の赤ん坊の身の安全を考慮してスラムの外に引っ越すまでの合計約七年間を、ハルはスラムの中で生活している。[71]

夕食のための二銭さえなく祈った、という逸話からも、[72]経済的困窮はそれ以前のハルの生活とは比較にならないものであったといえる。女中時代、ハルの日給は「女工頭の自分さへ二十四銭位」であり、一五銭の芝居、二銭のうどん、一つ一銭の天婦羅を楽しみの一つとしていたとするハルの記述からすると、[73]二銭というお金は決して贅沢な金額ではない。

また対人関係も、それまでとは一変した。「殺す、殺す」と脅される、[74]人生相談に乗るなど、[75]女工としての生活では経験することのなかった新たな決断力と対応力が求められるようになる。

しかし、このような結婚以前のハルの生活にはなかった類の経済的困窮や対人対応の困難さがあるものの、スラムの生活から離れるという選択や迷いは、ハルの記述には見当たらない。徒歩圏内に実家があったことも、ハルのスラムでの生活を支えた一つの要因ではなかったか。日記には、「今日芝へ行つて二時間ばかりゐた」[76]というように時折実家を訪問しておしゃべりを楽しみ、また時には「母と八重と三人で麻耶山の麓の新しく開◇してゐる公園へ行つて見た」[77]といった日常的な家族との交流の時間がスラム活動の間に挿入される。そのような適度な休息の時間も、ハルにとってスラム活動を継続するための必要不可欠な時間だったのだろう。

第二項　知的向上心

ハルは一九一四（大正三）年から一九一七（大正六）年まで共立女子神学校にて単身で学ぶが、二〇代半ばになってからの勉学を可能にした要素の一つは、ハルの持ち合わせていた知的向上心である。

ハルは、貧困ゆえに食べ物や衣類に贅沢ができないことに対しては不満を述べないが、経済的事情のために望むだけの十分な教育が受けられなかったことに関しては、悲しみを表現する。

> 私は奉公に出る時に、衣類や諸道具を入れた行李の中に、学校時代を懐かしがつて唱歌帳や、読本、ノートを一緒に持つて行くことを忘れなかつたのでした。（中略）自由に勉強が出来ない境遇に置かれると貧乏の悲しさを深く感じるのであります。[78]

経済的な困難のため「自由に勉強出来ない境遇」に置かれた全員が、悲しく感じて奉公先へ学生時代の教科書を持参するわけではない。

そのハルが待望の教育の機会を得るのは、結婚後、豊彦を通してであった。結婚直後の日記には連日のように、その日豊彦から学んだと思われる科目名や書物名、内容が記録されている。例えば、結婚直後の一九一四年二月と三月の日記には次のように記される。

晩はプローブルと云ふ高名な美術家のことを学んだ。今日もラスキン[79]を面白く読んだ。読書は嬉しいものである。[80]

夜は（中略）学課は代数である。よく小学校に居つた時分、長嶋先生が数学がだん〳〵進んで来たらこんな風な代数と云ふのをするのだと、解らないことを書いて居られたが、今自分がそれより十余年の今日、それをすることが出来る境遇にあるので嬉しく思ふ。[81]

自分がどうかして立派な者になり度と思ふと、時間がないことを悲しむ。然し何も神様の御心。[82]

このような記述からは、教育を受けることを喜び、楽しむハルの様子が見うけられる。また、教育を受けること自体が教育の目的になるのではなく、何のために学ぶのか、という学びの目的にも触れるようになる。

ラオランド氏に十八に成るよい娘さんが居られる。私に色々話し掛けられたが、私は解らないで唖である。精出して勉強したいと思ふ。[83]

プース（ブース）夫人[84]の勝れた人であつた事を学ぶ。外に於ても内に於ても、それに依つて自分は励まされた。[85]

その勉学に対する熱心は、結婚後一年での夫との三年間の別離の寂しさを払拭するほどであった。次の日記は、豊彦はアメリカ留学へ、そして同期間ハルは共立女子神学校で学ぶことが決定した時のものである。

私は愈よ愈よ横浜の共立伝道女学校へ行く様に定まつた。私を大そう歓迎するとマヤス先生が云はれたと。八月から自分は新たに学校生活に移るのだ。そして勉強が出来ると思ふと別れの悲しいのも左程に思はない。[86]

ハルはその直前の日記では、豊彦がアメリカ留学することに対して、「亜米利加の様な遠い処へはやりたくない」[87]と別れを寂しがっていたにもかかわらず、「勉強が出来る」ことによって寂しさも拭われるほどであるという。新しい学びの機会を得て、意気揚々とするハルの姿がある。結婚後、共に生活をする夫である豊彦が朝に夕に本を読み、[88]ドイツ語を学び、[89]執筆を行い、[90]図書館に通う様子に感化された面もあるかもしれない。[91]

しかしそれだけではなく、先の引用にも挙げたように、「自由に勉強出来ない境遇に置かれると貧乏の悲しさを深く感じ」ていたハルにとって、学びたいときに学べなかったという抑圧されていた知的欲求が、結婚後に豊彦と学ぶ中で満たされていったということなのかもしれない。そしてそのような一〇代の頃に家庭環境の中で得ることのできなかった学問に対する欲求に加え、豊彦が三年間アメリカに行く期間に自分も単身で学べるという実際的な環境が整ったことが、ハルの三年間の共立女子神学校での学びを可能にしたのだろう。

そのようなハルの知的向上心、未知なるものへの開かれた関心は、ハルの生涯にわたってみられる。例えば前述したように、一〇代の頃、ハルは従妹の住むアメリカに憧れ、アメリカでの生活を思い描いたことがあった。そして六〇代半ばになり、ハルはアメリカ伝道講演旅行の機会を得る。一〇代の頃からの憧れであり、かつアメリカ留学中であった娘の梅子と再会できるという安心感があったとはいえ、英語を話さないハルが単独での六〇代半ばになってからの約四か月に及ぶアメリカ横断旅行は、向上心と未知なるものへの強い好奇心なしには実行は困難である。

さらに一九五〇年代後半、賀川一家と同じ敷地内から明治学院大学に通った草野礼子氏は、ある夜のエピソードとして次のように語っている。草野氏がある夜、大学から帰宅すると、ハルが一冊の本を読んでいた。それは百科事典であり、ハルは、「私はあなたたちのように大学に行くこともなかったので、このように、毎日少しずつ百科事典を読むことにしているのよ」と言ってはにかんだという。[92]六〇代後半にしてなお、百科事典を読むことで新たな知識を得ていこうとする向上心がここにもみられる。

やがて共立女子神学校に入学した後、ハルは「教育を受けること」自体を目的とするのではなく、教育を受けることの先にある目的・目標をさらに意識するようになる。次は、共立女子神学校在学中の日記である。

伝道の手紙を出した。伝道がしたい。今日は訪問日たけれど、雨風だと云ふて慈善会の仕事に成つたので積らなく思ふ。[93]

自由になつて早く伝導がしたい。[94]

共立女子神学校に入学が決まった時点では、「勉強が出来ると思ふと別れの悲しいのも左程に思はない」[95]というほどまでに勉強の機会を楽しみにしていたハルであったが、共立女子神学校に入学して一か月後には、すでに、自由になって早く伝道がしたいと記す。

共立女子神学校を卒業してからのハルの日記には、教育の機会に対する飢え渇きの言葉はみられなくなる。豊彦から受けた教育の機会、そして、共立女子神学校での本格的な教育の機会を経て、勉強がしたかった、というかつてはかなわなかった強い欲求が満たされていったのかもしれない。

第三節　第三期　一九一七（大正六）年頃〜一九二三（大正一二）年頃（二九歳〜三五歳）市民社会活動拡大期

第一項　継続と拡大

第三期は、横浜の共立女子神学校卒業後から、再び神戸のスラムに戻って活動を継続し、また、ハル自身の名前で執筆活動、演説活動、覚醒婦人協会の活動を展開するなど、ハルが市民社会での活動の幅を広げた時期である。一九二二（大正一一）年一二月に長男を出産するが、覚醒婦人協会の演説会で講演を行うなど、活動面での大きな停滞は感じられない。

執筆活動においては、ハルのスラム街での日々を綴った『貧民窟物語』が一九二〇（大正九）年に出版される。『貧民窟物語』は共立女子神学校卒業後の執筆ではあったが、「無学な私は書く力などない」[96]と序に記す。この後、ハルは『女中奉公と女工生活』をはじめ、小説や童話を執筆するが、「私は書く力などない」は、処女作ゆえのためらいなのかもしれない。

一九二三（大正一二）年、幼少期から女中時代と女工時代のハルの前半生を綴った『女中奉公と女工生活』が出版される。これは、回顧的な内容となっており、前述したように、読者は、三〇代半ばのハルの視点から二〇代半ばまでのハルを見る、という二重の視点を持つことになる。

それより少し前の一九一九（大正八）年からは、新婦人協会を立ち上げた平塚らいてうとの交流も始まり、ハルは平塚の立ち上げた新婦人協会の正会員に、そして豊彦は賛助会員となり、一九二〇（大正九）年、一九二一（大正一〇）年には豊彦、ハルはそれぞれ新婦人協会主催の演説会において演説を行っている。

一九二一（大正一〇）年からは、ハルは女性労働者の人権保護を目的とした覚醒婦人協会の活動を開始する。現在入手可能な覚醒婦人協会機関誌『覚醒婦人』の号中には「賀川ハル」の氏名による寄稿記事はないものの、演説草稿や、同時期にハルが執筆したものからは、ハルの女性観、労働観、信仰観等が読み取れるが、その詳細については後述する。

この時期、ハル自身の名による活動が展開される一方、一九二〇（大正九）年出版の豊彦の自伝的小説『死線を越えて』が一〇〇万部を超えるベストセラーとなったとされるように、豊彦の名も全国区となり、ジャーナリズム関係者、スラム活動に関心を持つ学生、また与謝野晶子といった著名人など、多数の来訪者を賀川夫妻はスラムに迎える。また豊彦は、一九一八（大正七）年からは労働運動、そして一九一九（大正八）年からは消費組合運動を開始し、夫妻は労働運動関係者や消費組合運動関係者らとの交流も広がる。

共立女子神学校以前には、ハルを取り巻く世界は、家族、スラム、教会関係の人々といった比較的親密圏内に限定されたものであったことに比較すると、共立女子神学校卒業後は、多様な思想、多様な宗教、多様な職種に属する人々との交流が広がり、ハルの活動範囲もより広い市民社会の領域へと拡大していく。

第二項　夫婦二人での生活

ハルは結婚直後から豊彦と共にスラムの中に住み活動を行うが、ハルが共立女子神学校在学期間を除いて七年間スラムに住み込み、活動を続けられた要因の一つに、ハルの出産時期も関係しているだろう。ハルが長男・純基を出産したのは三四歳の時であり、二五歳での結婚から約九年後であった。子供の健康を考慮してスラムの外に居を構えるまでのこの期間、ハルはスラムの中で夫と生活した。つまり、ハルがスラムの中で生活を続けられたのは、夫婦二人だけの生活であったからといえる。もし、結婚早々にハルが妊娠、出産、育児を経験していたとすれば、ハルのスラムでの生活や活動はかなり制限されたことが推測される。

この一〇年近い夫婦二人だけの期間が、ハルにとっての市民社会活動という側面から考えると、その後の活動を支える基盤作りの期間となり、また結婚生活の側面から見ると、同僚の結婚に対して「自分達の様な幸福な結婚で有つて欲しい□思ふ」[97]と日記に記すほどに夫婦の絆を強める期間ともなったのだろう。

第四節　第四期　一九二三（大正一二）年頃〜一九三六（昭和一一）年頃（三五歳〜四八歳）家庭中心熟成期

第四期は、家庭、育児を中心とした時期である。賀川一家は関東大震災の救援活動のために東京に転居し、その地でハルは長女・千代子（一九二五（大正一四）年）を出産、その後、農民福音学校の活動等のために再び関西に転居し、その地で次女・梅子（一九二九（昭和四）年）を出産し、三児の母となり、ハルが晩年の講演等でたびたびテーマとして取り上げる家庭における宗教の重要性を、自らが体験、実践した時期でもある。

第一項　家庭生活の充実

この時期のハルの日記には、自身の子供についての内容が大半である。例えば、一九二五（大正四）年二月四日の日記には、「純基の一日」として、二歳の純基が朝起きて祖母におはようと挨拶に行く動作から、夜寝る前のお祈りまでの行動を詳細に書き綴っているように、子供が生まれ、豊彦とハルには「父親」「母親」という役割が加わった。[99]
日記には、言葉を話し始めた長男の片言や仕草を丁寧に書きとめ、[98]おもちゃを欲しがってぐずる長男に手を焼くなど、子育ての一喜一憂が詳細に記されている。例えば、一九二八（昭和三）年四月二四日の日記には、「純基が（中略）鉄砲が欲しいグズグズ云ふ。パパに聞いて買ふことにする」と、どこの家庭にも起こりそうな家族の日常が記される。[100]

その一方で、以前のような市民社会活動の最前線に立つことのない焦燥感を次のように記す。

長男が神戸で生れた時にはそうでもございませんでしたけれど、今度この家で二番目の子を産みましてから、なんだかすつかり家庭内の仕事に閉ぢこもつてしまつたやうで、時折りは以前神戸で働いてゐた時のやうな、ピンと張りきつた緊張さが欠けて了つたやうで、淋しくなる事もございます。かと云つて子供を育てるのも、実に大切な仕事ではございますし、絶へず張りきつた心持にゆるみの来ないやうに、この村でもなにか為になる事でもしようと云ふ考へから、毎週一回特別な信仰の集会を開いて居ります。[101]

育児を中心とした生活を送りながら、「すつかり家庭内の仕事に閉ぢこもつてしまつた」ような気持になり、「ピンと張りきつた緊張さが欠けて了つたやうで、淋しくなる」と、育児と市民社会活動との間で揺れ動く気持ちが示される。

第二項　日常の中にある市民社会活動

この時期の賀川家の生活環境の変化はめまぐるしい。一九二三（大正一二）年の関東大震災の救援のため、生後九か月の長男を連れて神戸から東京に転居した賀川一家であったが、一九二五（大正一四）年四月に長女が生まれた後、一九二六（大正一五）年一〇月には再び三歳と一歳半の子供を連れて神戸に隣接した兵庫県武庫郡瓦木村に転居、そしてこの地で一九二九（昭和四）年六月に次女が生まれた後、その四か月半後の一一月には再び東京に転居している。

MAP 3

〈瓦木〉画像出典　賀川豊彦記念松沢資料館『雲の柱』27号（2013年）より転載
1926～29年に賀川一家が住んだ。
一麦寮には、芝ヤヘ、本多健一郎・うた一家、賀川梅子も住んだ。

小さな子供たちを連れての数年ごとの転居は決してたやすい作業ではない。

また同時期の豊彦の動向に目を向けると、体調を崩して臥床する合間を縫うようにして国外の長期伝道旅行へと赴く姿がある。豊彦の健康面をたどるならば、眼病の悪化、急性腎臓炎の併発（一九二四（大正一三）年三月）、交通事故で脊髄を痛めて一五日間臥床（一九二五（大正一四）年九月）、急性中耳炎が悪化して半月の間臥床（一九二七（昭和二）年三月）、肺炎と腎臓炎を併発（一九三〇（昭和五）年一月）、血痰が出る（一九三〇（昭和五）年一二月）といったように、次々と体調に不調をきたしている。その一方で、市民社会における活動、伝道活動は精力的に続けられ、一九二四（大正一三）年一一月から半年間アメリカ、ヨーロッパへの講演旅行に出かけ、上海での会議に出席し（一九二七（昭和二）年八月）、一九二八（昭和三）年一一月には一か月間の満州伝道に赴き、その後、一九三〇（昭和五）年七月および翌三一（昭和六）年一月には一か月間ずつの中国伝道へと半年を開けずに出発し、一九三一（昭和六）年七月から一一月まではトロントのＹＭＣＡ大会に出席し、一九三二（昭和七）年三月には台湾伝道旅行、一九三四（昭和九）年二月にはアメリカへ、そして一九三五（昭和一〇）年二月から七月末まではオーストラリア伝道、その年の一二月にはフィリピン伝道旅行、一九三六（昭和一一）年六月から一〇月までは欧州を回っている。[102]「子供を育てるのにどうも主人がいないのが、まことにわたしは困難だと思いました」[103]というハルの言葉を裏付けるような多忙なスケジュールである。

しかし、ハルは「困難だと思」った、と言うものの、この時期のハルの日記には豊彦の留守に対する不平や不満はない。「困難」ではあったが、不満ではなかったということだろう。同じ時期の一九三四（昭和九）年には、東北の冷害被害の影響を受けた八歳から一二歳までの子供たち七、八人を賀川家に預かっている。[104]三人の子供たちを育てつつ、何度も病に倒れる夫の看病をし、そして伝道旅行で夫が留守の間、活動と家庭を維持させていくハルは、「家にいても、つねに社会活動をしていた」[105]と子供たちが語るように、ハルにとって、家庭と市民社会活動は切り離されていたのではなく、それらのことはハルの中で統合され、育児に比重を置いていた時期ではあるが、そのどちらもが自分にとっての使命であるとして包括的に受け止めていたのだろう。このようなハルの家庭における女性の役割理解については、改めて後述する。

また、この時期を経て、ハルの著述には家庭に関する内容が加わるようになり、晩年の講演には、家庭の重要性に触れる内容がよくみられるようになる。この期間がハルにとっての次なる市民社会活動総括期へとつながる熟成期であるとも理解できる。

第五節　第五期　一九三六（昭和一一）年頃〜一九八二（昭和五七）年（四八歳〜九四歳）市民社会活動総括期

第一項　活動の継続

第五期は、子育てが一段落した頃から永眠までとした。この時期、ハルは執筆活動が盛んになり、財団法人「雲柱社」理事に就任（一九三八（昭和一三）年）、社会福祉法人イエス団の理事に就任（一九五二（昭和二七）年）、社会福祉法人雲柱社社理事に就任（一九五三（昭和二八）年）、日本ろうあ学校監事に就任（一九五三（昭和二八）年）等々、豊彦が亡くなった（一九六〇（昭和三五）年）後も活動の責任が増える。ハルは、執筆活動や講演活動を行い、矯風会の理事も務め、一九八一（昭和五六）年には名誉都民賞を授与され、晩年にいたるまで市民社会活動を継続した。

もし豊彦を中心としてハルの人生を区分するならば、一九六〇年の豊彦が亡くなった年までを一区分とし、一九六〇（昭和三五）年からハル晩年までを「市民社会活動継続期」とする区分も可能である。しかし、ハルの働きや著述を見るときに、豊彦の死によって大きく変化している部分は目立たず、むしろそれまでのハルの働きを淡々と継続していく様子がみられるため、第五期は五〇年近くにわたる長い期間となったが、「市民社会活動総括期」としてまと

MAP 4

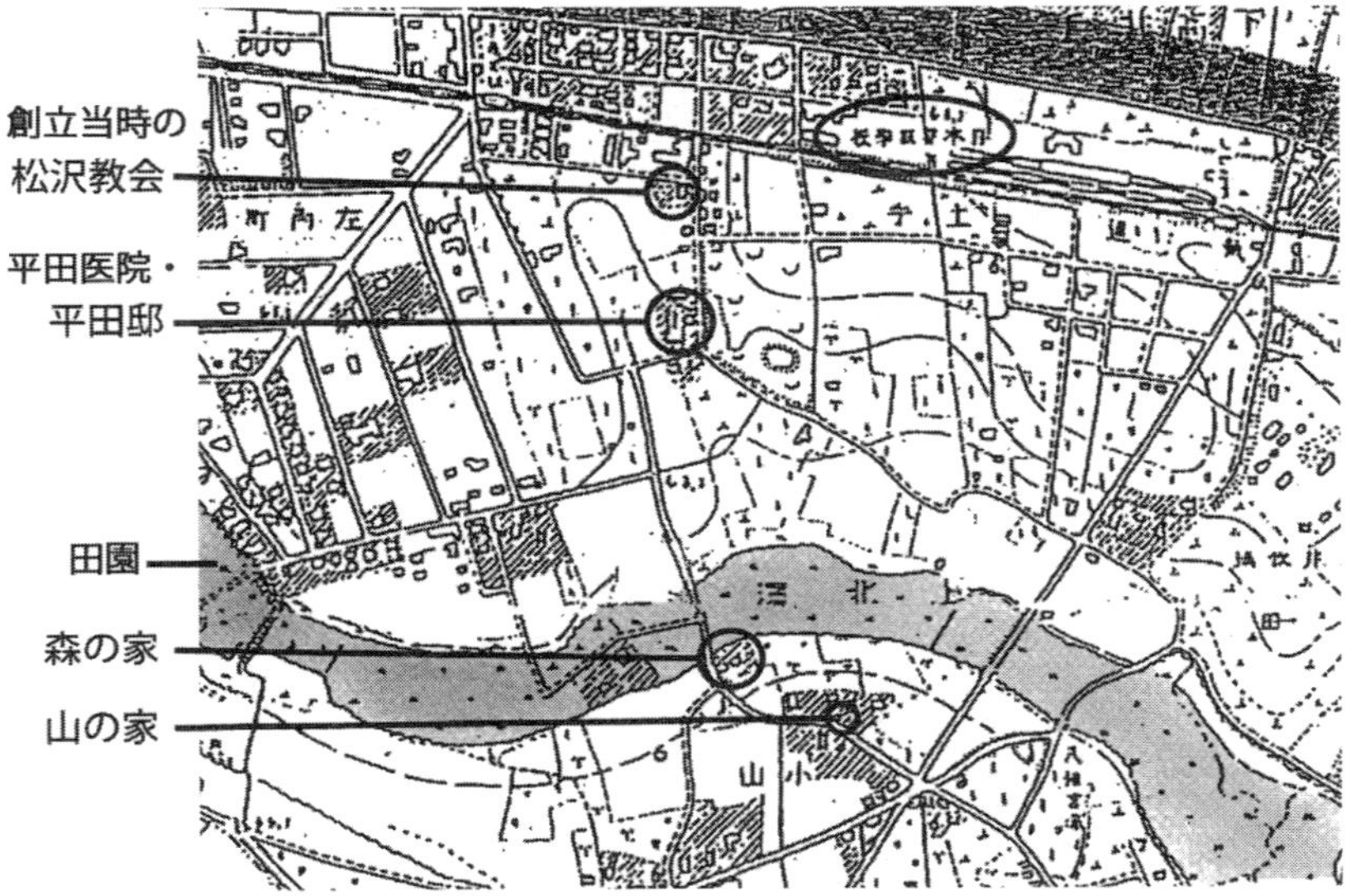

〈上北沢〉画像出典　賀川豊彦記念松沢資料館『雲の柱』30号（2016年）より転載

・松沢教会あたり　1924年、賀川一家が松沢で初めて住んだ場所。「アンペラ御殿」と呼ばれた。1931年松沢教会教会堂建設後、賀川一家も居住。
・森の家　1929年、賀川一家が入居。同居者たちと共同生活をしていた。
・山の家　幼稚園と日曜学校を開いた。

MAP 5

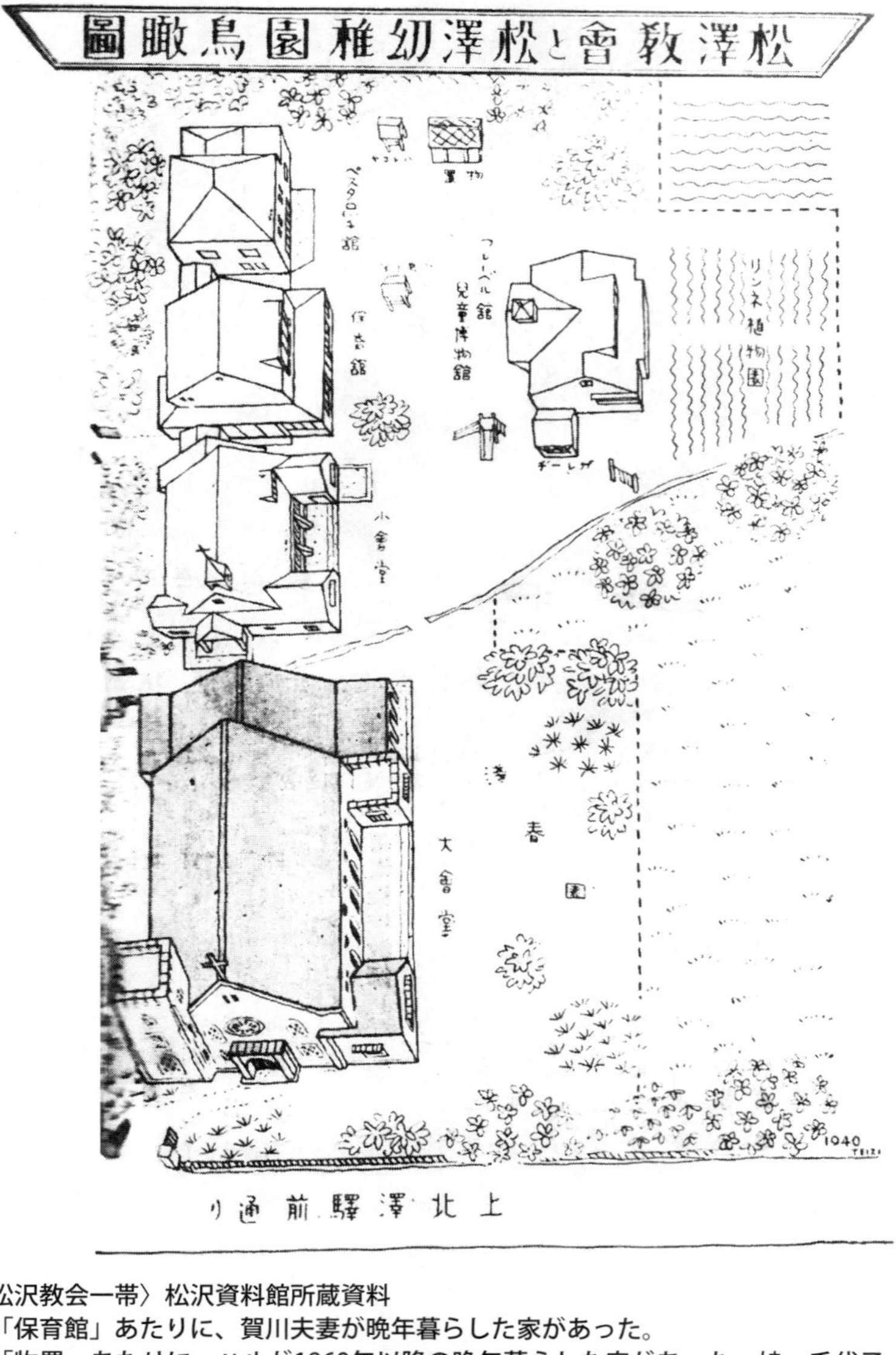

〈松沢教会一帯〉松沢資料館所蔵資料

・「保育館」あたりに、賀川夫妻が晩年暮らした家があった。
・「物置」あたりに、ハルが1960年以降の晩年暮らした家があった。娘・千代子一家も一時期住んでいた。

めることが適当であると判断した。これらの働きには、それまでのハルの家族との生活や、市民社会における活動経験が総合的に活かされている。

この時期の講演原稿は数多く残されており、その中でも、家庭における宗教の大切さを説く内容が多い。三人の子供の育児というハル自身の経験から語っているのだろう。

ただし、一九三七（昭和一二）年から一九五三（昭和二八）年までの日記は現時点では発見されておらず、またこの期間のハルの著述も少ない。そのため、第二次世界大戦直前・最中・直後の思想、特にハルが戦争をどのように感じ、考え、受け止めていたのかを知る手だては限定されている。

第二項　晩年のハル

写真４　晩年のハル

一九五四（昭和二九）年から一九七九（昭和五四）年までの日記は断続的に残されており、豊彦の晩年の様子、また豊彦の没後、子供たちや孫たちとのやり取りといった家庭の様子、また雲柱社の経営や講演を行い、矯風会の理事会に出かけていくといった市民社会活動が継続されている様子など、晩年のハルの姿を追うことができる。

この時期の日記には、家族への感謝と幸いな思いが繰り返し登場する。例えば、親族が一八名集まり、共にレコードを聴き、サンドイッチを食べ、話し、輪投げを楽しんだとする一九六五年のある日には、「とてもよい集まりが出来て楽しく時を過した。よい企であつたとうれしく思ふ」[106]と記す。また、一九六七年の新年礼拝の後、家族六人で食卓を囲み、雑煮を食べたとする日には、「今日も感謝の一日であつた」[107]と記す。その他にも、ハルの日記には、感謝、嬉しい、楽しい、元気、幸い、喜ぶ、平和、祝う、異常なし、健やか、恵み、といった肯定的な記述が並ぶ。晩年の母親を東京の自宅に引き取って最後を共に過ごし、スラム活動を共にした浜松に住む妹ヤヘや西宮に住む妹ウタ一家をしばしば訪ね、長男・純基一家と生活をし、孫である純基の長男・邦彦や、長女・千代子の娘・康子らの世話をし、長女・千代子は医師として東京・中野におり、次女・梅子もまた国内外を行き来しつつ、ある時期は雲柱社の働きに加わっていた。ハルの日記には、最後まで家族との充実した交流の中で過ごした様子がみられる。

写真５　豊彦からハルへの書簡

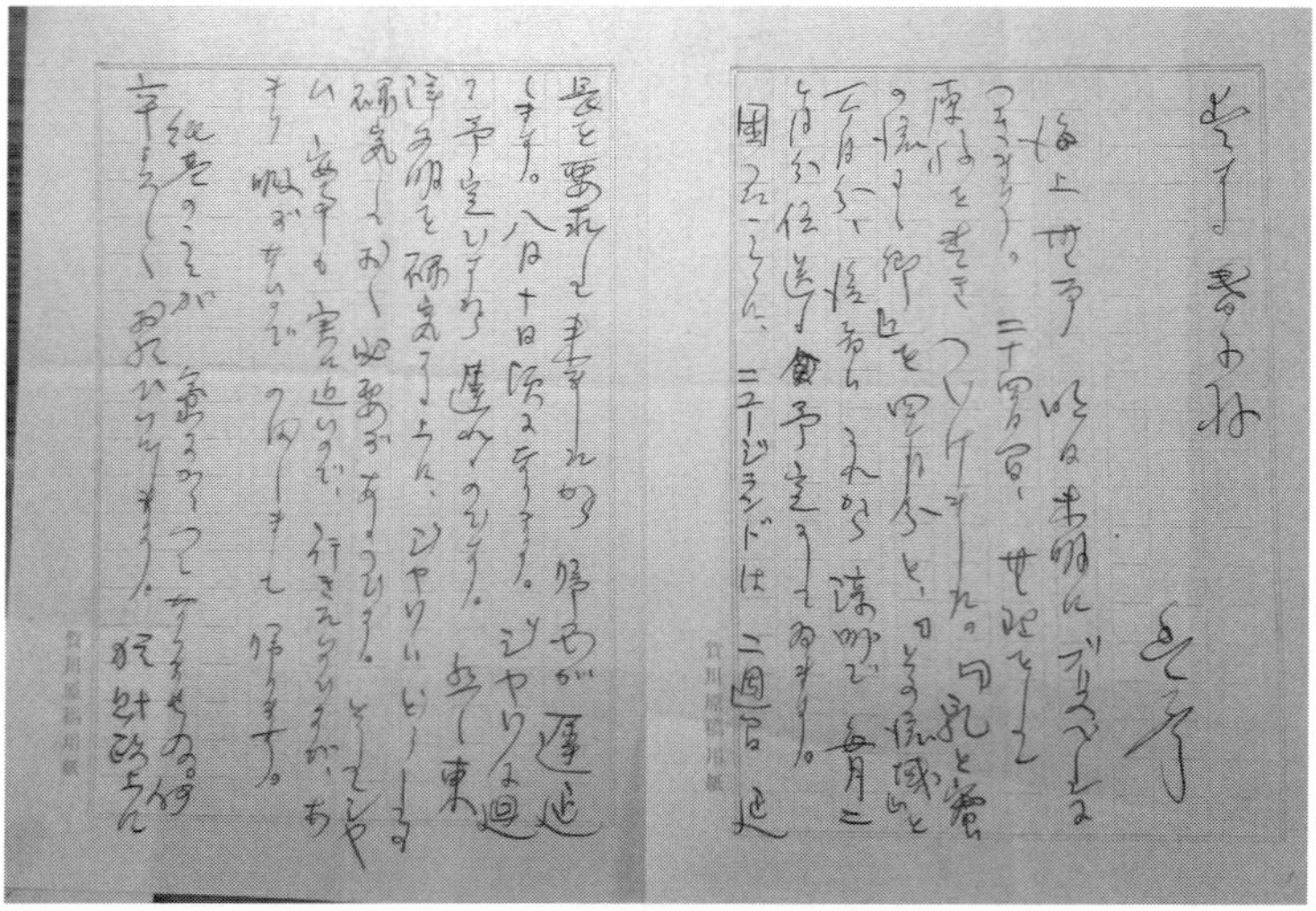

第六節　書簡に見る賀川一家

第一項　豊彦・ハル書簡概観

『賀川ハル史料集』に未収資料の一つに、松沢資料館に保管されている豊彦、ハル、および子供たち（純基、千代子、梅子）や孫（邦彦）及び姪（しげ）たちの間に交わされた書簡（以下、豊彦・ハル書簡）が約一六〇通存在する。[108] 活動のために自宅を離れている時間も多かった豊彦は、国内外の活動の地から、ハルをはじめとする家族に頻繁に手紙を送った。その内容は、活動地での活動内容や、東京の自宅にいるハルへの送金等の活動指示、また子供たちへのメッセージなど、家族に対してならではの飾らない言葉で綴られており、そこには豊彦と家族との関係性と共に、明治から大正、昭和にいたる激動の時代に生きた一家族の歴史を垣間見ることができる。

（一）送り主と受け取り手

豊彦・ハル書簡の送り主と受け取り手の内訳は次のとおりである。[109]

書簡送り主と受け取り手（筆者作成）

豊彦からハルへ	一〇八通
ハルから豊彦へ	二〇通
豊彦から子供等へ	一六通
ハルから子供等へ	一通
子供等から豊彦へ	一二通
子供等からハルへ	九通

大部分は、豊彦からハルにあてられたものとなっており、夫妻の間で綿密な情報共有が図られていた様子がみられ

る。また、子供たちへの書簡も少なからず送られており、長期間日本を離れることの多かった豊彦にとって、書簡が子供たちとの貴重な交流の手段として用いられていた様子もみられる。

(二)　投函地

豊彦がハルや子供たちへ送った書簡の投函地の内訳は次のようになっている。

書簡投函地（筆者作成）

国外	アメリカ	三〇通
	イギリス	一七通
	オーストラリア ニュージーランド	七通
	カナダ	三通
	ドイツ	四通
	ブラジル	四通
	その他（船上など）	一四通
国内		四五通

保存されている書簡のみとはいえ、国外の豊彦から日本にいるハルに送付された書簡が国内から投函された書簡数を上回っており、電話などの連絡方法が限定されている国外からの連絡において、書簡が連絡伝達手段としての役割を果たしていた様子がうかがえる。

（三）時期

豊彦からハルや子供たちへの書簡の投函時期の内訳は次のとおりである。

書簡投函時期（筆者作成）

一九二〇年代（—昭和四）以前	七通
一九三〇年代（昭和五—一四）	三八通
一九四〇—四五（昭和一五—二〇）年	一二通
一九四六—四九（昭和二一—二四）年	三通
一九五〇年代（昭和二五—三四）	六二通
不明	二通

一九三〇年代における豊彦の世界伝道旅行、また第二次世界大戦後の世界伝道旅行の時期に各地から投函された書簡が多数を占めていることがわかる。逆に、第二次世界大戦直後の五年間には、保存されている書簡は三通のみであり、この時期は豊彦が伝道旅行に赴く機会も少なく、それゆえ書簡も執筆されなかったことがわかる。また、豊彦が亡くなる前年の一九五九（昭和三四）年にもハル宛に四通が残されており、最後まで書簡が夫妻の間の重要な連絡伝達手段としての機能を果たしていた様子がみられる。

第二項　豊彦・ハル書簡の構成

第二次世界大戦前、大戦中、そして大戦後の三時期に豊彦・ハル書簡を大別し、以下、各時期における特徴的な書簡を取り上げる。

（二）第二次世界大戦前（一九一五（大正四）年〜一九四〇（昭和一五）年頃）

豊彦がアメリカに留学中、ハルは共立女子神学校に在学していたが、その時代に交わされた書簡がある。ハルが共立女子神学校から送った手紙、また豊彦が共立女子神学校在学中のハルに送った手紙などが残される。次は、保管されている豊彦からハルへの書簡のうち、最も古い書簡の内の一通である。

一九一七（大正六）年五月二七日　豊彦からハルへ［a350-00002］[110]

横浜市山手共立女子神学校
賀川春子様

『貧民心理之研究』が手元に一冊もないので一寸と小冊子を作る必要があるから至急御送り附下さい。

トヨヒコ

豊彦は一九一七年五月にアメリカから帰国している。一方、ハルは一九一七年六月に共立女子神学校卒業のため、このハガキは帰国直後に豊彦が共立女子神学校在学中のハルに送ったものである。『貧民心理之研究』が警醒社書店より出版されたのは一九一五（大正四）年一一月一五日とされているが、一年半が過ぎたこの時点ですでに品切だったのだろうか。

一九三〇年代（昭和五〜一四）は、豊彦が精力的に世界各地への伝道旅行に赴いた時期でもある。一九三四（昭和九）年には七通、一九三五（昭和一〇）年には七通、一九三六（昭和一一）年には一一通の書簡が残されている。豊彦は、アメリカ、フィリピン、香港、中国、オーストラリア、カナダ、シンガポールといった世界の各地から手紙を送付している。手紙には、ホテルの便箋が使用され、会の様子や予定、誰にいくら金銭を送るようにといった事業の指示などが記載され、また時には短歌も記されるなどして、豊彦の思いが示される。また、多くの書簡は「愛する春子様」の呼びかけで始まっている。次の書簡は、豊彦の第二次世界大戦前の世界伝道旅行最盛期である一九三五（昭和一〇）年、オーストラリアの伝道旅行からの投函である。

一九三五（昭和一〇）年五月一一日　豊彦からハルへ［a350-00035］

愛する春子様

五月十一日　豊彦

約二週間のメルボルンに於ける宣伝を了へて今日之から私ハ最後の三日間の伝道をすませる為めに豪州の首府キャンベラに向つて出発するところです。キャンベラハ僅かに人口八千人しか無いところですが、小さい大学があります。

メルボルンの伝道ハみな好感を持つてくれまして、好都合でした。多くの友人を作りました。経済的にも半額だけの負担でなく、全額負担したいと努力してゐました。そして多分さうなるでせう。私ハ毎日三回以上各種の集会に出ました。そして、大に努力しました。

暇を見てハ図書館に行き、博物館に這入り、標本を集め、書物を貰ひ、また大本を買ひ集め大に「自然教案」の作成に努力してゐます。メルボルンでハ、地質学の驚く可き立派な博物館を発見しました。雨もヴヰクトリア州（メルボルンのある州）だけで、生命の始めから、第四紀層までの標本が得られるのだから驚く外ハありません。日本にもこんな博物館が欲しいと思ひました。豪州でも日曜学校の生徒が減りつゝあるさうですが、之ハ大問題だと思ひました。之ハ自然教案を採用するればバ医されるでせうが、豪州人ハまだ之に気がついてゐないようです。

豪州から日本に直接各種の品物―特に書物を送りました。それで何卒受取つておいて下さい。メルボルンから山下汽船の船で書籍一箱送ります。此後も送りますから受取つておいて下さい。横浜まで取りに行かねバならぬかも知れまぬがよろしく。その中には京大駒井卓博士に進呈する書籍も這入つています。

凡てハ祝福の中に進んでゐます。五月十八日また四日間海上にゐて、ニュージランドに行きます。ニュジランドハ人口百七十万位ですが、文化が進んでゐますから大に研究する積りでゐます

主にあれ

賀川豊彦

坊やの英語ハ発音の善い人に頼んで今の中に発音をよく教へておいて下さい。千代子、梅によろしく

この書簡には、精力的に伝道集会にて講演を行い、またその合間を縫うようにして豊彦の関心事である博物館等を巡り歩く姿が記される。またハルには、日本に送った「書籍」を横浜まで出向いて受け取るようにと指示を出し、日本国外と国内とに夫婦が地理的に離れた状況にあって、ハルとの信頼関係に結ばれた事業活動の連携の様子もみられる。さらには、離れて過ごす期間も長くなりがちな子供たちの教育の様子にも心を配る言葉もしばしば登場する。

次の書簡は、長男・純基に向けられた書簡の一つである。

一九三一（昭和六）年八月三日　豊彦から子・純基へ［a350-00019］

坊やは毎日時間をきめて勉強してゐるでせう

さうしないとだめですよ

このハガキはニユーヨークの一番高い家にのぼつた時に買つたものです。千二百五十尺あります
神様に坊やが善い子になるやうに祈つてゐます
トヨヒコ

「家」とは一九三一年四月に竣工したばかりのエンパイア・ステート・ビルディングを指しているのだろう。このように、子供たちに向けては、「良く勉強するように」といった内容の手紙や、絵葉書などもしばしば書き送っている。一方、時には子供が描いた絵が豊彦に送られることもあった。次は、東京に滞在する長女・千代子が豊彦に向けて送った書簡である。

一九四〇（昭和一五）年九月一〇日　長女・千代子から豊彦へ［A300-00284-3］

お父様

御元気でいらつしゃいますか。御安じ申し上げます。お母さんがおもちかへりになりました柿、わざ〳〵お父様が取ってくださいまして、きようしゆくしております。

私はまだ島には行つたことがありません。けれどもお母さんにうかゞひますと、大変静かな景色のよい所とうかゞひます。私も是非この冬休みにまいりたひと思ひますがいかゞでせう。梅ちやんは、夜る電燈がなくて、他の光をつかうのにきよう味をもつてゐます。私は浜にそだつたことがないので網でお魚をとるのがみたいと思ひます。

お母さんが、浜でかつてゐらつしやつた網をつくる竹のよーじみたいなものははじめて見ました。

今年は海に行きませんでした。九月の十日頃でもさむくなく、およげるときゝますと、およぎたくなります。こちらはすゞしくて水に入ると風邪をひいてしまひます。

十月十七日の信徒大会には学校から行きます。明日は遠足です。四五年は金沢文庫、一、二、三年は登戸へ行きます。恵泉デは十一月三日ですが日曜なので二日にします。

今度のバザーでの純益は愛生園に河井療といふのをつくるためです。

皆仲よく勉強してゐますから御安心下さいますようにおねがひ致します。

だん〲寒くなつてまゐりますから御体を大切にして下さい。

賀川千代子

九月十日
御父様へ

豊彦は一九四〇年八月二五日、渋谷憲兵隊に拘引、巣鴨拘置所にまわり九月一三日に釈放されているが、この書簡はその最中に書かれたのだろうか。「十月十七日の信徒大会」とは、皇紀二千六百年奉祝全国基督信徒大会のことだろう。

書簡が、多忙な豊彦と子供との貴重な交流の手段であった様子もみえる。

(二)　第二次世界大戦中（一九四〇（昭和一五）年頃～一九四五（昭和二〇）年）

一九三〇年代半ばごろから、手紙には、戦争への言及も増える。一九三六（昭和一一）年七月二七日のドイツからの手紙では、「この文明でなぜ戦争せねバならぬかと思ふと悲しくなります」と書き送っている。

一九四〇（昭和一五）年、憲兵に捕らえられた後、豊彦は香川県・豊島で過ごすが、東京に残ったハルに手紙を送っている。

一九四〇（昭和一五）年九月一九日　豊彦からハルへ［a350-00058］

香川県豊島
賀川豊彦

冠省
この間中ハほんとに御心配また御心尽しの程感謝いたします　強いあなただから安心いたして居りました
私ハ昨日　豊島に来ましたが汽車の弁当が悪つた見え　到着と共に下痢をやり昨夜より十数回下痢し昨夜より今日にかけ絶食して居ります。
島に凡てにつけ不便にて困つて居ります
然し天気が善いので寝てゐても愉快です。一生懸命に勉強するつもりです。
祈つています。昨夜ハ微熱がありましたが今日ハありませぬ。然し下痢ハまだ止つてゐませぬ。
純基によく勉強するようにすゝめて下さい。
八重子様にも色々、親切に蒲団まで借してくれました。
島で綿が四五貫取れましたから大蒲団の「ガワ」を二枚分縫つて大至急御送り下さい。客が来てもきせる蒲団がありませぬ

主にあれ

豊彦

主にある
春子様
九月十九日

「この間中ハほんとに御心配また御心尽しの程感謝いたします　強いあなただから安心いたして居りました」とは、憲兵に捕らえられ、渋谷拘置所で過ごした出来事を指しているのだろうか。書簡では戦中の時世を思わせる粗悪な封筒と和紙を用い、薄い墨で筆書きであり、乱れた大きな字が印象的である。また「此際、事業を縮小ハ已むを得ないでせう」（一九四〇（昭和一五）年一〇月一〇日　豊彦からハルへ［a350-00060］）と、戦争の影響により、豊彦の事業内容の変更も迫られる苦渋の様子が記されている手紙もある。次は、同じ時期に送付された東京のハルから兵庫県・瓦木に滞在する豊彦への書簡である。

一九四〇（昭和一五）年一〇月一七日　ハルから豊彦へ［A300-00284-4］

豊彦様

今日ハ東京を御出発になつた日で子供達と取り分け父様の為めに祈りました　御機嫌よく愈々御健かで嬉しいことで御座ります
火の柱の原稿を読ませて頂きました
二六〇〇年奉祝信徒大会ハ誠に盛大で御座りました　正確な参加者の人数ハ解りませぬが　希望致して居りまし

た三萬人位集まつたかと存じます　いづれ人数ハ判明致しませう
クロバーの種御送り致します　松沢教会のハもう芽が出ました
種を蒔かれる時　蒔いた種が飛ばぬ様に軽くくわで土を押すと宜敷ときゝました
山羊の家が出来て仔が生れますれば結構と存じます　十二月に寄せて頂く時にハ見せて頂けますこと、楽しんで居ります
序文届きましたので、四日前豊島にお送り申しました　先ハ右まで

十月十七日

春子

平井様がランプを御届けいたしました　金田様に御願ひして大阪迄お持ちを願ひ藤崎様に願つて豊島に持来て願ひます

書簡では、心身の苦労が重なる豊彦のために、「子供達と取り分け父様の為めに祈りました」と心を配りつつも、「クロバー」や「山羊」等の日常的な話題があげられる。あえてこのような日常的な話題で豊彦の心に平常心を与えようとしたのだろうか。そうだとすれば、そのような心遣いからも、先の豊彦からの手紙にあったように、危機的状況の中でも豊彦を「安心」させる「強い」ハルの姿勢がみえるようである。

（三）第二次世界大戦後（一九四六（昭和二一）年～一九六〇（昭和三五）年）

戦後は、一九五〇（昭和二五）年のイギリス伝道開始以降の書簡が主である。次は、戦争の爪痕が残るイギリスからの書簡である。

一九五〇（昭和二五）年一月三一日　豊彦からハルへ［a350-00078］

戦争が如何に恐ろしいか、大勝利を得た英国が未だに復興出来ないことを見てもよくわかります。ドイツも数十年以上復興にかゝるでせう。西洋ハ日本の工業的復興をさへおそれてゐます。キリスト教的精神を以つて互に助け合ふ精神が無けれバ結局世界ハ滅亡します。朝早く、それの為めに祈つてゐます。

T. Kagawa
252, Fulton st.
Brooklyn 1
New York

第二次世界大戦が終結し五年近くが経過してもなお種々の戦後の不自由さの中にいる人々の様子を見、「キリスト教的精神を以つて互に助け合ふ精神」の必要性を訴える。

特に一九五〇（昭和二五）年の豊彦執筆書簡は、資料館所蔵書簡の中では最多の三〇通／年となっている。次は、アメリカ伝道旅行最中の書簡である。

一九五〇（昭和二五）年一〇月二七日　豊彦からハルへ［a350-00096］

主にある春子様

一九五〇、十、廿七
賀川豊彦

無休の旅行に、見物する元気ハ勿論のこと好きな博物館を見る元気さえ出ず、辛じて、少しづゝ「本」を読んでゐます。

一ヶ月十五日以上、飛行機でとび、一日三回位平均話をするので、創作欲の多い私にハ、日本のことが気にかゝり全く弱つてゐます。然し、もうあと二ヶ月になりました。日本の教会のことを思つて、努力してゐるのです。私の書物などでも、翻訳をし直すのでまだ出ませぬ。で、横山春一氏の著作も翻訳料が原稿料以上かゝり出版ハ不可能です。翻訳の文章が拙いと出ないのです。で、自然的に翻訳したい人があれば、すれば善いので、おいそれと出るものではありませぬ。

疲れて、ピヤノや、オルガンをくれと、他人に頼む元気が出ないのです。（カルフォルニアで頼んでみます。）私の気分として、『くれ…くれ』と云ふのは大嫌ひです。それと、みな私に寄付を依頼してくるので弱つてゐるのです。送金がおくれてすみませぬ。千住新橋を渡つた、貧民街に鈴木武男氏が「五百平」の土地付の保育園を見付けて、買ひたいと云ふて来ました。町長を通して、百万円なら買ふと云ふてやりました。「貧民伝道」の為め努力します。百万円も三四回に分納します。

キリストにあつて善戦します

主にありて
トヨヒコ

一九三〇年代（昭和五―一四）と同様、伝道集会を次々とこなす一方、肉体的、精神的に苦しむ様子も見られる。また、「ピヤノや、オルガンをくれと、他人に頼む」とあるが、例えば、本所賀川記念館内の東駒形教会には、戦後豊彦がアメリカから持ち帰ったという足踏みオルガンが設置されている。また、豊彦の長女・千代子の娘である冨澤康子も、かつて暮らした家にはアメリカから送られたグランドピアノが置かれていた記憶があると語っている。[111] これらのオルガンやピアノもまた、書簡に記されたような機会に豊彦の事業を支援するアメリカ在住の人々から贈られたものだったのだろうか。

この頃になると、戦時中に記された書簡とは異なり、便箋の質も良くなる。また内容は伝道旅行の報告にとどまらず、成長した子供たちの進路に心を配る様子もみられる。次の手紙は、関西学院大学神学部に在籍する次女・梅子の進路についての一文である。

一九五〇（昭和二五）年一〇月一九日　豊彦からハルへ　[a350-00094]

「梅子」にハ、あまりアメリカに来ることをいそがず、関西学院大学で充分英語の論文が書けるやうに勉強するよう云ふて下さい。みな英語で困つてゐます。少くとも二年間ハ神戸でミツチリ勉強する必要があります

子供たちの側からは、時には、豊彦の子供ならではの苦労も表現される。次は、梅子からハルへの手紙である。

一九六〇（昭和三五）年三月三〇日　梅子からハルへ　[A300-00090]

ママお元気でいらっしゃいますか。私はカナダに来て十日間ばかりになりますが、いつも新らしい人に出会って、同じ質問ばかりに出会うのでいささかいやになって来ました。

「お父さんは、いかがですか。私は何十年前にお父様のお話をききました」と云うのがいつもの挨拶です。それ

が、百人、二百人がいつもいっていれば、いやになるのはあたりまえだと思います。しかし若い連中だとパ、が誰れだかも知らないので、本当に気楽です。

この子供たちや姪のしげもまた、やがて賀川夫妻の働きに加わるようになる様子も書簡に記される。

一九五五（昭和三〇）年五月二〇日　純基からハルへ［A300-00096］
こちらでは、千代ちゃんがよく働いています。事ム万端、手紙の返事等、夜遅くまでやって居ます。お土産でも買う時には是非千代ちゃんに報いてあげて下さい。（昨日はつかれて、一寸と熱を出して居る様でした。今日は多分元気になるでしょう。

一九五四（昭和二九）年二月二六日　しげから豊彦へ［A300-00283-b］
梅ちゃんを通して、伯父様がエバンストンの会議においでになるかもしれないと云ふ事を伺っては居りましたが、完全に決定的なお話を耳にしたのは昨日でした。カーペンター先生が三ヶ月の予定で伯父様がこちらにおこしになるとの事、もしお役に立つことがあれば、喜んでお伴なり、他のことなりさせて頂きたいと思って居ります。

やがて子供たちが結婚し、孫が生まれると、孫に宛てた書簡も登場する。次の手紙は、長男・純基の長男・邦彦に向けた書簡である。

一九五三（昭和二八）年四月一九日　豊彦から孫・邦彦へ［a350-00107］
賀川邦彦様

邦彦さんも三年生になつて一生懸命に勉強してゐるでせうね。私ハ毎日ブラジルの奥地で廻つてイエスさまのお話しをしてゐます。ここには四十八メートルもある大蛇がゐるところです。それを兵隊が十九時間も戦つて丸を五百発もうつて退治したさうです。六月廿日頃また、お目にかゝります

パパによろしく。パパを大事してあげて下さい。

ブラジル

一九五三、四、一九、　カガワ　トヨヒコ

また、日本に残るハルからも近況を知らせる書簡が頻繁に送付された。次は、ロンドンに滞在する豊彦に向けてハルが送った書簡である。

一九五〇（昭和二五）年四月一九日[112]　ハルから豊彦へ　[A300-00044]

Dr.T. Kagawa
c/o Dr. Thomas Cochrane
The Movement for World Evang.
Founder's Lodge, Mildmay Centre
London N.1. England

豊彦様

四月十七日　今日ハ好天気で御座りました　教会の八重桜が只今盛りで御座ります　もう独乙の講演を御済ませになり英国で御座りませうか　随分御苦労で御座りませうと御察し致して居ります　まだ〳〵外国伝道が続くこと丶思ひますと中々長い時間と存じます
一生懸命祈つて居ります『ひとり旅』ハ皆様に読まれてなぐさめの言葉を送られて居ります
毎日新聞の通信をよくも御続きになると存じます
どうぞ御眼を御大切に願ひます
前便で私ハ間違つて認めたかと思ひますが毎日新聞社から御送金したものが私方へ送り返されたお金の額ハ二百ドルでありまして七万弐千円であります
四月十三日ハ平和学園の理事会が村島帰之氏宅で開かれ私も出席いたしました　村島氏ハ元気で居られます　執筆もされて居ります
四月十六日にハ松沢教会総会を開き参拾五万円の予算を組みました　教勢ハ御留守の為めいささか落ちましたが是から大いに努力いたし度いと存じます
四月廿八九日にハ東京で全国信徒大会が開かれますので地方の方々に御目に懸れること丶思ひます　純基ハ相変らず仕事をして居ります　千代子ハ中々忙がしく毎夜十時頃迄働いて居ります　栄養を注意して倒れぬやう心懸けて居ります　梅子ハ勉強も努め働きも精を出し　新川の子供も番町の生徒も心から愛して導いて居ります　シゲ子も将来の準備を忙がしくして居ります　本月も米国から送金ありました由　明後日メーヤー氏より受取ること丶なつて居ります
徳島の新居とよ様に弐千円づ丶送金致すことに致しました
所々からお金の要求が多いので困ります　皆ハ悩んで居りますから出来るだけ応じ度いとハ願つて居ります
多くの方々が欧州伝道の為め祈つて居ります

どうぞ御大切に願ひます

四月十九日

上北沢　春子

ここには、事業の進捗状況をテンポよく報告するとともに、子供たちや同居する姪であるしげ[113]を含む家族の様子も知らせ、豊彦とハルの活動とまた家庭生活の両方においてのパートナーとしての視点もみえる。ちなみに、賀川とも親交の深かった村嶋帰之については、ハルや後述の『覚醒婦人』では、「村島」と記している。

また一九五五（昭和三〇）年にはハルがアメリカのイエスの友会から招待され、四か月間にわたりアメリカ伝道旅行に出かけた。その折には、それまでとは逆に、日本から豊彦や家族がアメリカ滞在中のハルに向けて、近況報告の書簡を送っている。次の書簡でも、豊彦自身の国内での活動の様子を綴っている。

一九五五（昭和三〇）年六月二八日　豊彦からハルへ［a350-00125］

主にある春子様

みな様への手紙を綜合して、さぞお困りのことと推測申上ます。しかし、シカゴにて梅子とお会いなされ久し振りにうれしかつたでせう。

写真６　シアトル長老教会で講演するハル（1955年６月２日）

私ハ生命共済組合の全国組織の序に[114]キリスト運動をつづけております。七月十二（岐阜）七月十三日（名古屋）七月十四日（三重）を巡回します。八月ハ山形に行きます。ラクーア伝道団33名が来られ感謝しております。兵庫県、奈良県、福島県等に分散して伝道してくれます。有難いことです。

ハワイよりまた一週間滞在してオワフ島以外の島を巡回してくれと云つて来た由、金銭を離れて伝道の応援をしてあげて下さい。一週間位日本に帰ることが遅れても善いです。だが、之も健康（と）（紙破れ）御相談の上のことです。

例年の如く七月四—七日まで毎晩四時間の連続講演を明治学院大学でいたします。イエスの友修養会ハ箱根強羅（七月廿二—四日）比叡山（七月廿五—七月廿七日）の二ヶ所にて開きます。デンバアの中杉姉が松沢を訪問されました。デンバアにてあなたに会うために帰ると云つて、汽船に乗られました。デンバアにてお会いの節　献金の感謝をして下さい。M・T・Lの為めの献金運動の中心人物です。


「明治学院大学」での「毎晩四時間」の「連続講演」、箱根強羅と比叡山でのイエスの友修養会、岐阜、名古屋、三重への「生命共済組合の全国組織」のための「巡回」等、ここにも精力的に活動する豊彦の姿がある。阿部志郎氏が、明治学院大学での講演会で姪のしげが付き添っているのを見かけた、と語っているが[115]、この頃のことかもしれない。

豊彦は一九五八（昭和三三）年に晩年の大著『宇宙の目的』を出版するが、国外での活動が続く中、執筆時間が思うように確保できない焦燥感も吐露される。次は、シカゴから投函された書簡である。


一九五四（昭和二九）年九月二七日　豊彦からハルへ　[a350-00118]

私ハ来る十月二十一日ハワイに飛び十月廿二日の夜か、十月廿三日の朝　日本向の飛行機にのります。

『宇宙目的論』の瞑想を毎日相変らず続けてゐます。自分ながら面白いので書きたくて困つてゐます。時間が無いのが悲しいです。
（中略）
「宇宙目的論」も四ヶ月位暇があると完了出来るのですが、惜しいものです。祈つてゐます。時間ができて書けるように。

豊彦の『宇宙の目的』執筆への執着ともいえる情熱がしのばれる。

一九五七（昭和三二）年を境に、残されている書簡は激減する。豊彦自身の体調もすぐれず、それまでのように幾日も家を空けての旅行が減り、手紙を送る機会そのものが少なくなっていたのかもしれない。亡くなる前年の一九五九（昭和三四）年の書簡が四通残されているが、いずれも、最盛期の豊彦の達筆な筆跡に比べると、文字は弱々しく、乱れがちである。次の手紙は、四国に向かう途中に倒れ、そのまま入院となった地からの投函である。

一九五九（昭和三四）年三月七日　豊彦からハルへ［a350-00133］

春なれば　若芽　萌え出て
野を飾れ　淋しき山に　小鳥　誘《いざな》え
ふたつきも　春と　別れて　床につけば
月はいづこを　照らし　つるらん

内科病院　トヨヒコ

一句目にも二句目にも「春」の語が登場する。「ふたつきも　春と　別れて　床につけば」とは、妻であるハルと別れて過ごしながらも、同じ一つの月のもとにいる自分たちの姿を重ね合わせているのだろうか。伝道旅行最盛期には、「ふたつき」どころか一年近くも「別れて」過ごしていた期間もしばしばであったが、体力の衰えを覚える中、「別れて」過ごす期間がなおのことハルの存在を思わせるのかもしれない。

第三項　豊彦・ハル書簡の意義

これらの書簡は、次の点において、意義があると考える。

第一に、一次資料としての意義である。『賀川ハル史料集』や、『雲の柱』等で活字化されて紹介されている数通を除き、[116] ほぼ未公開のものとなっている。一次資料として意義のあるものだろう。

第二に、豊彦の世界各地の旅行日程、および、日本における事業展開の裏付けの一つとなる点である。豊彦からハルへの手紙は、伝道旅行の報告書さながらの内容であり、日程、いつ、誰と、どこで会ったのか、どのような集会が開かれ、どの程度の聴衆が集まったのか、といった詳細が記されている。また、その時々の豊彦自身の感想も挿入されており、それらの多忙な活動の中で、豊彦がどのように感じていたのかを知る手立てにもなる。次は、北海道の伝道旅行中に書き送った書簡である。

一九二八（昭和三）年一〇月三〇日　豊彦からハルへ　[a350-00010]

釧路市富士屋旅館
賀川豊彦

春子様

お手紙有難う。旭川を経て十時間余　汽車に揺られ、釧路に参りました。此東まで来ますと　北海道の気が致します。

冬服ハメルトンが弱いのでランヤ服を送つていただきたかつたのでした。ズボンが一寸と惨になると破れるのです。とても寒いので綿でハ駄目です。

各地とも、謝礼を出しませんのです。

それで、少しも金が送れませぬ。どうか共益社で融通して貰つておいて下さい。

金沢、富山、福井へも廻ります。之も自費で行くのですから、その積りで祈つていて下さい。神は餓させ給ひませぬ

トヨヒコ・カガワ
釧路にて

ここには、「各地とも、謝礼を出」してもらえず、それでも北海道だけではなく、「金沢、富山、福井」へも「自費」で出かけていく状況の中で、「神は餓させ給ひませぬ」という豊彦の覚悟が綴られる。

豊彦・ハル書簡の第三の意義は、ハルの活動の一端が明らかになる点である。従来から、妻・ハルの豊彦の同労者としての功績は高く評価されてきたが、その具体的な働きの内容にまで触れられているものは少なかった。書簡の中では、豊彦が、誰々に幾らを送金するように、また、活動について調査するように、等々、細かな指示を矢継ぎ早に送っている。ハルの返事からは、豊彦の指示を忠実にこなしていく様子がよくわかる。次の書簡でも、そのような指示を記している。

一九三六（昭和一一）年四月一七日　豊彦からハルへ［a350-00041］

口上

ボストンでハ嘗てなき大集会を開き一回に一万二千人も来ました　その献金で、大阪の金田牧師の生野セツトルメントの敷地を買求めたいと思ひます。その約束をしました。で、今迄の所でハ自動車が這入らないので、自動車の這入る所を五、六千円の程度、で求めて下さい。金ハすぐ送ります。
就てハあなたが直接西下して、関西の事業を一々視察し、報告して下さい。お願ひいたします。

ボストンにて　トヨヒコ

豊彦はアメリカ滞在中で、一九二九（昭和四）年に生まれた末子もまた七歳頃と幼い中にあって、「大阪」に「敷地を買求め」るために、必要な金額を用意するだけではなく、東京から大阪に赴き、「関西の事業を一々視察し、報告」するように、との指示をこなすことは、金銭的な側面だけではなく、子供たちのその間の世話等、背後の段取りや気苦労もしのばれる。ハルから豊彦に向けて送られた書簡にも、豊彦の活動を共に担うハルの様子が見られる。

この書簡に登場する「金田牧師」とは、一九三七（昭和一二）年三月に生野聖浄会館（聖浄保育園の前身）が完成した折に働きに関わった金田弘義のことだろう。

一九五〇（昭和二五）年一〇月一五日　ハルから豊彦へ［a350-00093］

Dr. Toyohiko Kagawa
c/o Rev. J. Henry Carpenter

Cadman Plaza 252 Fulton st.
Brooklyn 1. New York
U.S.A.

拾月十五日　　　　　　　　　　　　春子
豊彦様

十月七日出の御手紙頂き有難く存じました
御帰国が十二月三十日と確定されましたことを承知致しました　祈りをきき上げ神ハ特に力強く働かせ下さいました今度の世界伝道を誠に有難いこと、感謝を致します
米国の御送金に対して御心配かけ相済みませぬ
カーペンター氏のは八月十四日　三〇〇ドル受け取つた以外のものハ未だ到着して居りませぬ　十月十日の氏の通信にも今日も送金したとあります　私宛に送つたとあります　十月八日にバークレーアルバニー教会連盟からホイツテモーア牧師を通じ鋸山伝道の為め八六、七三五円（約二四〇ドル）を送金され日本の放送局に居るケリー博士から現金で受取ました　其他明日メーヤ氏より受け取る分ハ二口あり
△ユタ州　ウサミ　四〇〇ドル
△ソートレーキ集会　日本人献金　一一九ドル廾八仙であります　この二口は恒吉氏からメーヤー先生を通じてあります
恒吉氏からハ毎月羅府からの六〇〇ドルハ必ず来て居ります

○本所の土地を購入に就てハ御指示のやうに進めて居ります　○堀切も工事を進めるやう手配して居ります　○新倉の登記に就て急がし度[117]と交渉に参り白水氏にも頼み、又北川兄をも遣はして居りますが　また済みませぬ
○大阪水害地にハ　二階建を許可して宜敷のでありませうか　之に就て御返事を頂き度存じます
○御殿場高根保育所修繕に就てハ　五萬か六萬円か必要ですが御許し下さい
○猶崎牧師（鋸山伝道）として五千円宛送金致してゐます
○廣瀬廉太郎氏へ協同組合の油（輸入）の仕事に就て木立氏との相談の上参千円を毎月渡すことに致します
○小川秀一牧師へ建設資金壱万円ハ仰の通送金済

今日ハ東駒形教会創立記念日で古い本所松倉町時代を思ふことで私も礼拝後それに出席致しました　二十二日夜ハ三宿の（三軒茶屋）教会に頼まれて参ります　壱万九十人の追放解除があり杉山三輪其他に祝電を致しました　内地ハ栗と柿の季節です　伝道の時であります　純基もラクーア伝道に（東京）聖歌隊として参加致します　老母より宜敷申上げます

豊彦からの数々の指示に対応しつつ、ハル自らも各地の教会等を訪問し、ハル自身の活動も進めていく姿がある。このようなハルの働きは、豊彦が長期間日本不在中であっても、事業を滞りなく進めることのできた要因の一つだっただろう。本書簡によって、豊彦・ハルの公私におけるパートナーシップの一端を見ることができる。また、時には、公私におけるパートナーである妻に向けての愛情の言葉も書簡に記される。

一九三四（昭和九）年二月四日　豊彦からハルへ　[a350-00025]

台北市本町三丁目三番地

旅館　朝陽号方
賀川豊彦
台北にて

愛する春子様

恵まれた集会をつゞけてゐます
台北教会で三回に二百名以上救ハれました。その内一回の学生集会に百六十二名決心しました。
感謝してゐます。
やはり航海ハつらひけれども出てくるとうれしいです。
ヒモちゃんも来てくれました。帰りたいと云ふてゐます　迎へてやつて下さい。
眼も手紙を書くやうになれました。感謝です
二三日中に新聞も凸鏡使用して読めるでせう。
[118]約かだつたが春子と二人で座ることの出来たことをうれしく思つてゐます。年をとると、「性」を離れて二人で座るよろこびをつくづく思ひます。恵まれて下さい。

主にあれ　トヨヒコ

台北で記されたこの書簡では、共に四六歳となる豊彦がハルに向けて、「約かだつたが春子と二人で座ることの出来たことをうれしく思つてゐます。年をとると、「性」を離れて二人で座るよろこびをつくづく思ひます」と語りかける。かつて、一九二二（大正一一）年に豊彦とハルが夫妻で台湾を訪れた際に、結婚九年目にして長男・純基を授

かった状況をも髣髴とさせる一文である。結婚後約二〇年が経過し、夫妻を結びつける絆は「性」にとどまらず、静かな愛情へと深化していったのかもしれない。

第四に、本書簡は、賀川家の歴史でもある。一九四二（昭和一七）年から一九四八（昭和二三）年の間の書簡は一通の短いハガキを除いては、現在松沢資料館で整理済みの書簡の中にはない。第二次世界大戦前、戦中、戦後の書簡はほぼ残されていないという事実そのものが、戦争の緊迫した時代を感じさせる。次の書簡は、憲兵に捕らえられた後、豊島で過ごしている豊彦からハルへ送られた書簡である。

一九四〇（昭和一五）年一〇月二二日　豊彦からハルへ［a350-00061］

来年三月末でも学校の関係上家族ハ東京に居て善いと思ひます。

ここでは、家族がどこで過ごすべきかという問題にも触れられており、第二次世界大戦の不穏な空気を感じさせる。やがて戦争が終了し、一九五〇（昭和二五）年以降は豊彦の世界伝道が再開し、ハルへの書簡も再び増加する。この頃には、賀川家の子供たちはそれぞれに、長男・純基は結婚して家庭を持ち、長女・千代子は医師になり、次女・梅子もまた成長し大学生として書簡に登場する。

一九五〇（昭和二五）年一月二〇日　豊彦からハルへ［a350-00075］

千代子様が英語の御勉強も結構だが、貧しい人達の為めに医術を生かせば、その方が神様によろこばれます。で、本所の「賛育会」へ午前中でも実習に行くやうすゝめて下さい。河田茂先生は私の友人だからあなたがつれて行けば善いです。あそこは小児科産科内科が、実によいです。

ここには、成長した長女の進路を気づかい、最善の道を用意しようとする豊彦の親心がみえる。

この豊彦・ハル書簡は、明治、大正、そして昭和の戦前、戦中、戦後の激動の時代を生きた、一つの家族の物語としても、読む者の心に深い印象を残すものとなっている。

小括　愛情と倫理観の基盤となる家庭

以上、ハルの生涯の概略から、次のことがいえる。

第一に、ハルが養育された安定的な家庭環境である。二五歳で結婚するまでの独身期間に形成されたハルの人格的基盤は、ハルの家庭環境から来る要素も大きいと考える。その家庭環境が、スラムでの生活や夫が収監されるというような状況の中でも市民社会活動の継続を可能にした、ハルの安定した人格的要因となったのだろう。また、結婚後にも実家との日常的な交流を持続できた点は、生活環境が一変したスラム活動の中でも精神的支援となり、その後の市民社会活動へのスムーズな移行期間となりえたことも推測できる。さらに結婚後、最初の子供が生まれるまでの約

写真７　賀川豊彦・ハル一家（左から長女・千代子、豊彦、純基の妻・道子、孫・邦彦、長男・純基、ハル、次女・梅子）

一〇年近くを夫婦だけで過ごした時期は、ハルが市民社会活動に身体的な制限も少なく邁進できた期間でもあり、夫婦の絆の基盤を作る期間ともなったと考えられる。さらに、晩年においてもスラム活動を共にした母親や妹、そして自身の三人の子供たちの家族との密な交流の中で、雲柱社の経営や講演活動などに取り組んでいくことができたのではないか。

第二に、キリスト者として市民社会での活動を行う中で、ハルがキリスト者になる以前から持ち合わせていた倫理基準も重要な基盤になっていた。ハルはキリスト者になる以前から、潔癖な性倫理や労働における勤勉さといった側面を重視している。このような、一定基準の倫理観が、豊彦との出会いによって、スラム活動への共鳴につながっていったのだろう。それは、家族環境、特に両親との関係の中で養われた要素が大きいだろう。晩年、ハルは、家庭における宗教教育の役割についての講演を数多く行うが、それらも、ハル自身の子育ての経験と合わせて、ハルの幼少期からの体験に負うところも大きかったのではないか。キリスト者となった以降のハルにとって信仰は大きな要素であり、市民社会活動を行う重要な動機となりうる。しかし、キリスト者になる以前から形成されていた倫理観や人格面もまた、ハルがキリスト教に共鳴し、市民社会における活動へと促されていく際に不可欠な要素であったと考えてよい。そのような倫理的基盤が、後の豊彦との出会いによって、具体的な市民社会における実践の形として結実したのだと推測する。

以上、本章においてハルの生涯を概観した。この生涯を踏まえ、次章以下においては、ハルのキリスト教信仰、妻・母という女性としての役割、そして市民社会活動、というハルを特徴づける三点に着目しつつ、ハルの活動と思想を考察していく。

■注（第一章）

１　「女中」「女工」の用語については、現代では女性の職業を指す用語として使用しないが、ハルの時代の文脈では一般的に使用されており、またハル自身が執筆の中で使用していることから、本書では、そのまま「女中」「女工」として表記する。

２　賀川はる子『女中奉公と女工生活』（一九二三年）（三原容子編『賀川ハル史料集』第一巻、緑蔭書房、二〇〇九年、一二一頁）。ハルの執筆名は、その時々において「賀川はる子」「賀川春子」「賀川ハル」と表記が異なる。そのため、以下書誌記載に際しては、その原文に記載された執筆名に従い、執筆名が記載されていない日記等に関しては「賀川ハル」と記載することとする。また、インタビュー記事等、執筆者名が記載されていない文献に関しては、執筆者名を記載しない。以下、本書中の引用に際して、旧字体は新字体に改めた。

３　初出は一九一九（大正八）年一一月『大阪毎日新聞』とされる（三原容子編『賀川ハル史料集』第一巻、緑蔭書房、二〇〇九年、七五―一三四頁）。

４　三原容子編『賀川ハル史料集』第一巻、緑蔭書房、二〇〇九年、四頁

５　「旧地名地番と現在の町名」の対照表によれば、中里村二〇番は、現在の上町二丁目となっており、現在の地図と照らし合わせると、上町二丁目にある横須賀市立図書館の南東部にあたる一帯が、中里村二〇番地あたりとなっている（横須賀市年整備部年整備課編『横須賀の町名・１９８９』横須賀市、一九八九年、一〇四頁）。

６　鈴木徳弥『上町の歴史――横須賀市（旧中里、深田）』鈴木徳弥、一九九五年

７　汐入小学校「汐入小学校便り」三―七頁（発行年、号数等不明。学校沿革として「平成二六年九月」までの出来事が詳細に記載されているので、それ以降の発行と思われる）。山田耕筰が、横須賀小学校出身であり、昭和六年の創立六〇周年記念事業として校歌を作曲したとされている。

８　加藤重『わが妻恋し――賀川豊彦の妻ハルの生涯』晩聲社、一九九九年、一五頁

９　賀川はる「女中奉公の一年」（一九二二年）（三原容子編『賀川ハル史料集』第一巻、緑蔭書房、二〇〇九年、五四頁）

１０　「賀川ハル」『名誉都民小伝』東京都生活文化局コミュニティ文化部、一九八二年、三二頁

１１　横須賀小学校は一八九〇（明治二三）年に谷町一番町（現在地）に校舎が建てられた（前掲、汐入小学校「汐入小学校便り」四頁）。

１２　転校理由を、横須賀小学校の火災による校舎消失のためではないか、と加藤は推測している（加藤重『わが妻恋し――賀川豊

彦の妻ハルの生涯』晩聲社、一九九九年、一七頁）。一八八九（明治二二）年、一八九九（明治三二）年の二度、火災にあい、校舎を再建している。豊島小学校は、一八八八（明治二一）年に中里村九四番地、現在の緒明山に建設され、さらに一八九七（明治三〇）年に現在の地（上町三―二一）に移転している（中央地域文化振興懇話会編『よこすか中央地域　町の発展史２』横須賀市、二〇〇三年、七頁、二四頁）。

13　「賀川ハル」『名誉都民小伝』東京都生活文化局コミュニティ文化部、一九八二年、三一頁

14　ハル一家の神戸への転居後ではあるが、一九〇六（明治三九）年には中里町に横須賀福音教会（現・日本基督教団横須賀上町教会）が設立されている。

15　ハルが一四歳の時、父親が福音印刷合資会社に入社するために家族で横浜に移転しているが、福音印刷合資会社の経営者であり親族である村岡家の住居が居留地傍の太田町であることから、芝家の住居も居留地からそれほど離れた場所ではなかったのではないだろうか。

16　「賀川ハル」（『名誉都民小伝』東京都生活文化局コミュニティ文化部、一九八二年、三三頁）によると、奉公先は日本橋であった。

17　ハルの記述において、「文」「文子」等の記載も見られるが、ハル執筆の引用以外の本書記述においては「フミ」に統一した。また、ヤヘについても、「ヤエ」、「ヤヱ」、「八重」、「八重子」等、ハルの記述においてゆれがあるが、ハルの引用以外の本書記述においては、「ヤヘ」に統一した。また、ウタについても、ハルの記述においては「歌子」等の記載もあるが、引用以外の本書記述においては「ウタ」に統一した。

18　ハルの下には五人の妹が生まれるが、二女と三女についてハル自身は述べておらず、夭折したのではないか、と加藤は推測している（加藤重『わが妻恋し――賀川豊彦の妻ハルの生涯』晩聲社、一九九九年、一五頁）。

19　賀川はる子『女中奉公と女工生活』（一九二三年）（三原容子編『賀川ハル史料集』第一巻、緑蔭書房、二〇〇九年、二九頁）

20　賀川はる子『女中奉公と女工生活』（一九二三年）（三原容子編『賀川ハル史料集』第一巻、緑蔭書房、二〇〇九年、二四頁）

21　賀川はる子『女中奉公と女工生活』（一九二三年）（三原容子編『賀川ハル史料集』第一巻、緑蔭書房、二〇〇九年、三七頁）

22　賀川はる子『女中奉公と女工生活』（一九二三年）（三原容子編『賀川ハル史料集』第一巻、緑蔭書房、二〇〇九年、四二頁）

23　加藤によると、房吉は一九一七年に亡くなったとされている（加藤重『わが妻恋し――賀川豊彦の妻ハルの生涯』晩聲社、一九九九年、二八六頁）。しかし「芝ムラ姉を偲びて」（牧野仲造『天国にある人びと』牧野仲造、一九八八年、一二―一四頁）で

は、父親として「政吉」が五一歳で亡くなったとされているが、もし父親の「房吉」を指しているのであれば、氏名が不正確であることもあり、信憑性には疑問がある。ただし、豊彦は、一九二二年の長男を妊娠中のハルについて、「私は臨時に妻をその当時病んでゐた妻の父の家に隠したこともありました」(「夫婦の苦悩の後」『賀川豊彦全集』第二二巻、キリスト新聞、一九三七年、二五二頁)と記している。これが、房吉のことであるとするならば、房吉は一九二二年の時点では生存していたことになる。

24　賀川はる子『女中奉公と女工生活』(一九二三年)(三原容子編『賀川ハル史料集』第一巻、緑蔭書房、二〇〇九年、二一頁)

25　賀川ハル「一九一四年日記」(九月三日)(三原容子編『賀川ハル史料集』第一巻、緑蔭書房、二〇〇九年、一八六頁)

26　賀川ハル「ハルよりアメリカの豊彦宛書簡」(一九一七年)(三原容子編『賀川ハル史料集』第一巻、緑蔭書房、二〇〇九年、二二一頁)

27　例えば、一九五四年九月六日豊彦からハル宛の書簡(松沢資料館所蔵)など。

28　賀川はる子『女中奉公と女工生活』(一九二三年)(三原容子編『賀川ハル史料集』第一巻、緑蔭書房、二〇〇九年、二三頁)

29　キリスト教家庭集会のこと

30　賀川はる子『女中奉公と女工生活』(一九二三年)(三原容子編『賀川ハル史料集』第一巻、緑蔭書房、二〇〇九年、四八頁)

31　「流行児となつた彼の悲哀」(一九二二年)(三原容子編『賀川ハル史料集』第一巻、緑蔭書房、二〇〇九年、三六八頁)

32　賀川ハル「一九一四年日記」(三月三〇日)(三原容子編『賀川ハル史料集』第一巻、緑蔭書房、二〇〇九年、一五六頁)

33　賀川ハル「一九一四年日記」(三月二一日)(三原容子編『賀川ハル史料集』第一巻、緑蔭書房、二〇〇九年、一五四頁)

34　賀川ハル「一九一四年日記」(四月一六日)(三原容子編『賀川ハル史料集』第一巻、緑蔭書房、二〇〇九年、一六〇頁)

35　賀川はる子『女中奉公と女工生活』(一九二三年)(三原容子編『賀川ハル史料集』第一巻、緑蔭書房、二〇〇九年、三六頁)

36　賀川はる子『女中奉公と女工生活』(一九二三年)(三原容子編『賀川ハル史料集』第一巻、緑蔭書房、二〇〇九年、二六頁)

37　賀川はる子『女中奉公と女工生活』(一九二三年)(三原容子編『賀川ハル史料集』第一巻、緑蔭書房、二〇〇九年、五五頁)

38　賀川はる子『女中奉公と女工生活』(一九二三年)(三原容子編『賀川ハル史料集』第一巻、緑蔭書房、二〇〇九年、三六頁)

39　一九七四(昭和四九)年二月執筆に、ヤヘについて「昨年七月以来、西宮市の実妹、本多歌子さんと同居していた」とあるので、少なくとも一九七三(昭和四八)年七月時点では、ウタは存命だったと思われる(牧野仲造『天国にある人びと』牧野仲造、一九八八年、一六頁)。

40　賀川ハル「一九一四年日記」（八月二〇日）（三原容子編『賀川ハル史料集』第一巻、緑蔭書房、二〇〇九年、一八三・一八四頁）
41　加藤重『わが妻恋し——賀川豊彦の妻ハルの生涯』晩聲社、一九九九年、二八五頁
42　武内勝（口述）・村山盛継（編）『新版・賀川豊彦とボランティア』神戸新聞総合出版センター、二〇〇九年、三四四・三四五頁
43　賀川ハル「一九二〇年日記」（二月八日）（三原容子編『賀川ハル史料集』第一巻、緑蔭書房、二〇〇九年、二五四頁）
44　賀川豊彦『太陽を射るもの』（『賀川豊彦全集』第一四巻、キリスト新聞社、一九六四年、三八七頁）
45　三原容子編『賀川ハル史料集』第一巻、緑蔭書房、二〇〇九年、二二二頁
46　賀川ハル『女中奉公と女工生活』（一九二三年）（三原容子編『賀川ハル史料集』第一巻、緑蔭書房、二〇〇九年、四六頁）
47　賀川ハル「一九一四年日記」（七月三〇日）（三原容子編『賀川ハル史料集』第一巻、緑蔭書房、二〇〇九年、一八一頁）。同年七月二五日の日記にも同様の記載がある。
48　賀川ハル「一九一四年日記」（九月五日）（三原容子編『賀川ハル史料集』第一巻、緑蔭書房、二〇〇九年、一八六頁）
49　賀川ハル「ハルよりアメリカの豊彦宛書簡」（一九一七年）（三原容子編『賀川ハル史料集』第一巻、緑蔭書房、二〇〇九年、二二一頁）
50　「自分を捨てた生涯　芝八重さんのこと」（牧野仲造『天国にある人びと』牧野仲造、一九八八年、一五—一七頁）
51　「流行児となつた彼の悲哀」（一九二二年）（三原容子編『賀川ハル史料集』第一巻、緑蔭書房、二〇〇九年、三六八頁）
52　賀川ハル「一九一四年日記」（七月四日）（三原容子編『賀川ハル史料集』第三巻、緑蔭書房、二〇〇九年、三五〇頁）
53　例えば、一九七三年二月七日日記（三原容子編『賀川ハル史料集』第三巻、緑蔭書房、二〇〇九年、二二八頁）など。
54　松沢資料館所蔵資料
55　賀川ハル「一九七四年日記」（一月六日）（三原容子編『賀川ハル史料集』第三巻、緑蔭書房、二〇〇九年、二一〇頁）
56　例えば、一九一四年八月一〇日日記（三原容子編『賀川ハル史料集』第一巻、緑蔭書房、二〇〇九年、一八二頁）など。
57　賀川ハル「一九二〇年日記」（一月一日）（三原容子編『賀川ハル史料集』第一巻、緑蔭書房、二〇〇九年、二四九頁）
58　「流行児となつた彼の悲哀」（一九二二年）（三原容子編『賀川ハル史料集』第一巻、緑蔭書房、二〇〇九年、三六八頁）
59　一九七二年九月一三日日記には、本多健太郎の永眠の知らせを受け、一四日には一一時に西宮での葬儀に出発し、翌午前二時

過ぎに松沢に帰宅した旨が記されている（三原容子編『賀川ハル史料集』第三巻、緑蔭書房、二〇〇九年、一九〇頁）。八四歳にして健脚なハルの姿がしのばれる。

６０　例えば、一九二五年三月二八日（三原容子編『賀川ハル史料集』第二巻、緑蔭書房、二〇〇九年、一三頁）や一九二八年三月二六日（三原容子編『賀川ハル史料集』第二巻、緑蔭書房、二〇〇九年、六八頁）の日記など。

６１　賀川はる子『女中奉公と女工生活』（一九二三年）（三原容子編『賀川ハル史料集』第一巻、緑蔭書房、二〇〇九年、二九頁）

６２　賀川ハル「一九六四年日記」（三月二八日）（三原容子編『賀川ハル史料集』第三巻、緑蔭書房、二〇〇九年、三九八頁）

６３　北川信芳「スラムで奉仕するようになるまで――賀川ハル婦人とある日の対話から」（三原容子編『賀川ハル史料集』第一巻、緑蔭書房、二〇〇九年、五九頁）

６４　二〇一六年九月九日インタビュー調査聞き取り

６５　賀川ハル「一九二〇年日記」（三月二〇日）（三原容子編『賀川ハル史料集』第一巻、緑蔭書房、二〇〇九年、二五六頁）

６６　賀川はる子『女中奉公と女工生活』（一九二三年）（三原容子編『賀川ハル史料集』第一巻、緑蔭書房、二〇〇九年、二六頁）

６７　賀川はる子『女中奉公と女工生活』（一九二三年）（三原容子編『賀川ハル史料集』第一巻、緑蔭書房、二〇〇九年、三六頁）

６８　雨宮栄一『青春の賀川豊彦』（新教出版社、二〇〇三年）等を参照。

６９　雨宮栄一『貧しい人々と賀川豊彦』新教出版社、二〇〇五年、七九頁

７０　ハルは二五歳で豊彦と結婚する。内閣統計局が出しているとする大正九年の妻の結婚平均年齢は二四・二六歳となっている。ただし、結婚数の最大である年齢は一九・七三歳となっていることに比較すると、二五歳というハルの結婚は、当時としては晩婚型であったと言えるのかもしれない。岡崎文規「人口問題研究」（http://www.ipss.go.jp/syoushika/bunken/data/pdf/14194001.pdf　二〇一四年七月一二日最終閲覧）を参照。

７１　『覚醒婦人』第二号（一九二二年二月発行）では、編集人住所が「神戸市北本町六丁目三番」であるが、第一一号（一九二三年五月発行）以降は「神戸市北本町六丁目二二〇」となっている。これは、「子供が生れてから貧民窟の表側に小さい家を借りて、初めて二階建ての家で子供を育てることにしました」とある豊彦の記述（賀川豊彦「夫婦の苦闘の跡」（一九三七年）三原容子編『賀川ハル史料集』第一巻、緑蔭書房、二〇〇九年、六四頁）と照らし合わせると、賀川一家の引っ越しが反映されたものと考えられる。

７２　賀川ハル「新川貧民窟三十年の思ひ出」（一九三九年）（三原容子編『賀川ハル史料集』第一巻、緑蔭書房、二〇〇九年、三六

二頁）
73 賀川はる子『女中奉公と女工生活』（一九二三年）（三原容子編『賀川ハル史料集』第一巻、緑蔭書房、二〇〇九年、三〇頁）
74 例えば、一九二三（大正一二）年二月三日の日記には、「松井」に殺すといわれ続けていたため、急遽台湾伝道に赴く豊彦に同行することになった経緯が記されている（賀川ハル「一九二三年日記」（三原容子編『賀川ハル史料集』第一巻、緑蔭書房、二〇〇九年、三四九頁））。
75 晩年には、子供たちが、人生相談にハルの下を訪れた来客が、晴れ晴れとした顔をして立ち去ったさまを語っている（三原容子編『賀川ハル史料集』第三巻、緑蔭書房、二〇〇九年、一〇九頁）。
76 賀川ハル「一九一四年日記」（二月一九日）（三原容子編『賀川ハル史料集』第一巻、緑蔭書房、二〇〇九年、一四七頁）
77 賀川ハル「一九一四年日記」（三月一六日）（三原容子編『賀川ハル史料集』第一巻、緑蔭書房、二〇〇九年、一五三頁）
78 賀川はる子『女中奉公と女工生活』（一九二三年）（三原容子編『賀川ハル史料集』第一巻、緑蔭書房、二〇〇九年、五六頁）
79 ジョン・ラスキン（John Ruskin、一八一九～一九〇〇）。美術評論家、社会思想家。
80 賀川ハル「一九一四年日記」（二月二七日）（三原容子編『賀川ハル史料集』第一巻、緑蔭書房、二〇〇九年、一四九頁）
81 賀川ハル「一九一四年日記」（二月二八日）（三原容子編『賀川ハル史料集』第一巻、緑蔭書房、二〇〇九年、一四九頁）
82 賀川ハル「一九一四年日記」（三月九日）（三原容子編『賀川ハル史料集』第一巻、緑蔭書房、二〇〇九年、一五一頁）
83 賀川ハル「一九一四年日記」（五月一五日）（三原容子編『賀川ハル史料集』第一巻、緑蔭書房、二〇〇九年、一六六・一六七頁）
84 イギリス救世軍の創設者ウィリアム・ブース（一八二九～一九一二）の妻・キャサリン・ブース（一八二九～一九一〇）を指すと思われる。
85 賀川ハル「一九一四年日記」（三月一二日）（三原容子編『賀川ハル史料集』第一巻、緑蔭書房、二〇〇九年、一五二頁）
86 賀川ハル「一九一四年日記」（五月二九日）（三原容子編『賀川ハル史料集』第一巻、緑蔭書房、二〇〇九年、一七〇頁）。「マヤス先生」とはマイヤース（Harry W. Myers）のこと。
87 賀川ハル「一九一四年日記」（四月三日）（三原容子編『賀川ハル史料集』第一巻、緑蔭書房、二〇〇九年、一五七頁
88 例えば、豊彦が本を読みすぎたため、眠りにつきにくかった様子が記される（賀川ハル「一九一四年日記」（三月一〇日）（三原容子編『賀川ハル史料集』第一巻、緑蔭書房、二〇〇九年、一五一頁））。

８９　例えば、豊彦が「独語の先生の許」に行ったと記される（賀川ハル「一九一四年日記」（二月二〇日）（三原容子編『賀川ハル史料集』第一巻、緑蔭書房、二〇〇九年、一四七頁））。
９０　例えば、豊彦が貧民心理の執筆を開始した様子が記される（賀川ハル「一九一四年日記」（二月二一日）（三原容子編『賀川ハル史料集』第一巻、緑蔭書房、二〇〇九年、一四八頁））。
９１　例えば、豊彦が弁当を持って図書館へ出かける様子が記される（賀川ハル「一九一四年日記」（三月九日）（三原容子編『賀川ハル史料集』第一巻、緑蔭書房、二〇〇九年、一五一頁））。
９２　二〇一六年九月九日インタビュー調査聞き取り
９３　賀川ハル「一九一四年日記」（一〇月二〇日）（三原容子編『賀川ハル史料集』第一巻、緑蔭書房、二〇〇九年、一九〇頁）
９４　賀川ハル「一九一四年日記」（一〇月二一日）（三原容子編『賀川ハル史料集』第一巻、緑蔭書房、二〇〇九年、一九一頁）
９５　賀川ハル「一九一四年日記」（五月二九日）（三原容子編『賀川ハル史料集』第一巻、緑蔭書房、二〇〇九年、一七〇頁）
９６　賀川はる子『貧民窟物語』（一九二〇年）（三原容子編『賀川ハル史料集』第一巻、緑蔭書房、二〇〇九年、七七頁）
９７　賀川ハル「一九一四年日記」（八月一〇日）（三原容子編『賀川ハル史料集』第一巻、緑蔭書房、二〇〇九年、一八二頁）
９８　賀川ハル「一九二五年日記」（二月四日）（三原容子編『賀川ハル史料集』第二巻、緑蔭書房、二〇〇九年、七・八頁）
９９　賀川ハル「一九二八年日記」（四月二五日）（三原容子編『賀川ハル史料集』第二巻、緑蔭書房、二〇〇九年、七〇頁）
１００　幼稚園に通う道の一コマとして記されているが、牧野仲造『天国にある人びと』（牧野仲造、一九八八年、七頁）によると、この時期は「芦屋教会附属甲陽幼稚園」に通っていたとあるので、これもその頃の出来事だろうか。
１０１　「信仰生活の試練」（一九二五年）（三原容子編『賀川ハル史料集』第二巻、緑蔭書房、二〇〇九年、五六頁）
１０２　豊彦に関する出来事については、「賀川ハル・豊彦略年表」（加藤重『わが妻恋し――賀川豊彦の妻ハルの生涯』晩聲社、一九九九年、二八二―二九五頁）を参照。
１０３　「夫豊彦とともに五〇年」（『月刊キリスト』一二（一一）、教文館、一九六〇年）（三原容子編『賀川ハル史料集』第三巻、緑蔭書房、二〇〇九年、四七頁）
１０４　賀川春子「社会事業家の妻として四十年」（一九五〇年）（三原容子編『賀川ハル史料集』第二巻、緑蔭書房、二〇〇九年、三〇三頁）
１０５　「座談会・賀川ハルを語る」（二〇〇七年）（三原容子編『賀川ハル史料集』第三巻、緑蔭書房、二〇〇九年、一〇八頁）

106　賀川ハル「一九六五年日記」（六月一三日）（三原容子編『賀川ハル史料集』第三巻、緑蔭書房、二〇〇九年、三七五頁）
107　賀川ハル「一九六七年日記」（一月一日）（三原容子編『賀川ハル史料集』第三巻、緑蔭書房、二〇〇九年、三三七頁）
108　松沢資料館には未整理書簡も相当数保管されているが、本書での調査対象は松沢資料館での整理済書簡のみとする。
109　一通の中に、例えば豊彦宛てにハルと長男がそれぞれに便箋にしたためている場合や豊彦からハルと子供宛てに送付している場合は、それぞれの表上の数に入れている。また、封筒のみが残されている場合は、数に入れていない。
110　［　］内番号は、松沢資料館ファイル番号。本書簡に関しては、資料館ファイルでは「一九一五年」のハガキと記録されているものの、内容その他を総合的に検討した結果、「一九一七年」と判断した。
111　二〇一六年九月一〇日賀川豊彦学会にて聴取。
112　松沢資料館整理情報では、一九五一（昭和二六）年書簡となっているが、豊彦が一九五〇（昭和二五）年のイギリス滞在中の同時期に他の多くの書簡が投函されていること、また教会で総会があったという「四月一六日」は一九五〇（昭和二五）年には日曜日に当たることから、一九五〇（昭和二五）年の書簡であると推測できる。
113　賀川しげ（一九二八―二〇〇九）。豊彦の弟・喜慶の娘。一九四〇（昭和一五）年に母・しづが亡くなり、父が船員だったことから、一九四〇（昭和一五）年より賀川豊彦一家と共に生活をした。父・喜慶は一九四五（昭和二〇）年に戦死した。一九五六（昭和三一）年、高橋直躬と結婚した。
114　「ついで」
115　二〇一六年三月三一日インタビュー調査聞き取り
116　例えば、ハルから豊彦への書簡（一九一七（大正六）年三月二日付）（三原容子編『賀川ハル史料集』第一巻、二〇〇九年、二二一・二二二頁）など。
117　「たい」
118　「つづまやか」

第二章　ハルのキリスト教信仰

ハル等と共に覚醒婦人協会に関わり、覚醒婦人協会の機関誌『覚醒婦人』の執筆者の一人でもあった小見山富恵（一八九五（明治二八）〜一九八六（昭和六一））が後に回想の中で、ハルのことを、「奥さんはとてもおとなしい人です。お書きになる方じゃないの。おとなしい」[1]として、ハルが文章を書く人ではなかったと述べている。確かに、『覚醒婦人』そのものにはハルの名が執筆者としては登場せず、ハルの思想を読み取ることのできるような記事は掲載されていない。しかし実際には、この時期、ハルは執筆を行っている。私的なものとしては、ハルの日記がある。また、公のものとしては、『貧民窟物語』[2]と『女中奉公と女工生活』[3]がハル執筆の著作として、それぞれ一九二〇（大正九）年と一九二三（大正一二）年に刊行されている。これらの著作は、婦人運動について書かれたものではなく、ハルの体験を題材とした自伝的内容ではあるが、このような著作の存在は、ハルが全く書かないわけではないことを示している。また、ハルによる新婦人協会の演説会のための演説草稿もあり、それらの執筆内容には、女性の人権や労働の価値、キリスト教信仰に対するハル自身の思想が表されている。

本章では、ハルの著述を詳細に検討することにより、キリスト教信仰、女性観、市民社会活動に対する視点、というハルを特徴づける三点のうち、まず、ハルのキリスト教信仰を考察する。

ハルがキリスト教の洗礼を受けたのは、二四歳の時であった。豊彦との出会いが入信の大きなきっかけであるが、キリスト教との接触はそれ以前からあった。その以前からのキリスト教との接触により、入信に向けての内面的準備が整えられていたとも考えられる。

そこで本章では、第一節に、ハルの信仰形成に大きな影響力を持つと考えられるキリスト教入信前後に交流のあったキリスト者、宣教師、キリスト教団体等との接触をまとめ、それらがハルのキリスト教入信の動機やその後の信仰形成にどのような影響を与えたかを考察する。第二節に、ハルの信仰の特徴とイエス観を取り上げ、そのキリスト教理解の一端を考察する。

第一節　信仰に影響を与えたキリスト者たち

第一項　伯父・村岡平吉とその妻・はな

ハルにとって、人生で最初のキリスト教との直接の接触は、伯父・村岡平吉とその妻・はなによるものであった。

（一）村岡平吉

村岡平吉は、一八五二（嘉永五）年、神奈川に生まれ、一八七六（明治九）年、ハルの父親・房吉の姉である山田はな[4]と結婚する。

一八八三（明治一六）年四月一日、横浜住吉町教会（一八九二（明治二五）年に指路教会と改名。以下、指路教会）において、米国宣教師ノックス[5]より洗礼を受けた。平吉が三一歳の頃である。実姉がキリスト者であったことや、一八七七（明治一〇）年に入社したフランス新聞社「レコ・デュ・ジャポン（L,Eocho du Japon）」[6]が横浜山手の外国人居留地内に位置していたことから、キリスト教や西洋的な雰囲気が平吉のごく身近にあったといえる。

当時は無牧であった指路教会において牧会的働きを担っていた南小柿《みながき》洲吾（一八四五～一九一七）の一八八三（明治一

六）年の日記には次のような記載があり、平吉の受洗までの軌跡をたどることができる。

二月二五日
バプテスマヲウケントスル村岡氏江川氏ヲ教ユ[7]

三月一日
午後第七時三十分頃ヨリ村岡氏来テ真理ニ付テ語ル[8]

三月三日
午後七時太田町五丁目村岡氏宅ニ（中略）道ヲ述フ後祈祷[9]

三月二六日
午後村岡氏来テバプテスマノ調ヲナス[10]

四月一日
本日ナックス氏来ルバプテスマ受クルモノ二名ニ即江川邑岡氏ナリ[11]

また、受洗後は、平吉の自宅において祈祷会も行っていたようである。例えば、一八八三（明治一六）年一〇月二六日南小柿の日記には、「邑岡氏司会邑岡氏宅」と記録されている。[12] また、同年の日記には次のような記録もある。九月一七日（月）「邑岡氏朝野新聞持来リノアノ洪水ノ方船ノアラ、ト山ノ渓谷間ニ氷中ニ突出セルヲ発見セル事記シアルヲ見タリ」[13]。前日は主日の礼拝のために教会にいた平吉が、また翌日の月曜日には新聞を手にして教会を訪れる姿からは、平吉にとって教会が身近な存在であったことを想像させる記載である。

なお、平吉は、一八九四（明治二七）年～一九〇〇（明治三三）年、および一九〇四（明治三七）年～一九二二（大正一二）年五月二〇日永眠までの期間に指路教会の長老として名が記録されている。[14] 一九〇九（明治四二）年に妻・はなが永眠するが、その前後も途絶えることなく長老として名前が記載されており、平吉と教会との結びつきをみることができる。

平吉は一八九八（明治三一）年、聖書、讃美歌、聖公会の祈祷書、講壇用の大型聖書、トラクト等を印刷する合資会社を設立する。平吉が四六歳頃のことである。ハルと父親の房吉が勤務した神戸支店開設は一九〇四（明治三七）年であり、房吉は支店開設直後の一九〇四（明治三七）年五月から、そしてハルは同年一〇月から一九一三（大正二）年三月末まで勤務した。平吉・はな夫妻には六男二女があり、[15] 平吉は妻・はなの死後の一三年後の一九二二（大正一二）年五月二〇日に亡くなった。

ハルの著述には、伯父である平吉から直接キリスト教について聞いたという記載はないが、伯父の経営する合資会社に勤務したことにより、ハルは、合資会社で行われる勤務者向けの礼拝や、印刷されたトラクトなどを通してキリスト教との接触の機会が増える。

この会社の社長は早くから基督信者になつて、イエスの福音の宣伝に平信徒として勤めた。それで自分の会社の社員や労働者に福音を聞かせたかつたので一週間に一回工場内で伝道説教が有つた。牧師を通して、そしてこの神戸の支店でも本社に習ふて毎月曜日の朝に一時間、讃美歌を教へられたり、説教を聞いたりした。十二月廿五日クリスマスの祝賀会が催された。クリスマスが西洋人の正月だなどと間違はなかつたが、信仰を持つ者は其頃殆どなかつた。[16]

手元で作つてゐる聖書を時折見ること丶、解り易い伝記が、これも会社で出来る基督教宣伝用トラクトなどを読むのであつた。[17]

また勤務者向けの礼拝には、山室軍平[18]も牧師として訪れたという。

救世軍の大佐山室軍平先生がこの印刷所に来て職工のために一場の説教をなすつたもこの頃であつたと思ふ。[19]

合資会社が救世軍のパンフレット『鬨の声』の印刷を請け負っていたことから、山室と平吉との交流があったのだろう。平吉自身はアメリカ長老教会の流れにある指路教会に属しているものの、救世軍の山室を招いているのは、教派・教団の壁に縛られない平吉の姿勢の表れかもしれない。

(二)　村岡はな

ハルの父親の姉であり、平吉の妻であるはなは、夫と同じく横浜住吉町教会（後の指路教会）において洗礼を受ける。はなの洗礼についても、南小柿の一八八三（明治一六）年の日記には次のように記録されている。

六月二日
八時バプテスマノ試験ヲナス其名左の如シ（中略）邑岡花　女[20]

六月三日
十時ナックス氏邑岡花女（中略）ニバプテスマヲ施ス[21]

平吉の洗礼よりも二か月ほど後のことであり、夫妻の洗礼時期がわずかにずれている理由は不明だが、夫妻はほぼ同じ時期にキリスト教に入信している。

この伯母はなのキリスト教信仰について、ハルは次のように記す。

> 伯母は早くから伯父等と共に基督教信者であつた。私が小学校に通はない以前から耶蘇教の本が横浜から送られてあつて、信仰を勧められたものだが文字が読める様になつて私は時々開いて見たが、よみ憎い片仮名、人の名前で面白くないのでそのまゝにしていた。十二歳の時夏休みに横浜の伯母の許に遊びに行くと、日曜日には皆で会堂に出掛ける。[22] 兎に角く熱心な信者であつた。私はこの人達には世話になつて、そして伯母からより感化を受けた。夫に対して子供に対して、又その友達隣人に接して伯母はよい人であつた。豪い夫人であつた。私はいつも尊敬を払つて居た。[23]

この「十二歳」の時点では、ハルの信仰的関心はまだ開かれておらず、ただ「その友達隣人に接して伯母はよい人」であるという、いわば「よい人柄」の側面にのみ関心が向けられ、その点に関して「尊敬を払つて居た」という。信仰的側面には無関心であったが、伯母の良い人柄がキリスト教信仰の文脈の中に位置づけられて理解されている。ハルはキリスト教に対する強い関心は持っていないものの、伯母の人柄を通して、キリスト教に対しては好印象を抱いていたといってよい。

ハルが住んでいた最寄の地域を通る横須賀線はハル誕生の翌年の一八八九（明治二二）年に開通しており、一九〇四（明治三七）年一〇月には、すでに新橋—横須賀間に、三往復の直通列車が設定されていたということであるから、[24] ハルが一二歳の一九〇〇（明治三三）年前後にも列車で伯母たちの家がある横浜まで向かったのかもしれない。伯母たちの家は居留地近辺の太田町にあり、そして伯父・平吉の会社である合資会社は居留地の中であったことからも、多様な国の人々が行きかう町の風景をハルも見慣れていたことだろう。

しかし一九〇九（明治四二）年、ハルが二一歳の秋、この伯母は腎臓病のため亡くなる。この時、ハルも神戸から横浜に赴き、伯母の最後をみとった出来事が『女中奉公と女工生活』に記されている。[25]

然し私は疑つた。基督教は神は愛だと教へ、神に心熱い伯母は何故あの病苦が有つたのだろう。神に頼らない基督教を嫌う人のうちにもあんなに迄病の苦しみを知らぬ他人もあるのに、愛の神だと云ふ神がどうして伯母にあの苦しみを与へたのであらうと、私は解らなかつた。私が信仰のない者だと知つて教会の人は慰めてもくれ、教も説いてもくれた。然し私はこの疑を抱いて強い反感を以て説く人を退けた。こんな疑を持つて私は数日の後神戸に帰つて来た。相変らず通勤してゐた会社ではやはり毎月曜日に半時間、牧師に依って基督教の教が説かれた。然し私のこの疑をとくよすがも無かつた。[26]

この体験が、ハルのキリスト教入信への伏線となっていく。ハルは、伯母の語るキリスト教そのものには関心を持っていなかったとはいえ、伯母には好意を抱いていた。その伯母への好意があったからこそ、伯母の死に対して、戸惑いと怒りとを感じたのだろう。ハルは「神の愛」と「伯母の苦しみ」が矛盾したものであるとして、葛藤を覚える。ハルはこの時点で、キリスト教信仰を受け入れてはいないが、神の性質は「愛」であると認識している。それまでの伯父や伯母との接触や、また、女工としての勤務先の印刷工場で行われる毎週の牧師による礼拝、さらに印刷工場で印刷しているキリスト教のトラクトなどを時折読んでいた、とハルが記している[27]が、そのような蓄積から、たとえキリスト教信仰には至らずとも、神の性質は「愛」であると理解していたのだろう。しかし伯母の死に接して、この神の「愛」と伯母の「苦しみ」は相容れない矛盾であると考え、ハルはその対立したようにみえる二つの概念を調和できなかったようだ。

このような怒りや戸惑いという形であったが、伯母の死を通して、神の存在がハルにとって印象付けられることとなった。そしてこの矛盾に対する葛藤が、その後の豊彦の語るキリスト教の神を受け入れる道備えとなったのではないか。豊彦の説教によるハルの回心については後に詳細に触れるが、その後のハルの内面の変化を示しているのが、伯母の死後の出来事としての次の記述である。

> 暗い空を見上げては燦爛と輝く星を見ると地上の人の生活とはかけ離れて、神々しさを思ふのである。自分にはこれだと指摘し得ないが何かこの世の中には私達人類の司配者なるものが有ると思へる。そしてこんなに私は愛する両親と永くこの世に居るのは余程特別な恩恵を受けてゐるものだと考へてくると、私には行手に一点の光明を見出すことが出来るのであつた。[28]

ここには、それまでの、同僚の身上や趣味のお芝居への関心とは異なるハルの視点がある。ハルは空を見上げ、「地上の人の生活とはかけ離れ」た世界に思いを馳せ、「人類の支配者なる」存在を考える。いわば、伯母の死を通して、現世を超えた永遠の世界に対する視点が開かれたということではないか。それは、宗教心の芽生えとも表現できる。

豊彦のイエスの十字架に関する説教がキリスト教入信の大きな契機となったことはハル自身が記している事実であるが、しかし、その大きな転機は、キリスト者であった伯母の死であろう。つまり、それまで数年間、伯父・伯母を通してキリスト教に接していたからこそ、矛盾した概念のようにみえる伯母の苦しみと神の愛の調和に葛藤した。もし、それ以前に接触したキリスト教がなければ、伯母の死による悲しみは覚えても、神の愛の理解への葛藤は生まれず、よって、豊彦の贖罪愛の説教がハルの心に響くことはなかったのではないか。ゆえに、伯母や伯父によってハルに伝えられていたキリスト教の意義は大きかったと評価したい。

(三) 社会の一員として生きるキリスト者の姿

以上の伯父・伯母を通してのキリスト教との接触と、その後のハルのキリスト教理解との接点から二点を指摘したい。

一点目は、特定の教派・教団との関わりに限定されていない点である。キリスト教信仰を持った後のハルの日記や講演といった著述には、思想的に大きな影響を受けたと思われる特定の牧師名や教団名、神学者名は登場しない。ハルが出会った最初のキリスト者が伯父・伯母であり、最も身近な信仰の導き手が夫でありかつ牧師としての豊彦であり、ハルは入信前後において、特定の教団・教派、神学と結びついていない。このことは、ハルが教団・教派、また場合によっては宗教の枠組みを超えて人々と連帯することができた姿勢にもつながったのではないか。

二点目は、ハルがキリスト教を知った当初から、キリスト教と市民社会との結びつきを認識していた点である。合資会社を経営し、狭義の意味におけるキリスト教伝道活動ではなく、市民社会の一員として、また信仰者として生きた伯父の姿に間近に接したことは、ハルにとって、キリスト者が市民社会との関わりの中に生きることをごく自然な形として認識する一要因ともなったのだろう。

第二項　ローガン宣教師夫妻、マイヤース宣教師夫妻

次に、豊彦のキリスト教信仰にとってもまた重要な人物である二組の米国南長老教会派遣の宣教師夫妻を挙げる。この二組の宣教師であるチャールズ・A・ローガン（Charles A. Logan）（一八七四〜一九五五）夫妻とハリー・W・マイヤース（Harry W. Myers）（一八七四〜一九四五）夫妻との交流の様子は、ハルの日記にもたびたび登場する。[29]

写真８　ローガン（前列左から４番目）、マイヤース（後列左から８番目）、賀川豊彦（中列左から６番目）、神戸神学校にて。

（一）教会的背景

二組の宣教師たちの背景となる米国長老教会は、一八六一年の南北戦争の勃発により二つに分かれ、その一つがローガンとマイヤースの属する南長老教会であり、もう他方は北長老教会であった。[30]

南長老教会による日本宣教は一八八五（明治一八）年、南長老教会ミッションのR・E・マカルピンとR・B・グリナンの来日により、高知と名古屋圏で始まり、一八九一（明治二四）年からは、神戸でも活動を開始したとされる。南長老教会は教職者養成の神学教育のため、一九〇一（明治三四）年、米国オランダ改革派教会、北長老教会の管理下にあった明治学院神学部と協力関係になるが、一九〇三（明治三六）年、植村正久が組織神学の教科書として自由主義神学の立場に立つW・N・クラーク『基督教神学概論』[31]を使用したことに対して南長老教会のフルトンたちは反対し、[32]植村は明治学院を離れて一九〇四（明治三七）年に東京神学社を設立する。[33]一方、フルトンたちは一九〇七（明治四〇）年、豊彦も在籍することになる神戸神学校を設立する。これは後の一九二七（昭和二）年、中央神学校（現・神戸改革派神学校）[34]となる。

（二）チャールズ・Ａ・ローガン

ローガンは一八七四年一一月一四日、アメリカ、ケンタッキー州の製粉工場を経営する家庭に生まれた。ケンタッキーのルイビル神学校（Louisville Presbyterian Theological Seminary）[35]とプリンストン神学校で神学教育を終えて、一八九九年に按手礼を受け、パティ・マイヤースと結婚した。

ナットは、ルイビル神学校では一八八〇年代において、海外宣教に対する気運の高まり、および、市街におけるアフリカ系アメリカ人の子供向けの教育プログラムをボランティアとして行う活動の盛り上がり等があったことを記すが[36]、ローガンの在学期間にも、その雰囲気は残されていたかもしれない。ローガンは後に豊彦のスラム活動に対しても支援を行うが、そのような理解は、ローガンがルイビル神学校で市民社会における活動に身近に接していた影響もあるかもしれない。

一九〇二（明治三五）年、南長老派教会宣教師として日本に派遣され、以後三九年間日本宣教に従事するが、そのうちの三五年間が徳島での活動であった。ローガンが徳島に着任した時、次に記すマイヤース夫妻がすでに二年にわたり日本キリスト教会徳島教会[37]で活動を行っていた。このマイヤースは後に神戸に移るが、その後もローガンは四国で活動を続けた。

一九二八（昭和三）年、妻のパティが亡くなり、後にローラ・ブラウンと再婚する[38]。一九三七（昭和一二）年、東京に移るが、再び四国の丸亀に戻り、一九四一（昭和一六）年六六歳で帰国した。一九五一（昭和二六）年、賀川の招きにより後妻ローラと娘エレンと共に来日している。ローガンは一九五五年に亡くなる。

（三）ハリー・Ｗ・マイヤース

マイヤースはローガンよりも六か月早い一八七四年五月二〇日、アメリカ、バージニア州のオランダ系キリスト教家庭に生まれた。マイヤース家の長女パティが後にローガンと結婚したことにより、マイヤースとローガンは義兄と義弟となる。昭和一一年版『基督教年鑑』の「フース、フー」によれば、ワシントン・アンド・リー大学（Washington and Lee University）、ケンタッキー神学校（Kentucky Theological Seminary）を終えている。[39]

マイヤースは一八九七年五月に按手礼を受け、同年一一月にグレース・フィールドと結婚する。一二月にアメリカ南長老教会派遣宣教師として来日し、その後四五年間、徳島、岡崎、豊橋、そして神戸において宣教活動を行った。また一九〇七（明治四〇）年に設立した神戸神学校の教授に就任し、神戸ユニオン教会の牧師も兼ねていた。

一九四一（昭和一六）年一二月八日から一九四二（昭和一七）年六月六日までの約一八〇日間、スパイ容疑で投獄され、独房生活を送ったのち、帰国のため同月一六日に日本を離れた。[40]

（四）賀川夫妻との交流

豊彦とローガン、マイヤースとの出会いは、豊彦が従兄と共にローガンの英語による聖書研究に参加した後、ローガンによる『創世記』研究のクラスに出席するようになったことである。[41]一九〇二（明治三五）年であるから、ローガン来日直後であり、豊彦が一四歳頃、ローガンとマイヤースが二八歳頃となる。ここで豊彦は、「私を最も愛して呉れる家庭を持つことが出来た」[42]という。「米国宣教師の導きと愛が加はるとともに私の胸は躍つた。今でもローガン先生とマヤス先生は私の親のやうに私はまた彼等の心のやうにいつ如何なる時でも愛しいつくしんでくれるが私は彼等を通じてイエスを見た。そしてイエスの道がよくわかつて来た」[43]と豊彦は二人を評する。「親のやうに」、というが、実際には一四歳年長の二人は、年齢的には豊彦の「兄のように」との表現がより適当だが、「親のやうに」というほどに豊彦にとっては心の支えであったという意味だろう。マイヤース家では、豊彦のためにナプキン、フォークがテーブルに並べられていたというエピソードは、豊彦の著作の中に幾度も登場するが、[44]それだけ豊彦が、迎え入れられる喜びを感じていたのだろう。

ハルは一九一二（大正元）年のクリスマス礼拝に、このマイヤースから洗礼を受けている。

> 私の信仰を先生も認められたと見えて、十二月二十一日外の十一名と共に洗礼を受けることを許された。教会の毎礼拝は午前五時である。私は真暗い夜の明けぬ前支度をして教会に出た。男女十二名主の御名に加へられた。マヤス博士に依つてこの式が営まれた。この恵に私は感泣した。[45]

豊彦が日本基督教会の教師試験に合格するのが一九一三年なので、[46]それ以前は洗礼式を行うためにマイヤースが教会に来たのだろう。礼拝が朝五時とはずいぶん早いようであるが、スラム街の労働者たちの生活時間を考慮してのことか。また、一九一二（大正元）年一二月二一日は土曜日であるが、ハルの記載違いかもしれない。

賀川夫妻とマイヤースとの交流は結婚後も続き、結婚から半年後となる一九一四（大正三）年一月三〇日のハルの日記には、賀川夫妻が昼に「マヤスに招かれた」[47]とある。昼食に招かれたという意味であろうか。一九一四（大正三）年五月一四日の日記にも、「神港教会」[48]で「マヤス婦人、ローガン先生にお目にかかった」[49]とある。この時、ローガンも神戸にいたのだろうか。一九一四（大正三）年五月一四日は木曜日であるが、何か集会が行われていたのかもしれない。ハルはローガンの家庭を間近に見る機会もあったようだ。一九一四（大正三）年四月六日の日記には、次のように記している。

> ローガン先生の家庭の円満なる、姉妹の仲のよい、日本人はいつあんな家庭を作ることが出来るだろうと武内兄と共に話した。[50]

「姉妹」とは、ローガンの妻たちをさしているのか。ハル自身の家庭も、「実家でしたら両親と妹達三人と学校の話や遊びのことや、その日の出来事を面白く話しながら一つの食卓で実に楽しくしてゐた」[51]家庭であり、充分に円満で、姉妹も仲が良い家族だともいえようが、そのハルの目にも、ローガンの家庭の姿は印象深く映ったようである。「日本人はいつあんな家庭を作ることが出来るだろう」とその印象を書き記すほどに、ローガンの家庭はハルがそれまで接してきた日本の家庭像とはかなり異なって映ったのだろう。豊彦が「私を最も愛して呉れる家庭」[52]の姿をローガンの家庭に感じたというが、ハルも同様の印象をローガンの家庭に見たのかもしれない。

この二組の宣教師は、豊彦がスラムに移り住んだ際にも資金的な援助を続けている。豊彦がスラム活動を紹介するために記していた「救霊団年報」（一九一一（明治四五）年）の、献金者名と金額欄にはこの宣教師たちの名も記載されている。[53]

キリスト者となる以前の豊彦を知るローガン夫妻やマイヤース夫妻にとってもまた、十分な愛情が与えられる場としての家庭を持たなかったかつての一〇代の豊彦が、ハルとの結婚によって新しい家庭を築き始めたことは、喜びであり、安堵したのではないか。

このような宣教師家族との交流は、ハルにとってだけではなく、豊彦・ハル夫妻としても意義あるものと考えられる。一〇代の頃から豊彦の第二の家族のように関わり、豊彦が結婚した後も、ハルを交えて家庭に招き、その家庭のあり方を示してきた宣教師家族の姿は、異なる家庭環境の中で育ってきた豊彦とハルが共有できたキリスト教的家族像である。「家庭」と呼ぶべき土台が希薄だった豊彦にとってだけではなく、明治・大正期の非キリスト教の日本家庭で育ったハルにも十分なインパクトを与えるものだっただろう。宣教師家族を通して示される家庭像は、若い夫婦としての豊彦・ハル夫妻が新しくキリスト教を土台とした家庭を営んでいくうえで、有益なロールモデルになり得たといえる。

第三項　共立女子神学校

ハルに信仰的影響を与えた要素の一つとして、一九一四（大正三）年から一九一七（大正六）年までハルが在学した共立女子神学校を考察する。ハルに与えた影響力の大きさがうかがえる理由が二点ある。第一に、ハルが共立女子神学校に入学したのは、キリスト教入信の約二年後である。つまり、共立女子神学校を卒業する時点では、通算五年の信仰歴の内、共立女子神学校で過ごした年数の方が長くなっている。信仰歴の初期に三年間を過ごした神学校の影響力は少なくない。また第二に、共立女子神学校での在籍期間は、立場上は「賀川豊彦の妻」であったとはいえ、単身での在学であった。豊彦から離れ、豊彦自身も身を置いたことのない共立女子神学校での信仰形成は、豊彦からとは別の形での影響をハルに与えた可能性もある。

ハルが入学した共立女子神学校は現在の横浜共立学園と同じ地、横浜の山手にあり、ハルが一〇代の頃行き来した太田町五丁目にある村岡家からは一・五キロほどの距離であり、ハルにとってなじみのある街だったことだろう。また、村岡家が通う指路教会牧師の毛利官治は共立女子神学校の教授でもあった。ハルの共立女子神学校進学に際して[54]「大そう歓迎する」と「マヤス先生が云はれた」といったような何らかの人脈があった可能性があったとしても、ハルにとって共立女子神学校は自然な選択であったのかもしれない。

（一）概要

歴史

共立女子神学校[55]は一八八一（明治一四）年九月、偕成伝道女学校として設立された。一八九一（明治二四）年、共立女子神学校校長であったルイーズ・H・ピアソン（Louise Henrietta Pierson, 1832~1899）が偕成伝道女学校校長専任となった。ピアソンは米国ニューヨーク州のキリスト教の家庭に生まれ、大学卒業後、結婚し、三人の女子と一人の男子を出産したが、夫は二八歳で亡くなり、その後、子供たちも亡くなった。ピアソンは米国婦人一致外国伝道協会（ＷＵＭＳ）を通して、一八七一（明治四）年日本への派遣宣教師として来日した。ピアソンが三九歳頃である。

一八九二（明治二五）年[56]、ハルが在学時代に交流を深めることとなるスーザン・Ａ・プラット（Susan A. Pratte）が同じくＷＵＭＳを通じて来日する。一八九九（明治三二）年にピアソンは亡くなり、[57]プラットが二代目校長として就任した。

一九〇七（明治四〇）年二月、偕成伝道女学校は共立女子神学校へと改称した。

ハル入学の頃

ハルが学んだ頃は、偕成伝道女学校の設立からすでに三〇年以上がたっており、創設期とは異なる安定した雰囲気があったのではないだろうか。ハルの入学も報告されている一九一四（大正三）年のＷＵＭＳ本部への年次報告には、「一〇月生」として学生数が四〇名、[58]その翌年には合計で四八名と記されている。[59]一九〇六（明治三九）年報告では、宣教師が二名の他、常勤の日本人教師が五名、非常勤が五名となっている。一九〇四（明治三七）年の年次報告には、「礼拝堂と教室を含む神学校の新校舎ができた」とあるので、一九一四（大正三）年に入学したハルもこの新校舎で学んだことだろう。[60]一九一四（大正三）年報告には、「学生たちの便宜を図ると共に、建物の安全のため、寄宿舎に電気を引いた」[61]とある。ハルの一九一四（大正三）年九月二一日の日記にも、神学校の自室について、「六畳の間に近池姉と二人、電気を用ゆ」[62]、「十時には電気が消える」、朝の四時半に暗いため「洗面所の電気の処で」[63]祈る、等と記されており、寮に引かれたばかりの電気の恩恵をハルも受けていたことがわかる。

ハルが入学した一九一四（大正三）年のプラットからＷＵＭＳ本部への年次報告では、新入生の紹介の中で、「新

写真９　偕成伝道女学校（右）・共立女子聖書学院（左）看板（東京基督教大学所蔵）

入生の一人は、神戸の牧師夫人で、夫は家で勉強し、彼女はここへ研修に来た」として紹介されているのが、ハルのことだと思われる。[64] 同時代の共立女子神学校の学生募集広告によると、毎年一〇月からの新学期に先立ち、「予科生」として、四月から三か月間試験的に在学し、六月に卒業式を迎えるため、通算三年数か月の在学期間となった。一九一一（明治四四）年九月の学生募集では、「相当の聖書智識を有する者には、六ヶ月の考査を経ず、直ちに入学を許す」[65] とあるため、ハルが九月に共立女子神学校に来たのも、この規定に相当する学生として、予科生としての期間がなく一〇月生として直ちに入学できたためではないか。また、「給費を希望する者には相当の方法」も用意されていたとあるが、ハルが該当者であったかどうかは不明である。[66]

同学年であった吉田幸（旧姓・間所）[67] によると、一六名の同級生の中で二八歳のハルが最年長であり、最年少が吉田幸自身、そして覚醒婦人協会時代や生涯を通じて交流の続く錦織（旧姓・北見）久良[69] も同級生であった。[68]

（二）カリキュラム

神学・実践・一般教養

一九〇一（明治三四）年のＷＵＭＳ本部への年次報告では、「聖書のほかに日本文学、作文、漢文の読み書き、教会史、音楽、裁縫、行儀作法」の教科があったとされている。[70] 行儀作法といった「教科は一週に一回、あるいは毎日短時間」学び、「大半の時間は聖書教育に費や」されていた。[71]「聖書研究のコース」は「系統立てて学ぶようになって」おり、「新約・旧約聖書、諸教理、キリスト教明証論、キリスト教伝道法など」の教科があった。[72] 一九〇五（明治三八）年年次報告には、この「聖書研究コース」の他に、「伝道方法論の三年コースが加わった」と報告されている。[73] 聖書以外にも、「日曜学校の運営や聖書朗読、福音を述べ伝える方法なども」教えられていたという内容から、カリキュラムは実践的であり、かつ、日本文学といった一般教養も含んだものであったといえる。[74]

ハルの日記にも、「教理が面白い」[75] や、ある日の午前中の授業として「新約使徒行伝、教理、伝導法、体操、旧士師記[76]」とあり、その点でも報告書の内容と一致している。[77]

市民社会活動

さらに共立女子神学校のカリキュラムでは、午後は家庭訪問など、「いろいろな現場や教区へ出かけて行って、学んだすべてのことを実践する豊富な機会を持」っていた。[78]「横浜にある幾つかの」日曜学校の他、「近隣の婦人を集めて毎週聖書研究会[79]」や「大きな工場で毎週集会を開いた[80]」り、「横浜孤児院、慈善病院、女子更生施設でも活動を[81]」していたと年次報告にあるが、『開校五拾年史』にも次のように説明されている。

> 規則に従ひ三カ年の科程を修めつつある間、それぞれ皆基督教的事業に参与しつゝあり、即ち彼等は基督者又は未信者の家庭や、若くは教会と関係して働く所の日曜学校生徒の家々を訪問するのみならず、横浜市内の諸教会より隔たりたる場所に、日曜学校を開きて児童に宗教々育を施しつゝあり、其数二十四箇。（中略）その外一の大なる孤児院、二三の病院、三箇の製造所、女子感化院等を訪ふて基督教的の働きをなしつゝあり。[82]

ハルの日記にも、「工場」や「孤児院」に行く様子が記されており、年次報告等の内容と一致する。工場や孤児院における「基督教的」活動の具体的内容の詳細は不明であるものの、「日曜学校」とは区別された「その外」の場での「基督教的働き」を行っているという点において、市民

写真10　ハルと松沢教会

MAP 6

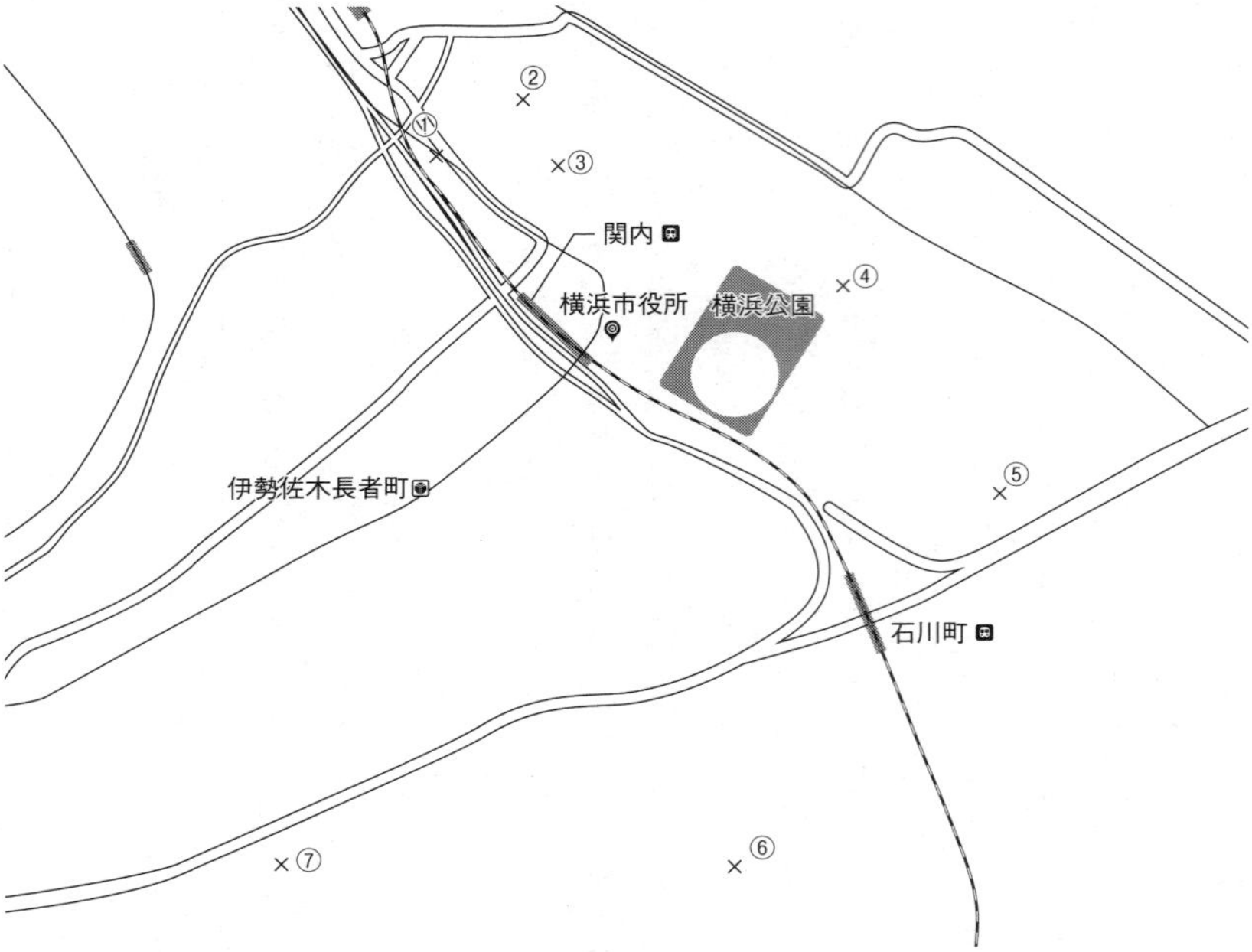

〈横浜〉
①指路教会。村岡平吉一家が通い、ハルも共立女子神学校時代に通った。
②村岡平吉宅近辺（太田町５丁目）
③住吉学校近辺（住吉町２丁目）。ハルが15歳の頃、一時期通った。
④レコー・デュ・ジャポン（居住地183番）。村岡平吉が若い頃勤務していた。
⑤村岡平吉の福音印刷合資会社（山下町81番地）。ハルの父・房吉も勤務した。
⑥共立女子神学校（山手212番）。1914～17年までハルが在学した。
⑦八幡谷戸近辺。ハルが共立女子神学校時代に伝道に訪れた。

社会に開かれた活動といえる。

キリスト教伝道

一九一一（明治四四）年の年次報告では、学生たちが活動する日曜学校は「二〇」に、[83]さらに一九一二（明治四五）年の報告では「二四」と増加している。[84]日曜学校の子供たちは九〇〇名で、教師役の神学校の学生は「前もって教授法の授業で準備をし」ていた。ハルも一九一四（大正三）年一〇月三日の日記に、「日曜学校教授法」の授業を受けたことを記しており、[85]これも年次報告の内容と一致する。一九一五（明治四）年には、日曜学校の出席者が増えたため、「近所に部屋を借りて分級を」するほどとなったという。「クリスマスに八つの日曜学校の生徒を神学校に招」いた折には、ハルも共に参加していたかもしれない。

また、家庭訪問のために「週に二回午後に町へ出かけ」た。ハルの一九一四（大正三）年一〇月六日の日記にも、「午後家庭訪問に行く。自分は澤井姉とで八幡谷戸の貧人の家に行く」[86]とあり、この点でも年次報告に一致する。また、横浜の「麻紐工場では毎週日曜日の夕方、仕事が終わってから日曜学校が開かれ、三十人以上の少女が出席」[87]しており、学生たちは「二人ずつ組になって福音伝道に出かけて行く前に礼拝堂に集まって祈った」[88]という。共立女子神学校では「夏休み中、学生たちは市内や地方伝道基地で福音伝道に励」[89]んだというから、ハルも夏期の実習に参加していた可能性はある。

その他にも、「クラスごとに祈祷会が持たれ」[90]「毎週学生の司会する学校祈祷会」[91]、「早朝祈祷会もよくある」[92]とされている。ハルも祈りの輪に参加していたことだろう。

一九一四（大正三）年報告には、「一週おきの木曜の午後に、メソジスト神学校の学生と私たちが合同で、幼稚園教育法、聖書研究教授法、健康についての講義を開いている」[93]とある。在学中だったハルも他校との交流の場である講習会に参加したかもしれない。

カリキュラムの一部（筆者作成）

神学	旧約聖書、新約聖書、教会史、教理、キリスト教明証論、キリスト教伝道法、日曜学校の運営法、聖書朗読法
一般教養	日本文学、漢文、作文、音楽、裁縫、行儀作法、体操
社会活動	工場、孤児院、慈善病院、女子更生施設での活動
キリスト教伝道	家庭訪問、日曜学校、夏休みの福音伝道

豊彦との関わり

ハルが在学したのみではなく、豊彦もまた後に共立女子神学校と関わりを持った。一九一七（大正六）年六月のハルも卒業生として迎えた卒業式では、豊彦が「使徒保羅《パウロ》の内生活」と題した講演を行い[94]、また一九三二（昭和七）年の神学校校舎改築資金募集の改築事業賛助員としても豊彦は名を連ねている[95]。

（三）共立女子神学校で出会った人々

スーザン・A・プラット（一八六七〜一九五五）

ハルは、共立女子神学校で出会った人々と生涯にわたり交流を深めることとなるが、ハルが「ミスプラット」と記す校長のスーザン・A・プラットもまた、晩年まで交流が続いた一人である。

プラットは一八六七年一〇月二日に生まれ、米国のマサチューセッツ州ボストン出身で、長老派の教会に属していた。Private College Course, Gordon College of Missions, ニューヨークの Biblical Seminary を終えており、洗礼を受けたのは一八八二年、来日は一八九二（明治二五）年二月二六日である[96]。前述のように、プラットは一八九九（明治三二）年に偕成伝道女学校二代目校長に就任した。一九三七（昭和一二）年に退職し、同年アメリカに帰国した。

ハルの共立女子神学校在学中の現在入手可能な日記は、一九一四（大正三）年九月から一二月までの四か月分のみであるが、その中にプラットの名前は幾度も登場する。

最初のハルとプラットとの出会いと思われるのは、一九一四（大正三）年九月一〇日「プラツト様に会ふた」と日記に記した日である。この翌週の月曜日から学校は始まる。その後、一〇月二日には「今日は校長プラツトが誕生日である相だ。校長ハ西洋人の習か知らないが、非常に生徒を愛する。然しおかしい位短気なこともある。旧約を凡て暗□的に云はされるには一寸困る」[97]と記す。プラットと出会ってまだ一か月にもならない頃であるが、「おかしい位短気」であるとしながら、「非常に生徒を愛する」として、プラットの「西洋人」らしい振る舞いに戸惑いつつも、好感を持ってプラットを評価している。その後も、一〇月六日には「ミスプラツトが生徒の為めに心配することを聞いて心のうちに感謝する」[98]と記している。

それからおよそ四〇年後、一九五五（昭和三〇）年ハルが単独でアメリカ伝道旅行に赴いた際、七月一五日の日記には、ニューヨークで「共立女子神学校長ミスプラツトを養老院にお見舞す」[99]と記している。このハルの訪問から約四か月後、一二月一八日にプラットは八八歳で亡くなった。

共立女子神学校では一生徒であったハルが四〇年後に元校長を訪問するということからは、ハルにとって肯定的な関係がプラットとの間に築かれていたことを示している。ハルが入学した後四か月目以降の日記は発見されていないが、日記のない卒業までの二年間半の期間には、さらに多くの関わりの中でプラットとの信頼関係が築かれていったのだろう。

城戸順（一八七八（明治一一）～一九四九（昭和二四））

ハルは日記で「教理が面白い」[100]と記しているが、この教理は、当時、城戸順が担当していた。[101]

城戸は、一八九二（明治二五）年偕成伝道女学校に入学、一八九九（明治三二）年に同校を卒業した。同年、[102]偕成伝道女学校の教員に就任し、一九四三（昭和一八）年に退職している。[103] 着任後の一九〇八年から二年間ニューヨークのDr.White Bible Schoolで一時期学んだようである。[104] また、「ミス、プラットに日本語を教へ、ミスハンドの様々な翻訳にもあたられ、殊に礼拝の説教や、講演、其他教室に於けるお講義の原稿を翻訳」[105] したという。「聖書、聖書地理、日曜学校科」[106] の担当であり、聖書地理を教えるために英語の書物を翻訳して使用しており、その印象は「極めて無口な、そして厳格な先生」[107] であったとされている。

さらに城戸は、共立女子神学校在職中、矯風会の活動に関わっていた記録がある。一九〇〇（明治三三）年調査の「日本全国矯風会一覧表」には、地方矯風会として「共立女学校」（一八九七（明治三〇）年設立）が挙げられており、矯風会正会員は四七名であったと記録されているが、その書記として、教員着任早々の城戸順の名が記されている。[108] また、一九〇二（明治三五）年には、会員数三九名、会頭（支部長）として「城戸順子」の名が記されており、これらの記録から、城戸が、教員としての責任の一方で、矯風会の活動にも積極的であった様子がうかがえる。[109]

また城戸は、指路教会では、一九一八（大正七）年から一九二二（大正一一）年まで執事として、そして一九三二（昭和七）年から一九四一（昭和一六）年まで長老として名が記録されている。[110]

ハル在学当時は、城戸は三〇代の後半である。ハルよりも一〇歳ほど年長者である城戸の、堪能な語学力を用いての神学校の務めや女性に関わる活動、そして教会での責任などにも奮闘する姿に間近に触れ、女性としての働きという面からもハルにとっては刺激となったかもしれない。

キリスト者たちとの交流

その他、共立女子神学校時代の友人たちとは晩年まで交流があった。ハルの日記には、神学校の同窓会出席の記述などがある。[111] また、「一番楽しかったのは、共立女子神学校で一緒だった友達に会うこと」とのハルの子供による証言もある。[112] 特に前述の錦織（旧姓・北見）久良は、卒業後は覚醒婦人協会の大阪支部の発起人になるなど、[113] 親しい交流が続く様子がうかがえる。

また、共立女子神学校そのものではないが、ハルが在学中に通った指路教会と共立女子神学校とのつながりは大きい。ハル在学期間の一九一四（大正三）年から一九一七（大正六）年の指路教会牧師は、共立女子神学校の組織神学の教授・毛利官治であったこともあり、共立女子神学校から学生が実習として教会に訪れていたようである。ハルの日記にも、一九一四（大正三）年一一月五日「毛利牧師の修養」[114]や、一一月二二日「指路、礼拝、洗礼式」[115]等の記載がある。毛利や城戸の他、共立女子神学校と関係のある指路教会員として、次の者がいる。聖書神学・基督教史教授の赤星仙太は一九一〇（明治四三）年から一九二一（大正一〇）年まで長老を務めた。聖書日曜学科教授である三橋キク（旧姓・馬場）は、一九一一（明治四四）年に共立女子神学校を卒業し、指路教会では一九二六（大正一五／昭和元）年から一九三〇（昭和五）年まで長老であった[116]。

また、一九一六（大正五）年のWUMS本部への報告には、「春休みに日本矯風会の年次総会のために礼拝堂を貸した。学生たちは手伝いをし、聖霊に満たされ祝福を受けた」[117]とあるが、ハルも矯風会との接触があったかもしれない。

共立女子神学校時代には、学校内での交流や刺激、さらに思想的、神学的影響は当然のことながら、それ以外にも、ここに記したような教会や他団体との関係においても、入学前の神戸在住時代には知り得なかった様々な新しい視野がハルにもたらされたことだろう。

(四) ハルにとっての共立女子神学校の意義

一九一七（大正六）年、ハルは共立女子神学校を卒業するが、現在入手可能な在学中の日記は入学当初の四か月分のみであり、ハルの在学当時のカリキュラムや当時の教員についての情報も限定的である。ハルが共立女子神学校でどの程度の神学上の影響や人物からの影響を受けたのかを断定することは現時点では困難であるものの、いくつかの点については推測が可能である。

第一に、共立女子神学校設立に関わる宣教師たちを派遣したＷＵＭＳが、女性だけの宣教団体として、監督教会、長老教会、会衆派、オランダ改革派教会、メソジスト派、バプテスト派といった多岐にわたる教派から宣教師たちを派遣していた事実を考えると、共立女子神学校の超教派的雰囲気と、宣教への熱意の大きさが特徴として掲げられる。ハルもそのような宣教への情熱と、超教派的な雰囲気の中で、多様なキリスト者たちとの出会いを経験したのだろう。

第二に、共立女子神学校のカリキュラム上の特徴として、祈りと宣教実践が重んじられ、かつ、教会だけではなく、刑務所、孤児院、慈善学校、慈善病院、少年院といった、市民社会の領域にも活動を広げていた点がある。このような市民社会における活動はハルがすでに経験してきたものであり、ハルにとっても共感できる部分が多分にあったと考えられる。

第三に、ハルの共立女子神学校における学びは、それまでの一〇代の頃の学びへの渇望を満たすものであったのと同時に、入学して一か月後にはすでに、自由になって早く伝道がしたいと日記に記していたように、学びがハルにとっての最終目的なのではないことを気づかせ、学びの先にあるさらなる目的への動機づけとなったといえる。

第四項　その他のキリスト教関係学校との関係

上記の他にも、ハルの結婚直後から覚醒婦人協会活動期頃に、豊彦・ハル夫妻が関わっていたキリスト教学校として、次のような学校がある。いずれも、神戸近隣の学校である。

（一）ランバス記念伝道女学校

ハルの一九一四（大正三）年の日記には、豊彦がしばしば「ランバス」へ講義に行く様子が記されているが、[118]これはランバス記念伝道女学校である。

ランバス記念伝道女学校は、一九四一（昭和一六）年に聖和女子学院となる三校の前身校の一つであり、一八八八（明治二一）年九月にアメリカ南メソジスト監督教会のジェームズ・ウィリアム・ランバスの妻であるメアリー・イザベラ・ランバスによって設立された。一八九九（明治三二）年にランバス記念伝道女学校と改称する。一九二一（大正一〇）年には、このランバス記念伝道女学校と、一八九五（明治二八）年にナニー・B・ゲーンズによって設立された広島女学校の保母師範科が合同し、ランバス女学院となる。[119]

豊彦が教鞭をとっていたとして日記に登場する「ランバス」は、合同以前のランバス記念伝道女学校である。ハル自身がこのランバス伝道女学校と直接関係があったという記述は見当たらないが、賀川を通して、ランバス伝道女学校の様子は聞いていたと考えるのは自然である。

(二)　関西学院

豊彦が同じく関係のあった関西学院もまた、メソジスト派の学校である。一八八九（明治二二）年、アメリカ南メソジスト監督教会派遣の宣教師ウォルター・ラッセル・ランバスによって神戸東郊外原田の森（現・王子公園）に、神学部と普通学部を持つ学校として創立された。ウォルター・ラッセル・ランバスは、前述のジェームズ・ウィリアム・ランバスの長男である。一九一〇（明治四三）年にはカナダ・メソジスト教会が経営に加わり、一九一二（明治四五）年に、専門学校令による高等学部文科・商科を開設し、高等教育機関となる。[120]

例えば、ハルの一九一四（大正三）年一月の日記では、一月一五日「夕飯は関西学院」[121]、一月一七日「関西学院伊東兄と語る」[122]、一月二九日「関西学院へ行く」[123]といったように、豊彦が頻繁に同校に足を運んでいる様子が記される。豊彦の日曜学校の応援が関西学院から来ていたため、[124]ハルも同校の学生たちとの直接の交流の機会があっただろう。

一九二九（昭和四）年には、関西学院は神戸市の原田の森から西宮市の上ヶ原に移転するが、一九一四（大正三）年当時のハルの日記に登場する関西学院は、原田の森の時代であり、新川のスラムからも徒歩で行ける距離である。

一九四九（昭和二四）年、賀川夫妻の次女である梅子は、関西学院大学文学部神学科に入学している。

（三）神戸女学院

ハルは一九二一（大正一〇）年から一九二三（大正一二）年にかけて、長谷川初音と織田やすと共に覚醒婦人協会の活動を展開するが、その二人は覚醒婦人協会活動当時、神戸女学院で教鞭をとっていた。長谷川初音は一九三五（昭和一〇）年、日本組合基督教会初の女性牧師として按手を受ける。この二人の詳細については、第二部第一章「覚醒婦人協会の特徴」で後述する。

神戸女学院は一八七三（明治六）年、アメリカン・ボードから派遣された女性宣教師イライザ・タルカットとジュリア・ダッドレーによって私塾として神戸花隈に開校された。一八七五（明治八）年には神戸山本通四丁目に「女学校」として設立され、一八九四（明治二七）年には名称も「神戸女学院」となり、さらに一九三三（昭和八）年には現在の西宮市岡田山に移転する。

豊彦も神戸女学院で教鞭をとっているが、豊彦が通った頃は山本通四丁目時代であり、豊彦等が活動した新川からは西に二・五キロほどの距離である。

以上のように、ハルの信仰歴の比較的初期に、宣教師たちによって次々と教育機関が設立されたいわば宣教の先端の地である神戸において、幅広いキリスト教諸派との交流の機会があったことがわかる。

第五項　入信前後のキリスト者たちとの関わりにおける特徴

(一) 市民社会における信徒たちの信仰

ハルとキリスト教との最初の出会いは、信徒としての伯父・伯母である村岡平吉・はな夫妻を通してであった。平吉が経営する会社ではキリスト者ではない社員のために毎週牧師を招いて礼拝を行い、また、はなは姪にあたるハルにキリスト教書籍を送るなど、二人は信仰を他者に伝えようとする伝道の熱意を持った夫妻であった。ハルの信仰の直接の決心の機会は豊彦の説教を通してであったとはいえ、その転機となったのは伯母の死であり、その病の苦しみの意味という大きな問いをハルに与えたのは、伯母の信仰の姿を先に知っていたからである。また、合資会社において印刷されるトラクトや聖書を日頃見聞きしていたことも、ハルのキリスト教理解の下地作りの一端を担った。

ハルが最初に信徒であるキリスト者たちに出会ったという点は、ハルの後の信仰生活にも影響を与えたと考えられる。後に見るように、ハルは、信仰が市民社会において実践されるべきだと強調する。さらに、ハル執筆の二冊の小説、『太陽地に落ちず』と『月　汝を害はず』の中で描かれる信仰者たちは、いずれもハルが実際の生活の中で出会った人物たちをモデルとしていると考えられる、すし職人、主婦、少年といった信徒たちであり、その信仰者たちが市民社会での各持ち場において信仰のあり方を模索する姿が描かれている。そのようなハルの視点の背景には、信徒として、事業や家庭を通して信仰生活を全うした伯父・伯母がロールモデルとして果たした役割も少なからず影響しているのではないか。

(二) 超教派的色彩

さらに、ハルのキリスト教入信前後にあったキリスト者たちとの交流の特徴として、超教派的色彩を挙げることができる。

豊彦・ハルに洗礼を授けた宣教師はアメリカ南長老教会派遣であり、豊彦が教鞭をとっていたランバス記念伝道女学校や関西学院はメソジスト派であった。関西学院からは学生たちがスラム活動の応援に来ており、一方で豊彦の母校の神戸神学校との交流も続いていた。また、ハルが在籍した共立女子神学校は、超教派の米国婦人一致外国伝道協会によって設立された。覚醒婦人協会活動を共にした長谷川初音と織田やすはアメリカン・ボードにより設立された神戸女学院で教鞭をとっており、長谷川初音は一九三五（昭和一〇）年、日本組合基督教会初の女性牧師として按手を受ける。ハルの伯父・伯母の村岡平吉・はな夫妻が所属していた指路教会は、ヘボン塾の塾生たちによって設立された横浜第一長老教会が始まりである。ハルを取り巻くキリスト教界の教団・教派の背景は実に多彩であった。

後に見るように、ハルは、キリスト教界内における教団・教派について超教派的な広範囲での交流を持つだけではなく、他宗教に対しても、時に寛容な見解を持つ。例えば、平塚らいてう等、婦人運動家たちとの接触も増えてくる一九二〇（大正九）年の日記には、次のように記す。

仏教でもよい事をする人もあれば基督教界にも悪をする人がある。又その反対の時もある。あへて私は仏教に反対する必要がない。私は□屈な信仰に入り度くない。ただ善事をして行くことが私の宗教である。私は基督教会に多くの友を持つと同時に仏教にも又友がある。[125]

ハルを取り巻くキリスト教界内における超教派的な雰囲気に加え、志を同じくする他宗教者たちに対するハルのこのような開かれた理解は、この日記の直後の一九二一（大正一〇）年から展開する覚醒婦人協会の活動にもみられる。つまり、キリスト者と非キリスト者の両方を含む志を同じくする人々によって構成された共同体による市民社会を活動の場とする覚醒婦人協会は、キリスト者としての自らの信仰は堅持しながらも、協力すべき点においては他者と対話、協力、一致することができるという柔軟性と対話力とが必要とされる働きであった。そのような、堅持すべき点においては妥協しない一方で、互いに共有する確信においては協力していくという姿勢は、このような多様なキリスト者たちとの交流の中で培われたのでないだろうか。

第二節　キリスト教理解における特徴

次に、ハルの生涯の活動・著述から、信仰生活に対する理解の特徴、そしてイエス理解の解明に取り組むことで、ハルのキリスト教理解の一端を検討したい。

第一項　信仰と日常生活における倫理的側面

（一）信仰に伴うハルの変化

本項では、ハルの信仰と日常生活上の行動や倫理的側面の関係についての理解を考察する。

イエスに従っていくという初めての祈りを経験した後のハルの生活は、それまでの生活とは一変する。その変化ぶりを、ハルは次の様に記述する。

> 私は教会のために働かうと決心した。休日には教会を掃除したり、新聞紙を障子紙に貼り替へたりした。（中略）私の生活は追々変化して行く、何時の間にか銀杏返し[126]は束髪[127]と変り心持ちも改めることが多く出来て来た。[128]
> 私はブース大将[129]の事を聞いた。回心して今迄好んで読んだ小説[130]を全部橋の上から河へ投げ込んだことや、喜んで

持つてゐた金鎖と時計ももう自分の持ち物としなかつたことを、そして私もさうあり度いと溜めた演芸会報を売払つて仕舞つた。芝居を見る暇が有れば、伝道に出様、小説を読む時間が有れば聖書に替へ様と思つた。工場の[131]昼休みにも僅の時間も教会に往つた。[132]

ハルは「工場の昼休みにも僅の時間も教会に往った」としているが、ハルの勤務した工場は神戸市の吾妻通りにあった。豊彦の伝道所があった葺合北本町には隣接しており、昼休みの短い時間にでも足を運ぶことが可能な距離である。「十字架の上のイエス」の説教を聞いた時、「自分の欲するところを捨てて」いこうと祈ったというハルであったが、「自分の欲するところ」とは、ここに記されているような、それまで好んでいた「小説」「芝居」「銀杏返し」といったものも含まれるのだろう。

教会にも頻繁に通うようになったハルは、「物質の世界」に加え、「心の世界」に目が開かれたとして、次のように記述する。

私が物質の世界だけしか見えなかつたものが心の世界に目を開くことが出来、より向上し様とするところが、どうして悪いのか、私は良心に正してさうではないことを信ずる。もしこれで狂人と云ふなら、狂人で満足である。よしこの工場内の凡ての人の反対があるとも、私は一度見出した輝く世界から、離れることは出来ないと思つた。この強い私の心は、最も力強い私の助けであつた。[133]

ハルは、キリスト教信仰により、「物質の世界」から「心の世界」へと目が開かれ、その信仰は、自身の日常生活を変化させる直接的な動機となったとしている。

(二) 日常生活を変革させる信仰

キリスト教信仰が日常生活の行動や倫理的側面を変化させるべきである、とするハルの確信は、人生後半にもみられる。例えば、五〇代後半のハルが執筆した短編小説「信仰ある人」では、次のような描写がある。

勤は、その頃からキリストの教をききはじめました。それは、天地のつくり主、たゞひとりの神様をあがめること、貧しい人に親切をつくす事、潔い生活をすること、自分を憎む者をもゆるして愛する事などでありました。勤は、それを守って、工場でよく働き、仕事は丁寧で親切でありました。他人が帰った後、一番おそくまで残って片づけるのも、勤少年であります。また、ほかの人がきらってしない用事を自分が引き受けてするのも勤少年でありました。／友人が病気をすれば、いそがしい中から見舞い、困っている友達には物をおくって、決して見すごしにはしなかったのです。それで、工場内の誰からも、善い人として尊敬を受けていました。／又よく勉強をしました。世の中を良くするには勉強しなければならないと思い、よい先生について勉強をはげみました。[134]

ここで、「勤」はキリスト教信仰を持ち、模範的な信仰者として描写されている。それは、熱心に仕事に取組み、友人や知人に親切で、勉学に励むという姿である。「誰からも、善い人として尊敬を受けて」いたと描写されるように、ハルにとって、日常生活において「善い人」になることと信仰者であることとが密接なつながりの中で理解されている。次の描写は、同じくハルが五〇代の頃に執筆した小説『月　汝を害はず』の一節である。

今井はそれでも決して失望はしなかつた。それは彼の信仰が彼を救ふのであつた、人生は決して富を持つのみが成功ではない。神の子として不正を行はず、禁酒禁煙、家庭の平和を保つて労働に励む、そこに真の幸福のあることを知つてゐた。[135]

ここにおいても、「不正を行」わないこと、「禁酒禁煙」、「家庭の平和を保」つこと、「労働に励む」こと、といった日常生活上の諸々の側面を「信仰」と結び付けてハルは用いている。また、次のような一文にも同様の理解がみられる。

労働者を宗教化することは、一通りの骨折ではなかつた。「酒を飲むな、煙草を喫むなとは、先生それは無理でせう」と労働者は真面目に訴へて来る[136]

ハルが記すこれらの場面では、「宗教」を「酒を飲」まないことや、「煙草を」吸わないことと結びつけて理解している。

ハルは、禁酒禁煙に関しては特に厳格な姿勢を示し、キリスト教とは無関係の一般大衆を対象とした場においても、禁酒禁煙を掲げる。ハルが回答者となっている『読売新聞』身の上相談欄「悩める女性へ」の回答欄において、ハルは繰り返し、それが家庭を崩壊させるものとして、飲酒を避けるように説いている。例えば、一九三一（昭和六）年九月二五日付け、来年東京の学校へ行く長男を持つ既婚女性からの、普段は温厚な夫だが、酒を飲むと羽目を外し、一年に一度は性病にかかるという相談に対しては、次のように回答する。「飲酒と云ひ花柳病と云ひ、之等の忌はしい事が取去られれば今日の家庭は誠に救はれます」、「愛する我児、大切なる我子を悪癖に染まぬ先、教育もし、訓戒もしなければなりません」、「幼い時から飲酒の害を教へ、適当なる時機に純潔であるべき事を教へる筈だと思ひます」。また、一九三一（昭和六）年一〇月一四日付け、二〇歳未婚女性からの、今は亡き酒乱だった夫をもち、女手一つで自分と弟たちを養育してくれた母から離れたくないとの相談には、「飲酒の恐ろしいことを、今更深く思はせられます」と回答する。さらに、一九三一（昭和六）年一一月九日付け、二七歳未婚女性からの、酒乱の父がいるゆえに、縁談に躊躇しているという相談には、「酒と犯罪、酒と健康、単にこの二つだけ見ても恐るべき害毒から救はれ度いものであります」「小さく一家庭を考へても、その経済的方面も（中略）害こそあれ、益のないのは飲酒であります」「兎に角飲酒家と結婚なさらないことを御勧めします」と回答し、いずれにおいても、飲酒に対する厳しい評価を示す。

ハルが主張する禁酒禁煙に関しては、聖書的根拠に基づくキリスト教独自の確信というよりもむしろ、スラム活動の中で、飲酒によって多くの人々や家族の生活の基盤が崩壊していく現実を目の当たりにする状況からの実感であったのだろう。

またさらに、ハルが「宗教」と日常の行動とを密接に関連させる場面がある。一九二〇（大正九）年一〇月一日の日記の中に、「彼女は余りに非宗教的である」[137]とはじまる「宇都宮房子」という女性についての長い記述がある。そこでハルが「非宗教的」としている点は、「昨年八月」、つまりこの執筆時点の一年以上前から二人の子供と共に豊彦に世話になっているこの女性が、豊彦等の手伝いをすることなく、むしろ豊彦等を避けて、自分たちの元へ食事を運ばせているにもかかわらず「日に十五円も出させて」おり、豊彦たちの集会には出ず、しかし「伽会」[138]など他の教会には出ていく、という親子生活の態度に対しての言及である。

このようにハルは、キリスト教信仰と日常生活上の倫理的側面や行動を密接に関連させ、信仰者は日常生活においても高い倫理的生活を送るべきである、とするが、ここには、キリスト教信仰が倫理的な側面に還元されてしまう危険性を伴うようにも思える。しかし、そうではないだろう。ハルの主張は、信仰は高い倫理観を備えた生活の動機となり得ることを示しており、その強調点は信仰に置かれていると考える。

（三）神の恵みと信仰者の責任

ハルが、信仰者は高い倫理的生活を送るべきである、と語るとき、それは単純明快である。しかしそれは果たして、高い倫理的生活が信仰の条件であり、高い倫理的生活を送る信仰者には日常生活に物理的豊かさや安定感が必然的にもたらされる、という因果応報的な信仰観なのか。また、ハルが信仰を持つ直前に苦しんだような、「苦しみ」と「神の愛」との矛盾をどのように理解するべきか、といった信仰の複雑な局面をハルはなぜ示さないのか。

ここで二つの側面に着目したい。一点目は、これらの記述においてハルは、「信仰」が「幸福な生活をもたらす」、とは描いていない点である。ハルは、小説の登場人物のつぶやきとして、次のように描写する。

> 之が神の御恵みだよい両親が与へられてゐる。病気もなく学校にも学ばせて貰へる、金持ではないが家中仲よく暮らしてゐる有難いことだ、それに天地凡てを創造された神様が、お父様なのだ、キリストも私を愛して下さる、こんなつまらぬ自分を愛して下さる、迷ひ出た羊を野を越へ山を越へて探し求める羊飼のやうに、罪人を尋ねて御救い下さる有難いことだ。私も神様に覚へられてゐるのだ、嬉しいことだ有難いことだ、ア、有難い[139]

ここでハルは、「神の御恵み」ゆえに、良い両親が与えられ、病気はなく、学校へ通うことが可能となり、家族が仲良く生活できる、と記す。

この記述では、信仰者は高い倫理観に即した生活を送るべきである、という側面と、その信仰者の生活に恵みを与えるのは神である、という二つの側面が区別されている。神は「罪人」である「つまらぬ自分」に恵みを与えられる、とする一方で、信仰は信仰者の日常生活の行動を変革するものであり、信仰者であるならば高い倫理的生活に導かれるべきである、とハルは確信している。ハルは、信仰者が日常の信仰生活においても高い倫理観を保持すべきであると主張するが、それは決して、「高潔な生活をすれば神が恵みを与えられる」といったように、高い倫理的生活が神の恵みを受けるための手段として提示されているのではない。信仰者の信仰生活が先にあり、その信仰生活の結果として恵みが与えられるのではなく、神の恵みは信仰者の信仰に先行して「罪人」に与えられるものとして語られている。

それは、ハル自身の信仰の軌跡においても同様である。ハルは、信仰者であった伯母の病による苦しみと神の愛をどのように調和すべきかという苦悩の中で、「その神の愛こそ私を恵のうちに置かれたのだ。（中略）それがはつきり基督教の教へる神であつた」[140]として、神の恵みを確信する。髪形を変え、演芸雑誌を売り払い、スラムで活動を行うというハル自身の生活上の変化はその後のことである。ハルの信仰においてもまた、神の恵みはハル自身の信仰に先行し、そのいわば応答としてハル自身の生活上の変化があった。

ヘイスティングスは、豊彦が「その直観力や知性に傾注して時代の理想を明示する力を持つ、類まれな人であった」と評価したうえで、豊彦の独自の目標は「イエスの贖罪愛を実践すること」[141]であった、とする。豊彦を「イエスの贖罪愛の実践者」と表現するならば、ハルをどのように表現すべきであろうか。ハルは自身の著述において「贖罪愛」の用語を、ハル自身の用語としては使用しない。それに代わって、ハルは「神の恵」にたびたび言及する。その神の恵みを受けた者として、神の恵みへの応答として人に仕え、神に仕えることを呼びかける。その点で、ハルは「神の恵の応答者」と表現できる。ハルにとって、神の恵みは信仰者が神と人に仕える行為に先行する。まず神の恵みがハルに臨み、その恵みへの応答としての市民社会における実践へと押し出されていくハルの信仰の姿をみることができる。このようなハルの視点は、神から人への無条件の恵みに対する信仰者側からの責任を伴う応答、として理解できる。

二点目は、これらの執筆目的である。

ハルが信仰と日常生活との関連を語るこれらの引用は『月　汝を害はず』からであるが、この初出は一九三八（昭和一三）年の『神の国新聞』[142]であった。『神の国新聞』は、豊彦の神の国運動の活動内容を知らせる情報手段でもあった。また、一九三〇（昭和五）年一月七日発行の『神の国新聞』には、「神の国運動」の「主眼」として「大衆に向ふて挑戦する」とあるように[143]、神の国運動は一般の大衆を対象としたキリスト教伝道運動であった。すでに信仰を持っているキリスト者の信仰の成長を促すために難解なキリスト教教理を展開する場ではなく、むしろ、キリスト教に触れたことのない人々に対して、キリスト教の入り口に来てもらうことに強調点を置いた活動ともいえる。ゆえに、その運動の一環として発行された『神の国新聞』も、いかに一般大衆との接点を持つべきかという視点によって編集されるものとなる。

その新聞に掲載されるハルの小説もまた、信仰の複雑な局面を描くよりも、キリスト教はいかにして一般大衆に届き得るかを示すものとして、仕事や家庭といった読者の日常生活と信仰の具体的関係を明確に、いわば単純化して示すことを優先したのではないか。

またハルの視点は、登場人物である「すし屋」や「少年」といった個別の状況に寄り添いつつ、それではその人にとっての信仰の実践とは何なのか、という具体的提案ともいえる。

以上のように、信仰と日常生活との関連におけるハルの理解は、信仰者はより高い倫理的生活を行うべきであるとして、信仰者側の責任を伴う能動的行為を期待する一方で、神の恵みはそれに先立って罪人に豊かに与えられるとして、神の側からの恵みが無条件であるとの理解がみられる。信仰者の行いは神の恵みを受けるための手段ではなく、神の恵みへの責任ある応答として理解されている。

また、神の愛と人間の苦しみがいかに調和するのか、といった信仰の複雑な局面がこれらの記述において説明されていないのは、その読者層が、キリスト教にはさほどなじみのない一般大衆であり、その人々が理解しやすいキリスト教の説明を優先していた、という側面も考慮されるべきである。

さらにハルは、市民社会に生きるキリスト者がそれぞれの立場でどのように生きるべきかについて、個々の状況に応じた具体的な提言を示す。ここから、個々の信仰者に寄り添うハルの視点もみられる。

第二項　イエス理解

本項では、ハルのキリスト教入信後から晩年にいたるまでのイエス観を三期に区分し検討することで、信仰の一端を示す。

（一）第一期　豊彦との神戸・スラム活動時代「愛の実践家としてのイエス」

ハルのイエス観の第一期は、ハルがキリスト教に入信した直後から、豊彦と結婚し、夫と共にスラム活動を開始していく時期である。

イエスとの出会い

ハルがキリスト教に入信するより以前の一九〇九（明治四二）年、キリスト者である伯母・村岡はなが亡くなる。その時ハルは、「愛の神」と「伯母の苦しみ」とをどのように調和させるべきかに葛藤するが、その後その葛藤を克服した要因として、ハルは「愛の神」への理解を挙げる。ハルが勤務する印刷工場で行われた豊彦によるキリスト教の説教を聞き、ハルは「この説教こそ私がイエスに導かれる第一歩であつた」として、次のように回想する。

神が私の心を捕へられたのは何時から前に準備せられたか私は知らないが、自分に知つたのは実にこの日であつた。／伯母の病苦以来、基督教と云ふ神が解らなかつた。愛の神が不可解だつたところが教師の説かれるところに依ると、神は愛だから試練がある、人にはそれが或場合非常な苦痛である。而しそれを以つて神の愛を否定してはならない。愛する人類をより立派なものにするために鍛へられることそれが神の愛である。（中略）私は恥ぢた。知りもしないのに神の愛を否定したり生意気な考を持つてゐたと悔いた。／私は喜こんだ。私の心に光がさして来た。その神の愛こそ私を恵のうちに置かれたのだ。貧乏して工場に働いてゐても私の心は安かであつた。それがはつきり基督教の教へる神であつた。[144]

伯母の死以来、神の「愛」と伯母の「苦しみ」との矛盾に苦しんでいたハルであったが、その苦悩に回答を得たとしている。ハルは、「神は愛だから試練がある」と、愛と苦しみの調和を見出そうとし、「愛するものを鍛える」ことが「神の愛」である、と納得する。なぜ、伯母が病に苦しんでいたのか。それは、神は伯母を愛されていたがゆえに、伯母をより鍛えられるために苦しみを与えられた。ゆえに、伯母は神から非常に愛されていた、という理解である。

またハルは、「その神の愛こそ私を恵のうちに置かれた」とする。「伯母の神」が、「ハル自身の神」として理解された瞬間である。それまで、伯父・伯母の信仰するキリスト教の神はハルにとっては他人事であり、あくまでも「伯母にとっての神」であった。しかし、尊敬する伯母を愛される神に出会ったとき、その神はハルにも恵みを与えられる神として認識された。ハルが人格的に神に出会った瞬間である。神の愛と苦しみの問題は、伯母にとっての問題ではなく、この伯母が亡くなった時点においてすでに、ハル自身の葛藤であった。伯母の死をきっかけとして、「伯母」を通して神を認識するのではなく、ハル自身が神と向き合った。つまり、ハルにとっての神は、伯母や伯父を通して間接的に見聞きする神ではなく、ハル自身が直接対峙する神となったといえる。

その後、スラムで行われていた豊彦による説教を聞いた日について、ハルは次のように記す。

話は『十字架の上のイエス』であつた。私はそれに依つて、始めてイエスと深い関係のあることを知つた。私は障子の外でイエスの愛に涙を流して泣いた。そして私は決心した。夫程までに私をイエスが愛してくれるなら私はイエスに従つて行く。今日から自分の欲するところを捨てゝ私の主に仕へ様、私はこの暗い今立つて居る道端でかゞんでそのことを祈つた、これが私の祈りの始めであつた。[145]

「十字架の上のイエス」がどのような内容の説教であったのか詳細は記されていないが、その説教によって、「私」と「イエスと深い関係」があり、「それほどまでに（中略）愛してくれる」イエスを知った、との記述から、それがイエスの贖罪についての説教であり、また、人に対するイエスの愛に言及されていたと推測できる。「愛の神」との出会いが、神がハルにとって無関係の存在ではなくハル自身の神であるという気づきを与えたものであるとするなら、この「十字架のイエス」との出会いは、さらにそこから一歩進んだものである。単に「ハルの神」であるだけではなく、その神はハル自身と「深い関係」があることを知り、同時に、「神の恵」を受動的に受け止めるだけではなく、「私はイエスに従つて行く」として能動的に自らが歩み出す決意へと結びついている。

愛のイエス

この時期のハルのイエス理解の特徴を二点挙げたい。一点目は、イエスが抽象的存在ではなく、きわめて具体的な人格的存在として理解されている点である。前述の回心時の豊彦の説教を聞く場面で語られるイエスは、「十字架の上で」「愛してくれる」存在であり、「私」と「深い関係にある」存在であり、従い、「仕」えていきたい対象としてのイエスである。人格的な存在として理解されている、とも表現できる。その後、ハルは自身の信仰について、次のように言及する。

> イエスの精神が全く凡てのものを抜いて居る事実を知つた。
> 私はもうすつかり、イエスのものとなつて仕舞つた、イエスに捕へられた、もう離れることが出来なくなつた。[146]

ここでも、イエスは自らにとって遠く離れた抽象的な存在ではなく、「捕へられ」「離れ」られないという身近で具体的な存在として捉えられている。

それは、入信初期だけではなく、結婚後、スラムにおいて同居していた人々の世話をする際の日記にも表れている。

> 神様に、私が乞食の世話をする時もどうぞエス様を介抱すると思はして心よく嬉しく喜こんですることが出来ます様に御祈り致します[147]

ハルは、「乞食」の中に、「(イ)エス」の姿を見ている。現実世界においては「乞食の世話」をしているのだが、ハルにとってそれは、「(イ)エス様を介抱」する行為と同様である[148]。ここでも、抽象的概念としてではなく、ハルにとっての具体的人格的対象としてイエスが認識されている。

次の引用においてもまた、イエスは「似様」[149]とする対象、つまり、信仰の模範者であり、「書物」や「知恵」といった抽象的または机上の理論ではなく、「病人」や「貧者」に「物的救済」をする具体的な存在者として描写されている。

> 賀川が宇兄に愛を知らないものは全く神を見ることを得ぬと云はれたが、宇兄と同感の武内兄も愛に重きを置いて居ない様だ。此の両兄が云ふ処は「罪に打ち勝つ力」である。で書物ではない、知恵ではない、労働してそのうちに勝つた処のイエスに似様と云ふのだ。つまり賀川が云ふ一方に傾いて居る。イエスの一つしか見ぬと云ふのに、帰着する。そして病人を顧ること、貧民に物的救済を重視しないのである[150]。

ここでは、イエスが「罪に打ち勝つ力」と「愛」の両面を持っていることが示され、その「愛」とは、「病人を顧ること、貧民に物的救済」することである、とする。やはりここでも、イエスは抽象的存在ではなく、地において「病人を顧」み、「貧民」を物質的に救済した具体的な人格者として理解される。

その人格的存在であるイエスの属性として、イエスが「罪に打ち勝つ力」と「愛」の両面を持っていることが先の引用において示されたが、他の箇所でも、ハルは「イエス」に言及する際、「愛」と結びつけて示す。

> イエスの愛を味はぬ者は不幸[151]

> イエスは私に神を教へて下すつた。／神は見るのでなく知るのである。イエスが神と云ふたは之だ。愛に由つて神を知る。イエスは此の愛を他人に向けた。隣に向けた。自分を攻むる敵に向けた。[152]

以上のようにハルは、「愛」の具体的実践家としてのイエスを示す。そして、「此の愛を他人に向けた。隣に向けた。自分を攻むる敵に向けた」イエスの愛を自らも実践する点において、次の第二の特徴とも重なるものとなる。

この時期のハルのイエス理解の特徴の二点目は、人格的なイエスの愛が他者への奉仕の動機として理解される点である。

> 私はたゞ基督教の精神によつて生きるの外はありません。イエスの愛を思ふ時に私達の愛は燃え上り、私達の真実が力づけられます。そしてこの精神を、余りに貧しき物質と教養とに棄て放されてゐる人達の胸に移し、浸らし、燃え上らせたいと思ひます。[153]

> 幸にイエスの恵に依つてこの発見をなし得たものは、よろしく神の栄のため、人類幸福のため、社会に対して奉仕するところの大からんことを願ふ。[154]

これらの執筆はいずれも一九二一（大正一〇）年から一九二二（大正一一）年であり、ハルが覚醒婦人協会の活動を展開していた時期である。キリスト教信仰を持ち、またスラムの活動を開始してからおよそ一〇年がたち、三〇代になったハルは、スラムでの活動だけではなく女性のための運動にも携わる中で、ハル個人としても演説会において演説を行い、精力的に活動範囲を拡大していた中での発言である。イエスの愛を、ハル自身も大いに実践していた時期ともいえる。

このように、ハルのイエス観の第一期において、イエスは愛の存在であり、その愛はスラムの人々だけではなく、愛を必要としている多様な他者へと向かうものであった。愛の実践家としてのイエスの側面が強調されており、ハル自身もまた時間的にも労力的にも具体的な行動を通して、「愛の実践家」としてのイエスに倣うことが可能な時期でもあった。

（二）第二期　東京・松沢での育児時代「十字架上のイエス」

第二期は、一男二女を出産し、生活の中で育児に割く時間的・労力的割合が高くなる時期である。

苦しみのイエス

この時期、イエスの愛によって市民社会活動へと押し出されていくべきであるという第一期のような主旨の主張は、ハルの著述にはみられなくなる。それに代わり、ハルが四〇代に入る一九二〇年代後半から一九三〇年代頃になると、イエスへの言及では、「愛のイエス」から「苦しみのイエス」へと強調点が移行する。

即ち、キリストハ神と等しくあるにも係らず、その位をずつと下け、人の身体を取り、人に化して下界の人間の仲間入をし、而も極めて貧しく生活し、苦しみ、十字架の死に迄至つたとし、パウロ自身もやはりこの道を選んだ。[155]

イエスが天の位より下り、神の位置を捨て、罪人の為めにすら十字架に掛つたことを思へば、私共も又そのことを倣はねばならぬ。（中略）イエスの化身を思ひ、パウロの凡てを投げ出して主に尽くしたことを思ふ時に、我らも又何事が決するところがなくてはならぬと思ふ。[156]

ポウロはキリストに倣つてこの苦しみに預かることを光栄としましたが、私達もこのイエスの患難を思へば、主のために受くる苦しみであるなら喜んで受けなければなりません。私達の生涯にもし、神のため、イエス・キリストのための苦しみを受けるならば、それは主の御偉業の果されるためなのです。（中略）私達はこのイエスの執成の死に依つて、たゞ神を信ずることに依つて凡ゆる罪が赦されるのです。私達はこれを想ふときにキリストのために、もつと苦労しなければすまないと思ひます。[157]

これらの引用では、「十字架のイエス」が強調され、「捨てる」「苦しむ」「苦労」といった言葉が並ぶ。かつてハルが述べたような、イエスの愛によって心燃やされ、イエスに倣うものとして貧者に仕える、という行動的なイエス像ではなく、十字架の上で苦しむイエスの姿である。ハルは、そのイエスに倣い私たちもまた「もっと苦労しなければ」ならない、と訴える。

母親として

ハルが一九二九（昭和四）年に次女・梅子を出産した後の同年、賀川一家は関西から一度離れていた東京へと戻る。豊彦は、中国、カナダ、台湾、フィリピン、オーストラリア、アメリカ、ヨーロッパへと飛び回る多忙な時期であった。ハルは夫の留守に、一方では三人の子育てをし、一方では東京において豊彦の事業の一端を支えていた。ハルは、「今度この家で二番目の子を産みましてから、なんだかすつかり家庭内の仕事に閉じこもつてしまつたやうで、時折りは以前神戸で働いてゐた時のやうな、ピンと張りきつた緊張さが欠けて了つたやうで、淋しくなる事もございます」[158]と述べ、また夫の留守が多い中にあって三人の子供たちが無事に育って安心した、とも語る。[159]子供がまだ生まれておらず市民社会活動に集中できた夫婦二人だけの時期とは異なる状況の中で、市民社会活動の場で自由に精力的に行動したい焦燥感と家庭の中で子供と過ごす育児への責任との狭間での葛藤が、これらの表現として現れているのかもしれない。

自由に行動し、時に夫と共に、時にハル自身として市民社会活動の表舞台に立っていた時期には、イエスの華々しい側面が語られていた。しかし、ハル自身の行動が育児によって制限され、また夫の留守が多い中、そして、神戸で築き上げてきたイエス団の同労者たちやスラム活動を支援してくれた学生たち、キリスト者としての家族像の模範を示してくれた宣教師たちから地理的にも離れてハルが見出したイエスは、すべてを取り去られ、十字架の上で動くこともできずに苦しむイエスであった。ハル自身の生き方を重ね合わせる中で、「心を燃やす愛」の存在であったイエス像よりも、へりくだり、すべてを捨て、身動きの取れない十字架の上で罪人のために苦しむイエスの姿に共感を覚えたのかもしれない。

そこには、「私が貧者を助ける」というかつてのような、「私（ハル）」が助ける側で「貧者」が助けられる側、という上下の構図はない。イエスは「罪びと」のために苦しんだ、とハルは述べるが、「罪ゆるされた」「貧者」は、ハル自身を排除するものではない。十字架の前にハル自身も進み出て、一人の罪人としてイエスに向き合う姿勢ともいえる。ハルが、イエスに従う、と決心した際の豊彦による説教題は「十字架の上のイエス」であった。自身もまた罪ゆるされるべき存在の一人であるという原点へとハルは立ち返ったともいえる。

そのイエスに倣い、ハルは「もつと苦労」を求める。第一期では、「貧者へ奉仕」として具体的な描写であったが、ここでは、「もつと苦労」とだけ述べ、ハルはその内容を明言しない。また、「我らも又何事が決するところがなくてはならぬと思ふ」として、「何事」と一般化して表現する。「何事」とは、たとえ市民社会活動の表舞台に立つことは少なくとも、市民社会活動に邁進する夫を支える妻として、そして三人の子供の母としての自らの役割を包含しているとも推測できる。このように、育児期間において十字架の上でのイエスを示したハルのイエス観は、やがて次の第三期へ移行する。

(三) 第三期　晩年「新たに造りかえるイエス」

新たにされるもの

第三期は、子供たちが成長して独立した後の晩年のハルである。一九六〇年代に入り、約四七年間連れ添った夫・豊彦が亡くなり、ハルが七〇代から八〇代になると、「造りかえるイエス」としての側面が語られるようになる。

キリストは罪人の救の為め死なれた。神の恩寵、キリストの愛を信ずる時、我らハ自分本意が変へられる。神の恵のうちにあることを信ずれば、新らしい人生の出発が出来る。富に頼らず、力によらず、主の御旨に従つての感謝の生活が出来る。女性にも尊い働が出来る。
安藤太郎夫人文子の禁酒運動、神戸城のぶ女史の一寸待ての立札、同情会の働が出来る。斯ふした社会への貢献も有難い働であるが、女性が妻として母として信仰生活を強く行ふ時、素張しい働が出来る。若い未亡人も信仰を以て我子を守る時、次の時代を荷負人物を作ることが出来る。[160]

聖書にハ、誰れもキリストにある時ハ新らしく造られるとある。凡ての人が神を信じ、主の恵を受け、罪ある者が潔められ、悲しみが慰められ、弱い者も強められ、主の教に従つて愛の生活をしなければならぬ。[161]

これらの引用はいずれも、豊彦が一九六〇（昭和三五）年四月二三日に亡くなった以後の著述である。ハルは、夫が亡くなり寂しくなったかと質問され、「神のみもとに行ったのだから、寂しいとは感じない」と返答する。[162] 夫を「神のみもと」へと送ることにより、神を身近に感じ、イエスにあって「新たにされる」ことをますます強く意識したのかもしれない。

天地の創造者

さらにハルのイエス像には、「天地の創造者としてのイエス」という視点が加えられる。

天地の創主キリストの父なる神を信ずる時、人は新たになる。自分中心が隣人を思ふことが出来る。病に貧に困難苦労に打ち勝てる。更に喜こびと感謝が出来る。[163]

キリストハ罪人のために贖の死を我々になされた。この神の愛を感謝すべきだ。人ハ神信心の思ひが与へられて居るが、真の神信心でない事が多い。お礼に頼り建物を尊んだりするが、真の信心ハ天地の創造者キリストを世に送り、神にある誠の幸を得ることを教えられた。[164]

天地の創り主としてのイエスという確信が、天地を創造した神はまた人間の命を創造した神であり、人を新たに造りかえる力を持った存在であるという確信へとハルを導いたのだろう。

二〇代の初め、ハルは熱心な信仰者であった伯母・村岡はなを亡くし、「愛の神」と「苦しみ」とをいかに調和させるかに葛藤した。そして見出した回答は、「愛の神」は「苦しみを通して愛する者を鍛える」ということであった。その後ハルは、キリスト教に入信し、結婚して夫と共に市民社会における活動に携わる中で、イエスの愛に燃やされ、市民社会における貧しい人々、すなわち他者に仕える行動的な生き方をめざした。やがて一男二女を出産し、それまでと同様の市民社会活動からは退く中で、十字架の上で罪人の救いのために苦しむイエスの姿に出会う。その後、子供たちは成長してそれぞれに独立し、一九五五（昭和三〇）年に母・ムラが永眠し、一九六〇（昭和三五）年に夫・豊彦が永眠し、さらに一九七四（昭和四九）年にはスラム活動の良き協力者でもあった妹・ヤヘが永眠していく過程において、ハルは、十字架のイエスは苦しみにとどまり続けるのではなく、「天地の創主」であるイエスの贖いの愛の十字架は新たな命を与える力であることを告白する。自らも年齢を重ね、老いを覚え、天に向かう時が近づく日を意識する中で、衰えていくことに目を留めるのではなく、逆に、十字架の愛により与えられる新しい命へとハルは目を向けているとも表現できる。

贖いの十字架における愛

六〇代になったハルは、かつて豊彦等の活動を通して十字架に出会った日のことを次のように回顧する。

社会から捨てられ、向上する気持ちも失い、心は荒れはてて少々のいさかいから人を殺すような、実に救い難いこの人達の間に、自分を捨てて神の愛を説く、この賀川の殉教者的な姿を見聞きするにつれ、私はその宗教こそ真の宗教であると思うようになつた。それまでの私は、キリスト教がどうしても解らず、単に他国の宗教だと嫌つていたのだが、ここに賀川を識つて、始めて私は神の愛はこの捨てられた人々にも及ぶものであることを思い、深い感銘を与えられたのであつた。更にキリストの十字架も、私の過去一切の罪の身代わりとして神の前にとりなしの死てあることが理解でき、私はその恵に感泣した。[165]

ここには、「社会から捨てられ」た人々、すなわち市民社会における弱者への視点も加えられている。

晩年のハルの視点には、市民社会の第一線で立派な働きをなすことだけを示すイエスではなく、「罪ある者」、「悲しみ」を持つ者、「弱い者」の生活を祝福する存在、すなわち弱者にも愛と恵みを与える存在としてイエスが理解される。さらに、イエスの十字架は苦しみを与えるだけではなく、人を新たに造り変えるための贖いの愛の行動としても理解され、そのイエス観は、ハルのライフ・ステージを追うごとに深みを増している様子がみられる。

（四）共に歩む人格的存在者としてのイエス

以上、ハルの言説から、ライフ・ステージにおけるその時々の自身の状況が投影されているイエス観をみた。結婚後、ハルが豊彦と二人三脚で市民社会活動に全力投球できた時期には、ハルにとってのイエスは、精力的に行動する「愛の実践家」であった。しかし、ハルの生活において育児に割く時間と労力の割合が高くなり、市民社会活動にも制約が増えた時期のイエス観は、「罪びとの為に十字架の上で、身動きを取ることができずに苦しむイエス」となった。その後、母、夫、妹という同労者でもあった家族が亡くなり、自らも老いを迎えたハル晩年のイエス観は、十字架はただ苦しみにとどまるものではなく、贖いの死はまた「家庭における一主婦であっても、市民社会活動に取り組み成果を上げる人物であっても、そのあらゆる立場の人を祝福し、新たに造りかえる」愛の実践の一つの形として、その理解が深められていく。

「市民社会活動」という側面からだけでみるならば、「母」の役割が中心となった育児期間は市民社会活動制約期ともいえるかもしれないが、ハルの生涯全体からみるならば、ハル自身が市民社会活動においてはある種の焦燥感を抱いた時期があったからこそ、晩年の「あらゆる立場の人々を祝福するイエス」という境地に達したともいえる。ハルにとってのイエスは、抽象的概念ではなく、自らの状況に重ね合わせつつ共感することができる模範者であり、かつ「共に歩む」人格的存在者として、豊彦の公私にわたるパートナーとしてのハルの市民社会における活動家としての歩みと、また家庭生活における妻・母としての歩みとを動機づける存在であったといえる。

第三項　ハル執筆の小説にみる信仰者たち

ハルは、『太陽地に落ちず』『月　汝を害はず』(共に福音書房刊)の二冊の小説集を出版している。二冊とも一九四七(昭和二二)年に発刊されたものであるが、執筆されたのはいずれもそれよりも早い時期である。ハルの自伝的要素の強い先の二冊の著作『貧民窟物語』『女中奉公と女工生活』と比較すると、いずれもハル自身が体験し、見聞きした人物がモデルとなり、自伝的要素も含まれるものの小説的要素が強い。これらの小説に登場するキリスト者たちの姿には、ハルのキリスト教理解が如実に反映されている。ハルの末子である梅子が七歳頃となり、手が離れた頃に執筆されたものであり、五〇歳を目前にしたこれらの小説は、ハルの中期の信仰観をうかがい知るよい検討対象となる。

『太陽地に落ちず』では、新川でハルが見聞きした人々の様子がモデルとなっている。[166] 豆腐屋を営む「町田与三五郎」の回心物語が基軸となり、豊彦をモデルとした「新見栄一」や、自身をモデルとした妻「機恵子」、武内勝をモデルとしたと思われる「吉田勤」、救霊団や関西学院の神学生なども登場し、スラムでの人間模様が描かれている。新見栄一をはじめ、機恵子、その他キリスト者は、人格的にも優れた理想的人物として描かれており、禁酒を尊び、労働の喜び、勉学への熱心や、誠実な労働などがキリスト者にふさわしい徳であると説かれている。物語の最後に主人公・町田は病のために亡くなるが、町田の姪である花子が町田の信仰による人格的変化に感銘を受け、心を入れ替える場面で終わる。

『月　汝を害はず』は、一九三八(昭和一三)年に「荊の冠」として『神の国新聞』に連載されたものであり(一九三八(昭和一三)年一月一九日〜一一月二日)、舞台は東京近郊となり、松沢時代の賀川夫妻が出会った人々をモデルとしている。主人公・上谷澄子が、夫・幸次が収監されたことをきっかけに、新見栄一との出会いを通して信仰を持ち、「ミス・ブラウン」の経営する母子ホームで信仰生活する様子が描かれている。澄子の手紙による伝道により、夫も監獄中において信仰に導かれ、出所後は息子も含めて家族三人での束の間の平安な日々が訪れるが、最後は、幸次が知人の盗難の身代わりとなり取り調べを受ける場面で終わる。『太陽地に落ちず』に比較すると、新見栄一の登場場面は少なく、澄子の信仰のロールモデルとなるのは、ミス・ブラウンである。夫の収監中に第二子の妊娠が判明した澄子が中絶を考える場面も登場し、『太陽地に落ちず』とは異なる趣を持つ小説となっている。後半には、豊彦の「神と贖罪愛への感激」と題された説教が一二頁にわたり掲載され、ハルが他の執筆では使用しない「贖罪愛」の表現が「新見栄一」の説教を通して数回語られている。

『月　汝を害はず』には、他に五編の短編小説が収録されており、いずれも、ハルが出会った人々がモデルとなっていると思われる。「小さな祈の友」では、一九三四（昭和九）年東北地方における冷害のために、関東地方で養育される少女「たみ子」が、キリスト教の家庭に引き取られ、信仰を育む様子が描かれる。「水道端の歌」では、大阪から「札幌郡江別町」に嫁いだキリスト者の植木政枝が、周囲の人々に伝道する様子が描かれる。「感激して寿司を握る」では、すし屋に就職した青年が、喜恵子との会話を通して、すし屋での下働きの境遇にも意義を見出す様子が描かれる。「少年みちびき団」では、キリスト者の家庭に育つ小学校五年生の孝吉が、弟や日曜学校の友人たちと「神の御用」を努めるために「少年みちびき団」を結成し、伝道活動に取り組み、一方で優秀な学業を修める様子が描かれ、「他人の為社会の為尊い業が出来る」ことが徳として示される。「祈りの村」は一九二五（大正一四）年のアメリカの日系人コミュニティが舞台となる。キリスト者「今井栄蔵」が「死線を越えて」に感銘を受け、新見栄一の講演に参加する。この講演をきっかけにコミュニティに信仰のリバイバルが起こり、「放蕩は止み、『花札』は棄てられ、盃が砕かれ」る。

これらの小説からは、ハルのいくつかの視点を特徴としてみることができる。第一に、主人公として描かれる人物が、いずれも一般庶民という点である。皆が貧困層であり、それらの人物の視点を通してキリスト教を描き出している。ハルの視座が、常にそのような階級の人々に向けられていたことを示している。第二に、高い倫理的徳がキリスト教の理想として描かれている点である。禁酒、誠実な労働、勤勉、他者への親切心等が身につけるべき徳として描写され、新しく信仰を持つ登場人物たちは、そのような徳と過去との生活の間を揺れ動く。第三に、労働の喜び、社会への貢献といった、市民社会でのキリスト者の存在を描き出している点である。登場する信仰者たちは、熱心に伝道を行うと同時に、それぞれの持ち場で信仰に根ざした生き方を模索している。市民社会におけるキリスト教の存在意義を問おうとしたハルの視点の表れであろう。

小括　ハルのキリスト教理解の特徴

以上、第二章でのハルのキリスト教理解の特徴は、次のようにまとめられる。

第一に、超教派におけるキリスト者たちとの交流と、市民社会に生きるキリスト者たちへの視点である。ハルのキリスト者たちとの交流は、特定の教派による影響よりも、幅広い超教派的な文脈の中にあった。また、特定の制度的教会の中での影響よりもむしろ、市民社会での貢献を行う信徒たちの影響があった。

第二に、ハルは信仰生活における高い倫理基準を指し示すが、それは、神の恵みを受けるための手段ではなく、神の恵みに対する信仰者の責任の応答として理解されていた。

第三に、イエス理解では、イエスは抽象的存在ではなく、「共に生きる存在」としての人格的なイエス観を持っており、ハルの歩みを動機づける存在であった。さらに、そのイエス理解は、ライフ・ステージの変化と共に、次第に深まっていった。ハルの夫婦二人での市民社会活動の時期には、具体的な行動としてのイエスの愛に言及していたが、家庭において育児を担う時期には十字架の上で苦しむイエスに目を向け、そして親しい家族を天に送った後の晩年には、その十字架の苦しみは、人を新たに造りかえ、すべての人を祝福するための、いのちの創造者としての愛の実践であると理解されるようになった。ハルのイエス理解、およびそのイエス観に伴う信仰は、ライフ・ステージの変化と共に深まりを帯び、生涯をかけて成長を遂げていった。

■注（第二章）

1　渡辺悦次・鈴木裕子編『運動にかけた女たち』ドメス出版、一九八〇年、二〇頁

2　賀川はる子『貧民窟物語』（一九二〇年）福永書店、大正九年／一九二〇年

3　賀川はる子『女中奉公と女工生活』（一九二三年）福永書店、大正一二年／一九二三年

4　ハルの父・芝房吉の姉であるが、「山田」となっているのは、芝家から山田家に養子に行ったためではないか、と奈須は推測している。奈須瑛子「村岡平吉と福音印刷──賀川ハルの系譜」（『雲の柱』八号、賀川豊彦記念松沢資料館、一九八八年、六〇頁）。

5　ジョージ・ウィリアム・ノックス（George William Knox）（一八五三〜一九一二）。一八八一（明治一四）年、東京一致神学校の教授となるために、東京に転居した。一八八七（明治二〇）年から一八九三（明治二六）年まで明治学院の神学教授、その後、東京帝国大学で倫理学の講義も担当した（横浜指路教会百二十五年史編纂委員会編『通史編　横浜指路教会百二十五年史』日本基督教団横浜指路教会、二〇〇四年、八三―九五頁参照）。『信仰三十年基督者列伝』（大空社、一九九六年、一四七頁）には、村岡平吉が「ナックス氏より受洗」と記されるが、ノックスの指路教会牧師在任期間は、一八七七（明治一〇）―一八八一（明治一四）年であり、平吉が洗礼を受ける頃には牧師ではない。ただし、一八七四（明治七）年から長老として指路教会に加わっていた南小柿が一八八三（明治一六）年一二月に牧師として正式に就任するが、洗礼の準備はその無牧の期間、実質的な牧会的働きを担っていたと思われる南小柿が行い、実際の洗礼はノックスが行ったようである。

6　フランス人レヴィ（Cerf Levy）が創刊した、日本で最初のフランス語の日刊紙（http://www.kaikou.city.yokohama.jp/document/shinbun/shinbun02_02.html　二〇一六年四月六日最終閲覧）。沢護「横浜居留地のフランス社会（三）―幕末・明治初年を中心として」（『敬愛大学研究論集』四八、六五―九五頁、一九九五年）によれば、同新聞社は居留地の一八三番に位置していた。一八七〇（明治三）年に創刊され、三名のフランス人に引き継がれながら、一八八一（明治一四）年をピークとして居留地におけるフランス人社会の縮小に伴い、一八八五（明治一八）年廃刊となった。平吉が勤務した一八七七（明治一〇）年以降数年間は、居留地のフランス人社会の最盛期、ゆえに同新聞社の最盛期だったことになる。右記文献によれば、一八八一（明

治一四）年の時点で、「日本人を中心に一五名の植字工」が雇用されていたということであり、そのうちの一名が平吉だったのだろう。

７　横浜指路教会百二十五年史編纂委員会編『資料編　横浜指路教会百二十五年史』日本基督教団横浜指路教会、二〇〇四年、二三六頁

８　横浜指路教会百二十五年史編纂委員会編『資料編　横浜指路教会百二十五年史』日本基督教団横浜指路教会、二〇〇四年、二三七頁

９　横浜指路教会百二十五年史編纂委員会編『資料編　横浜指路教会百二十五年史』日本基督教団横浜指路教会、二〇〇四年、二三七頁

１０　横浜指路教会百二十五年史編纂委員会編『資料編　横浜指路教会百二十五年史』日本基督教団横浜指路教会、二〇〇四年、二三九頁

１１　横浜指路教会百二十五年史編纂委員会編『資料編　横浜指路教会百二十五年史』日本基督教団横浜指路教会、二〇〇四年、二四〇頁

１２　横浜指路教会百二十五年史編纂委員会編『資料編　横浜指路教会百二十五年史』日本基督教団横浜指路教会、二〇〇四年、二五五頁

１３　横浜指路教会百二十五年史編纂委員会編『資料編　横浜指路教会百二十五年史』日本基督教団横浜指路教会、二〇〇四年、二五二頁

１４　警醒社編『信仰三十年　基督者列伝』（大空社、一九九六年）の「村岡平吉」項（一四七頁）には、「（明治）二十三年二月に長老に挙げられ」とあるが、『資料編　横浜指路教会百二十五年史』「歴代長老、執事一覧」の名簿（四二一頁）には、一八九〇（明治二三）年時に平吉の名は見られない。

１５　一〇月一九日の「太田町」の「雪さん」が平吉の娘の一人を指していると思われる。一九一四（大正三）年一一月二日のハルの日記に登場する「大森」の「雪子様」は、一九一四（大正三）年九月八日の「大森」の「倉叔父様」の家族だろうか（三原容子編『賀川ハル史料集』第一巻、緑蔭書房、二〇〇九年、一九三頁）。

１６　賀川はる子『女中奉公と女工生活』（一九二三年）（三原容子編『賀川ハル史料集』第一巻、緑蔭書房、二〇〇九年、二四・二五頁）

17　賀川はる子『女中奉公と女工生活』（一九二三年）（三原容子編『賀川ハル史料集』第一巻、緑蔭書房、二〇〇九年、四二頁）
18　山室軍平（一八七二（明治五）年～一九四〇（昭和一五）年）。一八八八（明治二一）年、キリスト教の洗礼を受け、一八九五（明治二八）年救世軍に入隊し、社会福祉事業、公娼廃止運動（廃娼運動）、純潔運動などに取り組んだ。
19　賀川はる子『女中奉公と女工生活』（一九二三年）（三原容子編『賀川ハル史料集』第一巻、緑蔭書房、二〇〇九年、四四頁）
20　横浜指路教会百二十五年史編纂委員会編『資料編　横浜指路教会百二十五年史』日本基督教団横浜指路教会、二〇〇四年、二四八・二四九頁
21　横浜指路教会百二十五年史編纂委員会編『資料編　横浜指路教会百二十五年史』日本基督教団横浜指路教会、二〇〇四年、二四九頁
22　ハルが村岡家によって横浜指路教会に連れて行かれていた年が一九〇〇（明治三三）年であるとすると、この時の牧師は山本秀煌牧師である。一九〇一（明治三四）年七月より井深梶之助牧師就任の期間を経て、一九〇五（明治三八）年毛利官治牧師就任直後から、洗礼者数が飛躍的に増加している（横浜指路教会百二十五年史編纂委員会編『資料編　横浜指路教会百二十五年史』日本基督教団横浜指路教会、二〇〇四年、四四八―四九一頁参照）。
23　賀川はる子『女中奉公と女工生活』（一九二三年）（三原容子編『賀川ハル史料集』第一巻、緑蔭書房、二〇〇九年、三八・三九頁）
24　http://ktymtskz.my.coocan.jp/nakagawa/yokosuka.htm（二〇一六年四月七日最終閲覧）。ちなみに、ハルが誕生した頃の一八八九（明治二二）年の時刻表によれば、新橋六時一〇分発、横須賀八時二〇分着で、二時間程度の所要時間であったという（横須賀市編『新横須賀市史　通史編　近現代』横須賀市、二〇一四年、一二八頁）。現在では、早ければ所要時間一時間一〇分程度となっている。
25　賀川はる子『女中奉公と女工生活』（一九二三年）（三原容子編『賀川ハル史料集』第一巻、緑蔭書房、二〇〇九年、三九頁）
26　賀川はる子『女中奉公と女工生活』（一九二三年）（三原容子編『賀川ハル史料集』第一巻、緑蔭書房、二〇〇九年、三九頁）
27　賀川はる子『女中奉公と女工生活』（一九二三年）（三原容子編『賀川ハル史料集』第一巻、緑蔭書房、二〇〇九年、四二頁）
28　賀川はる子『女中奉公と女工生活』（一九二三年）（三原容子編『賀川ハル史料集』第一巻、緑蔭書房、二〇〇九年、四〇・四一頁）
29　この二組の宣教師たちについては、次の文献に詳しい。深田未来生「C・A・ローガンとH・W・マイヤース――賀川豊彦を

巡る宣教師達」（『キリスト教社会問題研究』（三二）、同志社大学人文科学研究所、一九八四年、一二九―一四五頁）

30　南北戦争時の一八六一年に、Presbyterian Church in the United States of America（PCUSA）（最初の大会は、一七八九年フィラデルフィアで開催）から分かれ設立されたPresbyterian Church in the Confederate States of Americaは、南北戦争後にthe Presbyterian Church in the United Statesとなる。南長老教会ミッションについては、次の文献に詳しい。木下裕也「神学的伝統とその継承について―神戸神学校設立の経緯から考える―」（『改革派神学』第三八号、二〇一一年、七二―九〇頁）

31　William Newton Clarke（一八四〇～一九一二）。Madison University、MadisonTheologocal Seminaryを卒業後、牧師となり、Toronto Baptist Collegeで新約学を教えたのち、一八九〇年からは、Colgate Theological Seminaryにて神学を教授。一八九八年に*An Outline of Christian Theology*を出版した。

32　エス・ピ・フルトン「我らの神学校物語」（中央神学校史編集委員会編『エス・ピ・フルトンの生涯と神学思想』中央神学校同窓会、一九七六年）五九頁。神学校は、神戸市葺合区熊内町一丁目。

33　豊彦が明治学院大学に入学したのは一九〇五（明治三八）年であるため、明治学院大学における植村正久との直接的な接触はなかっただろう。

34　跡地には、現在神戸市中央区熊内町一―八―一六の公園内に記念碑が建てられている。

35　一八五三年にケンタッキー州Danvilleに設立されたDanville Theological Seminaryと一八九三年に同じくケンタッキー州Louisville設立されたLouisville Presbyterian Seminaryが一九〇一年に合同した（www.lpts.edu/about/our-mission/history）（二〇一八年七月二日最終閲覧）。ローガンが教育を受けたのは、設立されたばかりでかつ合同前のLouisville Presbyterian Seminaryだったのだろう。

36　Rick Nutt, *Many Lamps One Light: Louisville Presbyterian Theological Seminary: A 150th Anniversary History* (Grand Rapids: Eerdmans.2002),pp.39-45.

37　現在の日本キリスト教会徳島教会は徳島市八百屋町において始められたが、戦中の日本基督教団時代を経て、戦後に現在の場所（徳島市大道）に移った（徳島教会岡田貴美子牧師より、二〇一六年四月四日聞き取り）。

38　各宣教師着任期間は次の通り。ハリー・マイヤース（一八九七～一九四二）、グレース・マイヤース（一八九七～一九四二）、チャールズ・ローガン（一九〇二～一九四一）、パティ・ローガン（一九〇二～一九二八）、ブラウン・ローガン（一九三六～一九四一、一九五九～一九七三）（ジェームズ・A・カグスウェル、真山光彌、浅若佐、西田スヱ子訳『夜が明けるまで――南長

老派ミッションの宣教の歴史』新教出版社、一九九一年、二九五―三〇七頁参照）

39　『基督教年鑑⑰昭和一一年版』（日本図書センター、一九九四年）所収「フース、フー」七二頁。深田未来生によれば、マイヤースもルイビル神学校を卒業したとあるが、「フース、フー」にはその旨の記載は見当たらない（深田未来生「C・A・ローガンとH・W・マイヤース――賀川豊彦を巡る宣教師達」（『キリスト教社会問題研究』（三二）、同志社大学人文科学研究所、一九八四年、一三九頁））。又は、「Kentucky Theolgical Seminary」とは、ケンタッキーのルイビル神学校を指しているのだろうか。

40　ジェームズ・A・カグスウェル、真山光彌、浅若佐、西田スヱ子訳『夜が明けるまで――南長老派ミッションの宣教の歴史』新教出版社、一九九一年、二〇七頁。深田未来生「C・A・ローガンとH・W・マイヤース――賀川豊彦を巡る宣教師達」（『キリスト教社会問題研究』（三二）、同志社大学人文科学研究所、一九八四年、一四一頁）には、「六日」とあるが、帰国の途に着いたのは、釈放された当日の「六日」ではなく、「一六日」とするカグスウェルの記述の方が全体の流れから自然だと思われるため、「一六日」を採用した。

41　大正一五年には、シー・エイ・ローガンとして『創世記時代――創世記の内容』（教文館）を出版しているが、ローガンから受けた創世記の講義がキリスト教入信のきっかけとなった豊彦が、出版社に対して推薦したという可能性もあるだろう。

42　賀川豊彦「女性讃美と母性崇拝」（一九二三年）（『賀川豊彦全集』第七巻、キリスト新聞社、一九六三年、三四六頁）

43　賀川豊彦「イエスの宗教とその真理」（一九二一年）（『賀川豊彦全集』第一巻、キリスト新聞社、一九六三年、一三五・一三六頁）

44　例えば、賀川豊彦「女性讃美と母性崇拝」（一九二三年）（『賀川豊彦全集』第七巻、キリスト新聞社、一九六三年、三四六頁）、「雷鳥の目醒むる前」（『賀川豊彦全集』第二一巻、キリスト新聞社、一九六三年、一九一頁）など。

45　賀川はる子『女中奉公と女工生活』（一九二三年）（三原容子編『賀川ハル史料集』第一巻、緑蔭書房、二〇〇九年、四八頁）

46　賀川豊彦『賀川豊彦全集』第二四巻、キリスト新聞社、一九六四年、五八二頁

47　賀川ハル「一九一四年日記」（一月三〇日）（三原容子編『賀川ハル史料集』第一巻、緑蔭書房、二〇〇九年、一四四頁）

48　一九〇六（明治三九）年神戸日本基督教会より分離独立した、現・日本キリスト改革派神港教会のことか？　教会は当時、下山手通三丁目にあった。賀川夫妻の住み込んでいた葺合北本町六丁目二二一番地からはおよそ二キロ弱の距離である。

49　賀川ハル「一九一四年日記」（五月一四日）（三原容子編『賀川ハル史料集』第一巻、緑蔭書房、二〇〇九年、一六六頁）

50　賀川ハル「一九一四年日記」（四月六日）（三原容子編『賀川ハル史料集』第一巻、緑蔭書房、二〇〇九年、一五八頁）

51　賀川はる「女中奉公の一年」（一九二二年）（三原容子編『賀川ハル史料集』第一巻、緑蔭書房、二〇〇九年、五三頁）
52　賀川豊彦「女性讃美と母性崇拝」（一九二三年）（『賀川豊彦全集』第七巻、キリスト新聞社、一九六三年、三四六頁）
53　「救霊団年報」第二号（一九一一年）（三原容子編『賀川ハル史料集』第一巻、緑蔭書房、二〇〇九年、二〇八頁）
54　賀川ハル「一九一四年日記」（五月二九日）（三原容子編『賀川ハル史料集』第一巻、緑蔭書房、二〇〇九年、一七〇頁）
55　共立女子神学校の歴史、およびプラットに関して、次の文献を参照。「横浜共立学園資料集」編集委員会『横浜共立学園資料集』横浜共立学園、二〇〇四年、七〇四―七五五頁、及び「Ⅵ永遠のひかり―共立女子神学校の歩み」（「横浜共立学園一二〇年のあゆみ」編集員会『横浜共立学園一二〇年の歩み』横浜共立学園、一九九一年、二四三―二六六頁）。
56　「偕成伝道女学校、共立女子神学校、そしてバイブルウーマン―失われた姿を求めて―」（鈴木正和『共立研究』Vol.VII. No.1、共立基督教研究所、二〇〇一年八月、四頁）には、プラットの来日が「一八九二（明治二五）年」とあるが、「横浜共立学園資料集」（編集委員会編『横浜共立学園資料集』横浜共立学園、二〇〇四年、七〇五頁）には一八九三（明治二六）年とある。日付の不一致の理由は不明であるが、ここでは『基督教年鑑⑰昭和一一年版』（日本図書センター、一九九四年）所収「フース、フー」（七七頁）記載の日付を採用した。
57　横浜外国人墓地にはピアソンの墓が残されている。
58　「横浜共立学園資料集」編集委員会『横浜共立学園資料集』横浜共立学園、二〇〇四年、三三六頁
59　「横浜共立学園資料集」編集委員会『横浜共立学園資料集』横浜共立学園、二〇〇四年、三四一頁。さらに、『基督教年鑑②大正七年版』（日本図書センター、一九九四年）所収「事業学校教育」（三〇〇頁）によると、「現在生徒」は三八名とある。おおよそ四〇名から五〇名の間で学生数は推移していたのか。ちなみに、共立女学校の同年現在生徒数は九一名となっている（三〇七頁）。
60　「横浜共立学園資料集」編集委員会『横浜共立学園資料集』横浜共立学園、二〇〇四年、三〇〇頁
61　「横浜共立学園資料集」編集委員会『横浜共立学園資料集』横浜共立学園、二〇〇四年、三三七頁
62　賀川ハル「一九一四年日記」（九月二一日）（三原容子編『賀川ハル史料集』第一巻、緑蔭書房、二〇〇九年、一八七頁）
63　賀川ハル「一九一四年日記」（一〇月七日）（三原容子編『賀川ハル史料集』第一巻、緑蔭書房、二〇〇九年、一八九頁）
64　「横浜共立学園資料集」編集委員会『横浜共立学園資料集』横浜共立学園、二〇〇四年、三三七頁
65　「横浜共立学園資料集」編集委員会『横浜共立学園資料集』横浜共立学園、二〇〇四年、七一四頁

66　「横浜共立学園資料集」編集委員会『横浜共立学園資料集』横浜共立学園、二〇〇四年、七一七頁。一九一六（大正五）年二月学生募集広告。

67　吉田幸。大阪四貫島セツルメントや西宮一麦教会・甲子園二葉教会の創設者吉田源治郎の妻。吉田源治郎は、「イエスの友」会の命名者であり、『雲の柱』にも編者として関わった。http://k100.yorozubp.com/kagawagalaxy/yoshida018.pdf（二〇一四年一二月五日最終閲覧）

68　「横浜共立学園資料集」編集委員会『横浜共立学園資料集』横浜共立学園、二〇〇四年、三三七頁では、新入生は二二名となっているが、卒業時には一六名となったという意味か。「横浜共立学園資料集」編集委員会『横浜共立学園資料集』横浜共立学園、二〇〇四年、三五〇頁に一九一七（大正六）年度報告として、「六月の卒業式で十六人が卒業、学校の歴史上最も大きな学年だった」とある。

69　錦織久良（一八八九〜一九四九）。二〇歳でキリスト教に入信し、牧師である錦織貞夫と結婚。全関西婦人連合会の機関誌『婦人』への寄稿など、著述も多数。

70　「横浜共立学園資料集」編集委員会『横浜共立学園資料集』横浜共立学園、二〇〇四年、二八五頁（一九〇一年）

71　「横浜共立学園資料集」編集委員会『横浜共立学園資料集』横浜共立学園、二〇〇四年、二八六頁（一九〇一年）

72　「横浜共立学園資料集」編集委員会『横浜共立学園資料集』横浜共立学園、二〇〇四年、二九一頁（一九〇二年）

73　「横浜共立学園資料集」編集委員会『横浜共立学園資料集』横浜共立学園、二〇〇四年、三〇二頁（一九〇五年）

74　「横浜共立学園資料集」編集委員会『横浜共立学園資料集』横浜共立学園、二〇〇四年、二八六頁（一九〇一年）

75　賀川ハル「一九一四年日記」（一〇月一四日）（三原容子編『賀川ハル史料集』第一巻、緑蔭書房、二〇〇九年、一八九頁）

76　賀川ハル「一九一四年日記」（一〇月二三日）（三原容子編『賀川ハル史料集』第一巻、緑蔭書房、二〇〇九年、一九一頁）

77　ハルの共立女子神学校卒業から約八年後ではあるが、『基督教年鑑⑥大正一四年版』（日本図書センター、一九九四年）所収の「基督者教師一覧」（一〇〇―一〇三頁）には、旧約聖書教師に瀬川浅、新約聖書教師に皆田篤、組織神学教師に城戸順、実践神学教師に三橋きく、毛利官次、笹倉吉、塚原茂の名が記されているが、共立女子神学校としては一般教養の教師の名は見当たらない。共立女子神学校の一般教養科目については、共立女子校の教員が兼任で担当していたのかもしれない。

78　「横浜共立学園資料集」編集委員会『横浜共立学園資料集』横浜共立学園、二〇〇四年、二八六頁（一九〇一年）

79　「横浜共立学園資料集」編集委員会『横浜共立学園資料集』横浜共立学園、二〇〇四年、三一九頁（一九一〇年）

80　「横浜共立学園資料集」編集委員会『横浜共立学園資料集』横浜共立学園、二〇〇四年、三〇八頁（一九〇七年）
81　「横浜共立学園資料集」編集委員会『横浜共立学園資料集』横浜共立学園、二〇〇四年、三一一頁（一九〇八年）
82　山本秀淳煌『開校五拾年史』共立女学校、共立女子神学校、一九二一（大正一〇）年、二九頁
83　「横浜共立学園資料集」編集委員会『横浜共立学園資料集』横浜共立学園、二〇〇四年、三二四頁
84　「横浜共立学園資料集」編集委員会『横浜共立学園資料集』横浜共立学園、二〇〇四年、三二九頁
85　賀川ハル「一九一四年日記」（一〇月三日）（三原容子編『賀川ハル史料集』第一巻、緑蔭書房、二〇〇九年、一八八頁）
86　賀川ハル「一九一四年日記」（一〇月六日）（三原容子編『賀川ハル史料集』第一巻、緑蔭書房、二〇〇九年、一八八頁）
87　「横浜共立学園資料集」編集委員会『横浜共立学園資料集』横浜共立学園、二〇〇四年、三三二頁（一九一三年）
88　「横浜共立学園資料集」編集委員会『横浜共立学園資料集』横浜共立学園、二〇〇四年、三〇四頁（一九〇六年）
89　「横浜共立学園資料集」編集委員会『横浜共立学園資料集』横浜共立学園、二〇〇四年、三四二頁（一九一五年）
90　「横浜共立学園資料集」編集委員会『横浜共立学園資料集』横浜共立学園、二〇〇四年、三〇八頁（一九〇七年）
91　「横浜共立学園資料集」編集委員会『横浜共立学園資料集』横浜共立学園、二〇〇四年、三〇八頁（一九〇七年）
92　「横浜共立学園資料集」編集委員会『横浜共立学園資料集』横浜共立学園、二〇〇四年、三〇二頁（一九〇五年）
93　「横浜共立学園資料集」編集委員会『横浜共立学園資料集』横浜共立学園、二〇〇四年、三三七頁（一九一四年）
94　「横浜共立学園資料集」編集委員会『横浜共立学園資料集』横浜共立学園、二〇〇四年、七一八頁（一九一七年）
95　横浜共立学園六十年史編集委員編『横浜共立学園六十年史』横浜共立学園六十年史編集委員、昭和八年、一〇九頁
96　経歴については『基督教年鑑⑰昭和一一年版』一七（日本図書センター、一九九四年）所収 *Some Outstanding Facts: Relating to the Christian Moment During the Year 1935* (p.77) の Pratt. A. Susan の項目を参照した。
97　賀川ハル「一九一四年日記」（一〇月二日）（三原容子編『賀川ハル史料集』第一巻、緑蔭書房、二〇〇九年、一八八頁）
98　賀川ハル「一九一四年日記」（一〇月六日）（三原容子編『賀川ハル史料集』第一巻、緑蔭書房、二〇〇九年、一八九頁）
99　賀川ハル「米国旅行日記」（一九五五年）（三原容子編『賀川ハル史料集』第二巻、緑蔭書房、二〇〇九年、三四五・三四六頁）
100　賀川ハル「一九一四年日記」（一〇月一四日）（三原容子編『賀川ハル史料集』第一巻、緑蔭書房、二〇〇九年、一八九頁）
101　城戸順については、次の文献に詳しい。阿部純子「城戸順と共立女子神学校」『横浜プロテスタント史研究会報』No.37、二〇〇五年、二一―四頁。

102　『通史編　横浜指路教会百二十五年史』（横浜指路教会一二五年史編纂委員会編、二〇〇四年、二七二頁）では、城戸が偕成女学校に着任した年を「一九〇〇年」としているが、より一次資料に近く、また卒業した年から着任したとすることが自然であると考え、『横浜共立学園資料集』（一〇二八頁）の記録を採用した。
103　「横浜共立学園資料集」編集委員会『横浜共立学園資料集』横浜共立学園、二〇〇四年、一〇二八頁
104　阿部純子「城戸順と共立女子神学校」『横浜プロテスタント史研究会報』No.37、二〇〇五年、二頁
105　横浜共立学園六十年史編集委員編『横浜共立学園六十年史』横浜共立学園六十年史編集委員、昭和八年、三五九頁
106　横浜共立学園六十年史編集委員編『横浜共立学園六十年史』横浜共立学園六十年史編集委員、昭和八年、二九頁
107　「横浜共立学園一二〇年のあゆみ」編集員会『横浜共立学園一二〇年の歩み』横浜共立学園、一九九一年、二六二・二六三頁。横浜共立学園六十年史編集委員編『横浜共立学園六十年史』横浜共立学園六十年史編集委員、昭和八年、三五八・三五九頁
108　日本キリスト教婦人矯風会編『日本キリスト教婦人矯風会百年史』ドメス出版、一九八六年、一七〇頁
109　日本キリスト教婦人矯風会編『日本キリスト教婦人矯風会百年史』ドメス出版、一九八六年、一〇〇九頁
110　横浜指路教会一二五年史編纂委員会編『資料編　横浜指路教会百二十五年史』日本基督教団横浜指路教会、二〇〇四年、四二四―四二八頁
111　「賀川豊彦記念松沢資料館所蔵賀川ハル関係資料一覧」（三原容子編『賀川ハル史料集』第三巻、緑蔭書房、二〇〇九年、四一九頁）
112　「座談会・賀川ハルを語る」（二〇〇七年）（三原容子編『賀川ハル史料集』第三巻、緑蔭書房、二〇〇九年、一〇七頁）
113　「地下幾千尺の暗黒に腰巻一枚で働いて居るではないか　無産階級婦人解放を叫んで覚醒婦人協会演説会」（三原容子編『賀川ハル史料集』第一巻、緑蔭書房、二〇〇九年、三八六頁）
114　賀川ハル「一九一四年日記」（一月五日）（三原容子編『賀川ハル史料集』第一巻、緑蔭書房、二〇〇九年、一九三頁）
115　賀川ハル「一九一四年日記」（一月二一日）（三原容子編『賀川ハル史料集』第一巻、緑蔭書房、二〇〇九年、一九四頁）
116　横浜指路教会百二十五年史編纂委員会編『通史編　横浜指路教会百二十五年史』日本基督教団横浜指路教会、二〇〇四年、二六八―二七五頁
117　「横浜共立学園資料集」編集委員会『横浜共立学園資料集』横浜共立学園、二〇〇四年、三四五頁
118　例えば、一九一四（大正三）年一月の日記に登場する回数だけでも、一月九日、一五日、二〇日、二一日、二八日、二九日

と、頻繁である。賀川ハル「一九一四年日記」（三原容子編『賀川ハル史料集』第一巻、緑蔭書房、二〇〇九年、一四一―一四四頁）

119　神田健次『Ｗ・Ｒ・ランバスの使命と関西学院の鉱脈』関西学院大学出版会、二〇一五年、五六頁参照。賀川夫妻の長男・純基の妻・道子は、「神戸ランバス保母学校」の卒業生となっている（牧野仲造『天国にある人びと』七頁）。

120　神田健次『Ｗ・Ｒ・ランバスの使命と関西学院の鉱脈』関西学院大学出版会、二〇一五年、一八八―一九六頁参照。

121　賀川ハル「一九一四年日記」（一月一五日）（三原容子編『賀川ハル史料集』第一巻、緑蔭書房、二〇〇九年、一四一頁）

122　賀川ハル「一九一四年日記」（一月一七日）（三原容子編『賀川ハル史料集』第一巻、緑蔭書房、二〇〇九年、一四一頁）

123　賀川ハル「一九一四年日記」（一二月九日）（三原容子編『賀川ハル史料集』第一巻、緑蔭書房、二〇〇九年、一四四頁）

124　賀川はる子『女中奉公と女工生活』（一九二三年）（三原容子編『賀川ハル史料集』第三巻、緑蔭書房、二〇〇九年、四三頁）

125　賀川ハル「一九二〇年日記」（五月二六日）（三原容子編『賀川ハル史料集』第一巻、緑蔭書房、二〇〇九年、二五八・二五九頁）

126　髪を一つにくくった根元から二つに分け、それぞれ輪にしてかんざしで止めた髪型。

127　西洋女性の髪形を模した髪型で、いくつかのバリエーションがある。日本髪に比較して、一人で簡単に結えることから、明治期半ば以降、全国的に流行する。

128　賀川はる子『女中奉公と女工生活』（一九二三年）（三原容子編『賀川ハル史料集』第一巻、緑蔭書房、二〇〇九年、四八頁）

129　イギリスのメソジスト派説教者であり、救世軍の創設者であるウィリアム・ブース（William Booth）（一八二九～一九一二）のこと。

130　ハルは、金色夜叉や滝沢馬琴の書物を好んでいた、と記している（賀川はる子『女中奉公と女工生活』（三原容子編『賀川ハル史料集』第一巻、緑蔭書房、二〇〇九年、三〇頁））。

131　一九〇七（明治四〇）年に創刊された『演芸画報』を指しているのではないだろうか。舞台写真、歌舞伎演出の記録、劇評、脚本などが掲載されており、一九四三（昭和一八）年廃刊となる。

132　賀川はる子『女中奉公と女工生活』（一九二三年）（三原容子編『賀川ハル史料集』第一巻、緑蔭書房、二〇〇九年、四七頁）

133　賀川はる子『女中奉公と女工生活』（一九二三年）（三原容子編『賀川ハル史料集』第一巻、緑蔭書房、二〇〇九年、四六頁）

134　賀川春子「信仰ある人」（一九四七年）（三原容子編『賀川ハル史料集』第二巻、緑蔭書房、二〇〇九年、二九五頁）

135　賀川春子『月　汝を害はず』（一九四七年）（三原容子編『賀川ハル史料集』第二巻、緑蔭書房、二〇〇九年、二九三頁）
136　賀川春子『神戸時代の物語』（三原容子編『賀川ハル史料集』第一巻、緑蔭書房、二〇〇九年、二八六頁）
137　賀川ハル「一九二〇年日記」（一〇月一日）（三原容子編『賀川ハル史料集』第一巻、緑蔭書房、二〇〇九年、二六三頁）
138　「御伽会」か？　お話を聞くような催しを意味しているのかもしれない。
139　賀川春子『月　汝を害はず』（一九四七年）（三原容子編『賀川ハル史料集』第二巻、緑蔭書房、二〇〇九年、二九〇頁）
140　賀川はる子『女中奉公と女工生活』（一九二三年）（三原容子編『賀川ハル史料集』第一巻、緑蔭書房、二〇〇九年、四四頁）
141　トマス・ジョン・ヘイスティングス、加山久夫訳「イエスの贖罪愛の実践―賀川豊彦の持続的証し―」（『雲の柱』第二六号、賀川豊彦記念松沢資料館、二〇一二年、八五頁）
142　賀川春子「荊の冠」『神の国新聞』（一九三八（昭和一三）年一月一九日―一一月二日）
143　『神の国新聞』（一九三〇年一月七日）三頁
144　賀川はる子『女中奉公と女工生活』（一九二三年）（三原容子編『賀川ハル史料集』第一巻、緑蔭書房、二〇〇九年、四四頁）
145　賀川はる子『女中奉公と女工生活』（一九二三年）（三原容子編『賀川ハル史料集』第一巻、緑蔭書房、二〇〇九年、四五頁）
146　賀川はる子『女中奉公と女工生活』（一九二三年）（三原容子編『賀川ハル史料集』第一巻、緑蔭書房、二〇〇九年、四八頁）
147　賀川ハル「一九一四年日記」（三月一九日）（三原容子編『賀川ハル史料集』第一巻、緑蔭書房、二〇〇九年、一五三・一五四頁）
148　聖書に登場する、良きサマリア人の例え話を彷彿とさせる。聖書（ルカによる福音書一〇・三〇―三七）には、強盗によって半殺しにされた旅人を、来合わせたサマリア人が助け、介抱をし、宿代をも代わりとなって支払った例え話がイエスによって語られる。この例え話の後、イエスは、「あなたも行って同じようにしなさい」と聴衆に語った。
149　「似よう」
150　賀川ハル「一九一四年日記」（八月二二日）（三原容子編『賀川ハル史料集』第一巻、緑蔭書房、二〇〇九年、一八四頁）
151　賀川ハル「一九一四年日記」（三月二一日）（三原容子編『賀川ハル史料集』第一巻、緑蔭書房、二〇〇九年、一五四頁）
152　賀川ハル「一九一四年日記」（一〇月五日）（三原容子編『賀川ハル史料集』第一巻、緑蔭書房、二〇〇九年、一八八頁）
153　「私と良人と仕事と」（一九二二年）（三原容子編『賀川ハル史料集』第一巻、緑蔭書房、二〇〇九年、三〇九頁）
154　賀川はる「隠れたる真球（珠）の発見」（一九二一年）（三原容子編『賀川ハル史料集』第一巻、緑蔭書房、二〇〇九年、三

一五頁）
155　賀川春子「化身のイエス」（一九二八年）（三原容子編『賀川ハル史料集』第二巻、緑蔭書房、二〇〇九年、一〇二頁）
156　賀川春子「化身のイエス」（一九二八年）（三原容子編『賀川ハル史料集』第二巻、緑蔭書房、二〇〇九年、一〇三・一〇四頁）
157　賀川春子「患難の人イエス」（一九三九年）（三原容子編『賀川ハル史料集』第二巻、緑蔭書房、二〇〇九年、一八八頁）
158　賀川春子「信仰生活の試練」（一九二五年）（三原容子編『賀川ハル史料集』第二巻、緑蔭書房、二〇〇九年、五六頁）
159　「夫豊彦とともに五〇年」（一九六〇年）（『月刊キリスト』一二（一一）、教文館、一九六〇年）（三原容子編『賀川ハル史料集』第三巻、緑蔭書房、二〇〇九年、四七頁）
160　賀川ハル「おぼへ」昭和四五年（一九七〇年）（三原容子編『賀川ハル史料集』第三巻、緑蔭書房、二〇〇九年、一四九頁）
161　賀川ハル「おぼへ」昭和四七年（一九七二年）（三原容子編『賀川ハル史料集』第三巻、緑蔭書房、二〇〇九年、一四六・一四七頁）
162　「女子大社事研メンバーと語るハル先生」一九七五年四月一八日、松沢資料館所蔵音声資料
163　賀川ハル「おぼへ」昭和四五年（一九七〇年）（三原容子編『賀川ハル史料集』第三巻、緑蔭書房、二〇〇九年、一四九頁）
164　賀川ハル「おぼへ」昭和四六年（一九七一年）（三原容子編『賀川ハル史料集』第三巻、緑蔭書房、二〇〇九年、一四八頁）
165　賀川春子「社会事業家の妻として四十年」（一九五〇年）（三原容子編『賀川ハル史料集』第二巻、緑蔭書房、二〇〇九年、二九九頁）
166　『賀川ハル史料集』（三原容子編『賀川ハル史料集』第二巻、緑蔭書房、二〇〇九年）の一九四頁には、『太陽地に落ちず』は一九三七（昭和一二）年に『キリスト新聞』に「痛める葦」の題名で連載されたものであるとされ、一方で一九六頁では『基督教新聞』に連載されたものであるとされているが、『キリスト新聞』が創刊されたのは一九四六（昭和二一）年であり、他方の『基督教新聞』（発行者　三谷種吉）の当該年にはハルによる執筆は見当たらなかったため、連載紙の詳細は不明である。

第三章　ハルの女性観

本章では、ハルの女性観に着目し、キリスト教思想がハルの女性観・家庭観に与えた影響、そして市民社会と家庭での女性の役割への理解等を浮き彫りにすることによって、ハルがどのような側面で生涯にわたって公私における豊彦の理解者、協力者であったのか、また、その夫婦のパートナーシップにどのような「ハル自身の独自性」がみられるかの一側面の解明を試みる。

第一節では、ハルがキリスト教に入信し市民社会活動を開始する前半生に焦点を当て、ハルの女性観の変遷を追う。第二節では、ハルの出産後の育児期から晩年にいたる後半生に焦点を移し、ハルの家庭観を検討する。

第一節　女性観の変遷　キリスト教入信から市民社会活動初期を中心に

第一項　キリスト教入信期　「愚なる」女性を「強からしめる」イエス

(一) キリスト教による女性観の変化

ハルが覚醒婦人協会の活動を開始するのは一九二一（大正一〇）年であるが、ハルは当初から女性を取り巻く諸問題に対して、格別な高い意識を持っていたわけではない。例えば、ハルと豊彦が結婚する一九一三（大正二）年以前、豊彦たちのキリスト教路傍伝道で通りすがりの人々に向けて話をする女性を目にしたハルは、次のような感想を持ったとしている。

婦人が人の前で話が出来るなどは余程の学者でなければならぬもの、様に思つてゐた。[1]

つまり、「人の前で話が出来る」のは、男性か、もし女性であるならば学識高い人物であるべきだ、と考えていたと読み取れる。しかし、このようなハルの女性観に、やがて変化がみられるようになる。

ところが新川に住む、私の内心軽蔑してゐる人達[2]がこの勇気ある、そして他人の為めになることを話せるその力に驚いた。全くイエスは人を強からしめると解つた。[3]

先述のハルの感想の直後の文章である。スラムの路傍伝道にて女性が大勢の前で話す姿を見たハルは、「イエスは人を強からしめると解つた」という。ここでは、ハルのキリスト教理解が、ハルの人間観・女性観に肯定的な影響を与えている様子が読み取れる。

また、ハルの結婚直後の日記には、「神は女をも用ゐ給ふ。伝道は愚なるを以てよしとすと聖書にある通りである」[4]とも記し、「人の前で話」もできず「愚か」である女性といった否定的女性観から、女性は「イエス」や「神」によって強くされ、「他人の為めにな」り得るという、肯定的女性観に次第に目が開かれていく様子が見られる。[5]

これらのハルの女性観がどのような聖書的根拠に基づいているのかはハルの言説の中では明言されていないものの、少なくとも、ハルのキリスト教理解がハルの女性観に肯定的変化を及ぼしていると自身が自覚している、といえる。

(二) 性別役割分業的理解

キリスト教の影響による女性観の変化の一方、伝統的な性別役割分業的理解はその後もみられる。著書『貧民窟物語』の序には、自分は「ただ夫を台所で迎へるに過ぎない無力なものであります」[6]と自らを説明する。実際にはすでに夫・豊彦と共にスラムで活動を行い、決して「ただ夫を台所で迎へるに過ぎない無力なもの」ではなかったはずだ。当時のハルの日記には、病人の身辺の世話をし、路傍伝道に出かけ、スラムの人々の中で活動する日々が記されている。それにもかかわらず、ハルは自身の役割を「台所」とし、自身を「無力なもの」と表現する。このような女性の役割を「台所」と結びつける傾向は、一九一四(大正三)年の日記の中でもみられる。

いくら勉強し様と思つても、女はやはり台所もあるし洗濯もあるので、実際机に向ふのは少ないけれど、自分が心を着け様で実物に当るので、反つて勉強になるかも知れぬ。[7]

また次の著述では、女性の役割を「出産」に還元する。

男子の労働に対する、婦人は産なるものが、それに依つて神を知ることが出来る。[8]

男性の役割を「労働」に象徴し、それに対して女性の役割を「出産」に象徴させている。これらの言及では、女性の役割は家庭で「家事・出産・育児」を担い、それに対して男性は家庭の外で労働する、という認識が見られる。

このようにハルの結婚前後の女性観は、「イエス」によって「強からしめる」キリスト教的な「神の前における女性」という女性観にも目が開かれつつあり同時に、女性の役割を家庭での「台所」や「出産」に限定しようとする伝統的な性別役割分業の認識がみられる。

ただし、女性の人格が認められるべきとの認識と性別役割分業とは、必ずしも矛盾するものではない。神の前に人格を認められた一人の女性として、家庭という一つの共同体においては家事を役割として担う、とハルが調和的に捉えていたということだろう。

第二項　婦人運動の興隆とハルの一〇年間

（一）婦人運動の興隆

キリスト教理解によって肯定的女性観へとハルの目が開かれていった大正期の同時代、日本では婦人運動の興隆期を迎えようとしていた。

当時、欧米では、母性保護を唱えたスウェーデンのエレン・ケイ（一八四九〜一九二六）や女性の社会進出を唱えたアメリカのシャーロット・パーキンズ・ギルマン（一八六〇〜一九三五）、一八七九年に戯曲『人形の家』を発表したノルウェーのヘンリック・イプセン（一八二八〜一九〇六）、さらには産児制限を提唱したアメリカのマーガレット・サンガー（一八七九〜一九六六）などによる女性運動が展開されていた。また、一九世紀末から二〇世紀初頭にかけて、イギリスではサフラジェットと呼ばれる女性たちによる女性の参政権を求める運動が展開されていた。

これらの女性運動の波を取り入れるようにして、日本では、平塚らいてうによる「元始、女性は太陽であった」の巻頭言で知られた、機関誌『青鞜』（一九一一（明治四四）〜一九一六（大正五））の刊行があった。二〇代の女性たちによって寄稿、編集された『青鞜』では、家と家との結婚という従来のあり方を拒否するなど、新しい女性の生き方が提唱された。そして『青鞜』が廃刊となった後も、平塚らいてう、与謝野晶子、山川菊枝、山田わか等により、女性の母性保護か経済的自立かをめぐる母性保護論争（一九一八（大正七）〜一九一九（大正八））があり、また平塚らいてう、市川房枝、奥むめお等によって、女性の結社権や集会権を求める新婦人協会（一九一九（大正八）〜一九二二（大正一一）[9]）

が結成されるなど、婦人運動が日本で興隆していた。また、北米のキリスト教界では、禁酒禁煙を軸とした女性運動が広く展開されており、その影響を受けてすでに一八八六（明治一九）年には、キリスト教の婦人運動である東京婦人矯風会[10]が設立され、禁酒運動、廃娼運動などを展開していた[11]。このように、この時期は、新しく婦人運動がおこった日本近代女性史の始まりの時期ともいえる。

（二）ハルにとっての婦人運動からの刺激

これらの日本における婦人運動の興隆の機運は、ハルの日記にも反映されている。日記にはたびたび、婦人運動に取り組む女性[12]による講演を聞いた様子が記録される。例えば、一九一四（大正三）年三月には婦人矯風会の林歌子や矢島楫子[13]の講演、また共立女子神学校に入学した直後の一九一四（大正三）年一〇月には河井道[14]の講演を聞きに出かけたと記録されている[15]。

また、ハルは読んだ書籍名も日記に克明に記録しているが、「トルストイ」、『天路歴程』[16]といったキリスト教関連書に加えて、ヘンリック・イプセンによる『人形の家』といった女性運動関連書も記される[17]。また、賀川夫妻にとって、平塚らいてう等の新婦人協会との関わりが始まった一九一九（大正八）年から、ハル自身が覚醒婦人協会を立ち上げる一九二一（大正一〇）年頃になると、エレン・ケイ[18]の『思想の骨髄』、「サンガ婦人」[19]の『産児調整論』、市川房枝[20]の講演集といった、さらに多様な婦人運動関連書名が日記に記録されるようになる。これらの多くは書名のみで、読後の感想等は記載されていないため、どのような思想的影響を直接受けたかについては不明であるが、少なくとも、ハルが当時興隆しつつあった婦人運動の動きを捉え、女性を取り巻く種々の課題に関心を寄せていたといえる。

このような女性の講演や書物から知的刺激を受けるにしたがって、ハル自らも婦人運動に関連した内容を語り始める。例えば、日本キリスト教婦人矯風会を設立した矢嶋楫子に賛同して、「矢嶋楫子は明治二十三年此の方、国家の為めに祈る会を婦人等としてゐる。それは毎月第二火曜日だと云ふので、此日自分も祈る」[21]と記す。ここには、以前

写真11　市川房枝とハル。東京 YMCA 砂土原センターにて。（1975年９月13日）

のような「愚か」な女性といった否定的女性観ではなく、肯定的かつ積極的な女性に関する発言がみられる。

（三）婦人運動家との交流の開始

共立女子神学校時代の三年間は、先述のように多様な教団出身の北米から来日した女性宣教師たちや、女性の学友たちとの出会いがあった。また、カリキュラムでは、祈りと伝道実践が重んじられ、かつ、教会だけではなく、刑務所、孤児院、慈善学校、慈善病院、少年院といった領域でも実習の機会が与えられていた。このように、多様な背景を持つ女性たちと共に市民社会との関わりの中で活動した経験は、ハルにとって、女性の生きる場は家庭内に限定されているのではなく、女性の能力があらゆる場所において発揮され得ることを実感する機会となったと推測できる。

また共立女子神学校卒業後は、婦人運動に関わる人々との直接的な交流が生まれる。例えば、一九一九（大正八）年の日記には、平塚らいてうが賀川夫妻を訪問し、新婦人協会設立の為に奔走している様子が記される。[22] その後、平塚から「海草」が贈られてきたとの記述もある。[23] 一九二〇（大正一九）年には平塚の『夫人と子供の権利』を読んだとの記録や、その後平塚から「発表会」に誘われたが断る、という記述もあり、平塚の婦人運動の動きを身近に把握している様子がうかがえる。与謝野晶子と平塚等の間で繰り広げられた、女性の職業・自立・育児をめぐる母性保護論争は一九一八（大正七）年から一九一九（大正八）年のことなので、論争の興奮冷めやらぬこの時期、平塚との交流の場では、この論争のことも話題に上がったと推測するのは不自然なことではない。[24][25]

また、婦人運動に対するハル自身の見解もみられるようになる。共立女学校や共立女子神学校と矯風会との関係についてはすでに記したが、一九二〇（大正九）年の日記では矯風会の働きに対する厳しい指摘をしている。

矯風会にしても教会でも、今日に於ては現代に遥に遅れてゐるので、折角日本のよいこの会が有りながら、何だか物たりない。近頃の新しい思想の人達は今の教会では満足しないで教会に来ずに居る。教会はその人達を捕へ得ない。余り狭い考へだからよい鯛をいつも逃して仕舞ふ。矯風会の眼目とするところは公娼廃止と禁酒問題だと云ふが禁酒はもはや国家問題となつてゐる。[26]

この最後の一文は、禁酒はすでに国家問題になっているから、矯風会は禁酒よりもさらに新しい別の課題に取り組むべきだ、という意味かもしれない。これらの記述からは、一九二一（大正一〇）年に覚醒婦人協会を展開する以前からハルが当時の婦人運動をよく把握しており、ハル自身も女性に関する課題に関心を抱いていた様子がうかがえる。

（四）満を持しての婦人運動

ハルの女性観にとって一九一〇年代は、婦人運動家の演説や書籍から婦人運動に関連した知識を受容、蓄積する段階であり、それはハルの婦人運動という側面から見るならば、準備期間といえる。日本での婦人運動の興隆時期、ハル自身は一九一二（大正元）年にキリスト教に入信し、一九一三（大正二）年に結婚、一九一四（大正三）年から一九一

ハルと平塚らいてうの婦人運動を中心とした生涯比較（筆者作成）

	賀川ハル	平塚らいてう
1886年		誕生
1888年	誕生	
1905年		禅に関心を持つ
1906年		日本女子大学卒業
1911－16年		『青鞜』発刊
1912年	キリストの洗礼を受ける。	
1917年	共立女子神学校卒業	
1918－19年		母性保護論争
1919－22年		新婦人協会。機関誌『女性同盟』
1919年	新婦人協会の正会員になる（豊彦は賛助会員）。	
1919年11月	平塚が賀川夫妻を訪問。神戸オリエンタルホテルで食事した後、平塚はスラムにて一泊する。	
1920年	新婦人協会演説会にて演説。	
1921－23年	覚醒婦人協会。機関誌『覚醒婦人』	
1922年	新婦人協会演説会にて演説。	
1924年	日本農民組合婦人部の部員として選出。岡山県邑久上道和気赤磐連合会委員大会・婦人問題社会問題大講演会に出席予定（子供の病気のため、欠席）。	
1927年	関西婦人同盟の創立準備懇談会に出席。消費組合家庭会の顧問。	
1928年	公娼全廃遊廓撤廃母性絶叫大講演会にて講師。	
1932年	江東区消費組合の婦人部大会にて講演。	
1930年代		消費組合運動
第二次世界大戦後		平和運動など
1971年		永眠（85歳）
1982年	永眠（94歳）	

七（大正六）年まで共立女子神学校に在籍、そして一九二一（大正一〇）年から一九二三（大正一二）年まで覚醒婦人協会の活動を展開した。

まさに、日本の婦人運動の高まりの時期と、ハルの結婚から市民社会における活動拡大時期とが重なった一〇年間である。ハルにとってこの一〇年間は、自身の女性観が大きく変化する転機であったことがわかる。三年間の共立女子神学校在籍を経て三〇代になったハルの女性の人権に関する発言は、それ以前と比較すると、次節に示すように格段に直接的・実際的なものへと変化していく。ハルが共立女子神学校を卒業し、再びスラム活動に戻った時期は、ハル自身が婦人運動を開始するために、ハルの内的・外的の両面の要素にとって満を持した絶妙の機会であったといえる。

第三項　覚醒婦人協会活動時代　積極的女性観

覚醒婦人協会の活動開始以前までのハルの女性観の変遷を先にみたが、次に覚醒婦人協会機関誌『覚醒婦人』の発行人・編集人であった時代のハルの著述や演説草稿から、覚醒婦人協会活動時期のハルの女性観を考察する。

例えば、覚醒婦人協会を立ち上げる直前であった一九二一（大正一〇）年二月一二日の新婦人協会による「覚醒婦人大会」の演説草稿には、「男子も女子も共に人間として勝劣はないと云はねばなりません」[27]とある。また、その翌年である一九二二（大正一一）年五月一一日の新婦人協会の演説会では、次のように語る。（以下、本文引用中の傍線は筆者による。）

野蛮時代より今日の文明時代に移つた間、婦人は何等の社会的に貢献はなかつたのかと云へば、大いにあると云ふものではなかつた。（中略）現代の文明はやはり男子のみに依つてなされたものではない。（中略）男子の人格を認めると同様、女子の人格を認めなくてはなりませぬ。（中略）覚醒した婦人は自分の人格を尊重すると同時に、他人の人権も尊重せねばならぬことを忘れてはならぬ。覚醒した婦人は進んで他を覚醒さねばならぬ。（中略）工場内にある工女の人格無視も又甚だしいものである。[28]

工場の中の一婦人が覚醒して、工女であつても一個の人間である、自分の生存権を保つた現在の賃銀では余りに安価である。（中略）茲に於て団結の必要を思ひます。中心より出ずるところの叫び、正義とそして団結の力であります。（中略）一家の主婦達一人一人、社会に改革を求めることもありませう。中心よりの訴へを心に持つ人もあるでせう。各自に種々の問題が有ること、思ひます。然し、一人一人では極めてその力の薄弱であることを感じない訳には行きませぬ。[29]

このハルの言説に見られる二点の特徴に注目したい。一点目は、男性と女性の両者の人格を尊重している点である。ハルは、「男子の人格を認めると同様、女子の人格を認めなくては」ならない、と述べる。女性が決して男性に劣った存在なのではなく一人の人格である、として女性の人権に言及すると同時に、男性の人権にも言及することで、ただ女性の人権を主張するだけではなく、人間としての男女の共通の人権であることを指し示している。

二点目は、「他者」に対する視点である。「自分の人格を尊重すると同時に、他人の人権も尊重せねばならぬ」と、ハルは述べる。男性と同等の権利を求め、女性自身の権利を主張するだけではなく、そこにはさらに広げられた男女を含めた「他者」への視点までもがうかがえる。公共哲学において稲垣は、「『私』がさらに能動的に三人称の彼女（ら）、さらには『異質な他者』『異質な人格』との協働の参加者となる世界に、公共世界が開けてくる」[30]とするが、これをハルの視点に適用するならば、「女性」としての「個」、つまり「私」のみにとどまることなく、例えば「夫」や「同僚」といった親密圏で共に生きる男性である「彼ら」、そしてさらには、多様な他者を含む公共圏において共に市民社会を築く「他人」である「異質な他者」の人格や人権をも視野に含むものである。

覚醒婦人協会活動期のハルの言説には、女性は誰でも尊重されるべき人権を備え、「文明に貢献」し、「価値」があり、「覚醒」できる存在であり、女性同士が協働することにより、社会においては弱い存在であっても強くなれるのだ、という肯定的・積極的女性観の確信がみられる。そこには、女性は「余程学者でないと」「つまらない者」だ、としていた以前のハルの否定的・消極的女性観はもはやない。

またこのようなハルの発言の背後には、先に引用したような「私はたゞ基督教の精神によつて生きるの外はありません」[31]といった、ハル自身のキリスト教信仰がある。これは覚醒婦人協会活動中の一九二一（大正一〇）年や一九二二（大正一一）年の発言であるが、ハルの活動がキリスト教信仰に動機づけられていたことは明らかであり、またハルの人間観の背後に明確なキリスト的価値観があったことがわかる。

第四項　転機としての一〇年間

先に見たように、雑誌『青鞜』が平塚らいてう等によって発行されたのが一九一一（明治四四）年から一九一六（大正五）年であり、母性保護論争が起こったのが一九一八（大正七）年から一九一九（大正八）年、そして新婦人協会が活動したのが一九一九（大正八）年から一九二二（大正一一）年という、日本の近代女性史の始まりともいえるこの時期、ハルは、一九一二（大正元）年にキリスト教信仰を持ち、一九一三（大正二）年に結婚し、一九一四（大正三）年から一九一七（大正六）年まで共立女子神学校に在籍、そして一九二一（大正一〇）年から一九二三（大正一二）年まで覚醒婦人協会において活動した。日本の婦人運動の高まりの時期と、ハルのキリスト教入信、結婚から社会運動の広がりの時期とが重なり、ハルにとって、自身の女性観が大きく転換する時期であった。

この一〇年間にハルは、キリスト教で語られる女性観はそれまでのハルが見知っていた女性観とは異なるものであることを受容し、豊彦と共立女子神学校の両方によって教育機会を得、興隆しつつあった婦人運動家たちの演説や書物から知的刺激を得、また「ハルの生涯概略」で示したような周囲のロールモデルとなった人々との交流によってキリスト教的な家族像を間近に見る機会もあった。スラム活動開始間もない時期の日記では、日常に接するスラムの個人的な人々への言及がほとんどだが、一九二〇年前後の日記では矯風会の働きについて自分の見解を述べるなど、その関心の対象が個人的関心から市民社会に対する関心へと広がっていく様子がうかがえる。その一つの結実が、労働者の女性たちも人権を持つ存在であることを主張した覚醒婦人協会という市民社会においての活動だったといえる。

ここまでみたように、一九二一（大正一〇）年から一九二三（大正一二）年の覚醒婦人協会の活動時期までのハルの前半生における女性観の変遷に着目すると、大正期における婦人運動の興隆という外的要因と共に、キリスト教的基盤に立つ女性観・男性観の影響という内的要因の両方がハルの女性観を形成する要因となり、否定的・消極的女性観から、女性もまた人格的存在であり、男女が協働して市民社会を築き上げていく必要性を確信する肯定的・積極的女性観に至ったと考えられる。

第二節　家庭における女性観　育児期から晩年を中心に

覚醒婦人協会活動後、ハルは三児の母となり、「妻」「主婦」に加え、「母」としての役割も担うことになる。ハルは晩年の講演の中で、「家庭における宗教の役割」をしばしば掲げた。ハルにとって、「家庭」と「女性」とはどのような関係として理解され、両概念はいかに統合されていたのか。本節では、ハルの後半生での女性観が、ハル自身の家庭での役割の変化の中でどのように変容、もしくは維持されていったのかを検討する。

第一項　「社会」と「家庭」　対立から調和へ

（一）市民社会と家庭における役割の模索

三四歳で長男を出産するまでは、結婚後のハルはスラムの中で豊彦と夫婦二人の家庭を築いた。現代の日本社会では「ワーキングマザー」「ワーク・ライフ・バランス」等々の女性の仕事や家庭におけるキャリアを表現する概念がしばしば取り上げられるが、ハルは、自らの市民社会での活動と私的領域での家庭での役割に関して、どのような視点を持っていたのだろうか。

一九二二（大正一一）年のハルの言葉に次のようなものがある。

> 広い意味での社会全体と云ふものを考へ、そして自分もその一員であることを自覚する時に、私は社会対家庭と云ふもの丶価値判断をすることを余り好みません。（中略）私にとつては、それ（豊彦の社会事業を助けること・筆者注）と、台所で働いて居る心持とに、何等の区別をも見出し得ないのでございます。[32]

覚醒婦人協会活動最中の言葉である。このハルの言説には、女性は家庭にあるべきだ、または、女性も自立すべきだ、といったかつて平塚らいてうや与謝野晶子等の間で交わされた、家庭か自立か、という母性保護論争のような二者択一的な議論は一見みられない。

例えば平塚らいてうは母性保護論争において、「よき母とならうと思へばよき職業婦人となり得ず、よき職業婦人とならうと思へばよき母となり得ないといふ苦しいヂレンマに（中略）陥らねばなりません」[33]として、「母」であることと「職業婦人」であることを互いに相容れない役割として対立的に捉え、その内面的葛藤を吐露する。

また、大正期の新しい市民層である「職業婦人」の一例として、齋藤は、一九一〇年代から二〇年代にかけての女性教員の職業と家庭の両立に関する課題を取り上げ、当時、女性教員という職種が、「身分が公に保障されており、安定という点で給与額の低さを凌駕する魅力をもって」おり、「このことは、いわゆる職業婦人と呼ばれた女性たちのなかで、小学校女性教員が他の職種に先駆けて結婚後も仕事を続けることを可能にさせたが、同時に〈職業と家庭の両立〉問題に早い時期から対峙せざるをえない事態を生むことになった」[34]と指摘する。そのうえで、「性別役割分業観を大前提とし、仕事の有無に関わらず家庭内のことは女性が担当することが絶対的な条件のもと、女性教員の『勤務能率』を向上させることと、良妻賢母としての女性教員の位置付けをどう『調和』させるかという点」[35]が議論されていたとして、当時の新しい「職業婦人」たちが、現代でいうところのワーク・ライフ・バランスのあり方を模索していた様子を指摘する。

　それではハルは、このような同時代の職業婦人たちが直面した職業と家庭の両立のジレンマや葛藤は抱えていなかったのか。例えば、一九一四（大正三）年の日記では、先にも示したように、「いくら勉強し様と思つても、女はやはり台所もあるし洗濯もあるので、実際机に向ふのは少ない」[36]として、家庭での女性としての自らの葛藤を記すが、このような「女にはやはり台所もあるし」といったジレンマは、「私は社会対家庭と云ふものゝ価値判断をすることを余り好みません」以下の引用にみた一九二二（大正一一）年の時点ではすでに克服した、という意味だろうか。

　そうではないと考える。むしろ、覚醒婦人協会の活動を展開する一九二〇年代に入ってもなおハルにとってのジレンマは継続しており、「私は社会対家庭と云ふものゝ価値判断をすることを余り好みません」の発言に、そのハルの葛藤が反映されているのではないか。もしまったく葛藤を感じていないならば、「社会対家庭」という課題は意識にものぼらず、このような発言をすることもなかっただろう。一九二二（大正一一）年のこの文章執筆当時、ハルは第一子もまだ生まれておらず育児の時間的・労力的負担はなかったものの、ハルにとって「勉強」やスラムでの働きと、それに対して家庭の「台所」での役割の間で、両者がいかに「両立」または「調和」可能かという内面的葛藤が、「私は社会対家庭と云ふものゝ価値判断をすることを余り好みません」とあえて表現する点に現れていると推測する。

（二）市民社会と家庭の調和的・補完的理解

このようなジレンマの継続がみられる一方、結婚直後の一九一四（大正三）年の時点と、覚醒婦人協会活動最中にある一九二二（大正一一）年の時点のハルの言説には、決定的な違いがある。それは、一九一四（大正三）年ではジレンマに終始していたものが、一九二二（大正一一）年では、そのジレンマを乗り越えようとする意志がみられる点である。

ハルは「社会対家庭」という単純な対立的発想を否定し、「何等の区別をも見出し得ない」として、「台所」すなわち「家庭」と「社会」とを二元論的に捉えることを拒んだ。市民社会での事業と私的領域での家庭の働きに優劣をつけることをせず、ハル自身が、ある時には市民社会活動家として、ある時は主婦としての役割を経験しながら、そのいずれもが「社会」の「一員」としての働きであり、夫の事業を助けることと「台所で働いて居る心持とに、何等の区別をも見出し得ない」ことを実感したのだろう。家庭と市民社会とが分断された領域ではないゆえに、女性の働きの場が家庭のみに閉じられているのではなく、市民社会での役割に開かれており、その両者が女性にとっての必然的・補完的領域であるという理解である。このように、家庭と市民社会の活動の両領域が賀川ハルという一人の人物の中で調和が保たれた状態であると理解することにより、「職業か家庭か」のジレンマを乗り越えようとしたと考える。

このような調和的・補完的理解は、同じく一九二二（大正一一）年の新婦人協会演説会のための演説草稿にも見出すことができる。

> 夫の内助者とし子女の母としての任務を尽す家庭の婦人、又外に出でゝ職ある婦人、将又、工場にあつて労働に従事する婦人、是皆社会、国会に多大の貢献をなすものと云はねバなりません。[37]

ここでは、「母」、「職ある婦人」、「労働に従事する婦人」のいずれもが、「社会」、「国会」に多大の貢献をなす、とし、女性としての役割には「母」であることを含みつつも、それだけに限定せず、「職ある婦人」「労働に従事する婦人」をも視野に入れている。大正時代は「職業婦人」や「専業主婦」という言葉が生まれた時代でもあった[38]。ハルもまたその時代の言葉を捉えつつ、女性が家庭や職場といった特定の領域のみに閉じこもるのではなく、公共的・公的な場のつながりの中にあることを主張することで、それらの領域が互いに対立する領域ではなく、いずれの領域もが女性の役割が発揮され得る場であることを示そうとしたのだろう。

第二項　夫への従順と妻への愛　家庭における夫婦の協調

(一) 家庭への着目

ハルは一九二二（大正一一）年一二月に長男を出産し、一九二三（大正一二）年、関東大震災の被災地救援活動のために東京に居を移した後、一九二五（大正一四）年に長女を出産、その後再び三年間ほど関西に移転するものの、一九二九（昭和四）年に次女を出産した後、一家は再度、東京に戻った。共にスラム活動に加わった同志たちの存在があったとはいえ、家族という単位では、豊彦と共にスラム活動に専念できた夫婦二人だけの生活とは異なり、賀川家には三人の子供たちが加わり、伝道活動や市民社会活動でますます多忙な豊彦とは対照的に、ハルは家庭で育児の比重が重くなる。

それまでの「台所」に加え、育児も担うようになったハルの市民社会での働きには以前にも増して物理的制限が生じた。この時期、ハルは一層「家庭」に着目しはじめる。例えば、一九二八（昭和三）年の開花幼稚園[39]における講演では、このように語っている。

私は親（ママ）[40]に愛しい我子を完全に養育し、その責任を果すには、母親たる者ハ宗教心―基督教―を持ち得る人でなければならないと深く思ひます。／斯くして家庭の母が、妻が、娘が、この崇高なる理想の持主となつて、今日の家庭生活が潔められれば社会はより光明に輝くことと私は信じます。[41]

市民活動初期の家庭や女性に関するハルの言説と、家庭への言及が増えるこの時期のハルの言説とを比較し、次の二点の変化を指摘したい。

（二）家庭における宗教の役割

第一の変化は、家庭における宗教の役割への言及である。一九二〇年代前半では、女性の働きや役割ということに言及していても、その内容はキリスト教と直接的に結び付けたものではなかった。ハル自身が明確なキリスト教信仰を持ち、また女性観の根底にキリスト教的視点があったことは先述したように明らかであるが、例えば新婦人協会主催の演説会や覚醒婦人協会主催の演説会の演説内容では、キリスト教への直接的な言及はみられない。

その理由の一つには、新婦人協会や覚醒婦人協会が、第一にキリスト者だけを対象とした団体ではないこと、第二にキリスト教宣教を主目的とした団体ではないこと、そして第三に多様な他者を会員として受け入れ、市民社会に開かれた活動を行う点で公共性を持った団体であったからだと考えられる。

しかしここにおいて家庭や母親の役割に関してハルが言及する際、宗教、すなわちキリスト教信仰との直接的な関わりを明言する。その理由の一点目として、婦人団体の一員として語っているのではなく、ハル個人として語ることにより、ハル自身の信仰が表現可能となったのだろう。二点目の理由として、語られる場が、多様な他者を含む公共的団体ではなく、キリスト教主義の幼稚園や教会といったより親密度の高いキリスト教的場であるため、キリスト教への言及が明確な形で可能となったからではないか。

つまり、ハル自身の根本的なキリスト教信仰に基づく女性観・家庭観が一九二〇年代前半と比較して転換したのではなく、どのような立場として語るか、そして、語られる場が変化したためであろう。

(三)妻・母としての役割

第二の変化は、女性の役割として、妻や母としての立場が語られるようになる点である。それまでもハルは、女性の役割を例えば、「台所」という言葉に象徴させる形で言及することがあったが、「夫と妻」「母と子」といった関係性の中での女性の役割への言及は明確な形ではみられなかった。一九二〇年代後半からの言説にこの傾向が濃厚にみられるようになるのは、「母と子」に関しては、実際にハル自身が育児を経験するようになったからだろう。

ただし、一九二〇年代前半においてもハルは「妻」であったことを考えると、なぜ一九二〇年代前半の言説には「夫と妻」の関係性についての言及はないのかという疑問が生じる。

推測される理由の一つとして、「母と子」の関係性に着目し始めたときに、改めて「夫と妻」の関係性の重要性に開眼するに至ったのではないか。つまり、一九二〇年代前半のハルは、「男性と女性」の両者における等しい人格、という視点を持っていたが、それは「夫と妻」とは異なる視点である。男性と女性の関係はより一般的・包括的であり、夫と妻の関係はより私的・限定的な関係である。市民活動初期において、豊彦は夫であると同時に、スラム活動を共に展開する同志でもあった。また婦人運動といった市民社会の場に身を置いていた頃のハルにとっては、「男性と女性」という視点が「夫と妻」の視点に優先されていたとも考えられる。しかし、「この家で二番目の子を産みましてから、なんだかすつかり家庭内の仕事に閉じこもつてしまつたやう」[42]というように、家庭という私的領域がハルの生活の中心的場所になったことで、「男性と女性」という包括的かつ一般論としての男女観だけではなく、「夫と妻」という私的領域における男女観、および家庭における夫と妻の役割にも着眼点が置かれるようになったとも考えられる。

推測されるもう一つの理由は、キリスト教との関わりである。ハルは、家庭に言及する際、「宗教」「キリスト教」「信仰」といった用語と共に使用する。一九二〇年代前半の覚醒婦人協会や新婦人協会といった市民社会の領域で女性の人権について語る際、キリスト教との直接的な関係は語られなかった。しかし一九二〇年代後半になり、キリスト教的視点から家庭のあり方を考察し始めたときに、改めて、キリスト教的な家庭観には、ただ「母と子」だけではなく、その基盤には「男は父母を離れて女と結ばれ、二人は一体となる」[43]という聖書の創世記が示す「夫と妻」の関係があることを認識したのではないか。例えば、同時期、ハルは夫と妻の関係について、次のように語る。

今日の世相を見て、もつと宗教が家庭に入らねばならぬことを思ひます。仏教にせよ基督教にせよ、我国に於てハ早くより仏教が布教せられて、その感化も少なくはない様です。（中略）基督教が深く家庭に浸□［透］するならば、今日の諸欠□の或部分は取り去られることと思ひます。（中略）キリスト教でハ純潔を尊びます。堅く一婦一夫を守ると云うことハ家庭に於て最も必要なことであります。之を破るとそこにハ幾多の悲劇が演じられます。[44]

ここでは、キリスト教的夫婦観として一夫一妻制が強調されている。

（四）夫と妻の協働による家庭

このようなハルのキリスト教的夫婦観は、どのような家庭観を導き出すのだろうか。次の一九二〇年代の引用では、聖書と関連付けながら夫婦関係における妻の役割を説く。

妻たる者よ、主に従ふごとく己の夫に従へ、夫は妻の為たればなり、[45]と聖書にある如く、よく夫に従ふ、選沢［選択］に於て間違なく一たん夫と定めたれば柔順てなければならぬ。[46]

この引用では、「よく夫に従」う妻像が語られるが、次の一九二〇年代の引用でもこの「夫に従う妻」としての姿が強調されている。

多くの家庭の悲しみを私共は聞く。夫の愛が他に移つたと云う様なこと、之は妻として誠に悲しみものであるが、それを他人に相談に参られるよりもよい方法は、もつと今迄よりも夫によくつかへ、誠心を以てその愛を引きかへすべきだと、私ハ思ふ。夫にあやまちがあると、つい言葉にも態度にも夫に対して従ふ、仕えると云ふことがなくなる。一層夫ハ他に心を向けると云ふ悲しいことになる。今現に妻となつて、その憂目を見て居る人もあるかもしれませぬが、顧みて一点あやまつた行為がなかつたら、尽してゐないところがなかつたかを、もう一度新しい考へから思ひ直して、忠実に仕へたら、夫に於ても反省するところが有るだろうと私は信じます。[47]

このようなハルの言説には、妻が夫に従うという側面が語られる。しかし一九三〇年代後半になると、妻のみが夫に従順に仕え子供を養育するというだけの家庭観ではなく、むしろ、夫と妻とが協働で家庭を築き上げていくという夫婦像が語られるようになる。例えば、ハルが創作した小説『太陽地に落ちず』に登場する二人の男性が、結婚について語り合う次のような場面がある。

結婚は決して自分の我儘にすべきではなく、人類の発展の為めの家庭生活であり、夫婦の生活であるものだと聴くと、今迄の自分の考への足りなかつたことを痛切に感ずるのであつた。（中略）『吉田君、基督教の結婚式は実にいゝなあ。―妻たる者よ主に服ふ如く己の夫に服へ[48]―牧師からあゝ云ふて貰ふと、女房もその心持になるやろかな』／『だが町田さん夫にも聖書は示してゐるではありませんか。―斯くの如く夫はその妻を己の体のごとく愛すべし。妻を愛するは己を愛するなり[49]―とね[50]……』

自分は妻に感謝の言葉を出したことは無かつた。／妻の労をねぎろうこともなかつた、之も改めて行こう（中略）妻の行屈かぬことを叱る計りで、導き教へると云ふことも勿論してゐない。凡ては先生に倣つて、神の旨に叶ふ家庭生活を営み度いと考へるのであつた。[51]

ここでは、妻は夫に従う、という点では一九二〇年代後半の言説と共通しているが、夫婦の関係においてただ妻のみが一方的に従うのではなく、夫の側もまた「妻を己の体のごとく愛」し、「妻に感謝の言葉を出」し、「妻の労をねぎ」らう必要があるとする。現代社会では、例えば夫も家事や育児を共に担ったり、父親の育児休業の拡充が求められていることと比較すれば、ハルの示すような夫と妻の家庭における歩み寄りは非常にささやかではある。しかし女性が参政権を獲得し行使する一九四六（昭和二一）年以前である一九三七（昭和一二）年の時点で、キリスト教的価値観に基づき、夫婦の相互の歩み寄りという夫婦像を描き出そうとした点は、新鮮な試みだったのではないか。

写真12　ハルと豊彦（1949年１月20日）

第三項　子供を養育する使命と信仰　家庭から市民社会へ

(一) 子供の養育における宗教の役割

六〇代以降になると、ハルは、家庭での夫婦間の関係性に言及すると同時に、母と子の関係性も強調するようになる。ここに特徴として、三点をまとめたい。

一点目は、夫婦間の関係性においてキリスト教的価値観を構築しようとしたのと同様に、親子間の関係性においても、キリスト教的価値観の必然性を示そうとした点である。ハルはそれを時に「宗教」と表現する。

家庭にはぜひ宗教的雰囲気がほしいものです。財産、地位、名声よりも、子供にとつて大事なことは、宗教的雰囲気の中で育てられることです。[52]

私の家庭も乏しい家庭で、子供たちに決してぜいたくはさせられませんでしたが、ただゆたかな宗教的雰囲気の中で、子供を育てました。毎朝の家庭礼拝で、うそをいわないよう、人と争そわないよう、乱暴をしないよう、神様に可愛がられる子供になるように、親子いつしよに祈りました。[53]

このような箇所で、ハルが宗教と表現しているものがキリスト教信仰であるということは、それまでのハルの言及からも明らかである。次の引用ではハル自身が、「宗教」とはすなわち「信仰におく」ことであると説明し、「宗教」と「信仰」を同義語的に使用している。次に、いくつかの引用を挙げる。

子供の性格に感心できない点があつても、そのうち学校にゆくようになればなおるだろうとか、社会にでて人にもまれるとなおるだろうとか、考えている親がいますが、それは、浅い考えです。子供の小さな魂にこそ、よいたねをうえつけなくてはならないのです。／そう考えますと家庭こそ子供にとつて、最も大事なものということがわかります。清く正しく、愛情ゆたかに立派な人格を育てあげるには、まず第一に家庭がきよめられなくてはなりません。それでは家庭をきよめるものは何でしょうか。立派な家庭の標準はどこにおくべきでしょうか。それは宗教です。私はそれを信仰におきます。／ことに現代のように社会が乱れ、堕落しているとき、それをきよめ高めるものは、家庭でなくてはなりません。その家庭の中心となるものは、申すまでもなく母です。／女性はこのように大きな任務をもつています。それだのに女はつまらないもの、何の力もないもの、と自分から思いこんでいる人がありますが、とんだ考えちがいです。婦人は子供の教育、家庭の純化という大きな使命をおわされているのです。このことに気づいて、使命を自覚し、真剣に子供の教育にあたるべきです。／それについて一ばん大事なことは、神を信じ、神に従うことです。正しいものに幸いをあたえ給う神にたよることです。苦しくとも正しいことのために正しい道をふむとき、たすけ給う神に従うことです。／そのような神様の存在を確信しないと、私たちは世の中にまけてしまうでしょう。[54]

大切なことは、妻としての働きがありますが、また女性には母としての働きの尊いことが託されている、このことを思って母は、信仰をもって、子供にそれを伝えて行かなければならないと、強く思わされるわけであります。それは家庭をよくし、わが子を宗教的に導き、そこにほんとうの愛をもって行くところに、すばらしい働きができる。これは人が讃えてくれなくても、大きな文字でそれを誉めてくれなくても、ほんとうにわが子が信仰をもって、神様のみ心に適うところの愛の生活が出来、潔められた行ないができ、神様のみ業が顕われるようにして行くところに、大きな喜びと感謝があるわけであります。[55]

母親が神を信じて生活をする時に、やはりその家族は守られて行く。[56]

かつて一九二〇年代後半にもハルは、家庭における宗教性、すなわちキリスト教的価値観の必要性を説いていたが、一九五〇年代に入ると次の引用にみられるように、どのようにして子供をわがままから守るか、といったような育児に関する具体性がみられる。

経済的にゆたかでない家庭でも、母がよい信仰をもつて、愛情ぶかく子供に接し、物質的にゆたかなだけが幸福ではない、きよい正しい生活の中に真のよろこびがある、ということを子供に教えこむならば子供はきつとその気になり得るでしよう。わがままでなく、やたらにものをほしがらず、誘惑におちいらないつよいものをもつことができるでしよう。それが何より尊ということです。これさえもつておれば、罪の社会にまきこまれたり、悪事をしたりするようなことはないでしよう。[57]

これらの数多くのハルの主張には、子供を養育するにあたり、その根底には信仰があるべきだ、というハルの確信がみられる。

(二)　市民社会における家庭の役割

二点目の特徴は、「社会」との関連性がより明確化される点である。母親としての女性の家庭における使命が「家庭」に限定されず、市民社会に対する働きの中に家庭のあり方が位置づけられる。

そして大人があしてはいけない、こうしなくてはいけない、と口でいうよりも、母がいつも正しいきよめられた気持ちで、子供に接してゆくところに、大きな教育の効果があらわれるでしょう。それはわが子に対するばかりでなく、社会に対して一つの清涼剤であらねばなりません。わが子のために、社会のために、母性はこれを遂行しなくてはなりません。／貧しい家庭でも、平和で、神のめぐみに感謝し、そして少しでも社会に尽くすことのできるよろこびをもつならば、物質によらぬたのしい生活ができます[58]

婦人が神の恵みを信じて、またこの恵みが自分だけでなく、罪のある人また迷っている人、また弱い人、小さい人の上にこれがおよんでいかなければならないという、その精神をもって働くところに、大きな働きが出来得る、こういうふうに思います。[59]

このようなハルの言説では、「わが子に対するばかりでなく、社会のために」母としての役割に努め、「社会に尽くすことのできるよろこびをもつ」ことが勧められる。また、「神の恵み」を知った女性は、「自分だけでなく、罪のある人また迷っている人、また弱い人、小さい人の上にこれがおよんで」いくため、「大きな働き」へと視点を向けるとする。

写真13　祖師谷保育園保育修了式にて話すハル（1972年３月）

ここには、夫婦間と親子間の親密な愛情の場である家庭は、同時に市民社会の一構成員として市民社会での役割を担うべき存在であり、市民社会とのつながりを持った共同体であることが示されている。家庭という私的・親密的領域である共同体と、市民社会という公共的領域とが分離し

ているのではなく、両領域間にはアクティブな相互作用があると実感するようになったとも推測できる。ハルにとってそれは、女性が母親として家庭を通して市民社会に貢献することを意味していた。一女性という個と、家庭という共同体と、市民社会という公共的領域とが互いに分離しているのではなく、キリスト教的価値観を基盤としながら、三者が相補的に結びついた視点である。

（三）命の創造者である神

第三の点は、前述のようなハルの視点の根底に、神の創造が語られることである。

子供がやはり母親の大きな強い信仰を受け継ぎまして、全くこの世界は神様がお創りになった。ほんとうに私どもの生命も、神様が下すった。だから正直な、喧嘩をしない、やさしいいい子になって、勉強を一生懸命にしてまた人にも親切をして、よい生活をしよう。と子供ながらもそのことを深く思って、神様のある生活を、その子供がして行ったわけであります。[60]

私どもは、子供に、神様のご支配のうちにあるんだ、神様に生かされているんだ、そうして私どもは、ほんとうに神様の恵みに適う正しい生活、また私どもが恵みをいただいて、愛していただいて、今日仕合わせにあるんだから、これを思って私どもは、良い子になって行かなければならない。[61]

命を与える神、支配される神、という神観を持つハルは、ゆえに子供は親の私有物ではなく、一人の人間としての人格を持つ存在であることを主張する。

子供ハ神から母に授けられたものだと云ふ意識を持たねバならぬことである。それをつい間違つて、母の愛が我侭で愛ハ沈れたら偏愛をしたりするところに間違ひがある。神から与へられた要ハ、一つの人格であると云ふ定◇観にあてはめて子供の養育に当らねバならない。[62]

ハルの家庭観の根底には、神が命の創造者であるとの確信がある。

（四）「共和国の母」との異なる視点

ハルの主張には、子供にとっての良き母の条件として、「宗教」、言い換えるならば、信仰が挙げられているが、ハルが語る「使命を自覚し、真剣に子供の教育にあたるべき」という概念は、一見、アメリカ女性史における「共和国の母（Republican motherhood）」の概念と類似している。

「共和国の母」とは、一九七〇年代のアメリカ女性史学の分野で使用されるようになった概念であり、歴史家リンダ・カーバーが用い始めたものであるとされている。[63]カーバーによる「共和国の母」とは次のようなものである。一九世紀のアメリカにおいて、女性に与えられた領域は「家庭」であった。女性が母として「良き市民」となる男性を育てるという点で、女性は国家に対して重要な役割を担っているとする。つまり、私的領域での子育てによって、国家という公的領域への貢献をなしているとする考え方である。良き市民を育てる母は、良き教育者でなければならず、そのためには女性自身がより良い教育を受ける必要があるとされる。そこでの女性にとっての教育の必要性は、あくまでも「良き市民を教育する良き母となるため」の教育であった。

ハルもまた、「婦人は子供の教育、家庭の純化という大きな使命をおわされている」と、女性の働きとして母親の重要性を説き、良き教育者として清く正しく、愛情ゆたかに立派な人格を育てあげる必要性を強調する。しかし、「共和国の母」の概念とハルの概念は同様ではない。「共和国の母」について、小檜山は以下のように説明する。

男性の政治・経済における役割を対置させたところに女性の家事・育児における役割を設定し、両者は全く同等に重要であって、男女は単にその社会的役割を異にするにすぎないと主張する（中略）アメリカ流の「共和国の母」的発想[64]

「共和国の母」の概念を小檜山の理解に負うならば、ハルの「良き母」としての概念は、「共和国の母」の概念とは異なっている。第一に、ハルも「共和国の母」の概念と同様、「家庭」という女性の領域があることを前提としている。しかし、ハルはその領域を「男性の政治・経済」と対置させているのではない。例えば、覚醒婦人協会活動時代、ハルは女性の役割について次のように述べていた。

夫の内助者とし子女の母としての任務を尽す家庭の婦人、又外に出でゞ職ある婦人、将又、工場にあつて労働に従事する婦人、是皆社会、国会に多大の貢献をなすものと云はねバなりません。[65]

ハル自身も労働に従事した体験があり、家庭での出産・家事・育児の役割の重要性を認めつつも、この時期のハルは、「外に出て職」を持つことや、「工場にあつて労働に従事する」ことも女性の「貢献」であるとし、女性の役割を家庭内だけには限定していない。

また次のハルの引用では、聖書の箴言から「よき妻」の役割を多面的に適用している。

基督教が教へて居るところのよき妻ハ、女は恥を知り、慎みて宣しきに合ふ衣を飾りとせず、己を飾り編みたる頭髪と金と真球［珠］と価高き衣とを飾とせず、善き業を以て飾とせんことを。[66]之ハ神を崇ふところの女に適ふところの事であると。又箴言には善き妻を賞讃が有る。／夜の明けぬうちに家族の者の先に起き糧をあたへ、主婦の家◇その卑女に日用の分をあたふ。田畑を譲りて葡萄をうゑ（産業）、利潤を知つて（経済）居る。灯火はきゑず、か◇◇をいと車につけて居る（勤労）。又その妻ハ貧しきものの上に手をおき（慈善家）、なやめる者に手をのぶ。かくして夫をして町の門に長老と共に座せしむと云ふので、議会に夫を送る運動にも貢献するところが有ります。斯うしたよき妻は、家庭を幸福にし、家の者ハその徳をたゝへ、夫は妻を讃めて、賢く事をする者に多いか、汝ハ凡ての女子に勝つて居ると云つて居る。美しいのはいつはり美色ハ呼吸の如し、惟神を畏るゝ女は誉められるとあります。そうした妻が母になると存ります。[67]

このような箴言における「妻」へのハルの適用では、「妻」が単に家庭の中で、いわゆる家事・育児のみを行う存在としては言及されていない。「産業」「経済」「勤労」「慈善」といった、「家」や「家庭」以外の領域でもよき役割に取り組む姿として「妻」は描かれる。これらの言及からは、ハルが女性の役割を、家庭のみならず市民社会の中にも広く認めていたことがわかる。

このような「共和国の母」の概念とハルの女性の役割の理解との相違は、女性が働く必然性をもたなかった一九世紀アメリカの中上流社会の「共和国の母」の概念と、経済的事情から選択の余地なく男女問わず働かざるを得ない二〇世紀初頭の日本の下流社会を経験したハルの違いからきているのかもしれない。

また、「共和国の母」の概念にとっては、教育者なる母、の視点が重要であり、良き母となるために女性自身の教育が必要であるとされるが、この点でもハルの発想は異なる。良き母としての条件はキリスト教信仰である、としていわば宗教的な側面にハルの視点は向かっている。

第四項　市民社会における女性の役割

以上、本節では、ハルの家庭観に着目し、家庭における女性の役割の理解、キリスト教的思想が女性観に与える影響等を浮き彫りにすることによって、生涯にわたって公私における豊彦のパートナーとして歩んだハルの思想の一側面の解明に取り組んだ。

現代の日本社会で取り組みが進められているワーク・ライフ・バランスを提唱する小室は、その定義を「『私生活の充実により仕事がうまく進み』『仕事がうまくいくことによって私生活も潤う』という仕事と生活の相乗効果を高める考え方と取り組み全般を指す[68]」として、「女性だけ」「育児だけ」がその対象なのではなく、「男性」や「介護」者をも含むすべての人々のワークとライフのバランスをめざすものであるとする[69]。

ハルは、市民社会における女性の役割を認めているものの、一方では「家事」は女性の役割であるとして、伝統的な性別役割分業に対して基本的には疑問を抱いている様子はみられない。またハルの家庭観では、夫の子供に対する役割は言及されず、家庭内での父親の存在は見えてこない。昨今日本において取り上げられる「ワーク・ライフ・バランス」や「男女共同参画」のような、男女が共に市民社会と家庭で等しい役割を担う可能性を探るという視点からすれば、ハルの女性観や家庭観の提唱はもどかしく映るかもしれない。

それでもなお、ハルの持つ信仰に基づく家庭観、および家庭と市民社会とが分断されず、家庭が市民社会との接点を持ち、さらに女性の役割が市民社会の中に認められていく視点は、今日の日本社会における家庭のあり方にも示唆となり得る。

第三節　『読売新聞』身の上相談欄「悩める女性へ」への回答に見るハルの結婚観

第一項　ハル史料における本史料の意義

ハルは一九二九（昭和四）年六月に次女を出産し、その四か月半後の一一月に兵庫県から東京・松沢に戻る。三児の育児で多忙なためか、一九三〇年代初頭に執筆されたものは多くは残されていない。[70]

そのような状況の中で、『賀川ハル史料集』に所収されていない史料に、ハルがこの時期、公に向けて執筆したものとして、一九三一（昭和六）年九月から一一月にかけての読売新聞紙上での身の上相談欄「悩める女性へ」（現「人生案内」）への相談回答合計二八件がある。一相談につき一〇〇〇字程度の回答であり、決して分量は多くないが、それだけにハルが最も伝えようとする中心的事柄が、その制限された文字数の回答に凝縮されている。

ハル史料における本新聞史料の意義は三点挙げられる。第一に、その時期である。前述のように、一九三〇年代初頭に公に向けて執筆したものは希少であり、この時期のハルを知る史料として有効である。第二に、執筆対象である。覚醒婦人協会の活動等、婦人運動関連での口頭による発言や演説は多様な宗教・価値観を持つ人々に向けられていたものの、公に向けて執筆されたのは、『婦人之友』『神の国新聞』といったキリスト者を主な対象とした新聞・雑誌が大多数である。その中で『読売新聞』の身の上相談の回答は、非キリスト者を対象としたものであり、ハルが自身は明確なキリスト教信仰とその信仰に基づく倫理観を持ちつつも、それをどのようにして一般大衆に向けて語っているのかを知ることのできる貴重な史料である。第三に、身の上相談が主に男女関係や家族関係についての相談であることから、ハルの男女恋愛観、夫婦観、結婚観、家族観が明確に、いわば露骨に示されているという点でも貴重である。

読売新聞が身の上相談を最初に掲載したのは一九一五（大正四）年五月であり、これは一九二三（大正一二）年まで

写真14　「悩める女性へ」（『読売新聞』紙上）

『悩める女性へ』
別居すべきか離婚すべきか
愛する良人に裏切られた女
今こそ良人の心を捉へよ
眞の愛を取り違へてはならぬ
賀川豊彦氏夫人

続いた。この時には、回答者名はなかったとされる。[71]そして読売新聞は一九三一（昭和六）年七月より、回答者名を記しての身の上相談を「悩める女性へ」として再開する。一九三七（昭和一二）年五月にかけて、合計一、二八四回掲載された。そして第二次世界大戦後の一九四九（昭和二四）年一一月、読売新聞は「人生案内」と改題して再開し、それは二〇一八（平成三〇）年現在まで継続されている。[72]

相談内容は、婚外関係における恋愛など異性に関するものが多い。回答者は、河崎なつ（文化学院教授）、賀川豊彦、賀川ハル、丸山鶴吉（前警視総監、貴族院議員）、正田淑子（日本女子大学校教授）などである。回答数は、河崎なつ九五四回、賀川豊彦一九五回、丸山鶴吉五四回、賀川ハル二八回、[73]正田淑子一一回、その他となっている。ハルの回答数は、全体の回答数の約二%と少ないものの、登場回数順としては、四番目の多さである。ただし、「賀川ハル」としてではなく、実際は、「賀川豊彦婦人」として二二回、「賀川豊彦氏婦人」として六回の回答である。これは、「賀川ハル」としての知名度がなく、賀川豊彦の代理としての登場であったことがその理由ではないか。

豊彦の代理であったと考えられる理由は、二点ある。一点目は、回答者としてのハルは当初予定されていないことである。一九三一（昭和六）年六月二〇日の『読売新聞』「婦人ページ」紙面に於いて、「読者のご相談あひ手に『悩める婦人へ』欄新設」の記事が掲載され、回答者として「賀川豊彦」「正田淑子」「河崎夏子」の三名の氏名が並べられるが、その中にハルの氏名はない。また二点目として、ハルの登場時期である。ハルが回答者として登場するのは、一九三一（昭和六）年九月九日から一一月一三日に集中している。おそらく、豊彦が同年七月にカナダのトロントで開催された世界ＹＭＣＡ大会に参加するために、七月七日に横浜を出港し、一一月一二日に横浜に帰港するまで日本を離れていたため、その期間の豊彦に代わるピンチヒッターとしてハルが回答したのではないかと推測できる。

第二項　ハルによる回答概要

回答欄におけるハルによる回答は、次のように分類される。

相談者　二八件中（筆者作成）

未婚女性	一九名
既婚女性	九名

相談者年代（筆者作成）

一〇代	三名
二〇代	一五名
三〇代	一名
四〇代	一名
不明	八名

相談内容（筆者作成）

妻子ある人との不倫	六件
夫の不倫	六件
恋人との結婚に家族が反対	三件
結婚に対して積極的になれない	三件
恋人には自分とは別の許嫁がいる	二件
男性からの暴力、思いを寄せる男性がいる、自涜行為をやめたい、元の恋人との結婚、親の扶養と夫との狭間での悩み、失恋、立派な恋人との結婚への不安、愛のない結婚に不満	各一件

この統計からは、次の点を読みとることができる。まず、未婚女性からの相談が既婚女性からの二倍に上る。また、年代は二〇代が突出して多い。さらに相談内容は、「妻子ある人との不倫」「夫の不倫」が群を抜いている。つまりハルが回答している相談は、未婚かまたは既婚であっても結婚後間もない二〇代からの相談が多く、その内容は多くが貞操概念に関わるものである。

第三項　ハルの結婚観

ハルの回答にみる結婚観を、以下に、三つの方向性から検討していきたい。

（一）伝統的結婚観　夫と両親に仕えるべき妻

第一は、「妻は夫と両親に仕えるべきである」とする方向性を持った回答である。例えば、一九三一（昭和六）年九月二八日付けの、二九歳既婚で二児を持つ女性は、次のように相談をよせる。八年前恋愛結婚した夫に二年来の愛人がいることが分かったが、その夫とは別居または離婚すべきか、という内容である。それに対してハルは次のように回答する。「夫に対しての態度がよき内助者であつたかどうか、夫の自分に対しての信頼の価値があるかどうか、又夫を理解して心から同情出来てゐたか否かに就いて反省して見ると、つまり心をこめて夫に仕へ家庭生活の円満を計る上に尚足りない点のあつたことを思ひます」。ここでハルは、相談者が「夫の良き内助者」であったかどうか、「心を込めて夫に仕」えていたかどうか、という夫に対する妻の態度に言及する。また、一九三一（昭和六）年一〇月一六日付けの、七歳の子を持つ二九歳既婚女性からの、夫が九年間他の女性と同棲し自分や両親の稼いだお金を持ち去っていくという相談に対しては、夫の家での原因を確かめてから「身を引く」かどうかを決めるようにと回答しており、明言はされていないものの、「家」で妻が夫に十分に仕えていたかどうかを問うていると解釈できる。

またハルは、妻が夫に「仕える」と同時に、親に対する子としての扶養義務も提示する。例えば、一九三一（昭和六）年九月二三日付けの、既婚女性で一男を持つ女性からの、夫が同居中の実母と不仲であるが夫か実母かどちらを選ぶべきかといった相談には、次のように回答する。「あなたもやはり面倒を見られるのが至当だと思ひます。／一家を楽しく明るくする為め、母上にも注意して、なるべく夫の嫌う行為を慎まれる様に仕向けること、又姉妹方とも相談されて、幾分でも経済的に負担するか、或は交る交る引き取つて母上を世話する」ことをすすめ、親に対する養護の責任を述べる。

小山は、日本の中で「良妻賢母」がどのように理解されてきたかの系譜を江戸時代からたどる中で、明治期以前にはもっぱら夫や舅・姑に従順であるという意味での良妻の側面が求められていた、と分析する[74]。そのような小山の立場に負いつつハルの立場を検討するならば、ハルの場合は、妻は夫に従うとする点で、明治期までの「良妻」観を維持しているといってよい。

（二）近代的結婚観　愛が伴う結婚

このようにハルは親に対する養護の責任を示すが、実母の「面倒を見られるのが至当」とした回答に続けて、「愛し合つた夫婦が離別するなど間違つてゐます、姉妹方と協力なすつて一人の母上の余生を見て上げて下さい」として、親に対する養護の責任が結婚生活の当事者としての夫婦の「愛」の関係に優先されるべきではない、ともしている。さらに他の回答でも、夫婦関係には愛が伴うべきであることを前提とする側面がみられる。

例えば、一九三一（昭和六）年一〇月一二日付け、既婚女性は次のような相談をよせる。結婚一〇日目に、夫から出て行けと言われた。夫は結婚以前から仲人の妻と愛人関係だったことが判明した。これに対して、ハルは次のように回答する。「愛さへあれば親戚が反対しても夫の許に帰られることがよいと思ひます」「大切な愛の上に立つてこの行動を定めねばならないと思ひます」。ここでハルは、「愛」の有無を結婚継続の決断基準として示す。

また、一九三一（昭和六）年一〇月九日付け、未婚女性からの、求婚をしてくる三人の男性とそれに加えて自身が愛する先の三人とは別の男性との間で迷っている、という相談に対しては、「まだ若いのでありますから勉強の方面に心を注がれた方がよいと思ひます」とした上で、「愛の無い結婚を強ひられてあとから不幸があれば困ります」と回答する。さらに、一九三一（昭和六）年一一月二日付け、地方在住二〇歳未婚女性からの、純真な交際を続けていた恋人が急病で亡くなり、その後の縁談に気が進まないといった相談には、「無理に今の心待ちで進まぬ結婚をすると、喜びに充される筈の新婚当時、晴々とせぬ心持で」すごして「永い生涯を不幸に送る」ことになりかねないとして、新婚生活は「喜びに充される」ことを前提としている。また、一九三一（昭和六）年一〇月二三日付け、三六歳既婚女性からの、遺産目当てに愛のない結婚をして今は何の楽しみもないという相談に対しては、「愛に基礎を置いての結婚でないときに、経済的に恵まれないと云つては離縁し生理的に欠陥があるからとて離別したくなり、苦しい事業を負はねばならぬと云つて逃げ出し度くなるのでありませう」と「愛」のない結婚を厳しく諭す。

これらのハルの回答の背後には、結婚における「愛」を重視した結婚観があると推測できる。木村は、一九二〇年代から三〇年代にかけての婦人雑誌では、恋愛感情による結婚によって妻と夫が幸福な家庭を築く、というテーマがたびたび取り上げられていることに注目するが、ハルの記述もまたこの時代の新しい結婚観を反映しているともいえる[75]。

さらに、愛を重視する結婚観は、恋愛において女性側からの男性への主体的アプローチをも肯定する。一九三一（昭和六）年九月一七日付け、二二歳未婚女性からの、三年前に上京して奉公しているが郷里には思いを寄せる男性がいるとの相談内容には、「文通に依つてなり又は人を介するなりしてあなたの気持を先方に知らせることをなさい」「忘れ得られない熱意があれば、当つて砕ける冒険的態度に出ること」と積極的な態度をすすめる。

同時に、恋愛関係や結婚関係では女性が一方的に耐え忍ぶ側ではなく、不条理な状況に対しては女性の側からの反論の声を上げるように、との見解を示す。一九三一（昭和六）年九月九日付け、女学校卒業後女学校教師を務め、さらにその後社会事業に従事する未婚女性からの、社会実業家を名乗る男性からの八年間に及ぶ暴力行為に苦しんでいるとの相談には、「彼を社会的に葬り去り、社会の注意を促し、社会事業の廓清を期することはせめても、あなたに与へられたよき道」「大胆に立つて彼と抗争すべき」として、男性に対して対等な立場に立ち女性側の正当な立場を主張するように、とすすめる。

このような女性の持つ権利の確信は、大正期に広がり始めた女性が職業を持つことへの肯定にもつながる。一九三一（昭和六）年一〇月一四日付け、二〇歳未婚女性からの、今は亡き酒乱だった夫をもち女手一つで自分と弟たちを養育してくれた母から離れたくないという相談に対して、「家庭生活に入ると入らないの区別なく、職業を得て自分で自活して行く事はよいと思ひます」として、女性が職業を持つことに積極的である。

結婚制度ゆえの結婚ではなく愛を基調とした結婚観は、さらに時には結婚よりも優先すべきことがあるとハルに語らせる。一九三一（昭和六）年一一月六日付け、女学校四年生で相馬在住の未婚女性からの、学業中の男性を愛しているが親に反対されているという相談に対してハルは、「女学校に籍を置かれる貴女は、結婚の事を今から心配されるのは早いと思ひます」「兎に角、今は学ばねばならない時機です」と回答する。女性にとって結婚は最優先すべき事柄ではなく、そのライフ・ステージに応じた優先すべき事柄があるとしている。

桑原は、近代日本における配偶者選択に関する研究の中で、いわゆる親が選択する家同士の結婚ではなく、当人同士の意志や愛を重視する近代的家族観を分析しているが[76]、ハルの回答には、先にみた「夫に仕える」という伝統的良妻観と同時に、「自らの意志に基礎を置いた結婚」という近代的結婚観が共存している。

(三)　キリスト教的倫理観

これまでにみたように、ハルの結婚観は、妻は夫や両親に仕えるべきであるとする伝統的結婚観と同時に、結婚は当人同士の愛を基調とすべきであるという近代的結婚観の両面を持つが、さらにそのどちらにも優先されるべき側面として強調している条件がある。それが、一夫一妻制である。

一夫一妻制

ハルは、一九三一（昭和六）年九月一五日付け「私の命をかけて愛する人は最早妻もあり子もある」という女性には、「彼をきつぱり思ひ切るべきだと思ひます、それは少くも彼の妻と彼の子とのためです」と諭し、一夫一妻制を厳しく促す。また、一九三一（昭和六）年一〇月五日付け、二八歳未婚女性からの、一五歳の時の初恋の人と共に教会に行っていたがその人は別の女性と結婚してしまった。最近その男性と再会したが自分の存在がその男性の家庭を破壊するのではないかと心配だ、という相談に対しては、「あなたの望みを押し通して行けば、相手方の平和な家庭を乱します、決してその罪をまぬかれることは出来ません、あなたも家庭を破壊することが怖ろしいと云つてゐられますが、その良心を鋭くして頂き度い、不義不正なことで幸福は断じてありません」「妻ある人を恋慕ふことは道ではありません」と、先と同様に、一夫一妻制をゆずらない。そして、一九三一（昭和六）年一一月四日付け、妻子ある男性と恋仲になったという二八歳既婚女性に対しても、「今心を改めて御主人を終生の夫として、家庭に心を据ゑて下さい」として、一夫一妻制を示す。さらに一九三一（昭和六）年一〇月一九日付け、二四歳未婚女性からの、結婚を考えている男性は過去に他の女性との同棲経験があり、そのため兄が結婚を許可してくれないとの相談には、その女性との関係が断ち切られていないことを兄が見抜いていると思われるため、その兄の言葉に従うのが良い、としているが、これも結婚後の一夫一妻制を堅持するための助言であると考えられる。これらのハルの見解は一貫しており、この一夫一妻制は、先述の、妻は夫と両親に仕える、または、結婚には愛が伴うという結婚観よりも優先されるべき事項として提示される。

このような一夫一妻制への強い確信は、夫婦は一体であるべきとの信念からくるものである。一九三一（昭和六）年九月二八日付け、二児を持つ二九歳既婚女性からの、八年前恋愛結婚した夫に二年来の愛人がいることが分かったが、今も愛している夫と別居かまたは離婚すべきか、という相談に対して、「夫婦生活に於ては、精神も肉体も一つであるべき」だと回答している。

また、そのような「夫婦は一体である」との確信はさらに、離婚は避けるべき最後の手段であるとの考えに導かれる。先の回答に続き、ハルは、「二人の愛児を考へても離別することはよくない事です」と答える。また、離婚を避けるべきであるとの確信はさらに、時には妻に対して忍耐を強いることにもなる。一九三一（昭和六）年一〇月二七日付け、夫が事務職員と不倫しその女性が妊娠したが、その子供を引き取る覚悟でいるとの相談に、「御良人に対しても過ぎたあやまちをあなたの愛の抱擁のうちに納めて仕舞つて戴き度く思ひます」として、夫の「あやまち」があったとしても、それを離婚の条件とはせず、結婚関係の継続をすすめている。

しかしこれは、離婚を決して容認しないということではない。一九三一（昭和六）年一〇月二九日付け、四五歳女性からの、夫が女中と不倫をし、三人の子供とその女性と同棲しているが、夫とは離婚したくないという相談には次のように回答する。「十年間をいつはられ、一年間を別居せられても夫を離したくないといはれるので諦めかねるといはるゝ所にあなたの愛の深き心のやさしさが見られます」「勿論、夫を捨てよといふのではありません。終りまで愛してあげて下さい。然し事実においてあなたの夫らしからぬ生活をつゞけてゐられる以上、あなたは少くも生活に於ては、夫から独立したものとして生きてゆかねばならぬと思ひます」ここでは、離婚を積極的にすすめないものの、事実上の夫婦としての責任が互いに果たせないならば、「夫から独立したもの」が離婚を指すとすれば、離婚もやむを得ないとして結論付けている。

結婚までの純潔

前述した一夫一妻制への確信は、さらに、結婚後のみならず、結婚前の性的関係における純潔態度を要求する。

一九三一（昭和六）年九月二二日付け、二〇歳未婚女性からの、結婚を約束した恋人を捨てて他の男性に走ったが元の恋人の許に戻ることは可能かという相談に対して、「結婚を約束した二人が其婚期迄他に心を移すことなく、潔い思ひを持ち続け得られれば幸福であります」「もし最初の愛人が痛めるあなたを尚受けいれられゝば、あなたは一切の罪を告白して愛を受けたがよいと思ひます」として、結婚前における純潔を促す。さらに、一九三一（昭和六）年一〇月二六日付け、四谷在住の二四歳未婚女性からの、二五歳の恋人の願いを聞いて仕事をするべきか、または家から出ないでほしいと願っている父のもとにとどまるべきかという相談には、「現代のやうに婦人も社会に出て職業を持ち、この生活線上に立つて行かうとすれば、どうしても、男子に接近する時を多く持ちます」「守るべき貞操を蹂躙されると云ふ事も起ります」と憂い、また、一九三一（昭和六）年一一月一一日付け、二一歳未婚女性からの雇主とその子息と恋におちたという相談には、「女性が純真な心で接して居るので、相手の異性も定めて同様な心持を自分に捧げて居るのだと信じ、遂にあなたの云ふとりかへしのつかぬ事になるので誠に残念であります、女性がもつとしつかりして、守るべき事は最後迄厳守したいものであります」と回答し、さらに、一九三一（昭和六）年一一月一三日付け、二二歳未婚女性からの婚約者のいる男性を愛しているという相談には、「貞操を尊重し、社会的に周囲に認められる結婚迄純潔を保つて過失に陥ることのない様に強く立つことを希望します」として、いずれも、結婚までの純潔を保つようにとの主張で一貫している。

キリスト教的倫理観

これらの一夫一妻制の根拠を、ハルはどこにおいているのか。次の回答の中に、その理由を見出すことができる。一九三一（昭和六）年一〇月八日付け、一九歳未婚女性からの、クリスチャンである友人が妻子ある男性と恋愛関係にあり、その男性の妻を追い出そうとしているという相談に対して、「友人が間違つた結婚を希望し、正しい判断力を失つて、正に自分及び他人の家庭をその渦中に投じようとする」「相手の男子が既に一人の女性の夫であつて一家庭を営むものである以上その人との結婚は誤つて居ります」「聞けばクリスチヤンだと云はれますが真にクリストの精神に歩まれゝば斯うした男女間の問題に就て間違はれなかつたと思ひます」「この教へは純潔は高調され姦淫に就て厳格な訓戒を与へられて居るのでありますがそれを知りつゝ犯して居るのは迷ひであります」として、キリスト教が「純潔」を重視し、「姦淫に就ては厳格」な態度を取ることを示す。この回答において、ハルが明確なキリスト教的価値観の上に回答していることが示されている。

また、ハルのキリスト教的価値観は、次のような回答の中にも見受けられる。一九三一（昭和六）年九月一九日付け、一七歳未婚女性からの、高等学校卒業後、上京して奉公中であるが、自涜行為の習慣をやめたいという相談に対して、「人が罪を犯す、或いは過失がある場合、もし赦されると云ふ信仰を持たないならば随分悲しいことです」「あなたも之を―赦を―信じて進んで下さい、神は九十九匹の迷はない羊より、一匹の迷う羊を探されます」として、キリスト教を明確に示す。さらに、一九三一（昭和六）年九月三〇日付け、二二歳未婚女性でキリスト教信者からの、失恋をして、汚れた世の中に生きているのがつらいという相談に対しては、「聖く尊いイエスは芸娼婦の間に教を説き罪人の群に交つて教へられ、癩病人に手をつけて治しゐられます」「自分の一個の潔めに止まらず周囲のため隣人の為めに幸福を計り、社会の浄化を為すところにキリスト信者としての使命が有るのではありますまいか、実際に於て自分を捨て丶他人のため、大衆のために働くと、身体が一つでは足りなく感じます」「あなたもどこかイエスに倣つて利得を離れて他人の為めに尽す行為をたとへ小さい僅かなことでも実際にして見て下さい、そこに美しい世界が出現します」として、ハル自身の信仰的立場を明記する。

これらの回答から、ハルの持つキリスト教倫理観が自身の回答の基盤となっており、その結婚観において、「一人の妻の夫であり[77]」と聖書が示す倫理観をハルが自明のこととしていると理解してよい。

一方で、このようなハルの見解は、キリスト教独自のものではなく、むしろ時代の文脈の中からの影響が大きい可能性を検討する必要もある。例えば、小山は、一九二〇（大正九）年から一九三二（昭和七）年までの修身教科書における家庭観を分析し、それ以前の教科書と比較した上でこの時期の教科書の特徴を以下のように指摘する。⑴先祖代々から引き継がれてきた「家」を重視する観念から、「家族員相互の情緒的結合を重視した」観点で「家庭」という言葉を用いて家族を規定する教科書が登場するようになった。⑵男女の両方に対して貞操が要求されるようになっている。⑶「母性」が、「子を産み、育てるという、女が家庭内で果たしている役割に着目」する意味と、「愛」を通して社会を「美化・平和化」することを求めるという意味で用いられている[78]。この小山の指摘とハルの場合とを比較すると以下になる。⑴ハル自身も横須賀と神戸といういわゆる都市の核家族で育ち、またハル自身も核家族を形成した大正時代の新しい層と位置づけることができ、ハルがハル自身の両親との関係について言及する時には、「家族員相互の情緒的結合を重視した」家族という視点が前提となっている。⑵夫婦間両方への徹底した貞操観を持っている。⑶家庭内における母の役割の強調や、市民社会に対する役割の重要視が確認できる。

小山の見解に負うならば、ハルが時代的な文脈からの影響を大きく受けている可能性も受け入れるべきである。しかし、その根拠をどこに置くのか、という点において、ハルの独自性がみられる。時代の文脈とキリスト教的価値観は常に相反するわけではない。結果として同様の内容を示すこともある。しかし、その根拠をどこに置くのかという点において、ハルは自身の信仰による確信、すなわち聖書に求めたところに特有性を見ることができる。

第四項　キリスト教的結婚観

「悩める女性へ」への回答欄にみたハルの結婚観は、次のようにまとめられるだろう。第一に、夫に仕える、両親を敬う姿勢を尊ぶという伝統的結婚観と同時に、家庭では夫婦間の愛情を重視するという近代的結婚観の両方を併せ持つ。第二に、ハルはキリスト教的倫理観を示しつつ、一夫一妻主義、貞操倫理、結婚までの純潔といった結婚観を掲げている。ただしハルは、キリスト者だから一夫一妻主義であるべき、キリスト者でないから不倫も仕方ない、というダブルスタンダードではなく、キリスト者であっても、非キリスト者であっても、人間として守るべきスタンダードとして、それらの結婚観を示す。

ハルの人生相談の回答の対象は主として非キリスト者であったが、ハルのキリスト教的な倫理観に基づく回答はどのように受け止められていたのだろうか。前述のように、ハルが「悩める女性へ」のメイン回答者ではなく、いわば三か月間の期間限定のピンチヒッター的役割だったこともあり、長期的な視野での断言はできないが、たとえ三か月という限定された期間ではあっても、「悩める女性へ」の回答数が回答者の中で第四番目の多さであることからも、ハルの回答が大衆読者から決して拒絶されるものではなく、尊重すべき助言であるとして受容されていた、と理解してよいだろう。

第四節　豊彦の女性観

本節では、豊彦の女性観[79]が如実に示されている「女性讃美と母性崇拝」（一九三七（昭和一二）年）を中心として豊彦の女性観を概観することにより、ハルの女性観との親和性、また相違性を検討する。

第一項　女性としての固有の使命

豊彦は基本的には、子供を産み育てる「母性」や「愛」に代表されるように、女性には母として、また妻としての領域があると認識する一方、政治や教育の領域での権利が女性にとって阻まれてはならないとし、家庭や市民社会での男女の協働を理想としている。

（一）母・妻としての使命

例えば次のような一文では、女性には女性としての固有の使命がある、という理解がみられる。

婦人は人間としてばかりでなくて、男と違つて特別な特権を持つて居るのである。それは女は子供を育てると云ふ権利を持つて居る。育てると云ふことは生むことをも意味する。（中略）夫がその日の餌をさがす間、婦人は家に在つて、子供を育て、父母に、夫に仕へる使命を持つて居る。[80]

エレン・ケイ女史などの婦人運動の偉大さはこの点にあるので、男女の機能的職分の異ることを本質に於て認めて、たゞ女子が男子と競争的に立たうとするのでは無く女子の本分即ち娘と、妻と、母たることに於て文明に貢献せんとするのである。[81]

以上の言及においては、女性は「婦人は家に在つて、子供を育て、父母に、夫に仕へる使命」をもつとして、女性の使命を「母」「妻」と明示する。

（二）「良妻賢母主義」

このように豊彦は女性に対して、まず母としての使命、妻としての使命、そして女性の領域における使命を果たすことを期待するが、そのような自らを豊彦は「良妻賢母主義」と呼ぶ。

如何にも良妻賢母主義に聴えるが、私は正しく良妻賢母主義者である。然し私の云ふ良妻賢母主義は、血族関係による父や母、兄弟を中心としたのではない。何処までも母と子、夫と妻を中心としたものである。であるから私の云ふ良妻賢母主義とは家庭的であつて、決して家族的な良妻賢母主義ではない。家庭と云ふものは心の世界である。互に睦び親しみ、気の合つた者のみが団結する処の小さな世界であらねばならぬ。[82]

ここで豊彦が自らを「良妻賢母主義」と呼ぶのは、「血族」ではなく「家庭的」な点にあるという。つまりは、血縁関係が家族を家族たらしめるのではなく、「心」によって「互に睦び親しみ」合う、「気の合つた者のみ」による共同体こそが家族であるとしている。

（三）女性の権利

このような女性の母性に対する大きな期待の一方で、豊彦は女性の人格を積極的に認め、女性の教育の機会、参政権、そして職業を有することにも肯定的である。

婦人の使命には多々ある。人間としての自覚もせねばならないし、女になる前に人間にならなければならない。であるから結婚する前に相当教育も受けなければならないし、それと共に職業に対する理解もなければならない。人間としての社会的婦人の責任も感じ、婦人として高い権利も主張せねばならぬ。[83]

日本の女子は人格者として教育を受くる権利がある。単に女学校があるばかりでなく、女子が理学士にもなれば文学士にもなるといふやうに、男子と同じ教育の機関を与へられなければならぬ。[84]

日本の女性が、一日も早く参政権を持ち、今日の曲れる政治をため直し、世界の凡ての婦人が、蹶然立つて、相剋の文明を足元に蹂躙して貰ひたい！[85]

以上の引用では、女性が政治や学問の領域で役割を果たしていくことに積極的だが、ただし、そのような女性の権利もまた、豊彦の提唱する「女性としての役割」の上に成り立つものである、との理解である。

婦人も参政権を持つことが必要であり、職業的に独立することも必要である。然し女は決して男になつてはならない。

女は善き娘、善き妻、善き母であらねばならぬ。女が善き娘、善き妻、善き母であることが、彼女が代議士、女弁護士、女剣術使ひになることより更に身自らに対し、また人類の福祉に大なる貢献をすることが出来る。[86]婦人が自覚しなければ参政権を持つたところで少しも社会改造は出来ないと思ふ。女子は女子として女子らしい主張をする。即ち禁酒問題などである。[87]

女子の間から偉大なる軍人が出ないからと云つて、又偉大なる政治家が出ないからと云つてそれを責めるわけには行かない。女の中には之まで（中略）―主として生理的関係から―偉大なるものが無かつたとしても、之からの文明に於て、女子が科学者として価値の無いものだと云ふことは出来ない。たゞ今日までの女の使命は矢張り愛することにあつた。即ち母として、妻として、娘としての女は之は永遠の偉大性を以つて居るのであつて、人類の種の続く限り、我等は女性に対する讃美の念を失ふことの出来ないのは此点にある。女代議士が出たり、女科学者が出たり、女弁護士が出て、之からの世界は尊敬するべき女を多く出すだらう。[88]

婦人参政権は女の生きんとするための生存権と、労働権とまた人格権のために、そしてより大いなる女の使命、即ち生み且つ育てる権利のために婦人は参政権に参加すべきものと思ふ。だからして女は女らしく政治を執ることが必要である。例へば地方的の問題がある。地方の衛生、教育問題、或はさきに云つた労働問題、かう云つた問題については私は当然女子は県会議員になり府会議員になりになると共に、女子でなければ出来ないことについて活躍すべきであると思ふ。[89]

女性弁護士登用の途が拓かれたのが一九三三（昭和八）年であり、女性弁護士の誕生が一九三八（昭和一三）年であることを考えるならば、[90]一九三七（昭和一二）年の時点での女性の「弁議士」の存在についての言及は先進的であるともいえる。

永原は、大正期の家庭観において、「夫婦の関係を中軸とし、子供孫尊重を根本とする小家族」である「家父長制的な『家』に対して、より市民的・近代的（中略）な人間関係・生活形態を意味」する「家族主義に対する家庭主義」がみられるようになったことを指摘する。そして明治期では、巌本善治や徳富蘇峰、内村鑑三らによってホーム・スイート・ホームとして提唱され、「その根底にはキリスト教的精神がすえられていた」が、大正期には、それがより現実的な形となったと説明する。[91]

ここで永原が示す「家族主義ではなく、家庭主義」とはまさに豊彦の表現と同様であるが、豊彦の独自性は、むしろその次の段階にみられる。永原は、先の「家庭主義」の結果として、家庭での主婦の役割が一層重視されるようになり、「男は外に働き女は内を守る」という役割分担論に行く着くとする。また、主婦自身の関心も家庭内にのみ向けられ、「個人的な幸福の追求、社会的関心の喪失」が危惧されるとする。[92]一方豊彦は、同じく「家庭主義」を掲げ、また家庭での女性の役割の重要性を認めつつも、女性が「外」において活躍することに対して肯定的である。ハルも同様に、家庭での女性としての自らの役割を強調するが、「個人的な幸福の追求、社会的関心の喪失」に終始せず、市民社会に向けての関心へと開かれている。その点で、永原と賀川夫妻は共に「家庭主義」を掲げつつも、両者の結論は異なる。

このような豊彦の女性観は、イギリスのキリスト教的背景をもつフェミニズムの家庭観と比較すると興味深い。今井は、イギリスで一八世紀後半に生まれた福音主義を基盤とした家庭観では、「家庭を守る天使《エンジェル》」として家庭での婦人が美化され、「男性の世界は外であり、女性の世界は内という明確な領域の区分が生れた」と指摘する。さらに、ハナ・モアに代表される「福音主義者たちにとって、男性と女性はあくまで異質であり、男女それぞれがもつ特性を生かすことこそ望まれる」[93]とする。この点で、豊彦の女性観も、この一八世紀後半の福音主義を背景とするフェミニズムの女性観と類似している。

しかし今井は、「ウルストンクラーフトがさらに女性に対して男性と同様に理性に基づく女性の一般教育あるいは職業教育を求めたのに対し、モアが宗教に基づく教育を主張した点では大きく異なっていた」[94]と、一八世紀イギリスの二人の女性運動家の立場を対比させ、モアは女性の「一般教育」や「職業教育」を必要としなかったと指摘する。この点で、モアと豊彦の女性観は異なる。豊彦は、女性が異なる資質を持っているからこそ、高い教育によってその資質を伸ばし、教育や職業の領域で生かすべきであると論じた。このような相違が生まれてくるのは、イギリスの福音主義を背景とするモアらフェミニストたちが女性と男性の異なる領域を前提としたミドルクラスの出身であり、父親や夫といった男性に養われることを前提としたこれらの女性たちは職業を持つ必然性がなかった状況に対して、豊彦は労働者の視点にたち、家庭の経済的必要からも、男女共に職業に従事することが必然である状況を背景としていたこともあるだろう。

(四)　互に睦び親しみ合う家族

このような豊彦の女性観と、すでに示したハルの家庭観や女性観、結婚観とを比較すると、理解が共通する一方で、異なる側面もみえる。

女性には固有の使命があり、それは、家庭において妻としては夫に仕えること、そして母としては養い育てることである、との理解では両者共に一致している。また、市民社会での女性の権利や役割といった理解では、豊彦の方が、「文学士」「理学士」「政治家」「科学者」「代議士」「弁護士」「剣術使ひ」「県会議員」「府会議員」といったように、より大胆な女性像を打ち出すことに対して、ハルはやや控えめではあるものの、やはり「産業」「経済」「勤労」「慈善」といったような、「家」や「家庭」以外の領域においても女性が取り組み役割を果たすことを期待しているという点では、両者共に女性の役割を、家庭のみならず市民社会の中にも広く認めている点でも一致している。

一方、ハルが結婚観で自明としていた「夫婦の間における愛」については、豊彦の視点は異なるようにみえる。ハルが夫婦という単位の間にあるべき「愛」に言及することに対し、豊彦は「心」によって「互に睦び親しみ」合う、「気の合つた者のみ」による共同体こそが家族であるとする。ハルは夫婦について述べているのであって、豊彦は家族全体についての言及があるために、直接比較することは適当ではない部分もあるが、ハルは「恋愛」としての「愛」に言及していることに対し、豊彦は恋愛を超えたところに家族の関係を見出しているようにもみえる。

桑原は、日本人の結婚観の系譜に関する研究の中で、明治期から戦前までの日本人の結婚観に関する研究には、「欧米的なロマンティック・ラブが配偶者選択と結びついたとする『恋愛結婚』」と、「対等な『人格』同士の結合」が存在する、「結婚する当事者の意思を尊重し幸福な『家庭』を目標とする友愛的な結婚がなされていたと主張する『友愛結婚』」の二つの捉え方が存在することを指摘するが[95]、そのような捉え方にならえば、ハルの結婚観は、「欧米的なロマンティック・ラブ」による「恋愛結婚」観に近く、一方豊彦の結婚観は、「対等な『人格』同士の結合」を重視する「友愛結婚」観により近いだろう。

第二項　男女の協働

ハルは、一九二一（大正一〇）年から一九二三（大正一二）年にかけて中心発起人として展開した労働者女性の人権保護を目的とした婦人運動である覚醒婦人協会において、「男女の協働」の理念をその中核に据えた。詳細は後章で述べるが、覚醒婦人協会が一九二一（大正一〇）年に発表した宣言文では、「私達はあく迄女らしく決して男子を敵としてではなく其協同者として立ちたい」、また、「私達は女性美の光る文明を打ち建てたい」とも述べ、男女の関係性において、ただ女性が男性から自立する、または男性と同等の権利や地位を取得するということではなく、女性としての特質を生かしながら、かつ男性と協力して働くという視点を打ち出すが、豊彦もまた、婦人運動のあり方について同様の視点を示す。

覚醒婦人協会の如く男子も女子も引きくるめた婦人協会であるべきだと思ふ―文明といふものが女許りの作つたものではなく、又男子計りで作つたものでもないことを考へて見る必要がある。それで真の思想的婦人団体の婦人運動といふものは女子と男子が協同して遣つて行く様にしたい。(中略) 男子と女子は(中略)、いつも一身《ママ》同体に提携して遣つて行く様にしたいと思ふ。[96]

また男性と女性の関わりについて、次のように述べる。

男女二つに分れた文明は寔に悲しい文明である。男女は二つでない一つである。一つとして互に助け合つて励み合ふて相愛して寔に朗らかな秋の空のやうな文明文化を作る可きである。[97]

男子と女子といふものは二つの性に区分されなければならないが、男子と女子と一つになつて相協力してやつて行けばよいのである。[98]

男性だけではなく、女性だけでもなく、また両者が同じ役割を担うのではなく、男性としてまた女性としての特質を活かしながら、しかし協力して働くことで市民社会においても家庭においても実りをもたらす、と豊彦は主張する。賀川の女性観を総合すると、「協働」とは、男性と女性が全く同じ複写されたような人間なのではなく、異なる特質を持つ人間として、違いを保持しつつも互いを尊重し、市民社会の活動の場で、また家庭の場で共に働く姿勢である。豊彦とハルの市民社会での活動と家庭でのパートナーシップは、まさにこの協働による。

第三項　協働の夫婦の歩み

以上の豊彦とハルの言説からは、その時代が求める「良き妻、良き母」の役割を女性の固有の役割として受け入れると同時に、男性と女性とが共に協力しながら市民社会を立ち上げる視点がみられる。そして豊彦とハルの歩みには、その言説の実践がある。ハルは妻・母としての役割を全うしながら、しかし決して夫である豊彦に対して受け身的に従うだけではなく、ハル自身もまた主体的かつ積極的に夫婦協働でビジョンを遂行していく姿があった。ハルは結婚式直後から豊彦と共にスラムに住み込みで活動に取り組み、また活動の内容に合わせて、幼い子供たちを連れての関西・関東を行き来する転居もたびたびであった。子供たちの成長期には豊彦は国内外を飛び回り留守がちであり、その一方で体調を崩して頻繁に休養期間が必要であった。そのような中にあって、豊彦とハルは公私において、生涯にわたって夫と妻として、また同志としての歩みを遂行した。それはまさに二人の協働の歩みである。現代的視点からは、賀川夫妻の姿は夫唱婦随の典型のように映るかもしれない。しかし、単に「夫が唱えたから従う」以上の活動に対する情熱と確信がハル自身に備わっていたからこそ、これらの活動に邁進できたと考える。逆に、もしハル自身にそれほどの情熱や確信がなかったとすれば、豊彦と共に一つの目的を達成するべく協働の姿を示すことは不可能だっただろう。

またこのような豊彦の女性観は、豊彦自身がハルとの結婚生活において、人格的な交わりを経験したからこそ生まれた言葉でもあるだろう。そのような点からも、豊彦とハルが夫婦として、ハルが豊彦から得た影響のみではなく、豊彦もまたハルとの歩みにおいてハルからの影響を受けているといえる。

小括　ハルの女性としてのキャリアと今日における男女のパートナーシップに向けて

本章を終えるにあたり、今日の女性の生き方への示唆という視点から、二点を述べたい。

ひとつは、女性としてのキャリアという点からである。今日の女性のライフキャリアプランでは、仕事か育児かの二者択一的な選択の中で葛藤もみられる。国立社会保障・人口問題研究所が二〇一五年に実施した「第一五回出生動向基本調査（結婚と出産に関する全国調査）」では、第一子出産前後の妻の就業継続率は五三・一%と、これまでの調査の四割前後から上昇していることが発表されたものの、[99]女性が結婚し、第一子出産後には仕事を辞め、いわゆる専業主婦となるパーセンテージは、他の先進国に比較して日本では高い。[100]従来、「キャリア」は、仕事や労働における資格や能力を指し、家庭の営みとは区別された概念として使用されてきた。同様に、近年頻繁に聞かれるようになった「家庭と仕事の両立」「ワーク・ライフ・バランス」といった用語が使用されるとき、一般的にそこには、「家庭」と「仕事」、または「ワーク」と「ライフ」が、二つの対極的なものであるという理解が前提になっている。

それに対し、女性のキャリアについて研究を行う渡辺三枝子とE・L・ハーは、女性のキャリアの概念を次のように定義する。

（キャリアは）ダイナミックであり、生涯にわたって展開されるもの（であり、）（中略）仕事上の役割と、家庭や地域社会の役割とが統合されている（中略）「キャリア」という語はさまざまな役割を総合するライフスタイルという概念と重なってくる。[101]

ここで渡辺らは、キャリアとは「ダイナミック」に「生涯にわたって展開されるもの」であり、「仕事上の役割と、家庭や地域社会の役割とが統合されている」とする。ここでは、家庭と仕事、またはライフとワークを二元論的に捉えるのではなく、一人の女性の営みの中で統合されたものとして理解している。

その概念からすると、まさにハルのキャリアは、女中奉公から女工、そしてスラムでの市民社会活動から婦人運動、育児、その後の晩年の市民社会活動にいたるまで生涯にわたってダイナミックに展開され、市民社会活動という公共領域の働きと家庭という私的領域での役割とはハルの中で分離することなく、統合されていた。ハルはキリスト教に入信すると同時に市民社会の活動に加わり、九四歳で亡くなる直前の数年間を除いては、晩年まで市民社会活動から完全に離れることはなかった[102]。ハルの「女性」としての特性は、覚醒婦人協会等の働きではハルを市民社会活動の前線に押し出し、また子育て期には育児を中心としながらも市民社会活動は継続され、さらに晩年には女性たちへの講演活動等を通して発揮された。またハルの女性としてのダイナミックなキャリアに不可欠な要素として、キリスト教的視点が基盤にあり、キリスト教がハルの女性観を、否定的・消極的女性観から、女性もまた男性と同等の人格を持つ存在であるとする肯定的・積極的女性観へと変革させる要因となっていた。

ふたつめは、男女のパートナーシップという点からである。豊彦とハルは、公私にわたり生涯のパートナーであった。そこには二つの側面を確認した。第一点目は、市民社会において信仰に基づく愛の実践が必要であると信じた、ハルと豊彦との確信の共有がパートナーシップの根底にあったということ。第二点目は、豊彦・ハル夫妻の文化に対する柔軟性と革新性である。ハルが妻として、母としての役割を遂行したその姿勢からは、その時代と文化を受け入れつつ生きる姿がみえてきた。

現代の日本社会の、男性と女性が共に社会活動に参加していくことをめざす「男女共同参画」という言葉や、男女共に公私の生活のバランスを考える「ワーク・ライフ・バランス」という言葉の中には、女性だけではなく男性の「家庭における役割、責任、権利」といった側面も含まれる。豊彦とハルの生きた時代は、「男女共同参画」や「ワーク・ライフ・バランス」の言葉もなく、二人には、家庭における男性の役割という発想自体もないようにみえる点で、現代日本社会で提唱されるような、男女共にワークにおいてもライフにおいても調和のとれた状態を模索するという発想からすれば、十分ではない側面も確かにある。

しかし、その時代が求める妻像、母像を受け入れ、その文化の中に生きる柔軟性と同時に、その文化に縛られず、夫との信仰に根ざしたビジョンの一致により、互いの特質を尊重し合い、補い合い、活かしながら、その時々の状況の中で最善だと思われる方法でビジョンの遂行に尽くす賀川夫妻の姿勢は、その時代における革新性とも呼べる。

このような、二人のビジョンの共有の土台の上にある文化への柔軟性と革新性が、公私での生涯にわたるパートナーシップを可能にしたのだと考える。さらに、男性と女性が共に市民社会を形成する、という豊彦とハルの発想は、今日の私たちの男女のパートナーシップのあり方にも示唆を与えるだろう。

■注（第三章）

1　賀川はる子『女中奉公と女工生活』（一九二三年）（三原容子編『賀川ハル史料集』第一巻、緑蔭書房、二〇〇九年、四七頁）
2　上記引用に登場するスラムに住む「婦人」、すなわち女性たちを指す。
3　賀川はる子『女中奉公と女工生活』（一九二三年）（三原容子編『賀川ハル史料集』第一巻、緑蔭書房、二〇〇九年、四七頁）
4　賀川ハル「一九一四年日記」（二月二六日）（三原容子編『賀川ハル史料集』第一巻、緑蔭書房、二〇〇九年、一四九頁）
5　聖書には、男性と女性とが共に「神の像」の人格ある存在として神に創造されたこと（創世記）や、女性預言者デボラ（士師記）、神の教えを説いた信徒の女性プリスキラ（使徒の働き）など、神の働きに用いられた多くの女性が登場する。
6　賀川はる子『貧民窟物語』（一九二〇年）（三原容子編『賀川ハル史料集』第一巻、緑蔭書房、二〇〇九年、七七頁）
7　賀川ハル「一九一四年日記」（三月七日）（三原容子編『賀川ハル史料集』第一巻、緑蔭書房、二〇〇九年、一五〇・一五一頁）
8　賀川ハル「一九一四年日記」（四月七日）（三原容子編『賀川ハル史料集』第一巻、緑蔭書房、二〇〇九年、一五八頁）
9　新婦人協会は、多くの場合、一九二〇年結成とされているが、折井等は、一九一九（大正八）年の婦人会関西連合大会での新婦人協会創立の発表をもって新婦人協会結成年としている（折井美耶子・女性の歴史研究会編『新婦人協会の研究』ドメス出版、二〇〇六年、二三・二四頁）。

10　現・日本キリスト教婦人矯風会
11　千野陽一は、『近代日本婦人教育史』の中で、一八八七（明治二〇）年に掲げられた婦人矯風会の主意書の目的として次の六点をまとめている。「（一）夫婦間の清潔な交際の確立、（二）家族制度のなかでも婦人の地位の低さからの解放、（三）芸娼妓の廃止、（四）女子教育の振興、（五）女子職業の発展、（六）婦人を差別する法律の改正」（千野陽一『近代日本婦人教育史』一九七九年、五九頁）。
12　林歌子（一八六五（元治二）～一九四六（昭和二一））。一八九九（明治三二）年、日本基督教婦人矯風会大阪支部を設立する。一九一四（大正三）年には婦人会矯風会主催の演説会が神戸教会にて行われ、歌子が廃娼運動について講演しているが、これがハルが聞いた講演だろう。
13　矢嶋楫子（一八三三（天保四）～一九二五（大正一四））。一八八六（明治一九）年、東京キリスト教婦人矯風会を組織する。ハルが講演を聞いた一九一四（大正三）年は、全国組織である日本キリスト教婦人矯風会会頭として活動し、一九一四（大正三）年に女子学院院長を降りたばかりの頃であった。
14　河井道（一八七七（明治一〇）年～一九五三（昭和二八））。一九一二（明治四五）年、日本YWCA同盟総幹事に就任し、一九二九（昭和四）年、恵泉女学園を設立する。ハルが河井の講演を聞いた一九一四（大正三）年は、河井のYWCA時代の講演だったと思われる。
15　賀川ハル「一九一四年日記」（三月八日）（三原容子編『賀川ハル史料集』第一巻、緑蔭書房、二〇〇九年、一五一頁）、（一〇月二四日）（三原容子編『賀川ハル史料集』第一巻、緑蔭書房、二〇〇九年、一九一頁）。
16　賀川ハル「一九一四年日記」（四月七日）（三原容子編『賀川ハル史料集』第一巻、緑蔭書房、二〇〇九年、一五八頁）
17　五月九日付け日記に『人形の家』を読んだと記述があるが、その一〇日ほど前の四月三〇日の日記には、松井須磨子によるトルストイ『復活』を見に行った記述がある。松井須磨子が演じたものへの関心から『人形の家』も手に取った可能性もある。ちなみに、この時、平塚らいてうのパートナーを指していると推測できる「奥村博史」を見た、と日記に記されている。
18　エレン・ケイ（一八四九～一九二六）。スウェーデンの女性運動家で、平塚らいてうの『青鞜』で、その思想が紹介された。
19　マーガレット・ヒギンズ・サンガー（一八七九～一九六六）。アメリカの産児制限活動家。
20　市川房枝（一八九三（明治二六）～一九八一（昭和五六））。平塚らいてうと共に新婦人協会を設立し、良妻賢母論に反対し、戦前から戦後にかけて婦人参政権運動を主導し、一九五三（昭和二八）年には自らも参議院議員となった。ハルの晩年の日記に市川房枝から贈り物があった記録が残されており、市川との交流が晩年まで続いていた様子がうかがえる。

21　賀川ハル「一九一四年日記」（三月一〇日）（三原容子編『賀川ハル史料集』第一巻、緑蔭書房、二〇〇九年、一五一頁）

22　賀川ハル「一九一九年日記」（一一月二八日）（三原容子編『賀川ハル史料集』第一巻、緑蔭書房、二〇〇九年、二四五頁）

23　賀川ハル「一九一九年日記」（一二月一日）（三原容子編『賀川ハル史料集』第一巻、緑蔭書房、二〇〇九年、二四五頁）

24　賀川ハル「一九二〇年日記」（一月三日）（三原容子編『賀川ハル史料集』第一巻、緑蔭書房、二〇〇九年、二四九頁）

25　賀川ハル「一九二〇年日記」（三月二五日）（三原容子編『賀川ハル史料集』第一巻、緑蔭書房、二〇〇九年、二五八頁）

26　賀川ハル「一九二〇年日記」（五月八日）（三原容子編『賀川ハル史料集』第一巻、緑蔭書房、二〇〇九年、二五八頁）

27　賀川はる「労働婦人の立場より」（一九二一年）（三原容子編『賀川ハル史料集』第一巻、緑蔭書房、二〇〇九年、三三九頁）

28　賀川はる子「婦人の覚醒」（一九二二年）（三原容子編『賀川ハル史料集』第一巻、緑蔭書房、二〇〇九年、三四三・三四四頁）

29　賀川ハル「消費者の団結と婦人」（一九二一年頃）（三原容子編『賀川ハル史料集』第一巻、緑蔭書房、二〇〇九年、四三六頁）

30　稲垣久和『宗教と公共哲学―生活世界のスピリチュアリティ』東京大学出版会、二〇〇四年、一〇六頁

31　「私と良人と仕事と」（一九二二年）（三原容子編『賀川ハル史料集』第一巻、緑蔭書房、二〇〇九年、三〇九頁）

32　賀川春子「私と良人と仕事と」（『婦人之友』一六（一）、婦人之友社、一九二二年）（三原容子編『賀川ハル史料集』第一巻、緑蔭書房、二〇〇九年、三〇四頁）

33　平塚らいてう「母性保護問題に就いて再び与謝野晶子に寄す」（香内信子編『資料・母性保護論争』ドメス出版、一九八四年、一一一頁）

34　齋藤慶子『「女教員」と「母性」――近代日本における〈職業と家庭の両立〉問題』六花出版、二〇一四年、ii頁

35　齋藤慶子『「女教員」と「母性」――近代日本における〈職業と家庭の両立〉問題』六花出版、二〇一四年、一八頁

36　賀川ハル「一九一四年日記」（三月七日）（三原容子編『賀川ハル史料集』第一巻、緑蔭書房、二〇〇九年、一五〇・一五一頁）

37　賀川はる子「婦人の覚醒」（一九二二年）（三原容子編『賀川ハル史料集』第一巻、緑蔭書房、二〇〇九年、三四四頁）

38　大正期における近代的「主婦」層の成立については、次の文献を参照。木村涼子『〈主婦〉の誕生――婦人雑誌と女性たちの近代』吉川弘文館、二〇一〇年

39　米合衆国長老教会によって一九一三年に大阪府堺市に開設された、現・学校法人堺キリスト学園開花幼稚園だろうか。

40　「真に」の意味か。

41　賀川春子「家庭と宗教」（一九二八年）（三原容子編『賀川ハル史料集』第二巻、緑蔭書房、二〇〇九年、九三頁）
42　「信仰生活の試練」（一九二五年）（三原容子編『賀川ハル史料集』第二巻、緑蔭書房、二〇〇九年、五六頁）
43　創世記二・二四『聖書　新共同訳』日本聖書協会、一九八七年。以下、本書中の聖書引用は、上記の聖書からの引用による。
44　賀川春子「家庭と宗教」（一九二八年）（三原容子編『賀川ハル史料集』第二巻、緑蔭書房、二〇〇九年、九一頁）
45　「妻たちよ、主に仕えるように、自分の夫に仕えなさい。キリストが教会の頭であり、自らその体の救い主であるように、夫は妻の頭だからです」（エフェソ五・二二―二三）を指していると考えられる。
46　賀川春子「家庭と宗教」（一九二八年）（三原容子編『賀川ハル史料集』第二巻、緑蔭書房、二〇〇九年、九二頁）
47　賀川春子「家庭と宗教」（一九二八年）（三原容子編『賀川ハル史料集』第二巻、緑蔭書房、二〇〇九年、九二頁）
48　「妻たちよ、主に仕えるように、自分の夫に仕えなさい」（エフェソ五・二二）を指していると思われる。
49　「そのように夫も、自分の体のように妻を愛さなくてはなりません」（エフェソ五・二八）を指していると思われる。
50　賀川春子『太陽地に落ちず』（一九四七年）（三原容子編『賀川ハル史料集』第二巻、緑蔭書房、二〇〇九年、二三六頁）
51　賀川春子『太陽地に落ちず』（一九四七年）（三原容子編『賀川ハル史料集』第二巻、緑蔭書房、二〇〇九年、二三七頁）
52　賀川春子「家庭に宗教的雰囲気を」（『女性教養』二月（二四一）、日本女子社会教育会、一九五九年）（三原容子編『賀川ハル史料集』第三巻、緑蔭書房、二〇〇九年、三八頁）
53　賀川春子「家庭に宗教的雰囲気を」（『女性教養』二月（二四一）、日本女子社会教育会、一九五九年）（三原容子編『賀川ハル史料集』第三巻、緑蔭書房、二〇〇九年、三六頁）（史料集では、出典不明となっている）
54　賀川春子「家庭に宗教的雰囲気を」（『女性教養』二月（二四一）、日本女子社会教育会、一九五九年）（三原容子編『賀川ハル史料集』第三巻、緑蔭書房、二〇〇九年、三七頁）
55　賀川ハル「神を信じる母と子（二）」（三原容子編『賀川ハル史料集』第三巻、緑蔭書房、二〇〇九年、八二頁）
56　賀川ハル「神を信じる母と子（二）」（三原容子編『賀川ハル史料集』第三巻、緑蔭書房、二〇〇九年、八三頁）
57　賀川春子「家庭に宗教的雰囲気を」（『女性教養』二月（二四一）、日本女子社会教育会、一九五九年）（三原容子編『賀川ハル史料集』第三巻、緑蔭書房、二〇〇九年、三七頁）
58　賀川春子「家庭に宗教的雰囲気を」（『女性教養』二月（二四一）、日本女子社会教育会、一九五九年）（三原容子編『賀川ハル史料集』第三巻、緑蔭書房、二〇〇九年、三八頁）

59　賀川ハル「神を信じる母と子（一）」（三原容子編『賀川ハル史料集』第三巻、緑蔭書房、二〇〇九年、八一頁）
60　賀川ハル「神を信じる母と子（三）」（三原容子編『賀川ハル史料集』第三巻、緑蔭書房、二〇〇九年、八五・八六頁）
61　賀川ハル「神を信じる母と子（三）」（三原容子編『賀川ハル史料集』第三巻、緑蔭書房、二〇〇九年、八八頁）
62　賀川ハル「母と子の宗教生活」（一九五二年）（三原容子編『賀川ハル史料集』第二巻、緑蔭書房、二〇〇九年、三〇七頁）
63　「共和国の母」の概念については、次の文献を参照。有賀夏紀『アメリカ・フェミニズムの社会史』勁草書房、一九八八年、一九―二九頁。リンダ・K・カーバー、ジェーン・シェロン・ドゥハード、有賀夏紀・他訳『ウイメンズ　アメリカ――資料編』ドメス出版、二〇〇〇年、一二四―一二五頁。鈴木周太郎「第三章　新たな共和国の建設に向けて――アメリカ革命と女子教育」（有賀夏紀・小檜山ルイ編『アメリカ・ジェンダー史研究入門』青木書店、二〇一〇年、五五―五七頁）
64　小檜山ルイ『アメリカ婦人宣教師――来日の背景とその影響』東京大学出版会、一九九二年、二八五頁
65　賀川はる子「婦人の覚醒」（一九二二年）（三原容子編『賀川ハル史料集』第一巻、緑蔭書房、二〇〇九年、三四四頁）
66　「あなたがたの装いは、編んだ髪や金の飾り、あるいは派手な衣服といった外面的なものであってはなりません」（一ペトロ三・三）を指していると思われる。
67　賀川春子「家庭と宗教」（一九二八年）（三原容子編『賀川ハル史料集』第二巻、緑蔭書房、二〇〇九年、九二頁）
68　小室淑恵『改訂版　ライフワークバランス――考え方と導入法』日本能率協会マネジメントセンター、二〇一〇年、一頁
69　小室淑恵『改訂版　ライフワークバランス――考え方と導入法』日本能率協会マネジメントセンター、二〇一〇年、三頁
70　『賀川ハル史料集』に所収されているこの時期に公に執筆されたものは、松沢教会設立に関する二件（一九三〇年）、告別式での弔辞草稿一件（一九三〇年頃と推定されている）、基督家庭新聞における「現代社会に於ける無産婦人の使命」の記事一件（一九三二（昭和七）年）のみであり、その他は、一九三二（昭和七）年一〇月以降の日記のみである。その他、『賀川ハル史料集』に所収されていない記事として、筆者発見の限り、ハルに言及されている記事に下記のものがある。『読売新聞』三六件（「悩める女性へ」二八件含む）、『大阪毎日新聞』九件、『朝日新聞』七件。これらの記事には、ハルの著書『女中奉公と女工生活』刊行の案内や、覚醒婦人協会演説者としての紹介、またハル永眠を伝える記事等が含まれる。
71　金子幸子「昭和戦前期の身の上相談――『読売新聞』相談欄と河崎なつの思想」（『近代日本女性論の系譜』不二出版、一九九九年、二一〇頁）
72　「悩める女性へ」の概要部分に関しては、次の文献に負っている。金子幸子「昭和戦前期の身の上相談――『読売新聞』相談

欄と河崎なつの思想」（『近代日本女性論の系譜』不二出版、一九九九年、二〇六―二三六頁）

73　金子幸子「昭和戦前期の身の上相談――『読売新聞』相談欄と河崎なつの思想」（『近代日本女性論の系譜』不二出版、一九九九年、二〇六―二三六頁）によると、ハルの回答数は「二九回」とされているが、筆者が読売新聞を調査した限りでは、二八回分のみの発見となった。ハル以外の回答者による回答数は、上記文献に負っている。

74　小山静子『良妻賢母という規範』勁草書房、一九九一年、二四頁

75　木村涼子『〈主婦〉の誕生――婦人雑誌と女性たちの近代』吉川弘文館、二〇一〇年、二一〇―二四〇頁

76　桑原桃音「配偶者選択の歴史社会学のための文献研究（2）――明治から戦前までの結婚観に関する諸研究の考察」（『龍谷大学社会学部紀要』第三六号、二〇一〇年、八四―九八頁）

77　Ｉテモテ三・二、三・一二、テトス一・六など。

78　小山静子『良妻賢母という規範』勁草書房、一九九一年、二一三―二二八頁

79　豊彦の女性観については、次のような先行研究がある。金子啓一「賀川豊彦『女性論』とその周辺―キリスト教倫理の立場から―」（『賀川豊彦研究』第一四号、本所賀川記念館、一九八八年、一〇―一七頁）。杉山博昭「賀川豊彦の廃娼思想」（『賀川豊彦学会論叢』第五号、一九九〇年、七九―八八頁）。倉橋克人「女性史における賀川豊彦」一―一三シリーズ（『福音と世界』新教出版社、一九九一年―一九九三年）。これらの先行研究の特徴は二点ある。一点目は、いずれも、一九九〇年前後の研究である点である。その背景には、一九六〇年代のアメリカにおける第二派フェミニズムの影響が一九八〇年代に日本に本格的に流入し、日本においても女性学やジェンダー学が注目されるようになるが、その波を受けての執筆とも考えられるだろう。それ以来、二五年以上が経過しているが、比較可能な一九九六年に〇・一二％であった男性の育児休暇取得率は二〇一三年には二・〇三％になるなど、男女を取り巻く状況にはある程度の変化がみられる。また、二点目の特徴は、いずれの研究も男性によるという点である。

80　賀川豊彦「女性讃美と母性崇拝」（一九三七年）（『賀川豊彦全集』第七巻、キリスト新聞社、一九六三年、三四二頁）

81　賀川豊彦「女性讃美と母性崇拝」（一九三七年）（『賀川豊彦全集』第七巻、キリスト新聞社、一九六三年、三二三頁）

82　賀川豊彦「女性讃美と母性崇拝」（一九三七年）（『賀川豊彦全集』第七巻、キリスト新聞社、一九六三年、三四四頁）

83　賀川豊彦「女性讃美と母性崇拝」（一九三七年）（『賀川豊彦全集』第七巻、キリスト新聞社、一九六三年、三四二頁）

84　賀川豊彦「女性讃美と母性崇拝」（一九三七年）（『賀川豊彦全集』第七巻、キリスト新聞社、一九六三年、三一九頁）

85　賀川豊彦「女性讃美と母性崇拝」（一九三七年）（『賀川豊彦全集』第七巻、キリスト新聞社、一九六三年、三〇六頁）
86　賀川豊彦「女性讃美と母性崇拝」（一九三七年）（『賀川豊彦全集』第七巻、キリスト新聞社、一九六三年、三五三頁）
87　賀川豊彦「女性讃美と母性崇拝」（一九三七年）（『賀川豊彦全集』第七巻、キリスト新聞社、一九六三年、三一九頁）
88　賀川豊彦「女性讃美と母性崇拝」（一九三七年）（『賀川豊彦全集』第七巻、キリスト新聞社、一九六三年、三二四頁）
89　賀川豊彦「女性讃美と母性崇拝」（一九三七年）（『賀川豊彦全集』第七巻、キリスト新聞社、一九六三年、三一九頁）
90　鈴木裕子編『女性運動資料集成―思想・政治Ⅱ』第二巻（不二出版、一九九六年、二六頁）参照。
91　永原和子「良妻賢母主義教育における『家』と職業」（女性史総合研究会編『日本女性史　第四巻』東京大学出版局、一九八二年、一七七・一七八頁）
92　永原和子「良妻賢母主義教育における『家』と職業」（女性史総合研究会編『日本女性史　第四巻』東京大学出版局、一九八二年、一七八・一七九頁）
93　今井けい『イギリス女性運動史――フェミニズムと女性労働運動の結合』日本経済評論社、一九九二年、一七頁
94　今井けい『イギリス女性運動史――フェミニズムと女性労働運動の結合』日本経済評論社、一九九二年、一七・一八頁
95　桑原桃音「配偶者選択の歴史社会学のための文献研究（二）――明治から戦前までの結婚観に関する諸研究の考察」（『龍谷大学社会学部紀要』第三六号、二〇一〇年、八四頁・九八頁）
96　賀川豊彦「女性讃美と母性崇拝」（一九三七年）（『賀川豊彦全集』第七巻、キリスト新聞社、一九六三年、三一〇頁）
97　賀川豊彦「女性讃美と母性崇拝」（一九三七年）（『賀川豊彦全集』第七巻、キリスト新聞社、一九六三年、三三八頁）
98　賀川豊彦「女性讃美と母性崇拝」（一九三七年）（『賀川豊彦全集』第七巻、キリスト新聞社、一九六三年、四七〇頁）
99　国立社会保障・人口問題研究所「第一五回出生動向基本調査（結婚と出産に関する全国調査）」http://www.ipss.go.jp/ps-doukou/j/doukou15/doukou15_gaiyo.asp（二〇一六年九月二三日最終閲覧）
100　内閣府男女共同参画局「男女共同参画白書 平成二五年版」第一部　男女共同参画社会の形成の状況・第二節　女性の労働力率（M字カーブ）の形状の背景 http://www.gender.go.jp/about_danjo/whitepaper/h25/zentai/html/honpen/b1_s00_02.html（二〇一四年一二月三日最終閲覧）
101　渡辺三枝子、E・L・ハー『キャリアカウンセリング入門――人と仕事の橋渡し』ナカニシヤ出版、二〇〇一年、一九頁
102　最晩年の数年は、近隣に住む知人宅への訪問を日課とするなど、亡くなる直前まで身体は健康であったが、認知症の症状が

あった（二〇一六年一月二一日、吉川俊子氏よりインタビュー調査聞き取り）。一九七九（昭和五四）年以降、ハルが亡くなる一九八二（昭和五七）年までの日記が残されていないのは、そのような理由にもよるのだろう。

第四章　ハルの市民社会理解

第四章では、ハルの市民社会に対する理解に着目し、その特徴を考察する。第一節では、ハルがキリスト教信仰を持つ以前からその後にかけての市民社会理解の形成過程を検討する。第二節では組合運動、第三節では神の国、第四節では労働、そして第五節では平和というそれぞれのキーワードに着目しつつ、ハルの市民社会理解の特徴の一端を考察する。それらのハルの理解を踏まえたうえで、第六節では豊彦とハルの市民社会理解の比較検討を行う。

第一節　ハルの市民社会理解の形成過程

本節では、ハルの市民社会への理解が開かれていく過程を、ハルの前半生を中心に三期に区分して検討する。

第一項　第一期　キリスト教入信前　限定された市民社会への関心

ハルにとって市民社会との出会いは、伯父である村岡平吉が経営する合資会社に勤務を始めた一六歳の頃である。それ以前は両親や妹と共に生活をし、一四歳から一年間ほど家族と離れて女中として奉公していた期間があるとはいえ、奉公先は親戚でもあり、ハルの世界は私的領域内にほぼ限定されていた。しかし合資会社で勤務するようになると、親族の経営する会社ではあったものの、親族だけではなく、年齢、出身地、関心等がハルとは全く異なる多種多様な人々である同僚たちの間に身を置くことになる。これが、ハルにとっての市民社会との出会いとなる。

その頃のハルの目には、この市民社会はどのような場として映っていたのだろうか。例えば、合資会社での勤務を始めた頃を回顧する一文では、「社会に恐るべき罪悪の多々あることを知つた」として、「給料の支払日には必ず遊郭に足を入れ」、その結果「悪性の病毒を受けて来て悩むで居る」「青年達」や、「真面目に働いて居るかと思へば支那人、その他外人に貞操を売つて居る」「女工」をあげる。[1] 職場において初めて「社会」の「恐るべき罪悪」の存在を知ったというハルは、多様な他者は多様な価値観・思想を持っており、自らとは異なる人々であることを、「罪悪」というネガティブな形として認識したといえる。ここでハルが「罪悪」と記す内容は、男性が「遊郭に足を入れる」ことや、女性が「貞操を売っている」ことである。つまり、ハルがこの時に知ったという「社会」の「罪悪」は、この時点においては、市民社会の広い視点に基づく理解ではなく、各個人の性倫理上の問題であり、その点では、各個人の私的領域的な視点である。

しかし、同じ文脈の中に、そのような私的領域的視点よりも広い視野に立ち、労働者にとっての社会の不合理を述べた一文がある。

会社或は資本家の利益分配の不平等を考へ、今日の労働者の不利益な地位に居ることを思ふならば職人のさうしたことが九牛の一毛にしか過ぎないと云ふかも知れない。（中略）労働は神聖なりと云ふ働人が誠に正々堂々と一点の非なく労働の運動を進ますべきだと私は思ふ。[2]

これは先の引用と同じく、合資会社での日々を回顧する場面であるが、ここでは私的領域的な視点を越えて、より広い視野から、「会社」、「資本家」、「労働者」のあり方を問うている。ただしこの文章が一九二三（大正一二）年、ハルが三五歳頃の執筆であることを考えると、一六歳のハルは、先に挙げた各個人の性倫理に関する内容を社会の内にある「罪悪」として認識した範囲にとどまることに対し、三五歳のハルが「私は思ふ」として、労働者にとってのより広い視野から市民社会における不合理を訴えていると判断することが自然であろう。つまり、一六歳の時点でのハルは、私的領域外の世界において初めて市民社会との出会いがあったものの、市民社会に対する開かれた積極的な関心にまでは至っていないと考える。

先に記したように、市民社会に触れ、市民社会における活動も知ったハルであったが、後のスラム活動へとつながっていく貧困や世界の問題に初めから目が開かれていたわけではない。ハル自身も、キリスト教入信以前の女工時代は「毎朝出勤前に新聞は待ち兼ねて読むが世界の大勢がどうならうとどんなことが議会に上つてゐるのか自分には少しの関係もなく、続物の講談と三面のところどころ、芝居の芸題などを見るのであつた」[3]と述べており、また次のようにも記している。

明治四十四年、社会にはどんな事件が有るかは少しも知らず、自分はたゞ印刷工場が自分の世界であつた。[4]

「明治四十四年」（一九一一年）は、当時二三歳であったハルが勤務する合資会社で行われていた礼拝に、後に夫となる豊彦が牧師として初めて訪れた年であった。ハルは、キリスト者であり、指路教会の教会員であった伯父・村岡平吉や伯母・村岡はなを通してキリスト教について知っており、勤務先で印刷されているキリスト教のトラクトを読んだことはあっても、キリスト教信仰は持っていなかった。ハル自身が回顧しているように、この時まで、ハルは合資会社の女工として働きながらも、その関心はきわめて私的な領域に限られていたといえる。ハルの関心は、ハルが好んでいたという滝沢馬琴などの小説や、関係雑誌を購入するほど熱を入れていたお芝居、といった自身の日々の生活の楽しみに終始するものだったのだろう。[5]ハルはまた、自らの女工時代を回顧して、次のようにも述べている。

社会に貢献し人類の幸福を計る様なことが全然ないとは云はれないのでありますが、それが如何にも稀であるのであります。殊に永年間工場に於ての女工生活を続けて居る私は、勿論その見聞が狭いと云ふより寧ろないと云ふのが至当であります。[6]

ここからも、キリスト教入信以前のハルの市民社会に対する理解は、同僚の性的倫理観に対する嫌悪感や、小説と芝居などのハル自身の日々の生活の楽しみといった個人レベルのものであり、私的な関心に限定されていたとの理解が適切である。ハルは「女性」として貧困や社会問題を体験したかもしれないが、ハルの著述にみる限り、女性の立場と社会問題とを結びつけ、批判的に考察するほどの視点は、この時点ではまだないと考える方が自然である。つまり、先にみたようなハルの生育過程において養われた潔癖・厳格な倫理感覚が、スラムで活動する救霊団、後のイエス団に出会ったときに、その活動内容と結びつき、ハルの心を新しい世界へと導く重要な一要因となった、との理解がふさわしいのではないか。

以上、キリスト教入信以前のハルは、潔癖・厳格な倫理的基準はもっていたものの、それは個人倫理的な範囲にしかすぎず、市民社会への関心はまだ開かれていなかったといえる。

第二項　第二期　キリスト教入信後からスラム活動期初期　個々人に向けられた視点

(一) 個々人との出会い

豊彦のキリスト教の説教を機に信仰の決心をしたハルは、豊彦やその仲間たちによるスラム活動を行う救霊団を知り、自らもスラム活動への取り組みに参加していくが、ハルはスラム活動の対象者に対してどのような視点を持っていたのだろうか。

豊彦の場合は、一〇代の頃からトルストイや木下尚江、安部磯雄などの著作を読み、市民社会への関心を持っていた。[7] その豊彦にとって、二一歳の時、最も身近にあった取り組むべき課題が新川のスラムであったといえる。つまり、市民社会への関心が先にあり、その具体的行動の場がスラムであった。

一方、ハルの心を最も捉えたのは、理論よりもむしろ、豊彦たち救霊団の、スラムに住む一人一人に対して取り組む姿そのものであった。

驚いたことはそれに止まらなかつたのであります。私は不思議な一団体にこの貧民窟で出遇ふたのでありました。団体と云ふ様なもの丶実は極く少人数のものでした。貧民窟の五畳敷の長屋を三軒続けて其処に居住し、世話人の無い病人を引き取り医者に送り、顔面や手先が腐つた癩病患者と共に居り、臭気の強い梅毒患者の包帯を替へ、監獄行の婦人の嬰児を連れて来て、男子の手に乳を溶いて養育し、重病患者の糞尿を取り、三度の食事を二度に減じて飢えた者と粥をす丶り合ふ、極寒の綿入もなく寒風に病弱の身体を晒して路傍にイエスの愛を説く、この尊い、美しい行為に私は驚いたのでありました。そして考へさせられました。この得難い尊い精神が何に依つて獲得出来るのでせう。如何なる修養に依つてそれが出来るのであらうかと思つたのです。そしてそれがイエスの精神から流れ出づるものであることが解りました。実にイエスの感化の偉大なることを深く深く感ぜしめられたのでありました。[8]

また、ハル自身がスラムで働くきっかけとなった出来事の一つは、ある家族との出会いであったとして、次のように記す。

当時私は印刷会社の女工でありましたから、彼らを物質で充分助けることが出来ないが、何なりとして彼等を慰め度とそれ以後は日曜毎にその家を訪問致しました。箒より乱れた髪も少しづゝ梳いて綺麗になり着物を持つて行つて着替させ、家を掃除して子供の顔を洗ひ、家の内を片づけましたので彼等も私の行くことを非常に喜こんで迎へました。

これは私には極めて強烈な刺激であつたのでした。それでかう云ふ人達の間に住まつて幾分にてもそれ等の人達を慰め得られるならば、自分は喜こんで貧民窟に這入らうと決心致しました。[9]

つまり、社会悪や正義といったいわば抽象的な理論や概念から出発してスラム活動に入ったのではなく、一個人との具体的な出会いがスラム活動の動機となっている。またその動機も、社会を変革するべきであるというような広い視野にたった動機ではなく、ハル自身が人々に「慰め」を与える存在になりたいという主観的な側面が強い。

しかしそうだからといって、ハルの内面に、悪や正義といった概念が全くなかったわけではない。先にみたように、ハルがキリスト教入信以前から持ち合わせていた倫理観が、スラムの子供に出会ったときに、自らも貢献するものになりたいという願望と具体的行動とに結びついたのだろう。

豊彦にとっては、市民社会における正義という大きな枠組みの具体的アプローチの一つとしてスラムがあった。一方、ハルにとっては、スラムの一人一人に実際に寄り添う救霊団の若者たちの姿への感動と、自らが関わることで一家族に変化が起こり、ハル自身の存在が喜びとして受け入れられるという主観的な充足感の体験が出発点となり、その延長線上にスラムの活動があった。

(二)　客観化する視点

スラム活動開始のきっかけだけではなく、スラムでの活動対象者への視点にも、ハルと豊彦では異なる点がある。

豊彦は、他者の悲哀に共感し、時には豊彦自身を救済の対象であるスラムの人々と一体視するような場面が見受けられる。例えば、豊彦の自伝的小説『死線を超えて』の中では、豊彦自身をモデルとした新見栄一が、「土べたの上に落ちた小米を拾ひ集めて、お粥にして炊いて食」べる貧困の状態を説明しながら涙を流す「おかみさん」に、「すぐ貰ひ泣きをして」、「『神さま、どうして貧乏人はこんなに苦しむのですか?・?・』」と「ヒステリーにか丶つた人の様に泣」くエピソードが挿入されている。[10]あたかも、「おかみさん」の貧困の苦しみを、豊彦自身もまた体験しているかのようである。また、豊彦が神戸神学校在学時代に記した「無の哲学」では、対象である神と自らを同化させるような記述がみられる。

神様は自殺なさる事がないのであらうか?・神様も奮闘してゐらつしやる。
ア丶私も神様の様に奮闘しよう。
ア丶神様も苦しんでゐらつしやる。神様、神様……。[11]

ここで、豊彦は神の苦しみと自身の苦しみを同化させているかのようであるが、ヘイスティングスはこれを、豊彦が「神と一体となりたがる」[12]と表現している。

一方、ハルの視点は異なってみえる。例えば、ハルの日記の中には、スラムの住居で「お光」と呼ばれる女性を世話する苦悩が幾度か登場するが、その場合もハルはお光と自分自身を一体化することはなく、あくまでもお光を自らとは区別された存在として対象化して捉えている。次は、お光の世話の仕方が十分ではないとして豊彦から叱責を受け、涙を流したとする日の日記である。

お光の世話は自分では随分尽してゐるつもりであるが、主人の目から見るときは未だ足ないと見えて私は叱られる。つまり私の行の程度が高くなつて来て居ることに自分が気がつかづして煩悶する。自分はもう泣くまいと決してから度々涙を流した。[13]

ハルは、お光に対する自身の態度のことで豊彦から叱られ涙した、と記しているが、これは、先述の豊彦が「おかみさん」の苦労話にもらい泣きをする涙の意味とは異なる。豊彦は、他者の悲しみを自分のものとして捉え、「おかみさん」の貧困を苦しむがゆえに、涙を流した。一方ハルは、お光に対する同情心や共感からではなく、あくまでも「私の行の程度が高くなつて来て居ることに自分が気がつかづして煩悶する」ことへの涙、という主観的理由である。

さらにハルは、この「涙」を乗り越える方法も、お光への共感によるよりも、むしろ神からの「試験」として受け止めることで乗り越えようとする。次は、前述の涙から三日後の日記である。

乞食の心は誠に困つたもので、どこまでも付上り近頃では便器を差し入れて呉ふのをうるさがり、そのまゝ大小便をするので着物も布団も濡れるので手数がかゝるが、神より与へられた試験物だから自分は彼に頭から悪口をあびせられても気まゝ云はれてもしてゐる。近所の人はほめるが自分は少しも善事をしてゐるとは思はぬ。試験だもの。[14]

救済の対象を客観化して捉えるハルの視点と、対象と自らを時として一体化する豊彦との視点との相違があったからこそ、ハルと豊彦は二人三脚での市民社会活動を続けられたのかもしれない。両者が救済の対象への共感に終始しているだけでは、感情に埋没するにとどまるかもしれない。一方で、ただ客観視しているだけでは、当事者の視点に立った働きは難しい。両者のバランスがあってこその活動でもある。

後年、豊彦がハルに送った妻恋歌がある。ハルの伝記にはしばしば登場する詩であり、豊彦とハルの絆の強さを伝える詩でもある。妻恋歌の一節には、「憲兵隊の裏門に／未決監の窓口に／泣きもしないでたたずみし／わが妻恋しいと恋し」[15]とつづられる。一九四〇（昭和一五）年八月二五日、豊彦は反戦運動の嫌疑で渋谷憲兵隊に拘引され、九月一三日に釈放されるまで巣鴨拘置所で過ごすが、その時の状況をうたっているのだろう。またその後、豊彦は家族の住む東京を離れ、一人で香川県豊島で一時期を過ごすが、豊島にいる豊彦からハルへの九月一九日の手紙には、「この間中ハほんとに御心配また御心尽しの程感謝いたします　強いあなただから安心いたして居りました」[16]とある。これもこの拘置所の時の状況を指しているのだろう。ここには、豊彦が入獄した際にさえ「泣きもしないで」夫の帰りを待つ「強い」ハルの姿がある。あくまでも豊彦は豊彦であり、ハルはハルである、と客観化する視点による冷静さも「強い」一要因として加味できるかもしれない。

以上のように、ハルにとってスラム活動開始のきっかけは個々人との関わりから始まったものであった。しかしハルはその個々人と自らを同化することなく、対象化して捉えることで活動を行っていたといえる。

（三）個々人への眼差し

以上のように、スラム活動初期において、ハルの視点が、自分自身への関心からスラムにおける個々人に対する関心へと広げられていく点においては、市民社会への関心の広がりの萌芽がみられる。しかしスラムでの働きの初期のハルの市民社会への理解は、「一個人に対する関わり」の延長線上にあった。つまり、スラムに住む一人一人を助けるという個人的な関係性の段階である。ここから、キリスト教入信直後のハルは、市民社会に対する自覚的な認識を持っているとはまだ断定しがたく、その関心の範囲はなお個人的範囲内での関心と感動にとどまっているといえる。

第三項　第三期　市民社会活動中期以降　市民社会への視点

（一）視点と交流の拡大

ハルは一九一四（大正三）年から一九一七（大正六）年にかけて、豊彦がアメリカに留学している期間、横浜の共立女子神学校に在学し、卒業後は神戸に戻り夫妻でスラム活動を再開した。その後のハルの視点は、市民社会へとより広く開かれていく。その視点の広がりは、次のような一九二一（大正一〇）年の言及にも表れる。

幸にイエスの恵に依つてこの発見をなし得たものは、よろしく神の栄のため、人類幸福のため、社会に対して奉仕するところの大からんことを願ふ。[17]

次は、一九二二（大正一一）年の言葉である。

人類が互に愛し合ふて、実際にこの世に存在する人達が幸福に生活することであります。従つて人に仕へ、社会に奉仕することを願うのであります。[18]

スラム活動初期と比較すると、ハルは「人類」という用語を用い、市民社会に対するより広い視点がうかがえる。この視点を裏付けるように、ハルが共立女子神学校を卒業し、一九一七（大正六）年に神戸に戻ってきた後は、実際の活動もまた、労働組合の活動など市民社会とのより密接な関わりを含むようになる。同時に交流範囲も広がる。スラム活動の初期には、救霊団のメンバーたちがその活動を共にする同志であったが、一九二〇年代に入ると、賀川夫妻のスラム活動は広範囲の人々に認知されるようになり、東京女子大学生たちのスラム研修のための訪問、[19]平塚らいてうの女性を取り巻く問題意識を携えての訪問[20]、アメリカでセツルメントを開設したジェーン・アダムズの来訪[21]など、国内のキリスト教の教団教派を超えるだけではなく、多様な国や活動内容に携わる人々との交流が広がる。

(二) 救貧から防貧へ

そのようなスラム活動の中で、ハルの着眼点の変化を示すのが次の一九二〇（大正九）年の一文である。

貧民窟に対して従来は単に金銭物品の施与を以て貧を救はんと致しました、勿論眼前の貧困はその慈善に待つでありませうが、これが根本的の防貧策としては、住宅が改良され、彼等に教育なるものが普及され、飲酒を止めて風儀を改め、趣味の向上を計るなどこれら、貧民窟改良事業を、労働運動に合せて行ふ時に、今日の一大細民部落の神戸市から跡を絶つに到ると信じます[22]

工場生活と、貧民窟の生活の、この二方面の共通点は、貧乏そのものであるのであります。これが根本的の防貧策としては、所詮労働問題が解決されなければならないと思ひます。[23]

また一九二二（大正一一）年には、次のような言及もある。

斯うした人達の機嫌をとるために無暗に金を与へるのも考へものだと思つてゐたのです。[24]

ここには、救貧から「防貧」への意識の変化がみられる。ただ足りない部分を「与へる」のではなく、その貧困を生み出している社会システムそのものの変革の必要性への視点である。一個人の貧困だけではなく、貧困を市民社会全体の問題として捉える時、一人一人の生活への眼差しと同時に、より広い視野からの取り組みが必要となる。それが、救貧から「防貧」への意識の変化である。それはスラム活動での実感であったのだろう。

当初は、一家族に関わりたい、という個人に対する思いから出発した救貧活動であったが、個人的な同情心や熱心だけでは解決できない問題にハルは気が付き、同時に、多様な宗教、関心、文化の人々との交流の中で、より広い視座を得るようになったのだろう。

(三) 市民社会における働きと信仰

次の引用は、豊彦たち救霊団の働きを目の当たりにした二四歳頃を回顧したハルの一文であるが、自身の小さな世界の中での関心が、他者への関心へと開かれたことを示す記述である。

社会の最もドン底とも云ふべき細民窟に於て犠牲とか、献身とか云ふことさえ主観にないほどの働きの出来る宗教に出会ふた私は、実に非常な感動を受けたのでありました。／それ以来私の行くべき方向は今迄とは変つて来ました。私の希望は今迄持つて居つた様なものでなくなり、私の喜びは其日まで持つて居つた安逸の様なものでは有り得なくなりました。私の悲しみは、自分の貧乏だけであつたものがそれ以来、多くの人々がその悲しみより救はれない悲しみとなりました。私がその日以来終生の目的が富を得るためでもなく、名誉を一身に受けることでもなくなりました。人を幸福にする様には何物も自分に所有して居らないのでありますから、何の仕事も出来ないのが当然でありませう。然し只私が許されて出来れば、人類が互に愛し合ふて、実際にこの世に存在する人達が幸福に生活することであります。従つて人に仕へ社会に奉仕することを願ふのであります。[25]

これは、先の「お光」の世話をしていた一九一四(大正三)年から八年後の一九二二(大正一一)年の文章である。

ここに、それまでのハルの市民社会に対する理解との大きな相違が三点みられる。

一点目は、私的関心から、市民社会への関心の広がりである。ハルは、「私の悲しみは、自分の貧乏だけであつたもの」が、「多くの人々がその悲しみより救はれない悲しみ」へと変化したと記す。私的な世界だけに閉じられていた関心が、より広い関心へと開かれていったことが示される。ただしスラム活動を開始した当初の時点では、多くの人々の悲しみに触れその世界を知ったものの、市民社会における活動の必然性はまだ十分に理解していないと考えられる。しかし、自分の願いは「人類が互に愛し合ふて、実際にこの世に存在する人達が幸福に生活すること」だとしている部分においては、多様な他者の生の幸福をも視野に入れており、市民社会の認識が明確になっているが、過去形で書かれてきたその前の部分とは異なり、現在形で記されているこの部分は、二四歳頃のハルが考えたことではなく、執筆時の三五歳のハルの理解であると考えることが自然である。つまりハルの関心は、二四歳頃の時点で「私」から「多くの人々」に開かれ、そして三五歳の時点までにはさらに多様な他者を包括する「人類」にまで開かれていくと考える。ここでは、時間の経過に伴い、ハルの市民社会に対する理解の形成過程をたどることができる。

そのような時間的経過でこの部分を解釈すると、その人々が「幸福に生活」をするために「人に仕へ社会に奉仕することを願ふ」とハルが述べる時、二重の意味が現れてくる。つまり、初めて若者たちによるスラム活動を知った時点での「社会に仕えること」とは、スラム活動自体であった。一方この記述が、ハルがスラム活動と並行して覚醒婦人協会の活動最中の一九二二（大正一一）年頃の執筆であることを考えると、執筆当時のハルにとっての「社会に仕える」とは、スラム活動と同時に、覚醒婦人協会およびこの時期に展開していた労働組合等の諸組合の活動をも含むものだろう。ここから、幸福があるようにとハルが願う「多くの人々」は、一九一一（明治四四）年頃にはスラムの人々であり、執筆時の一九二二（大正一一）年頃にはスラムだけにはとどまらない、多様な他者としてのより広範囲の女性たちや労働者たちも含むものへと拡大したと考えられる。

二点目は、市民社会への参与の自覚の萌芽である。一六歳のハルが知った「社会」は「罪悪」の世界であり、それはハルにとっては汚らわしいもの、避けるべきもの、というのみの世界であった。しかしスラム活動の中で知った社会の「悲しみ」は、忌み嫌い、汚らわしいとして避けるべきのみではなく、その場所に入って行き仕える対象となった。ここにおいて、市民社会に存在する罪悪は、その中にあっていかに自らの役割を果たしていくべきかという自覚へと変化している。

三点目は、市民社会における活動と信仰との統合である。ハルは豊彦と出会った直後、豊彦の活動に賛同する仲間たちの救霊団が取り組むスラム活動を知る。キリスト教信仰によってスラムの人々に仕えるキリスト者たちの姿を見たハルは、「社会の最もドン底とも云ふべき細民窟において犠牲とか、献身とか云ふことさえ主観にないほどの働きの出来る宗教に出会った私は、実に非常な感動を受けた」と述べる。そして、ハル自身も「人に仕へ社会に奉仕することを願う」とする。ハルはここで、宗教つまりキリスト教の精神が「人に仕へ社会に奉仕する」原動力になっていることを認めている。キリスト者たちがスラムで活動する姿を通して、信仰と市民社会における活動とを一元的なものとしてハルは受容したといえる。

このような視点は、後年の著述にもみられる。

神に服従し、（中略）神に従つて奉仕の生活をするのが信仰生活者のとるべき態度である。私はこの信念にもとづいて、私に与えられている健康、与えられている時間をもつて、弱い人々への奉仕を始めたのである。[26]

ここでも、「神に従」うことと「弱い人々への奉仕」が密接に結びつけられて理解されている。キリスト者たちが市民社会のための活動を行う姿を見たことを通して、信仰と市民社会のための活動とが一体として出会ったハルは、その両者を最初から密接不可分として受け止めている。ハルは、具体的活動と信仰とは初期の段階から一体として受容した。信仰の道を歩むということは、すなわち市民社会のための働きと切り離されてはいなかった。

スラムの活動を継続しつつ、その過程で培われた市民社会に生きる感覚は、個の視点から市民社会への視点の移行ではなく、個の視点を保持しつつも広く市民社会に向けた視点が開かれていった、との表現が適切である。

以上、ハルの市民社会に対する関心が、きわめて限定された私的領域における関心から、豊彦たちの救霊団によるスラム活動との出会いによって、市民社会が決して自らと無関係ではなく、自らもそこに参与する、という開かれた関心になり、また共立女子神学校卒業後には、市民社会における活動のあり方を自覚的に考察する視点へと開かれていく様子をたどった。

このようなハルの前半生において開かれた市民社会への理解をもって、ハルは以後も夫・豊彦と共に市民社会における活動を継続する。このような理解はまた、ハルが取り組む婦人運動である覚醒婦人協会の活動の基底にもなる。豊彦・ハル夫妻の公私におけるパートナーシップには、このようなハルの市民社会に対する理解の広がりも重要な役割を果たした。

第二節　組合運動

市民社会での賀川夫妻の活動の柱の一つは、組合運動であった。ここではこの組合運動に対するハルの理解を、豊彦の理解と比較しつつ検討したい。

第一項　「組合」との出会い

ハルが初めて組合らしきものに触れるのは、女工時代の合資会社での組合であった。「英国式」で組織され、「子供心にも」優れていると感じたという。

始めて私共の間に一つの会が組織された、それは極く小さいものであつた。つまり労働組合の初期に於て英国などに於てもあつた様な所謂葬式組合なるものである。で各自の収入に比例して僅かな会費を積立て、会員中の幸不幸に対して一定の金額を送る様になつてゐる。（中略）子供心に流石教育のあるものの勝れて居ることを泌じみ感ぜしめられたことであつた。[27]

合資会社で「英国式」の組合が設立されたという背景には、村岡平吉の三男・斎が三年間ロンドンに留学していたことも関係しているのかもしれない。[28]

合資会社に「英国式」の葬式組合が設立された正確な年は不明であるが、ハルが合資会社に勤務していた一九〇四（明治三七）年から数年以内での「葬式組合」の設立とすれば、キリスト者であった鈴木文治が組織した友愛会の設立が一九一二（大正元）年であることと比較しても、合資会社の組合設立の試みは先駆的である。

ただし、組合運動の重要性をハルが自覚的に認識するようになるのは、さらに後のことである。

第二項　助け合うこと

女工時代に合資会社で「葬式組合」を知ったというハルであったが、自覚的に「互いに助け合う」または「協同」について語り始めるのは、スラム活動に関わるようになってからである。

貧民は自分が、苦しんだ経験があるからでもあると思ひますが友を助け様と思ふと実際よく助けます。自分の処に食物があるだけ友と一緒に暮します、つまり自分の全財産を提供して尽すのです。これは彼の簡易生活がなさしめるのだと私は思ひます。（中略）自分の為めにのみ贅沢をして親戚の不幸なる子供を其門前から突き放つ様な人は此処に住む人より不幸である事と私は思ひます。[29]

これは「組合」への直接の言及ではないが、「貧民」同士が「友を助け様」とする様子を描写する。それは、家族や親族といった私的な領域を超え、市民が公共の領域において自覚的に友愛によって連帯する姿への気づきであるともいえる。

このように「貧民」同士が「助け」合うだけではなく、ハル自身もまた「助け」合う一員の当事者であるという事実に、ハルはある時気がついたとして、その状況を次のように記す。

此頃一女性が手紙を私宛に寄せて、生死の間をさ迷ふて居る、何日かハ訪ねるから救つて呉れとの文面であつた。従来この種の手紙ハ度々受けたのでさして珍しい特殊なものとハ見ないが、私自分に今迄とは違つた考へが起こつた。斯うした手紙を受ける時いつも、たゞ救ふ立場をのみ考へて居たから、どうもそう一々受け入れることが出来ないと思つて真剣に考へなかつた。今度ハ私の方から少しそうした人に、つまり自分を頼つて来る人に、私も援助して貰へばよい訳である。助け合をした方が真剣である。自分も時間を費ふことが下手でもあるが、随分多忙である。何かしら主人が忙かしく多くの事業を持ち働きを持てば、従つて家も多用な訳である。悩める人の手紙でも整理し兼ねて居る。来客も多く泊り客も常にある。夜具の整理すら衣服の仕末も私にハ助手がない。広本様ハ台所だけ手伝つて呉れるが外の事ハ掃除、針なとハせぬので、この家にしてハ助手が有つてもよいが、女中を置かぬとする家でハ、そうした奉仕者に助けて貰へバ好都合である。それだのに私は自分一人で何んでも仕様とするので出来ないことだらけ。之ハ大に改めて先方の要求も入れ自分も助けて貰つてお互に仕事を進め度。

でどうか神様の導きで先方も或部分の満足が得られ、私の方でも助ける立場ばかりでなく助けられる方面も持つ様にあり度と願ふ。その適任者である様にもと祈らざるを得ない。つまり救けると云ふ高い立場でなく、助け互に私共を下げなければならない。教訓を自分ハ得た訳である[30]

ここでは、「高い立場」から一方的に助ける側になるのではなく、自らを「下げ」、互いに助け合う実践の必然を、ハル自身が認識した様子が記されている。

第三項　多様な組合運動へ

このような認識の中、スラムで組合の働きが実際に展開されていく様子を、ハルは次のように評価する。

青年たちは（中略）神戸に於て前例の無い一つの仕事を発見した。それは購買組合で、青年は皆これに投じること、なつたのである。（中略）小さきグループがこの立派な仕事をして行かれたのは全く信仰の賜に外ならない。[31]

ここでハルは、イエス団が購買組合を始めたことを高く評価しているが、このようなスラム内での組合が、やがて労働組合といった多様な組合運動へと拡大されていく。

資本家も人であれば労働者も又同様人である。◇々に相互合共力して、各その持てるものを提供して、共に人類と◇しての幸福な人生を送らねばならぬと考へ来つて、最近労働者は組合を作り、一致団体して事に当、人間並の生活を送ろうと計ものである。[32]

組合運動に対するハルの理解が、次第に明確に、自覚的になっていく様子が表れている。

第四項　生活者としての視点

さらに、ハルがこのような組合運動の必要性を述べる時、それは理論からではなくむしろ生活者としての目線から語られる。

茲に於て団結の必要を思ひます。中心より出ずるところの叫び、正義とそして団結の力であります。（中略）一家の主婦達一人一人、社会に改革を求めることもありませう。中心よりの訴へを心に持つ人もあるでせう。各自に種々の問題が有ること丶思ひます。然し、一人一人では極めてその力の薄弱であることを感じない訳には行きませぬ。[33]

覚醒婦人協会活動時期の言葉であるが、ここからは、「一致」団結して「相互」に協力することにより「正義と団結」の力が生まれるのだ、という「一家の主婦」の一人としてのハルの確信が読み取れる。

第五項　豊彦とハルの組合運動への確信

ハルは先の引用の中で、小さな一人一人が団結して助け合う組合運動を掲げた。豊彦もまた組合運動の必要性を説く際、次のように述べる。

相愛互助の精神に満ち、共存共栄の道を辿り、教育によつて相互扶助を実現し、隣人愛意識を高めなければ駄目である[34]

個人だけではなく、社会の救いのうちにも働くイエス・キリストの救いのリアリティを見せなければならない。ゆえに私は、生活協同組合や、信用組合、学生協同組合を設立している。これは、行動におけるキリスト教の兄弟愛である[35]。

ここでは、「社会の救いのうちにも働くイエス・キリストの救い」の現実的形としての生活協同組合、信用組合、学生組合であるとし、「これは、行動におけるキリスト教の兄弟愛である」と述べる。その内容は、「相愛互助」「共存共栄」「相互扶助」「隣人愛意識」として表現される。

ハルも生涯にわたり、組合運動の重要性を確信し続ける。次の三つの引用は、いずれもハルが七〇代後半頃に執筆したものである。

貧民と共に生活して、人々の福祉、病人の為医療、農民のために対する方法も得られた。労働運動、病者の医療組合運動、キリスト教宣教、教育事業、経済運動にそれぞれ組織に努力した。その運動ハ貧しい者が助けられ、病苦から救。経済的の金融など、愛の精神を基礎としての救済運動に終世努力した。大きい資金、又政府の救済事業としての各種の事業があるが、人権尊重のキリスト精神の基礎の上に此の仕事がされねバならぬ[36]。

教会外社会に愛を行なへと注意されてある。主の恵のうちにある我々ハ社会によい働を尽し度い。之にハ、生活を共によくする生活協同組合ハ婦人のなすべき一つの働きである[37]。

キリストハ貧しいやもめの献金に価値を認める。無力な病身な貧しい賀川も、主に捧げた時に恵を得た。生命ハ保たれ、伝道ハ広げられ、世界に福音のため赴いた。仕事も、伝道に社会福祉に組合運動に尽すを得た。[38]

ここには、一人の力では解決がなくとも、組合運動を通して人々が共に事を行う時に大きな力が生まれることへの確信がある。

稲垣は、公共哲学の立場から、豊彦から受け継ぐべき遺産とは、「自治的な市民社会を作るための『友愛』と、そこから出てくる『連帯』による幸福形成の思想と行動[39]」と提唱するが、このような公共哲学的発想からいえば、先のハルの言説から語られる「主婦達一人一人」の「団結」による組合運動の必要性もまた、公共領域における友愛と連帯に基づく組合運動の必要性だといえる。

第六項　キリスト教信仰に動機づけられた組合運動

さらにその組合運動への確信の基底となっているものは、豊彦にとっては「社会の救いのうちにも働くイエス・キリストの救いのリアリティ」であり、「行動におけるキリスト教の兄弟愛」であった。そしてハルにとっては「人権尊重のキリスト教精神」であり、「主の恵」であった。両者にとって、組合運動はキリスト教信仰とは分離することのできない明確な確信である。

このように賀川夫妻が力を注いだ組合運動の活動であったが、その活動がすべての場所で受け入れられていたわけではない。一九二〇（大正九）年一〇月一〇日の日記には、思うように理解が得られない状況について、ハルは次の様にいらだちを記している。

関西の労働者は賀川に依つて教えられ、人道的に行かねばほんとの組合は出来ぬと知つて関東の様に赤化しないから、それを指導する賀川は彼等には余程邪魔らしく見える[40]

このような反対する圧力もある中で、ハルと豊彦は、組合運動はキリスト教の愛の実践であると確信していた。

第七項　多様な他者との協働

豊彦とハルの協働は、夫婦間のみではなく、多様な他者との協働の必要性にも開かれる。次の引用はハルの日記であるが、市民社会活動において、キリスト教信者のみを協働する対象としているのではなく、より広い領域に開かれていることを示している。

朝孤児院、（中略）信者が◇仕始めたのに資金を広く求めたので今では仏教信者が勢力がある。クリスチヤンがもつと助ければよいに、皆仏教がする孤児院だからと信者が金を出さない相だ。信者の覚醒してほしい。[41]

この引用では「仏教」への言及があるが、キリスト教か仏教か、という二項対立ではなく、キリスト教であっても仏教であっても、または他の宗教であったとしても、市民社会における弱者に対する同じ目的を共有し得るならば、宗教を超えた友愛と連帯による協働の可能性を示している。

ハルにとって組合運動は、明確なキリスト教信仰を基底として、私的な領域を超えた市民社会での、女性や労働者を含む多様な他者のための、多様な他者との協働による活動の一つの実践でもあった。

第三節「神の国」理解

豊彦にとって「神の国」とは何であったのかを考察することは、それ自体が大きなテーマであるため、本書で扱うことはできないが、本節では、ハルの「神の国」理解に焦点を当て、ハルにとって神の国とは何を意図していたかの一端を検討することで、豊彦とハルの神の国理解の比較における一助としたい。

「神の国」の表現がハルの著述に見られるようになるのは、一九三〇年代、ハルが四〇代後半の頃からである。

聖い神の国の仕事を、この小さきものにもさせて貰ふことが出来ると知つた時私は神の愛を深く感謝せずにはゐられない。[42]

この文脈でハルが意味する「神の国の仕事」「この小さきもの」とは、妹のヤヘが神戸のスラムで賀川夫妻と共に活動に加わり、無料診療所の医師として働いていることである。つまり、具体的な人々の日常生活が「神の国」の中に包括されている。

また、次の引用でもハルは「神の国」に言及する。

私共は神の国のために、各々与へられたる物をもつて奉仕し、また教会のために能ふ限り尽さなければならない。そして人のため社会のために奉仕したいと願ふならば、そこにいつでも不思議な力が湧き、神の栄の顕るゝものであるといふことを瞭りと意識したいと思ふ。[43]

これは先の引用の少し後にあたる部分であり、同じくヤヘが医師としての能力を用いて無料診療所の働きを担ったことを念頭に置いた文章である。ここでハルは、「神の国のため」と「教会のため」とを区別して提示している。そして、その両者はどちらもが「人のため社会のため」の働きであるという。このような言及からは、神の国の働きは、かならずしも制度的な教会そのものの働きのみを指しているのではないこと、そして神の国の働きは、市民社会における具体的な働きである、というハルの理解がうかがえる。

また人々の具体的生活と神の国を結びつける視点は、次の引用にもみられる。

略奪したものは、又略奪される。この争闘は、有産階級と無産階級が、暫時その地位を更へただけで、理想の社会でないことゝ思ふ。真に隣人を幸いにしやうと云ふ愛の心を根本としなければならない。大多数の持たざる階級が、互に助け合つて行く時に、神の国が来る。[44]

ここでハルは、人々が「略奪」する関係ではなく、「助け合」う時に「神の国」が実現されると述べる。

ハルの「神の国」の用語の使用は、現時点で入手可能な資料で限定的であり、ハルが「神の国」をどのように理解したかを結論付けることは難しい。ただし、ハルが「神の国」に言及を始めるのは、一九三一（昭和六）年以降であることから、一九三〇年以降開始された豊彦の「神の国運動」との関連も当然認められるべきであろう。

第四節　労働

本節では、ハルの労働観を検討することで、市民社会に対するハルの視点の一端を考察する。

第一項　女中としての労働

覚醒婦人協会は女性労働者の人権のための活動であったが、ハル自身も一四歳の一年間は女中として、そして一六歳からは女工としての労働経験があった。ハルは、労働をどのように理解していたのだろうか。ハルは、自らの奉公について、次のように述べる。

母も嘗ては奉公をした者で、人を多く使用するには一度は是非奉公せねばならぬと考へられてゐました。然し私の場合は経済的に奉公が必要であつたのです。[45]

ハルが女中として働き始めたのは「経済的な必要があ」ったためであると述べ、積極的理由によってではなく、必要に迫られての消極的選択であったことが示されている。

しかしいったん働き始めた後は、ハルは女中としての労働について、それほど否定的な心情を語っていない。例えば、ハルは次のように述べる。

女中や男を使つてゐた私の家では、つい自分も雇人に対して無理を云つたり、困らせたりしたもので今更ながらよくない事をしたものだと思ふのでした。[46]

実際他人の家に這入つて見れば、奉公人となつて味はねば解らないことがある[47]

他人に使はれると眠りの此の上もない嬉しさを経験するのであります。[48]

当分はこんなに思つてよく泣きました。家から便りが有ると又新しく涙が湧きます。時折伯母が訪ねて呉れると、又涙です実に家を離れて見ると親の親心も家の温さも深く感ぜられるものであります。[49]

ここには、奉公が苦痛だ、嫌だ、やめて帰りたい、といった奉公自体への否定的感情はない。むしろ、奉公を通してみえてきた自身の姿、また家族への感謝が記されている。奉公によって、「自分も雇人に対して無理を云つたり、困らせたりしたもので今更ながらよくない事をしたものだと思」ったり、「奉公人となつて味はねば解らないことがある」と自らを振り返る。また、「家を離れて見ると親の親心も家の温さも深く感ぜられ」た、と家族への思いが回想される。一四歳のこの時点では、労働の尊厳という意識にまでは達していないものの、「非常な潔癖家で中々普通の掃除では満足されない」[50]奉公先の「奥様」のもとで、「奥様」の期待に沿えるよう、勤勉に真面目に働いていた様子が記される。

しかし、自らが仕事を楽しむためのみの自己完結型の労働の満足だけではなく、徐々に、労働の内にある尊さを見出していくハルの言葉がある。

私は小按摩を見て誠に気の毒な人であると思つたが私はそれ以上に、この人の仕事は尊いことだと強く感じたのです。一日の中には可成多くの人に喜びを与へるだらう。（中略）元来私は看護婦を志願してゐました。小学校時代ナイチンゲールのことを知つてから、その仕事に非常な憧れを持つてゐてその当時はどうしても自分は看護婦として働き度と思ふ心が切でありました。[51]

これは、ハルが女中奉公をしていた中で、奉公先に訪問してくる視覚障碍者の按摩師の女性に向けられた言葉である。労働の価値とは、職種にあるのではなく、「多くの人に喜びを与える」がゆえにその労働は尊いと感じた、という。このような労働観は、先に見たような、スラムの人々に喜びを与える働きをしたいという、後のハルのスラム活動への動機にも受け継がれていくものとなる。

第二項　女工としての労働

一六歳から始めた女工としての労働も、積極的な理由によるものでは決してなかった。ハルは次のように記す。

私は家の零落した悲しみと、賤しめていた『女工』に私も今日なつたのだと云ふ悲しみを持つて会社の門をくゞつた。[52]

女中として働いたのは家庭の経済的事情によるものであったが、女工としての就職のきっかけについてもまた、「家の零落した」ためという否定的な思いがあったとしている。
しかしそのような「悲しみ」の感情には、次第に変化が見られるようになる。女中時代にもハルには勤勉な勤務姿勢が見られたが、ハルの勤勉さは、女工としての勤務態度にも継続される。ハルは、女工としての自身の勤務を次のように振り返る。

自分は平常怠惰の休みなど一日だつて仕たことはない、気分が悪かつたりして半期は二三回休むばかりであつた。（中略）それで六月二十日から其年の十二月の二十日まで続け、（中略）そして又十二月廿日から翌年の〆切まで、続けて二回皆勤賞を得た訳である。[53]

またハルは、その労働の対価としての賃金を手にすることへの喜びを表現する。

> 労働者の嬉しい日が来た。始めての給料支払日に私は一円八十何銭か受取つた。計算して見ると一日が十二銭の割になつてゐる。他人が弁当代にもならない日給だと笑つても之が自分の手で労働して得た金だと思ふと嬉しくて堪らない。[54]

このような勤勉な労働への態度や、労働の対価として賃金を手にすることは、かつては「賤しめていた『女工』」に対する自らの意識を変化させた。

> その頃生田の森の横には屋台店の天婦羅屋が有つた。連の人達がよくその店のものを買つて人通の少ない夜、食べながら歩いた。私はいくら女工だと云てもあまり不行儀だと心のうちで笑つてゐた。然し自分が其の仲間入をしたのは余り時間を経ないことであつた。（中略）実際朝の八時から晩の十二時まで十六時間も働く労働者は、多くの女中に伝かれ化粧と衣装の選択にのみ時を費す人と同一視することの出来ないことを深く自分ながら感じた。[55]

「自分が其の仲間入」したことを、ここでハルは卑下していない。自身が女工を経験することによって女工の思いを理解する、という構図は、女中時代に、「奉公人となつて味はねば解らないことがある」と認識したことに共通する。

また、ハルの勤労に対する勤勉さや喜びは、賃金を手にするといった結果のみには決して終始していなかった。やがてハルは女工としての労働の中に、賃金以上の価値を見出していく。

技術に就ては相当に自信を以て居ります。或者は量に於て他人を圧し、或者は質に於て我は勝ると思つてゐます、別に奨励されなくとも各自に競争をして手腕を振ふ時もあります。そんな時こそ仕事に没頭して、平常の様に食事の時を待ち兼ねたり時計ばかり見て帰る時間を忙いだりすることはなく、自分の指の微妙に動く熟練の結果をよろこびます。[56]

仕事は面白いものである。嬉しいものである。又愛すべきものである。労働は決して嫌なものではない。（中略）之を好まない理由は労働そのものでなく、労働をする人に於てそのことを喜こばれない多くの事故が有るからである。病弱な身体に長時間の労働を取らなければならない様な生活状態であつたり、労働者だからと云つて、その子女に教育することは贅沢だと評されたり、女工は病気でも医者にも掛れず住む家と云つても屋根裏に住まねばならないとするから、労働者たることも嫌になるのであつて、それらを取り去るならば、労働そのものは全く喜びであるのである。

仕事に対して一つの熟練を得ると誇りが出来る。（中略）製本工が又その書物の製作に対して、熟練の技量を自覚する時に之にも亦誇りがあるものである。[57]

一六歳の頃、「賤しい」としていた女工の職に就くことに悲しみを抱いていたハルだったが、自身が女工として働く中で「労働」を「誇り」と呼ぶまでに変化している。ここでは、労働環境の不備ゆえに多くの苦しみが伴うが、労働そのものは「面白」く、「嬉しい」ものであり、さらには「愛すべきもの」、そして「喜び」であるとハルは言い切る。

そしてその労働はやがて、「勤労がむやみに愉しくなり、毎朝毎夕、折本の仕事を前に、感謝の祈りをさゝげずにはおれなくなつた」[58]というように、ハルがキリスト教に入信した後は、「勤労がむやみに愉しい」ことについて「感謝の祈り」を捧げるようになったとして、労働が信仰と結び付けられて理解されるようになる。

第三項　労働の尊厳

これらのハルの回想から、ハルは労働自体を卑下していたのではない、といえる。ハルは「小学校時代」から、「看護婦」として働きたいと願っていた。また、按摩師の女性を見て、その仕事を尊いと考えた。ハルは、人々に仕える、また人々に喜びを与える仕事に対して肯定的である。女中や女工として働くことに当初必ずしも肯定的ではなかったのは、その仕事に従事する以前であり、実際に仕事を開始したハルは、勤勉な勤務態度を示し、そしてついにはその仕事を「誇り」とするまでになる。

仕事そのものに価値を見出すハルの視点は、ハルの創作した短編小説の中にも見出すことができる。

『いや〳〵なさらないで、一つしつかり落付いて、この仕事を覚えて仕舞ふことを考へられたら、どうでせう。一つの業を覚えることは愉快なことだと思ひますがね！』／『ところが、その寿司の作り方などさせないで、皿を洗ふことばかりやらされてます』喜恵子は優しく、『それは何によらず、年期奉公は順序がありませう、まあ、皿洗を忠実になすつたらよいでせう。貴下の働きが認められゝば、やがて時が来ますからキツト』（中略）『皿洗ひを悲願なさることはありませんね、米国で大学の勉強をする者の中には皿洗をして、学費を儲けて今立派な人物になつてゐる人は少なくありませんよ』／思ひがけない言葉をきくかの様に青年は相手の顔を見た。／『収入の多い仕事が、必ずしも幸ではないでせう。金を多く持つために、不真面目になることがあります。寧ろ誘惑のない貴下の今の境遇は、神に祝福されたものだと考へられるのではないでせうか、そう思ひになりませんか？』[59]

その職種ではなく、労働そのものに価値を見出す視点は、ハル自身の職業経験の中で培われたのではないだろうか。それは生涯変わることなく、さらにハルの宗教心と結びつき、皿洗いという労働もまた、神の祝福を受けるに値するとの労働観へとつながるものとなっていった。

果たしてこのハルの視点は、どのような職業にある人であってもその現状にとどまるべきである、といった現状維持を意図しているのだろうか。水田は、イギリスのヴィクトリア時代の女性運動家であるハナ・モアが下級階層への宗教教育として執筆した廉価文庫の内容について、「各人は神の割当てた地位に満足し、職務に精励」するよう勧め、下級階級による改革を押さえる目的を持っていたとする。[60] これと比較すると、ハルは、神が皿洗いをも祝福されるという現状の地位を肯定し、その地位において精励すべきであるという主張ではハナ・モアの視点と共通している。しかし、ハル自身は労働者階級の出身者として、同じ境遇にある労働者女性たちの人権保護・環境改善を訴え、中間団体としての組合活動の主体を担い、後に見るように「男女共同の新しい文明」をめざしていたことを考慮すると、ハルは決して社会システムの現状維持をめざしているのではない。ハルの職業観は、どのような現状においても神の祝福があり、その祝福に応える責任が人にはある、ということであり、現状の地位にとどまるようにという意図はないと考えることが自然である。

先に記したように、ハルは組合運動の必要性を述べるが、その意識の根底には本項でみたように、労働に対する当事者の視点に立った労働者としての喜び、向上心、また労働を尊厳あるものと考えていた姿をみることができる。ハル自身が女工として過ごした経験から、工場などで働く労働者の女性たちを取り巻く環境の問題は、ハル自身の経験に根差した具体性を持った課題であった。労働は決して賤しいものではない。労働は尊いものである。そして、労働者もまた尊い存在である。この尊さが守られるためには労働環境の改善が必要であり、そのためには組合運動が必要なのだ、というハルの確信である。

ハルが女工として働く以前に持っていた「仕方のない事」「零落した証」としての労働観は、ハル自身が実際に女工として労働に携わる中で、賃金を得る喜びを知り、また賃金以上の尊い価値を労働の中に見出していった。また、労働が自己利益にとどまるものではなく、他者に幸福を与える労働に価値を見出す姿も認められた。労働自体をハルが否定していたのではなく、それが尊い働きであることが分かった時に、「誇り」として受け止め、労働自体のうちに尊厳を認めていく過程を確認した。また、仕事が楽しいことを神に感謝し、神の祝福だとして受け止める姿勢からは、労働の付与者は神である、との視点もみられる。

第五節　平和

第一項　限定された資料

一九三七（昭和一二）年から一九五三（昭和二八）年までのハルの日記は発見されていないため、第二次世界大戦をハルがどのように感じ、考え、受け止めていたのかを知る手だては限定されている。しかし、ハル自身が戦争前後に残している資料は少ないものの、賀川夫妻が設立に関わり所属していた松沢教会が発行した『平和への祈り――私の戦争体験記』[61]には、教会員たちの第二次世界大戦当時の証言が記録されている。東京大空襲によって「家が跡形もなく消えてしま」ったため、賀川宅に身を寄せるなどの手だてをとる牧師や教会員の様子や、教会員同士で月に一度だけお風呂を沸かして誘い合う様子などが記されている。[62]このような身近な人々の切迫した戦時状況の中では、ハルはそれまでのように日記を記している余裕もなかったのかもしれない。

第二項　友愛による平和

戦中そのものではないとしても、戦前、戦後のハルの平和に関する発言をたどることにより、そこから平和に対するハルの思想を読み解く可能性が残されている。

第二次世界大戦前の最も近い時期での発言は、一九三二（大正七）年一月に『基督教家庭新聞』[63]に発表した「現代社会における無産婦人の使命」における文章の一部である。

剣を持ち、銃を取つてする流血の結果がよいのではない。互に愛し親しんでこそその国は永く栄えるのである。それを国が国辱を受けたからとか、戦はねば面目が立たないとか、目前のことにこだわり、真に日本を永遠に栄さす平和の道を取らねば、つまり各国に向かつて友愛を完ふしなければ、真に我国を救ふ愛国者ではあり得ないと思ふ。[64]

ここでは、「剣」や「銃」ではなく、「友愛」を行うことが「平和の道」であり、それが「真に我国を救う愛国者」であると主張している。

第三項　神の前に一つ

次の平和に関する発言は、第二次世界大戦終結から五年経過した一九五〇（昭和二五）年五月『婦人公論』に掲載された「社会事業家の妻として四十年」からの一節である。

私は今はるか距つた英国にいる賀川のことを思う時、彼が何を考え、何を祈つているかがはつきりわかる気がする。動乱の世界は神の意に反することであり、世界は一つの神によつて支配され、民族は一つとなつて相愛互助の精神に徹底しなければならない。憎しみを愛に代え、争いを助け合いに代らせ、世界は神の前に一つになるべきである。この信念にもとづいて賀川はこれからも尚、命のつづくかぎり人類の平和と幸福のために闘つてゆくことであろう。そして私もまた、神に召される日の来るまで、賀川と共に、歩みつづけてゆくことであろう。[65]

この一文が執筆された一九五〇（昭和二五）年は、豊彦がイギリス、西ドイツ、デンマーク、スウェーデン、ノルウェー、アメリカ、カナダ等へと一年の大半をかけて国外伝道旅行に赴いた年であり、各地からハルに向けられた書簡の中には、戦争の爪痕が色濃く残る各地での豊彦の嘆息がしたためられている。例えば、一九五〇（昭和二五）年一月三一日付けロンドンの豊彦からハルへの書簡では、次のように記す。

戦争がいかに恐ろしいか、大勝利を得た英国がいまだに復興できないことを見てもよくわかります。ドイツも数十年以上復興にかゝるでせう。（中略）キリスト教的精神を以つて互に助け合ふ精神が無けれバ結局世界ハ滅亡します。朝早く、それの為めに祈つてゐます。[66]

ハルの前掲の一節の背後には、このような豊彦の平和への思いを自身も共有しているとの確信があったのだろう。また一九六七（昭和四二）年二月『キリスト新聞』に掲載された「主のご支配を祈る――世界婦人祈祷日のメッセージ」の要旨では、「他国をもかえりみる精神が与えられ、世界の平和が来たるよう、祈りを篤（あつ）くいたしたい」[67]とハルは記す。

さらに後のハルの日記にも、平和への関心を見ることができる。ベトナム和平協定が調印された一九七三（昭和四八）年一月の日記には、「ベトナムに和平が漸く来るので感謝を捧げる」[68]「祈り続けたベトナム戦争、やつと和平の調印で感謝する。真の平和に導かれることを心から祈る」[69]として、ハルの平和への願いが記される。

第四項　平和への願い

これらの資料は、一定の思想を導き出すにはあまりに限定的な材料ではあるものの、あえてその特徴を記したい。第一に、「世界は一つの神によつて支配」されていると述べているように、諸国は一つの神のもとにある、という理解、そして第二に、平和のためには「友愛」を全うする、「相互互助」、「他国をかえりみる」といった言葉に表れているように、「友愛」を基調とした平和を唱えていることである。

ハルの戦前と戦後の論調に大きな変化は確認できないことから、戦時中も同様の考えにあったという推測も可能だが、総動員体制が呼号された一九三〇年代後半以降におけるハルの思想等を確証するため、一九三〇年代から四〇年代にかけてのハルの著述のさらなる発見が望まれる。

第六節　豊彦とハルの市民社会理解の比較検討

夫婦として、また市民社会における活動での同志でもあった豊彦とハルであるが、市民社会における活動に対して、両者の認識はどのような共通性、また相違性を持っているのだろうか。本節では、二人の市民社会に対する理解の比較の一端を試みたい。

第一項　市民社会活動開始の動機

豊彦とハルは夫妻で生涯キリスト者として市民社会活動に取り組むが、その市民社会活動との出会い方は異なる。豊彦は、一〇代の頃からジョン・ラスキンや安部磯雄などの著作に親しみ[70]、市民社会に対する開かれた関心を持っていた。そして二一歳の時に、それまでの関心がスラム活動として具体的に展開されていくことになる。豊彦にとって、市民社会への関心とその具体的実践は、それぞれ別の時期に始まる。具体的活動の展開という点から見るならば、二一歳の時までに蓄積された読書量、知識、関心、そして信仰は、熟成期間のようなものだ。

一方、前述のように、ハルは、キリスト者になる以前には後のスラム活動へとつながっていく社会の貧困や世界の問題に初めから目が開かれていたわけではなかった。既に記したように、ハル自身も自伝の中で、キリスト教入信前は新聞の三面以外には関心を持っていなかったとしている。しかし豊彦たちの救霊団の活動を見たときに、ハルは開眼する。

ヘイスティングスは、豊彦の思想の特徴として、「キリストの贖罪愛」と、そのキリストの贖罪愛に倣って自分もまた贖罪愛を実践していくという意味での「連帯責任」の二つを掲げた上で、贖罪愛を「知（信仰）」、連帯責任を「行（実践）」と表現し、豊彦にとって知と行は、知が行に先行するといったものではなく、知と行の統合であった、と指摘する[71]。ハルにおいても「知」と「行」の統合は豊彦と同様であるが、豊彦にとっては、入信の初めの時期には「知」があり、その後に具体的な表現の場として「行」があったことに対し、ハルの場合は、「知」と「行」が初めから統合されたもの、不可分のものとして示されたといえる。ハルの言説として先にも引用した、「私はただキリスト教の精神にあって生きる外はありません。イエスの愛を思う時に私達の愛は燃え上り、私達の真実が力づけられます。そしてこの精神を、余りに貧しき物質と教養とに棄て放されている人達の胸に移し、浸らし、燃え上らせたいと思います[72]」の発言にも、ハルにとって、初めて「イエスの愛」を「知」ったことと、「貧しき物質と教養とに棄て放されている人達」への愛の実践とが結びついている様子がみられる。

ハルにとっても豊彦にとっても、市民社会活動を生涯継続するが、市民社会の活動の必要性を知り、それが実践に結びついていく順序においては異なっている。

第二項　諸領域における信仰の具体化

(一) 市民社会の全領域における信仰の実践

豊彦は、「宗教」と市民社会の諸領域の関係を、くり返し語っている。次は、豊彦の著述である。

宗教といふものが、個人の救ひのみを考へて神の意思を個人および社会に徹底することを意味してゐると思はない者は、個性の意識だけを深めて、社会に神の意思を徹底することを打つちやらかす傾向をとる。そして、社会的に活動することを浅薄なりとして退け、愛の運動を馬鹿にさへする傾向が起る。[73]

宗教と経済がまったく切り離され、これらが二つの別々の生の側面だとみなされるとき、それらが無関係であるように取り扱われるのは、難しくない（中略）宗教と経済という二つの領域は、融合され、ひとつとなって働かなければならない。[74]

これは、英語で発表された豊彦の *Brotherhood Economics*[75] の一節であるが、一九三〇年代のアメリカ人読者を想定しての記述であることを踏まえると、「宗教」とは「キリスト教」を意味していると理解してよい。この書で豊彦は「友愛経済」を説くが、ここでの「融合され、ひとつとなって働かなければならない」とは、経済領域が信仰領域から独立した領域として存在しているのではなく、キリスト教を基盤とした友愛こそが経済学の思想的土台として据えられるべきである、という主張である。経済をテーマとした著作であるため、豊彦は「宗教と経済」と表現しているが、それは、宗教と経済のみが「融合され、ひとつとなって働かなければならない」という意味だと捉える必要はない。経済の領域に限定する必要はなく、豊彦の実際の取り組みをみれば、労働、農業、教育、政治等々、その各分野において、キリスト教は「融合され、ひとつとなって働かなければならない」と言い換えることも可能だ。つまり、どのような分野であっても、その活動の根底には活動を支える思想があり、キリスト教の説く友愛を活かしていくべきである、という豊彦の確信である。

先にも引用したキリスト教が、「個人の救ひのみを考へて神の意思を個人および社会に徹底することを意味してゐると思はない者は、個性の意識だけを深めて、社会に神の意思を徹底することを打つちやらかす傾向をとる」[76]の一文では、「経済」ではなく、「社会」という、より幅広い表現を用いている。キリスト教にとって、個人のたましいの救いの問題は重要な課題である。しかし、キリスト教が、ただ個人のたましいの救いのみに終始するのではなく、社会への関心にも開かれていくべきだ、という主張である。

また、豊彦は次のようにも述べる。

十字架の原則を、たゞ一種の教条として聖壇の上に残して置かないで、キリストの如く全生命、全社会に生かして行かなければならぬと思ふ。[77]

このように豊彦は、「十字架の原則」、すなわち、十字架におけるキリストの贖罪の愛に動機づけられた信仰をもって市民社会活動の全領域に関わっていくべきであると説く。

このような豊彦の視点に対してヘイスティングスは、「賀川は、すべての人々、いな全被造物が十字架につけられたイエス・キリストの救いの働きに与っているのであり、救いの恩恵は単なる個人の事柄であると考えることはできなかった」[78]と表現し、さらに「彼（賀川）の見解は、徹底的な、しかし改革的かつ文脈的（コンテクスチュアル）な十字架の神学（*theologia crucis*）と性格づけることができるかもしれない。（中略）それは、現代の世界を変革する現実（リアリティ）である」[79]と説明する。また稲垣は豊彦の思想を、「贖罪の教理を世界の回復ないしは再創造の働きと結びつけたことであり、また世界の中に神の働きのダイナミズムを見た、そのようなタイプの自然神学」[80]とする。両者の評価は、「十字架の神学」と「贖罪の教理」と表現は異なるが、どちらも、信仰は個人だけではなく世界全体をも変革する力がある、という豊彦の確信と実践に対する評価である。

そしてこのような、信仰と市民社会とは分断されておらず、十字架の愛に動機づけられつつ諸領域での活動に果敢に挑戦していくという確信は、ハルが、「イエスの恵に依つてこの発見をなし得たものは、よろしく神の栄のため、人類幸福のため、社会に対して奉仕するところの大からんことを願ふ」[81]と語るように、ハルにもまた共有されている確信であった。

（二）個人の全領域における救済

豊彦とハルは、世界の全領域における愛の実践の必要性を確信していたが、個々人の領域との関係をどのように理解していたのだろうか。

ハルは、スラムでの活動を次のように語る。

貧民窟の人々は、精神的にも物質的にも、救済されねばならないのであります。[82]

ハルはまた、自身が創作する小説でも、豊彦をモデルとした新見栄一を、「凡てを神に捧げて、若くして貧民窟に入りそこに居住する前科者、酒乱、淫売婦、不具者の友となつて精神的、物質的、両方面の救済につとめてゐる」[83]人物として登場させている。このようなハルの認識からも、信仰の実践としての市民社会における賀川夫妻の活動が、各個人の精神的側面と物質的側面の両方の必要に応えることを重視していることがわかる。それは、信仰が人々の生活の全領域に及ぶものであるとの確信、ともいえる。

豊彦もまた、「生活」という言葉で、信仰と日常生活の世界をつなぐ。

宗教は生活そのものである。それであるから、生活様式に含まれた総ての部分は、宗教的に取り扱ふことが出来る。併し、神秘の領域が生活圏外に、追ひ出された日に、宗教は生活と分離する。[84]

「神秘の領域」とは、神の支配が及ぶ範囲、と表現することも可能なのではないか。以上の豊彦の言説からは、日常生活の隅々に至るまで神の支配が及ぶ、という確信がみられる。

このような視点は、イギリスの神学者アリスター・マクグラスの定義する「霊性」理解にも共通点を見出せる。マクグラスは著書『キリスト教の霊性』の中で、キリスト教の霊性を次のように定義する。

キリスト教の霊性は、満たされた本物のキリスト者の存在となることを求めることであり、キリスト教の基本的な考え方と、キリスト教信仰の基礎と枠組みの中での人生の全ての経験とを統合させるものである[85]

ここで「霊性」とは、「キリスト教の基本的考え」と「人生の全ての経験とを統合させるもの」としているが、キリスト教信仰の土台に基づきつつ、スラムの人々にキリスト教を述べ伝えると同時に、人々の日々の必要に包括的に応えようとする救済のあり方を追求していく豊彦やハルの視点は、マクグラスの述べる霊性にも通じる。さらに、オランダの神学者であり、豊彦と同様に、教育やジャーナリズム等の領域で市民社会における多様な働きを展開したアブラハム・カイパー（一八三七～一九二〇）の次の言葉もまた、神の支配が全領域に及ぶことを示したものであり、豊彦の理解との共通点がみられる。

人間が存在している領域で、キリストが『私のものだ！』と宣言しない領域は一インチ四方たりともない！[86]

雨宮は、豊彦の神の国運動は、「救霊と救貧の分離、精神と肉体の分離は許されないということであり、つまり人間という存在をトータルに捉え」[87]たものであり、それまでの労働者運動や農民運動からの路線変更ではなく、「今までの救霊・救貧運動の延長線上に位置した」[88]として、豊彦によるそれまでの市民社会での「救貧」の活動と、聖書の言葉を直接語る「救霊」の活動は、豊彦にとって別々の区別された活動ではなく、一つの活動として総合的に理解すべきであると提示するが、これもやはり、豊彦の個々人の全領域に対する救済の視点への指摘である。

信仰は実践されるべきであり、その信仰の実践の場は市民社会のあらゆる領域に及ぶこと、さらに、それはその市民社会に生きる一人一人の生活の全領域に関わっていくことであるとの確信が、豊彦とハルに共有されていた。

第三項　全領域における信仰の実践

市民社会における活動の概念において、ハルと豊彦の多くの視点は一致する。市民社会のあらゆる領域における信仰の実践、また各個人の必要に対しても包括的に応じる重要性を確信していた。

しかしそれは、ハルが豊彦の単なる模倣であるという意味ではない。もちろん、夫と妻であるがゆえ、両者は互いに影響しあうこともある。しかし、例えば豊彦が頻繁に用いる「贖罪愛」という表現に着目してみると、この「贖罪愛」の表現は、管見の限りでは、ハル創作の小説中で豊彦をモデルとした新見栄一の説教部分として登場するのみで、[89] ハル自身の言葉としては著作や日記の中で一度も使用していない。もしハルが豊彦の言葉や思想を単に模倣しているにすぎないのであれば、豊彦がこれほど頻繁に用いる「贖罪愛」の言葉をハルがそのまま多用してもよいはずである。しかし、ハルはその言葉を用いない。その代りに、ハルは「恵み」という言葉を頻繁に用いる。先に見たように、罪人の信仰に先行して神は恵みを与える方であるとして、ハルは神の恵みを指し示す。これは、ハルが豊彦の言葉や思想をただ単に模倣しているのではなく、ハル自身が納得し、ハル自身が確信したことを語っているからだろう。

キリスト者が信仰のゆえに、市民社会において益となる活動をしていくべきか、そうであるならばそれはなぜか、どのようにしてか、といった方向性が一致しているのは、豊彦とハルのそれぞれの確信の一致であるといってよい。その一致によって、四五年にわたる市民社会における活動を共に担っていったのだろう。

小括　キリスト教信仰を基盤とした市民社会活動

大正期は、二代目のプロテスタントキリスト者が活躍した時代である。大正元（一九一二）年は、明治元（一八六八）年に生まれた人ならば四四歳頃になり、禁教が解かれた明治六（一八七三）年に生まれた人であれば三九歳頃である。大正デモクラシーというキリスト教にとって比較的自由な空気の中で育つことができた人々が教会の中でも中心となってくる時代である。

この時代のキリスト教について、小野は、「外界とのきびしい接点をもたず、ともすれば現実から浮きあがりがちの閉鎖的な信仰である。おちついているが野性味にとぼしい、微温的な傾向である」[90]と記す。社会とのあつれきや異教的世界との対決がなく、信仰が社会性を失ったことや、信仰を国家や社会との関わりで位置づけることなく個人化

ハルと豊彦の思想の特徴比較
（下線部分は、両者の視点が異なる部分）（筆者作成）

	ハル	豊彦
強調点	神の恵みへの応答	イエスの贖罪愛の実践
家庭・夫婦	夫婦間の愛を重視	家庭とは、互いに親しみ合う関係
女性の役割	家、家庭以外の領域における女性の役割を期待	女性の教育の機会、参政権、職業を有することに肯定的
男性・女性の関係性	男子と女子が協働する	男子と女子は一つとなって協力する
社会的実践への道筋	イエス団の個々人への働きに対する感動（体験）と信仰が同時にあり、やがて実践へ	トルストイ等の著作から社会への関心（知性）が先にあり、そこに信仰が加わり、やがて実践へ
対象への視点	対象を客観化	対象と一体化
協同組合の意義	一人一人の団結	相愛互助
市民社会活動と信仰の関係性	教会外の社会にも愛を実践 人権尊重のキリスト教精神に基づいた事業の必要性	社会のうちに働くイエス・キリストのリアリティーを実践 行動におけるキリスト教の兄弟愛の必要性
生と信仰の関係性	精神的にも物質的にも救済すべき	生活様式に含まれた全ての部分は、宗教的に扱うべき

した、との指摘である。さらに、大正期のキリスト教を次のように評価する。

> 福音と文化、信仰と倫理、教会と神の国、それらは明治のキリスト教においては、無邪気で粗野な調和を示し、大正期においては繊細で内向的な分離へと変じ、昭和前期においては危機的な混乱を露呈した[91]

またこのような大正期には、信徒層が士族層からインテリ、サラリーマン、学生といった中間層に移行してきたとされる。大衆のキリスト教といってもよい。

ハルもまた、この大衆のキリスト教の申し子ともいえる。印刷工場を経営するキリスト者の伯父、伯母を通して初めてキリスト教に出会い、女工という大衆の一人としてキリスト教に入信し、スラムの人々という大衆を対象として活動した。小野は大正期に対して厳しい評価を下していた。しかしハルは逆に、大正期の大衆の一人であることを強みとして、「福音と文化」の関係においても、「繊細で内向的な分離」ではなく、福音は文化を変革する、という素朴な確信のもとに、良き市民社会の形成に果敢に挑んでいったといえる。

ハルがキリスト信仰に入信して最初に目にした豊彦と共にスラムで活動する救霊団の青年たちには、信仰を市民社会において実践する姿があった。キリスト者としての歩みの中で、ハルの市民社会に対する視点は次第に広がり、ハル自身の身近な親密圏にある人々への個人的な関心だけではなく、多様な職業や多様な価値観を持つ人々が集う市民社会への関心へと広げられていく。そして実際に、キリスト者だけではなく、志を同じくする人々との協働によって市民社会での活動を展開していった。そしてその活動の動機となるものは、明確なキリスト教信仰であった。

これまで、第一部の第二章ではハルのキリスト教信仰、第三章ではハルの女性観、そして第四章ではハルの市民社会に対する理解を検討してきたが、第二部では、ハルのキリスト教信仰に基づく女性のための市民社会における活動の一例として、ハルが取り組んだ婦人運動である覚醒婦人協会の活動を検討する。

■注（第四章）

1　賀川はる子『女中奉公と女工生活』（一九二三年）（三原容子編『賀川ハル史料集』第一巻、緑蔭書房、二〇〇九年、二四頁）
2　賀川はる子『女中奉公と女工生活』（一九二三年）（三原容子編『賀川ハル史料集』第一巻、緑蔭書房、二〇〇九年、三三・三三頁）
3　賀川はる子『女中奉公と女工生活』（一九二三年）（三原容子編『賀川ハル史料集』第一巻、緑蔭書房、二〇〇九年、四二頁）
4　賀川はる子『女中奉公と女工生活』（一九二三年）（三原容子編『賀川ハル史料集』第一巻、緑蔭書房、二〇〇九年、四二頁）
5　賀川はる子『女中奉公と女工生活』（一九二三年）（三原容子編『賀川ハル史料集』第一巻、緑蔭書房、二〇〇九年、四七頁）
6　賀川はる「大きい感動」（『婦人之友』一六（六）、婦人之友社、一九二二年）（三原容子編『賀川ハル史料集』第一巻、緑蔭書房、二〇〇九年、三六一頁）
7　雨宮栄一『青春の賀川豊彦』新教出版社、二〇〇三年、一七二―一七八頁
8　賀川はる「大きい感動」（『婦人之友』一六（六）、婦人之友社、一九二二年）（三原容子編『賀川ハル史料集』第一巻、緑蔭書房、二〇〇九年、三六〇頁）
9　賀川はる子『貧民窟物語』（一九二〇年）（三原容子編『賀川ハル史料集』第一巻、緑蔭書房、二〇〇九年、八一頁）
10　賀川豊彦『賀川豊彦全集』第一四巻、キリスト新聞社、一九六四年、一五八頁
11　賀川豊彦『賀川豊彦全集』第二四巻、キリスト新聞社、一九六四年、三六九頁
12　トマス・ジョン・ヘイスティングス「賀川豊彦――科学的な神秘主義者」（『モノ学・感覚価値研究』第八号、京都大学こころの未来研究センター　モノ学・感覚価値研究会、二〇一四年三月一三日、二〇頁）
13　賀川ハル「一九一四年日記」（四月二六日）（三原容子編『賀川ハル史料集』第一巻、緑蔭書房、二〇〇九年、一六二頁）
14　賀川ハル「一九一四年日記」（四月二九日）（三原容子編『賀川ハル史料集』第一巻、緑蔭書房、二〇〇九年、一六三頁）
15　賀川豊彦「三十九年の泥道」（三原容子編『賀川ハル史料集』第二巻、緑蔭書房、二〇〇九年、三〇六頁）
16　松沢資料館収蔵資料
17　賀川はる「隠れたる真珠の発見」（一九二一年）（三原容子編『賀川ハル史料集』第一巻、緑蔭書房、二〇〇九年、三一五頁）
18　賀川はる「大きい感動」（『婦人之友』一六（六）、婦人之友社、一九二二年）（三原容子編『賀川ハル史料集』第一巻、緑蔭書

房、二〇〇九年、三六一頁）
19　賀川はる「きもの」（一九五四年）（三原容子編『賀川ハル史料集』第一巻、緑蔭書房、二〇〇九年、三六四頁）
20　賀川ハル「一九一九年日記」（一一月二八日）（三原容子編『賀川ハル史料集』第一巻、緑蔭書房、二〇〇九年、二四五頁）
21　『覚醒婦人』第一八号（一九二三年）（三原容子編『賀川ハル史料集』第一巻、緑蔭書房、二〇〇九年、四一六頁）
22　賀川はる子『貧民窟物語』（一九二〇年）（三原容子編『賀川ハル史料集』第一巻、緑蔭書房、二〇〇九年、一三三頁）
23　賀川はる子「工場より貧民窟へ」（一九二〇年）（三原容子編『賀川ハル史料集』第一巻、緑蔭書房、二〇〇九年、二八〇頁）
24　「私と良人と仕事と」（『婦人之友』一六（一）、婦人之友社、一九二二年）（三原容子編『賀川ハル史料集』第一巻、緑蔭書房、二〇〇九年、三〇五頁）
25　賀川はる「大きい感動」（『婦人之友』一六（六）、婦人之友社、一九二二年）（三原容子編『賀川ハル史料集』第一巻、緑蔭書房、二〇〇九年、三六一頁）
26　賀川春子「社会事業家の妻として四十年」（『婦人公論』一九五〇年九月）（三原容子編『賀川ハル史料集』第二巻、緑蔭書房、二〇〇九年、三〇〇頁）
27　賀川はる子『女中奉公と女工生活』（一九二三年）（三原容子編『賀川ハル史料集』第一巻、緑蔭書房、二〇〇九年、二七頁）
28　一九〇九（明治四二）年に永眠したハルの伯母である村岡はなが、「斎がロンドンへと発った八日後に亡くなった」（村岡恵理『アンのゆりかご――村岡花子の生涯』マガジンハウス、二〇〇八年、一三二頁）とあることから、斎のロンドン留学は一九〇九（明治四二）年から三年間と推測できる。ハルは、神戸の港から英国へと出発した斎の見送りに行ったことを記している（三原容子編『賀川ハル史料集』第一巻、緑蔭書房、二〇〇九年、三八頁）。福音印刷合資会社に「葬式組合」が設立された正確な年は不明であるが、ハルの女工としての手記の比較的初期に記されていることから、一九〇四（明治三七）年に女工として働き始めて数年の内の出来事とも推測できる。なお、斎は、一八九四（明治二七）年八月二六日に幼児洗礼を受けており、また一九二一（大正一〇）年から一九二三（大正一二）年九月一日関東大震災による死去までの期間、横浜指路教会の執事として記録されている（横浜指路教会百二十五年史編纂委員会編『資料編　横浜指路教会百二十五年史』日本基督教団横浜指路教会、二〇〇四年、四二五頁）。
29　賀川はる子『貧民窟物語』（三原容子編『賀川ハル史料集』第一巻、緑蔭書房、二〇〇九年、一〇九・一一〇頁）
30　賀川ハル「一九二八年日記」（六月一二日）（三原容子編『賀川ハル史料集』第二巻、緑蔭書房、二〇〇九年、七五頁）

31　賀川春子「感謝すべき青年の群れ——神戸時代の物語」（『雲の柱』一五（一〇）、雲の柱社、一九三六年）（三原容子編『賀川ハル史料集』第一巻、緑蔭書房、二〇〇九年、二三〇・二三一頁）
32　賀川ハル「労働婦人と保険問題」（一九一九—二三年頃）（三原容子編『賀川ハル史料集』第一巻、緑蔭書房、二〇〇九年、四三七頁）
33　賀川ハル「消費者の団結と婦人」（三原容子編『賀川ハル史料集』第一巻、緑蔭書房、二〇〇九年、四三六頁）
34　賀川豊彦「新協同組合要論」（一九四七年）（『賀川豊彦全集』第一一巻、キリスト新聞社、一九六三年、五〇五・五〇六頁）
35　Toyohiko Kagawa, *Brotherhood Economics*, New York: Harper & Brothers,1936, p.13.（筆者訳）
36　賀川ハル「おぼへ」（一九六七年）（三原容子編『賀川ハル史料集』第三巻、緑蔭書房、二〇〇九年、一五三頁）
37　賀川ハル「おぼへ」（一九六九年）（三原容子編『賀川ハル史料集』第三巻、緑蔭書房、二〇〇九年、一五〇頁）
38　賀川ハル「おぼへ」（一九六七年）（三原容子編『賀川ハル史料集』第三巻、緑蔭書房、二〇〇九年、一五三頁）
39　稲垣久和「公共哲学から見た賀川豊彦」（『明治学院大学キリスト教研究所紀要』（四二）、二〇〇九年、二七〇頁）
40　賀川ハル「一九二〇年日記」（一〇月一〇日）（三原容子編『賀川ハル史料集』第一巻、緑蔭書房、二〇〇九年、二六四頁）
41　賀川ハル「一九一四年日記」（一一月一日）（三原容子編『賀川ハル史料集』第一巻、緑蔭書房、二〇〇九年、一九二頁）
42　賀川春子「感謝すべき青年の群れ——神戸時代の物語」（『雲の柱』一五（一〇）、雲の柱社、一九三六年）（三原容子編『賀川ハル史料集』第一巻、緑蔭書房、二〇〇九年、二三一頁）
43　賀川春子「感謝すべき青年の群れ——神戸時代の物語」（『雲の柱』一五（一〇）、雲の柱社、一九三六年）（三原容子編『賀川ハル史料集』第一巻、緑蔭書房、二〇〇九年、二三一頁）
44　賀川春子「現代社会に於ける無産婦人の使命」（一九三二年）（三原容子編『賀川ハル史料集』第二巻、緑蔭書房、二〇〇九年、一二九頁）
45　賀川はる「女中奉公の一年」（一九二二年）（三原容子編『賀川ハル史料集』第一巻、緑蔭書房、二〇〇九年、五二頁）
46　賀川はる「女中奉公の一年」（一九二二年）（三原容子編『賀川ハル史料集』第一巻、緑蔭書房、二〇〇九年、五二頁）
47　賀川はる「女中奉公の一年」（一九二二年）（三原容子編『賀川ハル史料集』第一巻、緑蔭書房、二〇〇九年、五四頁）
48　賀川はる「女中奉公の一年」（一九二二年）（三原容子編『賀川ハル史料集』第一巻、緑蔭書房、二〇〇九年、五四頁）
49　賀川はる「女中奉公の一年」（一九二二年）（三原容子編『賀川ハル史料集』第一巻、緑蔭書房、二〇〇九年、五五頁）

50　賀川はる「女中奉公の一年」（一九二二年）（三原容子編『賀川ハル史料集』第一巻、緑蔭書房、二〇〇九年、五二頁）
51　賀川はる「女中奉公の一年」（一九二二年）（三原容子編『賀川ハル史料集』第一巻、緑蔭書房、二〇〇九年、五七頁）
52　賀川はる子『女中奉公と女工生活』（一九二三年）（三原容子編『賀川ハル史料集』第一巻、緑蔭書房、二〇〇九年、二二頁）
53　賀川はる子『女中奉公と女工生活』（一九二三年）（三原容子編『賀川ハル史料集』第一巻、緑蔭書房、二〇〇九年、三七頁）
54　賀川はる子『女中奉公と女工生活』（一九二三年）（三原容子編『賀川ハル史料集』第一巻、緑蔭書房、二〇〇九年、二四頁）
55　賀川はる子『女中奉公と女工生活』（一九二三年）（三原容子編『賀川ハル史料集』第一巻、緑蔭書房、二〇〇九年、二四頁）
56　賀川はる子「工場より貧民屈へ」（一九二〇年）（三原容子編『賀川ハル史料集』第一巻、緑蔭書房、二〇〇九年、二七八頁）
57　賀川はる子『女中奉公と女工生活』（一九二三年）（三原容子編『賀川ハル史料集』第一巻、緑蔭書房、二〇〇九年、四二頁）
58　石原廣文「死線を越えて――愛の伝道者賀川豊彦氏夫妻の半生」（三原容子編『賀川ハル史料集』第一巻、緑蔭書房、二〇〇九年、二三九頁）
59　賀川春子『月　汝を害はず』（一九四七年）（三原容子編『賀川ハル史料集』第二巻、緑蔭書房、二〇〇九年、二八九頁）
60　水田珠枝『女性解放思想史』筑摩書房、一九七九年、二三四頁
61　日本基督教団松沢教会『のぞみ別冊　平和への祈り――私の戦争体験記』日本基督教団松沢教会、二〇〇八年
62　日本基督教団松沢教会『のぞみ別冊　平和への祈り――私の戦争体験記』日本基督教団松沢教会、二〇〇八年、三〇、三一、四七、五二頁、等。
63　『日曜世界』（後に『基督教家庭新聞』と改題）は、西坂保治（一八八三（明治一六）～一九七〇（昭和四五））により、一九〇七（明治四〇）年に創刊された。西坂は一九〇九（明治四二）年に日曜世界社を設立する。編集に携わった齋藤潔（一八九八（明治三一）～一九五〇（昭和二五））は、早稲田大学卒業後、静岡民友新聞社に勤務、その後大阪の日曜世界社に入社。一九三〇（昭和五）年に日曜世界社を辞し、翌年、賀川豊彦主宰の『神の国新聞』編集記者として上京する。戦後、『キリスト新聞』の編集に関わるが、病のため、一九五〇（昭和二五）年没。
64　賀川春子「現代社会に於ける無産婦人の使命」（一九三一年）（三原容子編『賀川ハル史料集』第二巻、緑蔭書房、二〇〇九年、一二八頁）
65　賀川春子「社会事業家の妻として四十年」（一九五〇年）（三原容子編『賀川ハル史料集』第二巻、緑蔭書房、二〇〇九年、三〇四頁）

66　松沢資料館所蔵資料
67　賀川ハル「主のご支配を祈る——世界婦人祈祷日のメッセージ」（一九六七年）（三原容子編『賀川ハル史料集』第三巻、緑蔭書房、二〇〇九年、六三頁）
68　賀川ハル「一九七三年一月二四日」日記（三原容子編『賀川ハル史料集』第三巻、緑蔭書房、二二九頁）
69　賀川ハル「一九七三年一月二六日」日記（三原容子編『賀川ハル史料集』第三巻、緑蔭書房、二二九頁）
70　安部磯雄（一八六五（慶応元）～一九四九（昭和二四））。キリスト教的立場から社会主義を提唱し、一九〇一（明治三四）年社会民主党を創設した。
71　トマス・ジョン・ヘイスティングス「賀川豊彦——科学的な神秘主義者」（『モノ学・感覚価値研究』第八号、京都大学こころの未来研究センター　モノ学・感覚価値研究会、二〇一四年三月一三日、二五頁）
72　賀川はる「大きい感動」（『婦人之友』一六（六）、婦人之友社、一九二二年）（三原容子編『賀川ハル史料集』第一巻、緑蔭書房、二〇〇九年、三六一頁）
73　賀川豊彦「キリスト教兄弟愛と経済改造」（一九三六年）（『賀川豊彦全集』第一一巻、キリスト新聞社、一九六三年、一八九頁）
74　Toyohiko Kagawa, *Brotherhood Economics*, New York: Harper & Brothers, 1936, p.48.（筆者訳）
75　二〇〇九年に『友愛の政治経済学』（コープ出版）として、邦訳出版された。
76　賀川豊彦「キリスト教兄弟愛と経済改造」（一九三六年）（『賀川豊彦全集』第一一巻、キリスト新聞社、一九六三年、一八九頁）
77　賀川豊彦「キリスト教兄弟愛と経済改造」（一九三六年）（『賀川豊彦全集』第一一巻、キリスト新聞社、一九六三年、一八八頁）
78　トマス・ジョン・ヘイスティングス、加山久夫訳「イエスの贖罪愛の実践—賀川豊彦の持続的証し—」（『雲の柱』第二六号、賀川豊彦記念松沢資料館、二〇一二年、九〇頁）
79　トマス・ジョン・ヘイスティングス、加山久夫訳「イエスの贖罪愛の実践—賀川豊彦の持続的証し—」（『雲の柱』第二六号、賀川豊彦記念松沢資料館、二〇一二年、九一頁）
80　稲垣久和「公共哲学と宗教倫理——『幸福な社会』形成のエートス」（『宗教研究』八三（二）、日本宗教学会、二〇〇九年、

四六頁）

81　賀川はる「隠れたる真球（珠）の発見」（一九二一年）（三原容子編『賀川ハル史料集』第一巻、緑蔭書房、二〇〇九年、三一五頁）

82　賀川春子「貧民窟における祈祷の生活」（一九二一年）（三原容子編『賀川ハル史料集』第一巻、緑蔭書房、二〇〇九年、三一一頁）

83　賀川春子『月　汝を害はず』（一九四七年）（三原容子編『賀川ハル史料集』第二巻、緑蔭書房、二〇〇九年、二九三頁）

84　賀川豊彦「暗中隻語」（一九二六年）（『賀川豊彦全集』第二二巻、キリスト新聞社、一九六四年、一〇〇頁）

85　Ａ・Ｅ・マクグラス、稲垣久和・豊川慎・岩田三枝子訳『キリスト教の霊性』教文館、二〇〇六年、一八頁

86　James D. Bratt, *Abraham Kuyper: A Centennial Reader*, Grand Rapids: Eerdmans,1998,p.461.（筆者訳）

87　雨宮栄一『貧しい人々と賀川豊彦』新教出版社、二〇〇五年、二三九頁

88　雨宮栄一『貧しい人々と賀川豊彦』新教出版社、二〇〇五年、二四〇頁

89　賀川春子『月　汝を害はず』（一九四七年）（三原容子編『賀川ハル史料集』第二巻、緑蔭書房、二〇〇九年、二七八頁等）

90　小野静雄『日本プロテスタント教会史――明治・大正編　上』聖恵授産所出版部、一九八六年、二二八・二二九頁

91　小野静雄『日本プロテスタント教会史――明治・大正編　上』聖恵授産所出版部、一九八六年、二九二頁

第二部 覚醒婦人協会

序　大正期における婦人運動・労働運動・キリスト教の興隆

大正期は、デモクラシーの機運の高まりの中で、無産階級と呼ばれる庶民が社会で存在感を増す時代であった。例えば、庶民の労働環境や人権への関心が高まり、労働運動が展開された。また、女性の人権をめぐる活動も展開された。同時に、下級武士階級を中心に受容されていた明治期までのキリスト教が、学生やサラリーマンなどの近代的な知識人やミッション・スクールで教育を受けた信徒たちによって担われた時期であるとされる。[1]

このような時代の文脈の中で展開された活動の一つが、覚醒婦人協会である。覚醒婦人協会は、一九二一（大正一〇）年三月から一九二三（大正一二）年八月までの約二年半にわたる労働者階級の女性のための婦人運動である。大正デモクラシーが一九〇五（明治三八）年の日露戦争終結から一九三一（昭和六）年の満州事変までの時期を指すとするならば、その視点からみても、覚醒婦人協会はまさに大正デモクラシー真っただ中の活動であるといえる。[2] 覚醒婦人協会はハルをはじめとして、長谷川初音（一八九〇（明治二三）～一九七九（昭和五四））、織田やす（一八八三（明治一六）～一九四七（昭和二二））というずれも三〇代のキリスト者である女性たちを中心発起人として結成された。[3] 演説会開催や機関誌『覚醒婦人』の発行等の活動を展開し、労働婦人の人権保護や労働環境の改善を訴えた。覚醒婦人協会のこれらの活動は、女性の人権、キリスト教、労働という大正期を反映する三つの要素を併せ持つという点で、大正デモクラシーを象徴する活動であるといえる。活動が当時の新聞記事として幾度も紙面上に取り上げられたことからも、この活動が時代の中で注目され、また時代の必要と期待に迎えられていたかを示している。また、大正期から昭和初期にかけて興隆した婦人運動の中でも、覚醒婦人協会の設立は日本の婦人運動の創成期にあたる点において、その分野においての先駆的役割の一端を担ったともいえる。

覚醒婦人協会の活動に、ハル独自の思考が反映されていると考える理由が二つ挙げられる。

第一点目は、覚醒婦人協会が夫・豊彦を中心とした活動ではなく、ハル自身の活動とみなすことができる点である。覚醒婦人協会に関する資料において管見の限り、豊彦の名はただ一度、講演会の案内掲示の中に登場するのみである。[4]すでに著名人として全国を横断し、一九一八（大正七）年には労働組合運動、一九一九（大正八）年には消費者組合運動をおこし、一九二〇（大正九）年には『死線を越えて』を出版、一九二二（大正一一）年には個人雑誌『雲の柱』を発刊し、また神戸イエス団を設立するなど多忙であった豊彦は、覚醒婦人協会の活動に直接関わる機会は少なかっただろう。そうであるならば、他の賀川夫妻の活動に比較して、覚醒婦人協会の活動内容や方向性からは、ハル自身の思想をより濃厚に見出せると考える。

第二点目の理由は、覚醒婦人協会の活動はハルの信仰と思想を反映した市民社会活動として一定の評価に値するのではないか、と考える点にある。覚醒婦人協会の活動の始まりは、ハルがキリスト教信仰を持ってから約一〇年後であり、同時にスラム活動を開始してから約一〇年後のことである。それまでのスラム活動や、共立女子神学校在学（一九一四（大正三）〜一九一七（大正六））での学びで培った経験や知識、思想を総括するためには、一〇年の月日は短すぎる期間ではない。そのような点からも、一〇年間に形成されたハルの信仰と思想が結実した活動として、覚醒婦人協会の性質や方向性を探る作業は妥当であると考える。

第二部では、綱領や機関誌『覚醒婦人』の分析、また覚醒婦人協会を報道した新聞の記事内容、さらに同時代の婦人運動である新婦人協会との比較から、覚醒婦人協会の実態を明らかにし、覚醒婦人協会が同時代の中で果たした先駆者的役割を明らかにすると同時に、今日的意義の提起を試みる。

第一章では、概略を紹介し、宣言文や綱領の内容と、機関誌『覚醒婦人』の書誌内容から、覚醒婦人協会の特徴を分析する。第二章では、新聞記事で取り扱われた覚醒婦人協会の活動をみることによって、新聞各社がどのように覚醒婦人協会の活動を捉えていたのかを分析し、その報道の功罪を示す。第三章では、覚醒婦人協会と並んで取り上げられる事も多い新婦人協会との比較によって、覚醒婦人協会の特徴を明らかにする。最後に結論として、覚醒婦人協会の果たした役割と今日的意義を考察する。

■注（序）

1　大正期の新しい信徒像については、次の文献を参照。小野静雄『日本プロテスタント教会史　上――明治・大正篇』聖恵授産所出版部、一九八六年、二二六―二三〇頁

2　キリスト教史学会編『植民地化・デモクラシー・再臨運動――大正期キリスト教の諸相』教文館、二〇一四年、一四頁

3　「職業婦人を中心とする『覚醒婦人会』生る」（一九二一年）（三原容子編『賀川ハル史料集』第一巻、緑蔭書房、二〇〇九年、三七八頁）

4　『覚醒婦人』第一一号中、大阪支部からの第六回例会の案内に「賀川先生の御講演がある由」ぜひ出席するようにとの案内がある。

第一章　覚醒婦人協会の特徴

大正期は数多くの婦人運動、労働者運動、キリスト教団体が活動を展開した時代であったが、ハルたちの覚醒婦人協会はその中でどのような独自性を持っていたのだろうか。覚醒婦人協会に関して現在残されている資料は限定的であり、日本の婦人運動史の中でもほとんど取り上げられることはないため[1]、覚醒婦人協会についての言及は先行研究の中でも断片的な部分にとどまっている点が多い。

本章では、一次資料を中心に覚醒婦人協会の特徴を考察する。覚醒婦人協会の活動の趣旨や目的、内容を知ることができる資料として、主に三点を挙げることができる。一点目は、覚醒婦人協会の宣言文や綱領である。覚醒婦人協会の顔ともなるこれらの資料からは、覚醒婦人協会のめざした方向性が明らかにされる。二点目は、覚醒婦人協会が毎月発行していた機関誌『覚醒婦人』である。ここからは、主要記事以外にも、「会員名簿」や「お知らせ」などから、周辺的な様々な情報を得ることができる。そして三点目は、当時の新聞で報道された覚醒婦人協会を紹介する新聞記事である。ここからは、覚醒婦人協会がどのように社会から認識されていたのかをうかがい知ることができる。

第一節　覚醒婦人協会概略

現時点で把握されている覚醒婦人協会の活動の概略を年表にすると、以下のようになる。[2]

覚醒婦人協会活動年表（筆者作成）

1921（大正10）年 ３月２日	覚醒婦人協会発起人会が開かれる[3]。
３月27日	覚醒婦人協会主催の「女子文化革新演説会」が催される。その中でハルは「労働婦人の立場」と題した講演を行う[4]。
1922（大正11）年 １月	機関誌『覚醒婦人』が創刊される。その後、機関誌はおそらく毎月発行され、最終的に20号まで発刊される。
５月10日	新婦人協会の演説会で、ハルが「覚醒婦人協会」会長として演説する。
12月26日	ハルは長男を出産。
1923（大正12）年 ４月21日	覚醒婦人協会の総会にて五つの新綱領が決議される。
４月25日[5]	「覚醒婦人協会大演説会」では、「新社会の建設と吾等の使命」と題する演説で、ハルは覚醒婦人協会の「綱領の一つ一つに就いて解説を加」える。
５月11日	ハルの自宅で委員会が開かれる[6]。
９月１日	関東大震災が起こる。その後、被災地の救済活動のために賀川一家は関東に移る。

『覚醒婦人』は一九二三（大正一二）年八月二〇日発行が最後となった。それ以降、ハルの日記等の現在発見されている資料をみる限りでは、覚醒婦人協会の再開の記録はない。

会費は、正会員は女性のみで当初は一月一〇銭であり、会の事業内容に賛同するものは男女問わず一〇銭を納入して賛助会員となることができた。[7] ただし、『覚醒婦人』一七号には「総会に於て五月より会費が二〇銭に値上可決致されました」との記述がある。[8]

ハルと共に発起人となった二人についても触れておきたい。

長谷川初音は、一八九〇（明治二三）年に生まれ、一九七九（昭和五四）年に亡くなっている。一九一三（大正二）年にキリスト教の洗礼を受けた。一九二〇（大正九）年九月から一九四一（昭和一六）年まで神戸女学院にて国語、聖書を教えた。[9] また、（当時）松蔭女学院でも教鞭をとっている。一九三五（昭和一〇）年には日本組合基督教会初の女性牧師となり、芦屋浜教会、六甲キリスト教会などを設立し、『紙の教会』[10] という文書伝道誌を自ら発行して全国に送った。また、灘神戸組合家庭会など、組合活動にも力を注いでいた。著作には、『いちじく（牧師の手記）』[11]があり、また讃美歌の邦訳（四二八番など）[12]もある。さらに、平塚らいてう等が立ち上げた新婦人協会の機関誌『女性同盟』にも、「男女共存のために婦人参政権を」[13]や、「独言」[14]として寄稿している。

織田やすは、一八八三（明治一六）年生まれで、一九四七（昭和二二）年に亡くなった。一九〇五（明治三八）年にキリスト教の洗礼を受けたのち、一九一一（明治四四）年から一九一七（大正六）年まで神戸女学院で教鞭をとる。その後、渡米し、オベリン大学、大学院で聖書文学を専攻する。帰国後一九二〇（大正九）年から一九二八（昭和三）年まで神戸女子神学校にて旧約聖書を教える。[15]河井道が一九二九（昭和四）年に恵泉女学園を開校した二年後の一九三一（昭和六年）年、恵泉女学園国語科の教員を務めるが、その後カトリック教徒となり、一九四二（昭和一七）年三月で恵泉女学園を離れた。恵泉女学園校歌の作詞者でもあり、讃美歌の邦訳（二八番、七六番など）も行った。[16]

このように、長谷川初音も織田やすも、キリスト教女子教育に携わるなど、信仰や女性の生き方に対する高い意識を持っていたキリスト者であったことがわかる。豊彦が一九一七（大正六）年から一九二二（大正一一）年まで神戸女子神学校で社会学の教鞭をとっていた期間に長谷川や織田との交流が始まったのかもしれない。[17]

第二節　事業の宣言文・綱領

次に、一九二一（大正一〇）年に発表された事業の内容及び宣言と一九二三（大正一二）年に発表された綱領から、覚醒婦人協会の特徴を考察したい。

一九二一（大正一〇）年発表の事業の内容は以下のとおりである。

一、婦人の権利擁護及女性文明の促進に必要なる法規の作成改廃
二、職業婦人[18]の覚醒及解放に必要なる事業
三、母性の保護及廃娼運動
四、婦人問題の講演、宣伝、出版
五、婦人職業状態の調査及改善[19]

また、宣言は以下のとおりである。

私達は新しい時代に目醒めたものであります／今日の日本の女子は余りに過去の因習に捕はれて自己の地位を見縊り過ぎて居ります／今日迄に政治的権利は勿論の事家庭の地位さへ十分与へられなかつたのであります／日本の産業は多く女子に依つて為され他の文明国で見ることの出来ない地方の女子の労働者丈けでも十幾万人を数へると云ふ有様であります／又一方公娼の数は各国に比較して最大多数を示し女子教育の進まず離婚の数は高く産児死亡率は増加し日本の女子は文明の余沢に漏れて居るのではないかと思はされて居るのであります／それで私達は茲に覚醒して自己の地位を改善せねばならぬと思ふのであります／併し私達はあく迄女らしく決して男子を敵としてゞはなく其共同者として立ちたいのであります、今日迄の殺伐なる文明に引代へて私達は女性美の光る文明を打ち建てたいものであります／今は実に女性の目醒むべき秋であります

ここでは、後にみる綱領の特徴とも関連した特徴を二点挙げたい。

一点目は、男性と女性とを「共同者」として言及している点である。「私達はあく迄女らしく決して男子を敵としてゞはなく其共同者として立ちたい」、また、「私達は女性美の光る文明を打ち建てたい」とも述べ、男女の関係性に

おいて、ただ女性が男性から自立する、または男性と同等の権利や地位を取得する、ということではなく、女性としての特質を活かしながら、かつ男性と協力して働くという視点を持つ。例えば、覚醒婦人協会と同時期に設立され、賀川夫妻とも関係の深かった新婦人協会の綱領の冒頭は、「婦人の能力を自由に発達せしめるため男女の機会均等を主張すること」[20]とあるが、これは、男女同権をめざし、女性の権利を主張し、獲得するという主張である。一方覚醒婦人協会の掲げる「共同者」としての視点は、「男性に仕えるための性」でもなければ、単に男性と対等であることをめざすものでもない。「政治的権利は勿論の事家庭の地位」が認められることは当然として、その上でそれぞれの性の特質を認め、活かしながら、かつ良きパートナーシップを築き上げることによって、男性及び女性が単独で果たすよりもさらに良い家庭生活や社会を生み出していくという男女協働の立場である。そこで本書では、男女が同様になることをめざすのではなく、男女のそれぞれの特質を善きものとして受け入れつつ、男女が協力して働くことを覚醒婦人協会がめざしていることを踏まえ、以下、引用箇所以外においては「共同」ではなく、「協働」の語を用いることとする。[21]

二点目は、この宣言文にみられる包括的な視点である。まず、女性はこれまで「政治的権利」と「家庭の地位」が十分に与えられていなかった、とする。そこで、「覚醒して自己の地位を改善」する必要があるのだが、その最終目的は、新しい「文明を打ち建て」ることだ、という。ここでの「文明」とは何を指しているのだろうか。政治的領域と家庭的領域で女性の地位が低いので、その双方の領域で地位の向上をめざしましょう、というだけのことではないようにみえる。「文明」と表現する中には、先の「政治」と「家庭」の両方の領域を含み、そのうえでさらに包括的な領域を指していると考えることが自然であろう。つまり、女性の本来の人格が認められることを通して、この世界のあり方の方向性にまで変革を与え、単に女性個人の人権を獲得するだけではなく、世界全体をも輝かせましょうという実に壮大なビジョンにまで発展している。

次に、一九二一（大正一〇）年に発表された綱領と、一九二三（大正一二）年に改訂された新綱領から、覚醒婦人協会の強調点の変化を考察する。

一九二一（大正一〇）年の綱領は下記の通りである。

一、男女協同の力により社会を改造すること
二、女子の地位を高め婦人参政権を獲得すること
三、婦人労働者の労働条件を改善すること
四、女子として奴隷的職業に屈従せるもの即ち娼妓その他の忌むべき地位に居るものを解放すること
五、母性の権利を保護し、社会に対しては女性として幼年児童の地位を保護する任に当ること[22]

一九二三（大正一二）年に改訂された綱領は下記の通りである。

一、男女の協同の力により新社会の建設を期す
二、女子労働組合運動の促進を期す
三、消費組合運動の促進を期す
四、労働婦人に対する啓蒙運動を起す事
五、婦人参政権及び世界平和運動の促進を期す
六、廃娼、禁酒を期す[23]

一九二一（大正一〇）年の綱領と一九二三（大正一二）年の改訂版を比較すると（以降便宜的に一九二一年の綱領を旧綱領、一九二三年の綱領を新綱領とする）、第一項に関しては、どちらも「男女（の）協同」の社会を掲げている点で共通してい

る。「労働婦人」のための活動であるにもかかわらず、綱領の冒頭に「男女（の）協同」と記される点は、一見すると違和感があるようにみえるかもしれない。この社会が男性のみから成り立っているのでもなく、女性のみから成り立っているのでもなく、まさに両者の協働であること、そして、男女の対立ではなく、協働がなければ男性も女性も幸福になることはできない、という覚醒婦人協会が掲げる信念がみえる。

またこの「協同」の強調は、「個」に対する意図的な主張とも思われる。一九二一（大正一〇）年の宣言では、男性と女性が「共同者として」と述べられていた。例えば、新婦人協会の一九二〇（大正九）年の綱領では、冒頭に、「婦人の能力を自由に発達せしめるため男女の機会均等を主張すること」と述べられる。[24] この二つの綱領を比較すると、新婦人協会では「個人」としての「婦人」の権利が最初に置かれるが、それに対して覚醒婦人協会では「協同」の社会建設を最初におく。ここには、「個」対「協同」の相違がみえる。

旧綱領「三、婦人労働者の労働条件を改善すること」に相当するのが、新綱領では、「二、女子労働組合運動の促進」と並んで、「四、労働婦人に対する啓蒙運動」だ。「労働条件を改善」という漠然としたイメージから、「労働組合運動の促進」と「啓蒙運動」と、より具体的な取り組みへの変化がみられる。

新綱領「三、消費組合運動の促進」は、旧綱領にはみられなかった新しい視点である。単に女性の労働環境そのもののみならず、女性の生活世界全体をも視野に入れている点が興味深い。一人の女性の幸福は、ただ限定された範囲の環境を改善すればよいのではなく、その女性に関わるすべての生活世界が生の幸福に関連しているがゆえに、たとえ「労働環境の改善」が第一の目的だとはしても、それだけにとどまっていてはならない、という視点である。

新綱領「二、女子労働組合運動の促進」と「三、消費組合運動の促進」に注目すると、どちらも旧綱領にはない「組合」に言及されている。旧綱領時点では必ずしも組合の視点は明確ではなかったが、新綱領時点では組合運動を活動の中核として明確化したということだろう。またこの順序においては、「労働婦人」のための活動である限りは、まず「女子労働組合」の設立は緊急急務の必須であり、それに対して「消費組合」は労働婦人たちの職場環境以外における生活状況をも含めた改善のために、その次の課題として取り組んでいきたいということか。

また、新綱領では、並べられている項目の順序そのものが、組合運動を重視し、市民社会における協同体の必然性を訴えることを覚醒婦人協会の活動目的の一つとする視点がみえる。協同体としての連帯があってこそ、新綱領の第四項以下にある「労働婦人」個人としての人権の尊重へと導かれていくということだろう。山脇は、公共哲学の「ミニマムな合意」として、「①公共性の担い手が国家だけではなく、種々の中間団体や個人一人一人であること、②個人を犠牲にする『滅私奉公』ではなく、個人を活かしつつ公共性を開くという『活私開公』という考えに立脚しなければならないこと」を挙げるが[25]、このような公共哲学的な発想からみるならば、覚醒婦人協会もまた、個人が単独で直接公の世界での権利獲得を主張するのではなく、市民社会における中間団体としての諸組合の中で、個々人の人権の尊重をめざしているといえる。

新綱領では、「五、婦人参政権」の前に、「労働婦人に対する啓蒙」が置かれるが、これはまず一人一人の意識の改革があってこその参政権であることを示しているのだろう。個人の意識の改革がなく、形だけの参政権獲得では、覚醒婦人協会がめざす本来の「男女（の）協同」を形成し得ないことが意図されているのではないか。

旧綱領「二、女子の地位を高め婦人参政権を獲得すること」に相当するのが、「五、婦人参政権及び世界平和運動の促進」であるが、新綱領ではさらに、旧綱領にはなかった「世界平和」への言及が新たに加えられている。「婦人参政権」と「世界平和運動」が並べられている点が興味深い。新綱領には、旧綱領の「五、母性の権利を保護し、社会に対しては女性として幼年児童の地位を保護する任に当ること」に直接相当する部分がなくなっているが、「世界平和」の中に、社会における女性の「母性の権利」と「幼年児童」の「保護」を集約させているのかもしれない。

旧綱領「四、女子として奴隷的職業に屈従せるもの即ち娼妓その他忌むべき地位に居るものを解放する」に相当するのが、新綱領「六、廃娼、禁酒を期す」だ。新綱領では、廃娼に関する項目と共に、旧綱領にはなかった禁酒の項目も含まれている。一見関連のない廃娼と禁酒の項目であるが、これはキリスト教婦人団体であった矯風会の大きな活動目的にも共通しており、矯風会の流れを意識したのかもしれない。

以上、旧綱領と新綱領を比較すると、次のことがいえる。まず、活動の骨格となる理念に大きな変化はない。また男女の協働が掲げられている点、婦人参政権、婦人労働者の環境改善、廃娼運動などは、どちらの綱領にもみられる。これらは、継続的な活動とされていたのだろう。その一方で、新綱領は、文面がより端的に洗練された形になっているだけではなく、その活動の方向性がより具体的、またより包括的に示されている。「労働条件を改善」とするだけではなく、具体的に「女子労働組合運動の促進」と「消費組合運動の促進」を掲げる。また、単に労働に関する改善を視野に入れるだけではなく、「消費組合」という女性の全生活を射程に入れている。また、日本社会の労働者の環境だけではなく、「世界平和」という言葉により、「世界」への広がりと共に「平和」という労働環境を超えた包括的な領域をも視野に含んでいる。

特に、その後の覚醒婦人協会の方向性をより具体的に示していたと考えられる新綱領には、次のような特徴をみることができる。第一に、より公共性の高い領域から、より私的な領域へという並べ方である。まず、「男女の協同」による社会が掲げられ、次に組合運動、そして個人に関する啓蒙や権利といった内容が並ぶ。第二に、同じ領域の中では、より緊急性の高い事項から、より広い生活範囲を含む事項へと並べられている。第二項と第三項では同じ組合運動に関する項目であるが、まず労働組合が挙げられ、次に消費組合が挙げられる。また、第四項から第六項はすべて個人に関わる課題であるが、まず女性自身の意識の改革、そして参政権、最後に個人の倫理的生活に関することが順に並べられている。

以上、宣言文と綱領の内容から、次のことが言える。第一に、包括的な視点がある。宣言文では「文明を打ち建てたい」と述べているように、男女の協働の視点によって男性だけでもなく女性だけでもない両者の協力による文明の実現、そして「労働組合」だけではなく「消費組合」をも含む全生活領域を対象としている。第二に、組合運動の重視である。連帯による組合運動を活動の具体的な方法として取り入れていこうとしている。

第三節　機関誌『覚醒婦人』書誌内容の分析

次に、覚醒婦人協会の特徴を明らかにするため、覚醒婦人協会が発行した機関誌『覚醒婦人』の書誌分析を行う。『覚醒婦人』は一九二二（大正一一）年一月から一九二三（大正一二）年八月にかけて発行され、二〇号までである。現在入手可能な号は、二号、一一号、一七号、一八号、一九号、二〇号である。[26]これは、全号の約三分の一に過ぎないが、覚醒婦人協会の方向性や特徴を把握するためには、完全とはいえないまでも、有効ではある。

第一項　『覚醒婦人』概略

賀川ハルが発行兼編集者となっており、発行所である覚醒婦人協会の住所がハルの自宅住所と同様であることからも、ハルが覚醒婦人協会の中心的役割を担っていたことが明らかである。表紙はなく、一頁目上部に題字と目次が記してある。八頁立ての機関誌であり、毎月二〇日発行になっている。[27]現在発見されている『覚醒婦人』の発行日と頁数は、以下のとおりである。

『覚醒婦人』発行年月日（筆者作成）

号	発行年月日	頁数
2号	1922（大正11）年2月28日	8頁
11号	1922（大正11）年11月20日	8頁
17号	1923（大正12）年5月20日	8頁
18号	1923（大正12）年6月20日	8頁
19号	1923（大正12）年7月20日	8頁
20号	1923（大正12）年8月20日	8頁

二号は一九二二（大正一一）年二月に発行されており、二〇号が一九二三（大正一二）年八月発行となっているので、計算上は、毎月定期的に発行されていたことになる。

第二項　執筆陣

次に、執筆陣から覚醒婦人協会の特徴を考察する。執筆陣は、男女別では次のような内訳になっている。

執筆者性別（筆者作成）

性別	人数
男性執筆者	9名
女性執筆者	19名
性別不明	2名

女性執筆陣の中には、与謝野晶子といった著名人も含まれている一方で、[28]「T子」「W子」といったイニシャルのみでの寄稿もあり、本名が伏せられている場合も多い。その一方で、性別が判明する執筆者に関しては、判明できる範囲では男性執筆者の全員がフルネームで登場しており、「法学士」といった社会的肩書が明示されているものもある。二号では、一一名の執筆者のうち、性別の判明する限り全員が女性だが、[29]一一号では七名中二名、一七号では六名中二名、一八号では四名中四名、一九号では六名中四名、二〇号では七名中四名が男性執筆者となっており、後半になるにしたがって男性執筆者の割合が増える傾向にある。

先の執筆欄との関連からすると、女性執筆者の多くは、体験談や講演会の報告といった身近な記事を執筆していることに対して、組合のあり方や経済の仕組み等、啓蒙的な欄を執筆しているのは多くが男性である。鈴木は、『覚醒婦人』一一号と二〇号のみをみたうえで、「同誌は、すこぶる啓蒙的性格が強い。（中略）男性執筆者が多く、女性労働者の労働生活や、職業婦人の実態報告、協同消費組合運動に題材をとって、具体的に論を進めているのに対し、女性執筆者は、（中略）えてして観念的であり、抽象的である、たとえば、織由《ママ》やす子『お母さんは家にゐなければならぬ』（第一一号）のように『母を子供にかへせ。人間を家庭にかへせと《ママ》、母を家庭から奪い去る文明の傾向を、おもむく儘に行かせてよいであろうか』と慨嘆するだけでは、現に労働生活と家庭生活の二重の桎梏のなかで苦しむ女性労働者には、何ら、訴えるところがなかっただろう」[30]と批判する。しかし、この時点で鈴木が目にしなかった一七号では、織田は巻頭言を飾り、その中で「覚醒婦人は堅実なる女子労働組合を産れ出でしめるために産婆の労をとる」[31]として、組合運動の必要性に触れている。必ずしも鈴木が評価するように、女性執筆者が「観念的」で「抽象的」であるばかりとは断言できない。

第三項　想定読者層

それでは、『覚醒婦人』は、どのような読者層を想定していたのだろうか。まずは、主な読者であったと考えられる会員に関わる情報から確認する。

(一) 規模

各号末に記載されている新入会員の名簿を整理すると、次のようになる。

新入会員数（『覚醒婦人』掲載分）（筆者作成）

号	人数
2号	27人
11号	30人
17号	6人
18号	15人
19号	8人
20号	7人
	計93人

現在発見されている号以外で、新入会員の数がどの程度であったのかは不明であるが、一九二三（大正一二）年朝日新聞の記事では、「全国に八百名の会員を有する」とあり、神戸に二六〇名、大阪に九〇名、京都に六〇名、東京

に四〇名、その他岡山、和歌山、姫路、福岡各地に支部があるとされている。[32] そのままの数を計算するならば、人数の記載されていない「その他」の地域に会員が三五〇名ほどが存在したことになる。一八号では一五人の新入会員が報告され、報告欄に「本月から新会員が順次増加しつつあります」[33] とあるが、仮に八〇〇名という人数が正確であれば、『覚醒婦人』には記載されていない会員も相当数いたことになる。一方、新婦人協会では、「『女性同盟』執筆者およびアンケート回答者、音楽会の出演者なども新婦人協会関係者として含めることとした」として、新婦人協会関係者総数を「女性五一二人、男性二三四人、計七四六人」[34] としている。もし覚醒婦人協会の会員数が八〇〇名ほどであるとするならば、新婦人協会と比較して小規模であったとは決していえないばかりか、会員数の点からは、むしろ同規模であったとさえいえる。

会員を住所別にみると、次のようになっている。

会員住所（『覚醒婦人』掲載分）（筆者作成）

地域	人数
兵庫県	32人
大阪	10人
京都	７人
それ以外の国内	42人
国外	２人

やはり、ハルの本拠地である関西圏での会員が目立っているものの、住所には、札幌、新潟、東京、神奈川、千葉、京都、和歌山、徳島、山口、さらには国外である朝鮮と、広範囲にわたって会員の住所がみられる。一八号には、神戸本部、大阪支部、和歌山支部、東京支部、下関市支部、門司市支部からの報告が掲載されていることからも、活動は関西だけにとどまらず、全国範囲に及んでいたことがわかる。日本全国に講演に飛び回っていた豊彦の講演先の人

脈とも推測できる。一方で、一一号では「共立神学校」「共立女学校」からも計三名が加わっており、ハルの人脈もうかがえる。会員住所や事務所住所には、「キリスト教会」との記載がみられ、キリスト教界内での広がりもみられる。

(二) 多様な人々を内包

会員を男女別にみると、下記のようになる。

会員性別（『覚醒婦人』掲載分）（筆者作成）

性別	人数
男性	23人
女性	64人
不明（名字のみ、外国名等）	６人

労働婦人を対象とした活動であったが、会員は特に女性だけが多かったということではなく、約半数から三分の一ほどは男性会員であったことがわかる。また、一一号の報告欄には、新しい会員に「女学生のお方が多い様子」[35]と記されていることから、読者層は労働婦人だけではなく、学生層にも広がりをみせていたことがうかがえる。

覚醒婦人協会の一九二一（大正一〇）年の事業の紹介には「職業婦人の覚醒及解放に必要なる事業」、また「婦人職業状態の調査及改善」[36]として、職業を持つ女性のための運動である旨が明記されている。一九二三（大正一二）年の綱領でも、やはり「労働婦人の啓蒙運動」であるとされている。一九二三（大正一二）年四月一七日付の大阪毎日新聞には、覚醒婦人協会は「産婆、看護婦、女教員、タイピスト、事務員、女工、女書記、郵便局員といった風に、あらゆる職業の人々を内包しているが、『無産婦人を中心として』といふ綱領が叶つて経済的には無産級の婦人ばかり」[37]と紹介されている。三原は、覚醒婦人協会の対象者を、「学校教員など、ある程度専門的な職業」の「職業婦人」よりも「女工や炭鉱労働者などの『無産婦人』」[38]と表現したが、会員の内容をみる限りは、男性や知識階級も少なからず含まれていることから、『覚醒婦人』の読者層は、男女を含めて、より多様な職種に携わる人々を含むものであったと考えられる。

しかし一方では、読者としての女工を特に意識している側面も『覚醒婦人』にはみられる。例えば、一九二一（大正一〇）年三月四日付朝日新聞に掲載された長谷川初音の談話では、新婦人協会の機関誌『女性同盟』は、無産階級の女性には「定価が高いのと全体の記事が女工の御方には少し六ケ敷いと思はれますので別に此会の機関として『覚醒婦人』を発行したいと思つて居ます」[39]と述べ、『覚醒婦人』が女工のための機関誌として出発したことを示している。また、『覚醒婦人』一七号では「編集室」からの報告として、「本誌もあまり堅苦しい議論のみを以つて塡めてはどうかと思ひますのでこの方面[40]にも気をつけませう」といった案内や、「印刷所の間違ひで七頁の創作村のお薦はルビをつけませんでした／大変読みにくく体裁が悪いのですが今度から注意します」[41]と書かれていることからも、「堅苦しい議論」にはなじみが薄く、ルビをつけなければ記事を読むことが難しい女工たちにも親しみやすい誌面を心掛けていた様子がうかがえる。また、創作物語のはしがきには「愛する女工さん達に」と対象を特定し、物語が女工たちに向けて書かれたことを明示している。[42・43]また、号の後半になるに従って、経済や平和問題といったひらがなルビのない啓蒙的な記事が増加しているが、学術的内容の記事が増加し、体験談的な記事が減少することに対して、『覚醒婦人』一九号の編集室欄に「本誌も学術的論文は後援して下さる方が多数控へて下さつてゐますが、実際問題に関する記事は未だ物足らぬことを遺憾に存じます、皆様の御寄稿を切にお願ひ致します」[44]とあるように、女工たちが身近に共有、共感することのできる「実際問題」を反映した体験談的な記事を盛り込むことで、覚醒婦人協会が当初から主眼としていた、女工たちがその活動から排除されないようにという配慮も感じられる。

また、『覚醒婦人』の執筆者の一人でもある小見山が回想の中で、「あっこ（神戸）は郊外にゴム工場が多い。女工が多いから、女工さん向けの新聞を出した。『覚醒婦人』というのを発行した」と述べ、「女工向け」であることを意識していたことが示される。[45] さらに、東神護謨《ゴム》工場の女工たちが「賀川春子、長谷川初音両氏等の組織している覚醒婦人会に相談し」、「労働組合を組織し」[46] た、と当時の新聞で報道されていることからも、覚醒婦人協会が女工のための活動を実際に行っていた様子がわかる。

これらのことを総合すると、次のような経緯が考えられる。つまり、創設当時は、長谷川が証言しているように、読者対象として女工を想定していた。そのために、定価も女工が支払いやすい金額に設定した。また誌面も、最初は女工自身の声を多く取り上げ、女工の共感を呼ぶ内容にしていた。当時の婦人誌のスタイルに準じて創作の読み物を多く取り入れたり、記事にはルビを振ったり、女工の体験談を掲載するなど、女性労働者を読者層と想定して工夫していた様子がうかがえる。時間の経過と共に、覚醒婦人協会の会員や寄稿者など、賛同者には男性、女学生、知識人など多様な人々が含まれるようになり、それと比例して、『覚醒婦人』の内容も、単に体験談だけではなく、ひらがなルビのない記事や組合運動の必要性など啓蒙的な内容の記事が増えていった。その一方で、女工たちが読者層から取り残されないよう、女工向けの記事やルビ入りの記事などを掲載する努力がなされた。後半には、より論理的、学術的な内容の記事が増加し、また執筆者も男性が増えてくるが、ルビ付きの記事や体験談的記事、創作物語が皆無になったわけではなく、常に女性労働者、特に女工たちへの配慮が継続され、両者のバランスを取るために苦慮した様子を誌面を通してみることができる。

想定読者層の広がりから、女工を主眼にした活動ではあるが、女工に限定した活動ではなく、より多様な人々が結果的に含まれていった様子をみることができる。

第四項　『覚醒婦人』各欄の特徴と傾向

次に、『覚醒婦人』に掲載されている記事欄から、『覚醒婦人』の特徴を探る。『覚醒婦人』の記事は発行号順に次のようになる。記事名、内容、執筆者（記載のある場合）を記す。

（一）『覚醒婦人』各欄（筆者作成）（表題、内容、執筆者名は、『覚醒婦人』本文ママ）

二号　一九二二（大正一一）年二月二八日発行

表題	内容	執筆者
フェビアン婦人会について	フェビアン会の概要。	大原社会問題研究所　丸岡
覚醒の一路（一）	婦人参政権問題について。	木村和子
或る日の歌（一）（二）（三）	短歌	とみゑ[47]
永遠の平和を望んで	愛による平和の実現。「神による愛でなければ他に何物も御座いません」	馬島博子[48]、（一九二一（大正一〇）年一二月一九日神戸兵庫イエス団友愛救済所に於いて）
オーロラの下より	詩	孤独子
女教員として	手紙。信仰の言及あり。	井上春枝
覚醒	詩	山口晴花
生活の河	婦人の団結。	蛇いちご
編集室より	諸案内	執筆者記載なし
或る手紙	おはぎ売りの体験。	T子

働き	詩。働いていることに感謝。	無名子
三越従覧日記	信仰の言及あり。デパートの様子。	編集子
新入会員	名簿	執筆者記載なし

一一号　一九二三（大正一二）年一一月二〇日発行

表題	内容	執筆者
母性讃美	母の愛情が子供に必要である。	SY生
関西連合婦人大会に出席して	朝日新聞社主催の婦人大会。主題は国際平和。	松浦智佐登
お母さんは家にゐなければならぬ	母が専業主婦として家で家事と子育てに専念したことへの感謝。母を家庭に返せ。	織田やす子
婦人と協同消費組合運動（四）[49]	イギリス、ロッジデール協同組合の紹介。	藪下正太郎[50]
働かねば食へぬ少女	低年齢の女子労働実態。	村島帰之
婦人運動の中心	職業婦人たちの問題改善のためには、組合運動によるべきである。	小見山富恵[51]
家いづる前後	詩	火の国の人
貧民窟にて	詩	ちさと
社会局で調べた派出婦の実情	派出婦・家政婦の統計。	執筆者記載なし
会計報告等	案内	執筆者記載なし
編集だより		松浦[52]

一七号　一九二三（大正一二）年五月二〇日発行

表題	内容	執筆者
救援金募集に就きて	女子労働組合を結成するための準備金として救援金が必要である。	織田やす
秩序整然たる五百の婦人農民組合の示威運動	報告	井上虎次郎
野田町の労働争議	女性も労働争議に加わった様子の報告。	貝原妙子
婦人の職業と母性に就いて	婦人の働き場は家庭である、という見解への抗議。	林てる[53]
時評	婦人参政権同盟の解体。職業婦人の発刊。奥むめおがブルジョアの新婦人協会を離れて、職業婦人のための雑誌を発刊するに至ったことは喜ばしい。	林てる
牙をぬかれた狼[54]	小説	小見山[55]
我国の婦人運動の方向	労働運動の実践を強調。	与謝野晶子、奥田宗太郎[56]
婦人講座　経済の話（二）[57]	生産、労働の意味や仕組みを、わかりやすく説く。	松澤兼人[58]（関西学院教授）
村のお鶯	小説	しろせ
本部会報務告	四月二五日神戸基督教青年会館で第一回宣伝演説会を開催。濱田清子、織田安子、金澤新子、岡成志[59]、松澤兼人、山内みな、木本夜詩子、賀川はる子。五月一一日第一回本部委員会、賀川宅。織田やす子、山内みな子、行政花子、浜田清子、賀川春子。欠損金三二六円は賀川春子から寄付。会計報告、会員名簿[60]	執筆者記載なし

表題	内容	執筆者
急告	お知らせ	覚醒婦人協会本部
購買組合にお入りになりませんか？	広告	神戸購買組合

一八号　一九二三（大正一二）年六月二〇日発行

表題	内容	執筆者
婦人運動としての消費組合運動	一夫一婦制。全人的生活。英国の婦人消費組合の歴史。	藪下正太郎[61]
一日の労働時間十三時間（農業労働婦人の現状[62]（中））		村島帰之
上海だより	中国の女性の現状報告。	柴田富太郎[63]
牙をぬかれた狼（二）	小説	執筆者記載なし[64]
経済の話（三）	生産、分配、地代、賃金、利潤の解説。	松澤兼人
女工の思出	女工になり、不本意な労働条件の中で、組合に入った経緯。	執筆者記載なし
会務報告	各支部報告、会費納入者、寄付者名簿、新入会員名簿	執筆者記載なし
男百人に娼妓一人	報告	執筆者記載なし
工場法改正の影響―新に起る児童就学保護問題	報告	執筆者記載なし
「女子労働組合促進　救援金募集運動」「新会員募集　五指運動」	広告	覚醒婦人協会

編集室	五月二一日にジェーン・アダムズ来訪あり。	執筆者記載なし
消費組合パンフレット続刊発売予告	広告	神戸購買組合

一九号　一九二三（大正一二）年七月二〇日発行

表題	内容	執筆者
平和問題私見	三歳半の息子の話。『一番強いのはイエス様』	長谷川初音
産業娘子軍の陣容	女工たちの工業別平均年齢と学歴の比較。	村島帰之
ローザ、ルクセンブルグ女子博	伝記。山川菊栄のパンフレットによる。[65]	小見山富恵
新しい預言者	詩。ブルジョアへの敵意。労働者の賛美。	中村次郎
苦汁制度に就いて	労働環境の低さの報告。	藪下正太郎
経済の話（四）	貨幣、資本、労働者の生活状態。	松澤兼人
牙をぬかれた狼（三）	小説	執筆者記載なし
会務報告	会計報告、新入会員	執筆者記載なし
小鳥の巣	詩	中村次郎
編集室	「学術的論」は多くあるが、「実際問題に関する記事が未だ物足らぬことを遺憾に存じます」[66]	執筆者記載なし

二〇号　一九二三（大正一二）年八月二〇日発行

表題	内容	執筆者
家庭経済と吾等の使命	啓蒙。女子労働組合運動の促進、消費組合運動の促進を最も重大な使命とする。	執筆者記載なし
製糸女工の寄宿舎生活	報告	村島帰之
真実と熱に燃えて	無産階級のための、手ごろな値段の有益な書物がない。	高木貞子
鐘紡の無料診断と産院	無料の産院を作ってほしいという要望。	W子
現実の世相に面して	幼児死亡率について。協同団体の必要。「人間はひとしく神の子として生」まれたとの言及あり。	藪下正太郎
明確なる意識へ	「今日の社会において相対立する階級はブルジョアとプロレタリアの二つしかない。」	小見山富恵
社会の話（一）（婦人講座）	社会とは何か。	新明正道[67]
北海道の職業婦人	現状報告。最後に、団結の必要を説く。	松田潤
牙をぬかれた狼（四）	小説。狼が団結して、仲よく獲物を分け合い、虐げられることなく楽しく幸福な世の中を作って、完結。	執筆者記載なし
報告	会計報告、新入会員	執筆者記載なし
編集室	秋には、機関誌の「新装をこらして」登場する予定だった。会員の体験談を募集。	執筆者記載なし

これらの『覚醒婦人』の記事にみられるいくつかの点に言及したい。

（二）ブルジョア対プロレタリアか

一点目は、ブルジョア対プロレタリアの構図である。

『覚醒婦人』には、プロレタリアとしての自己認識がみられる。

> サンガー女史来朝と共に喧しかつた産児制限問題も、其後女史の帰朝と共に其声をひそめた観がありましたが、最近に至つて労働階級の間から真面目な研究団体が現れて来たことは注目すべきことであります[68]。

プロレタリアとしての自己認識は、次のようなブルジョアに対する痛烈な批判の言葉ともなって現れる。

> 今日迄の日本の婦人運動は、（中略）時間と経済の余裕を持つ少数のブルジョア式お転婆婦人の紅唇から漏れ出た男子に対する怨言（中略）に過ぎないものである。（奥田宗太郎[69]）

> ブルジョアが寄生して居る現在の制度には／実は彼等も責め苛まれて居るのだ／（中略）頭ばかりで手足のないブルジョア／彼等は根のない大木に住み着いてる哀れな虫だ（中村次郎[70]）

> 今日の社会に於いて相対立する階級はブルジョアとプロレタリアの二つしか無い。（中略）ブルジョアの退廃的芸術、宗教、哲学に迷はされ、或はこれ等に逃避してはならない。神秘的、夢幻的、独りよがりの麻酔にかゝつてはならぬ。それはブルジョアの贅沢産物でないにしても、我等とは何んの関係もない第三者の夢であるからであ

る。（小見山富恵）[71]

また、プロレタリアであるという意識から、実際的な問題を取り扱い、実際の行動を起こすことが重視される。例えば、次のような一文が掲載される。

今日の急務は、先ず婦人の先覚者が、教会より工場に入る事である、讃美歌を歌ふ代りに、彼女等と働くことである（奥田宗太郎）[72]

私共の運動は思想的遊戯を極力排して、理想を指して民衆と共に、着実に歩みたいと思ひます。故に一人にても多数の同志の方を迎えて力強い実際運動を起したいと思ひます。[73]

このような、「ブルジョア対プロレタリア」の構図は、先に挙げた先行研究でも、覚醒婦人協会は無産階級の運動として分類されていたことにも合致し、また、実際に労働者の女性たちを対象としていたことは事実である。しかし、「ブルジョア対プロレタリア」という構図は、機関誌『覚醒婦人』においては例えばコラム欄のように小さな記事欄の内容にとどまっていることから、筆者は、覚醒婦人協会の真の目的はこのような構図の中にはないと考える。覚醒婦人協会がめざしていたものは、むしろ、巻頭言などの誌面を大きく占める主要記事にこそ現れているといえる。それが、次にみる二点目の特徴である。

（三）男女の協働

二点目の特徴は、男女の協働である。

次のような『覚醒婦人』一八号の藪下正太郎による巻頭言がある。

真の生活革命運動は男女共同の努力によらなければとても成功しません。私共の全人的生活は男女の融合によつて創造されるのです。私共に授けられた尊い生命は愛に結ばれた男女の純潔なる聖き合一によつてのみ成長してゆきます。男女の純潔なる聖き合一は一夫一婦の家庭生活として現はれたのです。私共の全人的生活の一部門なる消費経済生活は主として家庭の主婦によつて司られてゐます。（中略）英国に『婦人消費組合協会』といふ婦人団体が生れました。（中略）婦人は（中略）組合管理委員会の委員となつて男子と協同にて組合の綱領又は方針を左右する必要のあることを力説し且証拠立てたのです。（中略）『婦人消費組合協会』は次の如き主旨をもつて設立されたのです。

「婦人消費組合協会」は婦人の自治団体です。私共の目的は私共自身の進歩向上のため自由を求め、家庭、販売店、工場及び国家における男女の平等的協同を求めて、社会全体の人々の幸福のために、消費組合運動を通して働くことです』

彼等は一般の婦人殊に家庭の主婦が消費組合の必要に目醒めて、組合に実際の興味をもつやうに教育運動を行ふと共に、女子の労働問題、社会問題、政治問題等の解決のために婦人運動の闘士として戦つて来たのです。婦人運動とは単なる政治運動ではないのです。（中略）消費組合運動の果さんとする生活革命の実現は、人間としての男女の完全なる自由と平等を確立する新らしい社会の誕生だからであります。[74]

男性中心的な家制度が残る大正期において、この内容は二つの点で興味深い。第一に、女性側からの男女平等の権利の提唱ではなく、男性からの言葉であること。第二に、単に「権利の平等」という「個対個」の関係を掲げるのではなく、「男女の協同」を掲げることにより、「個と個の連帯」を示した点である。女性の権利が尊重されることは大切である。しかしそれは、男女が対立するための権利ではなく、連帯するための同等の権利であるべきだとの視点がみえる。男女が対立している社会ではなく、男女が連帯し、協働する社会こそ、覚醒婦人協会がめざした「文明」の姿である。

（四）組合運動

『覚醒婦人』にみられる三点目の特徴は、組合運動である。

それは、記事の構成にもみられる。組合関係の記事数は労働環境に関する記事数に並んで最多であるが、この傾向は、全号を通して均等にみられるというよりも、後半になるにしたがって明確になる。二号では、詩の欄が六つの他、日記が一頁、書簡形式の記事が三頁であり、これらの計五頁は体験談的要素の強い内容となっている。一一号になると、詩は二編のみと減少し、創作物語はなく、それらに代わって協同消費組合運動の記事が二頁、子女の労働事情に関する実情調査が一頁の他、婦人大会出席の報告や組合運動の必然性を説く記事など、学術的かつ啓蒙的記事が誌面の半分以上を占めるようになる。一七号から二〇号までも同様の傾向がみられ、組合や、経済、労働問題に関する啓蒙的記事が常に誌面の半分以上を占める。具体的には、一一号で藪下正太郎は、覚醒婦人協会がめざすべき組合としてイギリスの女性による消費組合を紹介し、小見山富恵も組合運動の必要性を語る。また、中心発起人の一人である織田やすも、一七号で組合運動の必要性に触れる。また、消費組合加入の広告を載せるなど、組合運動を覚醒婦人協会の活動の中心に据えている傾向は、号を追うごとに強くなる。

組合運動を掲げた婦人運動として、一九一六（大正五）年に設立された友愛会婦人部などがあるが、組合運動が多くの婦人運動に積極的に取り入れられるようになってくるのは、一九二〇年代半ば以降のことである。石月は、一九一〇年代から一九二〇年代の女性労働者の組織率の低さをあげ、最初の女性の紡績労働組合が結成されたのが一九二二（大正一一）年であったことを指摘する。[75] 全関西婦人連合会代表者会で「消費組合の全国的連盟」が提案されるのは一九二五（大正一四）年であり、婦人消費組合協会が結成されたのも一九二八（昭和三）年である。[76] 一九二一（大正一〇）年から一九二三（大正一二）年の時点で覚醒婦人協会のように大々的に組合運動の必然性を掲げている婦人運動は希少であり、このことからも、覚醒婦人協会が一九二〇年代初頭において組合運動の重要性に着目していたことは、先駆的であったといえる。[77]

（五）キリスト教的価値観

四点目は、キリスト教的価値観に通じる発想である。例えば、藪下正太郎による次のような記事がある。

> この二つの姉妹連合会[78]はひとしく『ロッデール制度』の根本精神なる友愛と忠節とを緯とし経として協同民主政体を実現してゐるのであります。友愛の無いところには真の相互扶助は無く、忠節の無いところには真の自治的協同社会は無いのであります。協同消費組合運動が協同民主政体に根ざした運動である以上は、その最終の成功はひたすら自治的協同社会の構成員たる各個人の肩にかゝつてゐるのであります。各個人が善且忠なる市民として協同民主政体に参与するときに協同民主政体はその真善真美を発揮するのであります。しからば自治的協同社会の善且忠なる市民となるためには私達は何をなすべきであるか？私達がなすべき道は唯一つしかありません。それは各人がまづ神の国の善且忠なる市民となることであります。まづ神の国の善且忠なる市民となるときに私達は期せずして自治的協同社会の善且忠なる市民となることが出来るのです／生ける父なる神は私達に温い友愛の神心と正義に燃ゆる忠節の赤誠とをめぐんでくれるのであります。[79]

藪下の述べる「友愛の無いところには真の相互扶助は無く、忠節の無いところには真の自治的協同社会は無い」は、稲垣の述べる「友愛」と「連帯」をキーワードとする公共哲学の理解に通じる。[80] 藪下は、「社会」とは、「自治的」な性格を持つ「協同」の場であり、そこでは「友愛」が必要であるとする。藪下は「まづ神の国の善且忠なる市民となるときに私達は期せずして自治的協同社会の善且忠なる市民となることが出来る」と述べるが、それは、個人としての信仰が私的領域に閉じられたものではなく、「自治的協同社会」の場で良き市民として生きるという市民社会に開かれた生き方となることを示している。稲垣は「公共」の意味を、「『人々の』『市民的な』『共有の』『開かれた』事柄に重きを置いて解釈[81]」するとしているが、覚醒婦人協会もまた、女性だけではなく男性も含み、キリスト者だけではなく非キリスト者も含み、また鈴木の表現でいえば「キリスト教人道主義、社会主義女性解放論、市民的女性運動の三者[82]」という多様な人々に対しても共有の場として開かれていた点からも、まさに公共哲学でいうところの「公共性」を持っていた。このような、信仰に基づいた良き市民となるという藪下の発言は、キリスト教信仰に基づいた公共哲学的な発想であるともいえる。

『覚醒婦人』は、キリスト者が多数関わっているものの、キリスト教色を前面に出さない傾向にある。しかし、キリスト教色を全く隠しているわけでもない。寄稿を詳細に読むと、「神」、「十字架[83]」、「エス（イエス）」などへの言及が随所にみられる。例えば、二号では、小見山富恵の作と思われる「とみゑ」による歌では、「我起たん神よ赦せよこの願い／わが同性の鎖を解か◇」や「いと聖く神は宣託《たく》しぬわれわれに／花と光りを地上に播けと[84]」と詠む。また同じく二号の馬島の寄稿では、「永遠の平和、家庭と云ふ大なる王国にいかにすれば平和の宮殿は築かれるのでせうか／それは神による愛でなければ何物もございません[85]」と記す。

そのような中でも最もキリスト教色を鮮明に記すのが、藪下の寄稿である。

> 人間はひとしく神の子として生みつけられたものである。（中略）人間はみな生みの親なる神の全きが如く全からんと欲してゐます。神の子にふさはしき生活を送ることは総ての人間のなすべきことであります。神の子は完全への無限の欲求を持つてゐます、神の子は伸びることを欲し、成長することを楽しみます[86]

これだけの明確なキリスト教信仰がありながら、それを前面に出していないのは、覚醒婦人協会が、キリスト教の伝道を主目的とした機関ではなく、あくまでも労働婦人の生活環境全般の向上をめざすことを目的とした機関である、という認識からではないか。それは、設立された機関の固有の目的を明確にし、その領域における役割を他の領域に還元することなく、区別するという点で、キリスト教世界観の掲げる領域主権論的発想とも通じる。[87]

稲垣は、新たな教会の福祉的な役割としてキリストの福音を包括的に捉えて、「その人のニードに応じた語りかけ」[88]の必要性を提唱し、これを「新たな『宣教の神学』」[89]と呼ぶ。『覚醒婦人』は、ゴム工場で働く「女工さん」たちに配布するための機関誌であったと想定すると、[90]女工たちに対する直接的な伝道を目的とした機関誌ではなく、彼らの必要に応え、彼らの福祉に応答する、という意味で、覚醒婦人協会の活動は、稲垣が述べる新たな宣教の形であると位置づけることもできる。

(六)『覚醒婦人』記事内容の特徴

以上、記事内容考察のまとめとして、次の特徴が指摘できる。(1)「ブルジョア対プロレタリア」の構図はみられるものの、それは『覚醒婦人』の主要テーマではないこと。(2)「個」としての女性の人権獲得を求めるだけではなく、男女の協働へとつながる人権であること。(3)その方法として、「個」が戦うのではなく、「組合」という個人の自由意思による参加から生まれる協同体によって行うこと。(4)それらの発想の根底には、キリスト教的価値観およびキリスト教信仰に基づいた公共哲学的な発想の萌芽がみてとれること、以上である。

そしてこれらの記事内容の特徴は、すでにみた覚醒婦人協会の宣言・綱領の特徴とも一致している。

第五項　『覚醒婦人』にみる覚醒婦人協会の特徴

以上までの『覚醒婦人』の書誌内容を整理すると、次のような特徴が浮かび上がる。

一点目の特徴は、市民社会に向けられた視点である。『覚醒婦人』の誌面では、組合活動の必要性が説かれるが、特に、後半の号には組合に関する啓蒙的記事が半数以上を占めるようになり、その必要性がより強調される。組合運動の中では特に「『女子労働組合運動の促進』と『消費組合運動の促進』に最も重大なる使命」[91]がある、と記され、執筆記事以外でも、「購買組合にお入りになりませんか?」[92]といった神戸購買組合の広告を出すなど、組合の啓蒙を行っている。

二点目の特徴は、男女の協働である。覚醒婦人協会の経過全体からは、男女の協働の場となっていた様子をうかがうことができる。覚醒婦人協会が、当初は女性を中心として展開していた活動が徐々にその協力者の範囲を拡大し、男性執筆陣による啓蒙記事や、会員名簿の三分の一は男性名であるところからも、男性の会員も次第に内包していく様子がわかる。実際に誌面上でも、一八号の記事では「真の生活革命運動は男女共同の努力によらなければとても成功しません。私共の全人的生活は男女の融合によつて創造されるのです」[93]と記して、男女の協働をうたっている。

覚醒婦人協会は、女性であり労働者であるという、当時の社会にあって二重の弱者であった女性労働者の人権保護を目的としつつも、単に女性労働者の環境を改善すればよいという表面上の問題ではなく、市民社会における男女のパートナーシップのあり方という点から見直さなければ真の解決はない、という認識に基づいていたのではないだろうか。これらの特徴は、先述したように、一九二一（大正一〇）年の事業の紹介や宣言、また一九二一（大正一〇）年と一九二三（大正一二）年の両方の綱領にも明確に表れている。覚醒婦人協会は労働婦人の人権の尊重を目的として、男女協働の社会をめざしていたが、『覚醒婦人』の誌面上の特徴からも、この活動そのものが、めざしていた方向性の実現の場となっていたと評価できる。

さらに、覚醒婦人協会の最終的な目的は、ただ組合運動の実現や職業婦人の覚醒にとどまるのではなく、「文明」を光り輝かせる、という大きな視点を持つ。つまり、「男女」すなわちすべての人が幸福に過ごせる社会の実現をめざした活動であった。

辻村は、近代における欧米と日本の男女平等論とは、「社会は、異なった特性や役割をもつ男女の協力によって営まれていて、男女は共に重要な役割をはたしているのだから、平等に扱われなければならない」[94]と主張しているとする。その内容自体は、ハル等の唱える覚醒婦人協会のめざすところと一見変わらないようにみえる。しかし、その主張の根拠とする出発点において、覚醒婦人協会の主張は大きく異なる。それが、次の三点目の特徴である。

三点目の特徴は、キリスト教的発想である。「人間はひとしく神の子として生」まれ、神の前における等しい人格として男女が協力し、信仰に基づいて良き市民となる、という発想が覚醒婦人協会の思想の根底にある。覚醒婦人協会も、先に挙げた男女平等論と同様に、男女が異なる特性を持つことを認める。また、男女が共に重要な役割を果たすことを認める。そして、男女が共に平等の権利を与えられるべきであることを認める。ここまでは、先に挙げた男女平等論と同様であるが、覚醒婦人協会がその根拠とするのは、神が「男と女とに」[95]人を創造したがゆえに、男女はそれぞれの特性を備え、そして神が「神のかたちとして」創造したがゆえに、人は等しく人格を持つという点である。辻村の述べる男女平等論が無神論的男女平等論であるとするならば、覚醒婦人協会が唱えるのは、人格理解の基盤にキリスト教を置く、有神論的男女平等論ともいえるのではないか。その点で、覚醒婦人協会の主張をまとめるならば、キリスト教人格論に基づく市民社会における男女協働論、とも呼べるものである。

第四節　キリスト教的基盤と市民社会に開かれた活動

覚醒婦人協会が通常、例えば矯風会やＹＷＣＡといったキリスト教的婦人運動と同様の流れに置かれることがないのは、覚醒婦人協会が、キリスト教的思想を持ちながらも、表面的形態が日本人によって発足した組織であるからだろう。他のキリスト教団体は、宣教国からの支援や協力があり、キリスト教の背景から生まれたことが明白であるが、その点、覚醒婦人協会は他国の宣教団体との関係はなく、表面的には他の日本の婦人運動と同様である。現在発見されている機関誌『覚醒婦人』の寄稿者や寄付者、会員名の中には、国外の宣教団体関係者らしき名前は登場しないことからもそのことがいえる。資金繰りも、アメリカ等外国からの献金が繰り入れられていた様子はなく、欠損金が出たときには、ハルが「三二六円」を寄附、つまり埋め合わせた、とある。[96] 完全に日本土着型の団体である。しかも、実際の活動に加わっている人々には、非キリスト者も多く含まれる。また、綱領にも直接的なキリスト教的言及は見当たらない。このような覚醒婦人協会の組織上の形態ゆえに、覚醒婦人協会の持つ独自の思想には光が当てられず、「無産者婦人運動」の一つとして理解されてきたのだと思われる。

しかし、その組織的構造は他の女性団体と同類であったとしても、思想的にはその根底にキリスト教的視点を持っているところに、覚醒婦人協会の特有性がある。また、基盤にはキリスト教的視点を持ちながら、それを前面に出すことがなく、覚醒婦人協会の理念に賛同する多様な思想、宗教、職業、性別の人々にその場を開放しているという独創性を持つ。キリスト教的な思想を基盤にしながらも、宣教を目的とした活動を展開するのではなく、女性の人権のための活動に徹し、またその理念や方向性に賛同するならばキリスト者であっても非キリスト者であっても活動の主体として内包していく様子は、多様な他者性ゆえに高い公共性を持つという公共哲学的な発想にも通じるものである。[97] その点では他の活動には類をみない種類の組織であり、今日のキリスト者が市民社会活動を行うといった視点からも興味深く示唆に富むものとなっている。

■注（第一章）

1　例えば、石月静恵『戦間期の女性運動』（東方出版、一九九六年）では、二つの世界大戦の間の女性運動を網羅的に扱うが、覚醒婦人協会は取り上げられていない。新婦人協会の文脈の中で、講演を行ったとして賀川豊彦、ハル、長谷川初音が取り上げられているのみである。

2　この覚醒婦人協会の活動の時間的経緯については以下の文献を参照。三原容子による『賀川ハル史料集』第三巻（緑蔭書房、二〇〇九年）の「史料集解説」（四三五―四三八頁）、及び「愛妻　ハルの幸い、社会の幸い」（『ともに生きる』賀川豊彦記念松沢資料館、二〇一〇年）。

3　「職業婦人を中心とする『覚醒婦人会』生る」（一九二一年）（三原容子編『賀川ハル史料集』第一巻、緑蔭書房、二〇〇九年、三七八頁）他。

4　「惨めな彼女達を救へと労働婦人の為に気を吐いた賀川婦人と、『真の友情』の為に力説する織田女史」（一九二一年）（三原容子編『賀川ハル史料集』第一巻、緑蔭書房、二〇〇九年、三八〇頁）

5　『賀川ハル史料集』第三巻（緑蔭書房、二〇〇九年）の「史料集解説」（四三七頁）には「二九日」とあるが、『覚醒婦人』第一七号には、「第一回宣伝演説会」を「四月二十五日」に行った、と報告されている（『覚醒婦人』第一七号（三原容子編『賀川ハル史料集』第一巻、緑蔭書房、二〇〇九年、四〇八頁））。ここでは、一次資料としての『覚醒婦人』の日付を採用した。

6　『覚醒婦人』第一七号（三原容子編『賀川ハル史料集』第一巻、緑蔭書房、二〇〇九年、四〇八頁）

7　「覚醒婦人協会」（一九二二年）（三原容子編『賀川ハル史料集』第一巻、緑蔭書房、二〇〇九年、三八九頁）

8　例えば、新婦人協会の場合は、正会員の会費は月五〇銭、第一種賛助会員（男女）は月一円、第二種賛助会員（男女）は無料、維持会員（男女）は月五円以上または一時に五〇〇円以上となっている（折井美耶子・女性の歴史研究会編『新婦人協会の研究』ドメス出版、二〇〇六年、一四三頁）。例えば、一九二二（大正一一）年七月二二日の東神ゴム女工争議の記事に「女工達の平均給料は従来一日六七十銭」（http://www.core100.net/lab/pdf_torikai/017.pdf　二〇一六年三月三〇日最終閲覧）とあるので、現代の感覚にして、一日工場勤務をして約六〇〇〇～七〇〇〇円（時給八五〇円×八時間＝六八〇〇円）とすると、一〇銭というのは、一〇〇〇円くらいの感覚だろうか。ちなみに、一七年遡る一九〇五（明治三八）年当時、ハルの一六歳の製本工場での初任給は日給に換算すると一二銭であった。もし、そのように計算すると、新婦人協会の維持会員は月五〇〇〇円程度、ということになるだろうか。

9　神戸女学院百年史編集委員会『神戸女学院百年史――各論』神戸女学院、一九八一年、三三六・六九六頁

10　紙面における伝道、という意味を込めての「紙の教会」との命名だろうか。

11　『いちじく（牧師の手記）』芦屋浜教会、一九五九年

12　長谷川初音の生涯については、次の文献を参照。竹中正夫『ゆくてはるかに――神戸女子神学校物語』（教文館、二〇〇〇年）、および神戸女学院百年史編集委員会『神戸女学院百年史―各論』（神戸女学院、一九八一年）、および日本基督教団讃美歌委員会『讃美歌略解』（日本基督教団、一九五五年）等。

13　「男女共存のために婦人参政権を」（『女性同盟』六号、一九二一年三月）

14　「独言」（『女性同盟』一一号、一九二一年八月）

15　神戸女学院百年史編集委員会『神戸女学院百年史――各論』神戸女学院、一九八一年、三三六頁

16　織田やすの生涯については、次の文献を参照。竹中正夫、『ゆくてはるかに――神戸女子神学校物語』（教文館、二〇〇〇年）、および神戸女学院百年史編集委員会、『神戸女学院百年史――各論』（神戸女学院、一九八一年）、および日本基督教団讃美歌委員会、『讃美歌略解』（日本基督教団、一九五五年）等。

17　竹中正夫『ゆくてはるかに――神戸女子神学校物語』教文館、二〇〇〇年、「資料」二頁

18　濱は、『主婦之友』『婦人倶楽部』『婦人公論』の目次を調査し、「職業婦人」の用語が初めて記事に掲載されたのは、『主婦之友』『婦人倶楽部』においては一九二一（大正一〇）年六月号であり、『婦人公論』では一九二二（大正一一）年二月号であったと指摘している（濱貴子「職業婦人イメージの形成と良妻賢母規範」（『日本教育社会学会大会発表要旨集録』（六五）、日本教育社会学会、二〇一三年、三〇〇・三〇一頁）。このことからも、一九二一（大正一〇）年時点に発表した綱領において「職業婦人」の用語を使用している点は、一般大衆にこの用語がようやく浸透し始めた当初であったといえる。

19　「覚醒婦人協会（一九二二年）」（三原容子編『賀川ハル史料集』第一巻、緑蔭書房、二〇〇九年、三八九頁）では、一九二二（大正一一）年発行『日本労働年鑑』からの出典となっているが、一九二一（大正一〇）年五月二〇日の『労働者新聞』の記事内容に照らし合わせて、一九二一（大正一〇）年三月発足当時に発表された事業の内容と宣言であると考えられる。

20　折井美耶子・女性の歴史研究会編『新婦人協会の研究』ドメス出版、二〇〇六年、二七五頁

21　新婦人協会の初期の趣意書には「男女の協力」が含まれるが、これについては後に考察する。

22　鈴木裕子編『日本女性運動資料集成――生活・労働Ⅰ』第四巻、不二出版、一九九四年、二〇九頁

23　鈴木裕子編『日本女性運動資料集成――生活・労働Ⅰ』第四巻、不二出版、一九九四年、一九八頁

24　折井美耶子・女性の歴史研究会編『新婦人協会の研究』ドメス出版、二〇〇六年、二七五頁

25　山脇直司『グローカル公共哲学――「活私開公」のヴィジョンのために』東京大学出版会、二〇〇八年、i頁

26　このうち、一一号は『賀川ハル史料集』には未収であったが、一一号は発見されている機関誌の中で唯一の中期にあたる号として、覚醒婦人協会の初期から後期への移行の経過を知らせてくれる貴重な手立てとなる。『日本女性運動資料集成――生活・労働Ⅰ』第四巻（鈴木裕子編、不二出版、一九九四年、一九八頁）には、一六号のコピーが掲載されていることから、入手可能な号であるとして継続調査中である。また、賀川豊彦指導による大阪の共益社の機関誌『新生活』では、『覚醒婦人』一六号からの記事抜粋が掲載されている（鈴木裕子編『日本女性運動資料集成――生活・労働Ⅳ』第七巻、不二出版、一九九五年、四四〇・四四一頁）。創刊号については、「新川貧民窟の二十日」と題された山室武甫による文章で、「別に賀川夫人が主宰される覚醒婦人会の機関紙「覚醒婦人」の創刊号も出た。之には亡父軍平が、救世軍の母カサリン・ブースに就いて誌した一文も載ってゐた」とあるのが、現在知りうる創刊号の唯一の情報である（http://d.hatena.ne.jp/kagawa100/20140612　二〇一四年一一月二一日最終閲覧）。

27　例えば、新婦人協会の機関誌『女性同盟』は、通算一六号が発刊され、創刊号は六〇頁余りで、創刊当初は一部二五銭であった（折井美耶子・女性の歴史研究会編『新婦人協会の研究』ドメス出版、二〇〇六年、一一九・一四六頁）。

28　『覚醒婦人』第一七号（一九二三年）（三原容子編、『賀川ハル史料集』第一巻、緑蔭書房、二〇〇九年、四〇五頁）

29　一一名の執筆者のうち、一〇名が女性。一名は性別不明。

30　近代女性史研究会『女たちの近代』柏書房、一九七八年、二九六・二九七頁

31　『覚醒婦人』第一七号（一九二三年）（三原容子編『賀川ハル史料集』第一巻、緑蔭書房、二〇〇九年、四〇一頁）

32　「覚醒婦人会大阪支部の新しい大計画――大阪婦人会の新機運（六）」（一九二三年）（三原容子編『賀川ハル史料集』第一巻、緑蔭書房、二〇〇九年、三八八頁）

33　『覚醒婦人』第一八号（一九二三年）（三原容子編『賀川ハル史料集』第一巻、緑蔭書房、二〇〇九年、四一六頁）

34 折井美耶子・女性の歴史研究会編『新婦人協会の人びと』ドメス出版、二〇〇九年、一四頁
35 『覚醒婦人』第一一号、一九二二年、八頁
36 「神戸に新しく覚醒婦人会　職業婦人を中心として」（一九二一年）（三原容子編『賀川ハル史料集』第一巻、緑蔭書房、二〇〇九年、三八九頁）
37 「『無産婦人を中心として』新しい輝きの世界へ踏み出す覚醒婦人会」（一九二三年）（三原容子編『賀川ハル史料集』第一巻、緑蔭書房、二〇〇九年、三八五頁）
38 三原容子「愛妻　ハルの幸い、社会の幸い」（『ともに生きる―賀川豊彦献身一〇〇年記念事業の軌跡』家の光協会、二〇一〇年、八三頁）
39 「覚醒婦人協会　又新しい婦人団体が生れた　覚醒婦人新聞を発行計画」（一九二一年）（三原容子編、『賀川ハル史料集』第一巻、緑蔭書房、二〇〇九年、三七九頁）。『女性同盟』は発刊当初は一部二五銭であったが、その後、三〇銭に値上げされた（折井美耶子・女性の歴史研究会編『新婦人協会の研究』ドメス出版、二〇〇六年、一四六・一四七頁）。『覚醒婦人』は、会費が当初一か月一〇銭であったが、第一七号で「二〇銭に値上げ」とされている。『女性同盟』の頁数が創刊号で六〇頁余りであったことに対して『覚醒婦人』は八頁なので、『女性同盟』が『覚醒婦人』よりも「高い」とは単純に言い切れないだろう。
40 短編創作、の意味。
41 『覚醒婦人』第一七号（一九二三年）（三原容子編『賀川ハル史料集』第一巻、緑蔭書房、二〇〇九年、四〇八頁）
42 『覚醒婦人』第一七号（一九二三年）（三原容子編『賀川ハル史料集』第一巻、緑蔭書房、二〇〇九年、四〇四頁）
43 一九二〇年代には、産業化に伴い、事務員やタイピスト、百貨店に勤務する女性店員など、「労働婦人」が増加した。このような職業に従事したのは、高等女学校などの高い教育を受けた都市部の女性であり、それ以外の女性の主な職業は、「女工」と呼ばれる工場労働や女中であった。一九二〇（大正九）年の国勢調査によれば、工業に従事する女性は約一五八万人であり、また、一九三〇年代前半までは、工場労働者の過半数は女性であったとされている（総合女性誌研究会編『時代を生きた女たち――新・日本女性通史』朝日新聞出版、二〇一〇年、一七四―一九五頁参照）。
44 『覚醒婦人』第一九号（一九二三年）（三原容子編『賀川ハル史料集』第一巻、緑蔭書房、二〇〇九年、四二四頁）
45 渡辺悦次・鈴木裕子編『運動にかけた女たち』ドメス出版、一九八〇年、二〇頁
46 「神戸又新日報」（一九二二年七月二一日）（http://www.core100.net/lab/pdf_torikai/017.pdf　二〇一四年七月八日最終閲覧）

47　当時『覚醒婦人』の編集を担っていた小見山富恵のことと思われる。
48　賀川夫妻と共にスラムで活動していた馬島医師の妻か娘といった家族か。
49　(四)とあるからには、これ以前の号に(一)〜(三)が掲載されていたはずである。
50　武内勝の昭和二年一〇月一二日付の日記に「藪下兄が神経衰弱であり」とあるが、同一人物か？
http://k100.yorozubp.com/otakara/09096.htm（二〇一四年七月二八日閲覧）。ハルの日記には、たびたび「藪下」の名前が登場する。例えば、一九二〇（大正九）年一〇月三日、一一日（賀川ハル「一九二〇年日記」（三原容子編『賀川ハル史料集』第一巻、緑蔭書房、二〇〇九年、二六三頁））、一九二三（大正一二）年五月三〇日（賀川ハル「一九二三年日記」（三原容子編『賀川ハル史料集』第一巻、緑蔭書房、二〇〇九年、三五一頁））。一九二三（大正一二）年九月二四日の日記（三原容子編『賀川ハル史料集』第一巻、緑蔭書房、二〇〇九年、三五二頁）に「藪下梅子」が登場するが、藪下の妻か？
51　小見山富恵による「婦人運動の中心」の寄稿の中に、「『此後、婦人運動の方向及び中心は何であるか？』―これは今迄に屢々本誌上を通じて、大原社会問題研究所の丸岡氏、山名氏、又は藪下氏によって懇切に指示されました。しかし諸姉妹が、果してその適確な目標を判然と発見し得たか、どうか、私は三四の姉妹達より、それとなく聞いて見ました。けれ共悲しい哉彼女達はまだ何ものをも掴んではゐないやうでした」とある。また、同号「投稿歓迎」欄には、「将来の婦人運動の中心は必ず女子の労働運動でなくてはなりません」と呼びかけられている。この号は一九二二（大正一一）年一一月に発行されているが、一九二二（大正一一）年秋には小見山は覚醒婦人協会から離れ、上京し、改造社に入社している。この文章からも、小見山の意識と覚醒婦人協会に連なる女性たちとの意識の差異との緊張感が見受けられる。
　鈴木は、覚醒婦人協会における小見山の存在について、「ひときわ異彩を放っているのが、小見山富恵の主張である。第一一号に掲載された「婦人運動の中心」と題する論稿をみると、彼女はすでに階級的婦人運動の視点からの婦人運動論を展開している」とする。さらに、「階級的視点よりいち早く、女性労働者の問題を取りあげ、女性労働者の立場に立った運動を展開しようとした見識は高く評価されてよいだろう。だが同時にこうした立場は、前述したように、キリスト教社会主義を標榜する賀川らとは、当然齟齬をきたし、富恵の心は、『社会主義の総本山』たる東京の山川均、菊枝夫妻のもとへと心を馳せるのであった」（鈴木裕子「ある女性活動家の軌跡―小見山富恵にみる―」（近代女性史研究会編『女たちの近代』柏書房、一九七八年、二九七・二九八頁）、とする。上記の小見山自身の執筆からも、小見山と覚醒婦人協会の緊張関係がうかがえるが、ただ、小見山も同記事に「必ずやこの組合運動を男子の組合と協力して起すに至る」と述べているように、必ずしも覚醒婦人のめざす組合運動の方向性と「齟齬をきたし」ていたとは限らない。例えば、小見山が一九二二（大正一一）年秋に賀川の元から東京へ移ったのちも、一九号で「ローザ、ルクセンブルグ女子博」、二〇号で「明確なる意識へ」として記事を覚醒婦人へ寄稿を続けていることからすると、交流は続いていたと考えてよいだろう。

また鈴木は、小見山が「クリスチャンではなかった」としているが、『覚醒婦人』二号で「とみゑ」と記された歌のうち二編に「神」への言及があることから、一時期ではあるにしても何かしらの信仰心はあったのかもしれない。しかし、「とみゑ」が小見山のことを指すのか、またこれが歌人のキリスト教信仰を反映した歌であるのかは断定できない。

52　同号「関西総合婦人大会に出席して」を寄稿している「松浦智佐登」と同一人物であると思われる。また、同号「貧民窟にて」を寄稿した「ちさと」も同一人物か？　ハルが長男を出産したのがこの年の一二月である。「編集だより」にハルの名前ではなく、「松浦」と名前が記載されているのは、出産直前のハルが多忙であったためかもしれない。

53　林てる（一九〇〇（明治三三）〜一九二三（大正一二））。東京女子大在学中から山川菊栄の社会主義婦人運動の思想に傾倒し、一九二二（大正一一）年京阪地方で「関西婦人」を組織し、女子工員たちと研究会をつくる。一九二三（大正一二）年、二四歳で没。

54　「山川菊枝の社会主義的寓話『牙をぬかれた狼』（水曜会パンフレットとして一九二一（大正一〇）年一〇月発行（から）…再録転載」（『日本女性運動資料集成―生活・労働Ⅰ』第四巻、不二出版、一九九四年、三七頁）

55　すでに改造社に移動した後だが、その後も寄稿していることからすると、小見山富恵の可能性がある。

56　奥田宗太郎（一八八九（明治二二）〜一九四五（昭和二〇））。一九二二（大正一一）年、総同盟神戸合同組合に入り、神戸地方評議会政治部長、労働農民党神戸支部長などを務める。一九四五（昭和二〇）年、五七歳の時に空襲で亡くなる。

57　一八号に（三）が記載されていることからすると、一六号には（一）が記載されていたものと思われる。

58　松澤兼人（一八九八（明治三一）〜一九八四（昭和五九））。大阪労働学校主事兼講師などを経て、一九二三（大正一二）年、関西学院大学教授となる。

59　朝日新聞支局勤務。

60　新規会員の名前はそのままであるのに、会費納入者は「姉」となっている。キリスト教界では信者同志を「兄」「姉」と呼ぶことがあるが、その影響か。もしそうであるならば、会員には多くのキリスト者が含まれていた可能性もある。

61　四一六頁の「会務報告」によると、六月九日女子基督教会館において開催された六月の例会における講演原稿と思われる。

62　「中」というからには、これ以前の号に「上」が記載されていたのだろう。
63　http://www.core100.net/lab/pdf_torikai/016.pdf（二〇一六年三月三〇日最終閲覧）
64　一七号では「小見山」となっている。
65　一九二二（大正一一）年秋にすでに山川菊枝の『改造社』に入社していたことに関係していると思われる。
66　一九号で、来月号からドクトル馬島による米国、ドイツの社会問題の研究が本誌を飾る、と編集室で予告されているが、何らかの理由によって、二〇号には掲載されていない。
67　新明正道（一八九八（明治三一）～一九八四（昭和五九））。政治学を専攻、後に社会学を研究する。関西学院大学教授を経て、一九二六（大正一五／昭和元）年から、東北大学教授を定年まで務めた。筆名は、秋関直二。
68　『覚醒婦人』第一九号（一九二三年）（三原容子編『賀川ハル史料集』第一巻、緑蔭書房、二〇〇九年、四二四頁）
69　『覚醒婦人』第一七号（一九二三年）（三原容子編『賀川ハル史料集』第一巻、緑蔭書房、二〇〇九年、四〇五頁）
70　『覚醒婦人』第一九号（一九二三年）（三原容子編『賀川ハル史料集』第一巻、緑蔭書房、二〇〇九年、四一九頁）
71　『覚醒婦人』第二〇号（一九二三年）（三原容子編『賀川ハル史料集』第一巻、緑蔭書房、二〇〇九年、四二九頁）
72　『覚醒婦人』第一七号（一九二三年）（三原容子編『賀川ハル史料集』第一巻、緑蔭書房、二〇〇九年、四〇五頁）
73　『覚醒婦人』第一八号（一九二三年）（三原容子編『賀川ハル史料集』第一巻、緑蔭書房、二〇〇九年、四一五頁）
74　『覚醒婦人』第一八号（一九二三年）（三原容子編『賀川ハル史料集』第一巻、緑蔭書房、二〇〇九年、四〇九頁）
75　石月静恵『戦間期の女性運動』東方出版、一九九六年、一三二頁
76　石月静恵『戦間期の女性運動』東方出版、一九九六年、六六頁
77　鈴木裕子編『日本女性運動資料集成――生活・労働Ⅳ』第七巻、不二出版、一九九五年、五六頁
78　「スコットランド協同消費組合卸売連合会」と「イングランド協同消費組合卸売連合会」の意味。
79　『覚醒婦人』第一一号（一九二二年）、覚醒婦人協会、一九二二年、四頁
80　公共哲学からの「友愛」と「連帯」に関する議論は、次の文献を参照。稲垣久和『公共福祉とキリスト教』教文館、二〇一二年
81　稲垣久和『改憲問題とキリスト教』教文館、二〇一四年、六四頁
82　鈴木裕子編『日本女性運動資料集成――生活・労働Ⅰ』第四巻、不二出版、一九九四年、三七頁
83　例えば、「オーロラの下に」『覚醒婦人』第二号（一九二二年）（三原容子編『賀川ハル史料集』第一巻、緑蔭書房、二〇〇九年、

三九五頁）、長谷川初音「平和問題私見」『覚醒婦人』第一九号（一九二三年）（三原容子編『賀川ハル史料集』第一巻、緑蔭書房、二〇〇九年、四一七頁）。

84　『覚醒婦人』第二号（一九二二年）（三原容子編『賀川ハル史料集』第一巻、緑蔭書房、二〇〇九年、三九四頁）

85　『覚醒婦人』第二号（一九二二年）（三原容子編『賀川ハル史料集』第一巻、緑蔭書房、二〇〇九年、三九六頁）

86　『覚醒婦人』第二〇号（一九二三年）（三原容子編『賀川ハル史料集』第一巻、緑蔭書房、二〇〇九年、四二八頁）

87　キリスト教世界観、領域主権論については、次の文献を参照。リチャード・マウ、稲垣久和・岩田三枝子訳『アブラハム・カイパー入門――キリスト教世界観・人生観への手引き』教文館、二〇一二年。P・S・ヘスラム、稲垣久和・豊川慎訳『近代主義とキリスト教――アブラハム・カイパーの思想』教文館、二〇〇二年

88　稲垣久和『公共福祉とキリスト教』教文館、二〇一二年、二二〇頁

89　稲垣久和『公共福祉とキリスト教』教文館、二〇一二年、二四頁

90　「神戸又新日報」（一九二二年七月二一日）

(http://www.core100.net/lab/pdf_torikai/017.pdf　二〇一四年七月八日最終閲覧）

91　『覚醒婦人』第二〇号（一九二三年）（三原容子編『賀川ハル史料集』第一巻、緑蔭書房、二〇〇九年、四二五頁）

92　『覚醒婦人』第一七号（一九二三年）（三原容子編『賀川ハル史料集』第一巻、緑蔭書房、二〇〇九年、四〇七頁）

93　『覚醒婦人』第一八号（一九二三年）（三原容子編『賀川ハル史料集』第一巻、緑蔭書房、二〇〇九年、四〇九頁）

94　辻村みよ子・金城清子『女性の権利の歴史』岩波書店、一九九二年、一三八頁

95　創世記一・二七（聖書）

96　『覚醒婦人』第一七号（一九二三年）（三原容子編『賀川ハル史料集』第一巻、緑蔭書房、二〇〇九年、四〇八頁）

97　覚醒婦人協会は政党ではないものの、「中間団体の重視と多元性（差異性）」というキリスト教民主主義のあり方とも共通した点がみられることは興味深い。キリスト教民主主義については、次の文献を参照。稲垣久和『公共福祉とキリスト教』教文館、二〇一二年、一二四―一二六頁

第二章　新聞報道における覚醒婦人協会

本章では、新聞で取り上げられた覚醒婦人協会の報道に注目することで、新聞報道では覚醒婦人協会がどのように評価を受け、理解されていたのかを考察する。その上で、覚醒婦人協会の活動が時代の必要性に即したものであったかを明らかにすると同時に、新聞報道の限界を示す。

第一節　概略

覚醒婦人協会の設立や演説会の様子は、当時の新聞各社で記事に取り上げられている。現在発見されている記事は、大阪毎日新聞五回、朝日新聞四回、読売新聞三回、毎日新聞一回、神戸新聞一回、大阪新報一回、時事新報一回、大阪時事新報一回、労働者新聞一回となっている。

各記事の判明している年月日と見出しは、次のとおりである。

各新聞見出し（筆者作成）

大阪毎日新聞

1921（大正10）年3月27日	「職業婦人の家庭生活は無味乾燥になりやすい」[1]
1921（大正10）年3月28日	「惨めな彼女達を救へと　覚醒婦人協会講演会」[2]
1921（大正10）年3月28日	「賀川春子女史　注連之助」[3]
1923（大正12）年4月17日	「『無産婦人を中心として』新しい輝きの世界へ踏み出す覚醒婦人会」[4]
1923（大正12）年4月22日～28日[5]	「『男女の協同による新社会の建設』を標榜して積極的に活動する覚醒婦人協会の演説会」[6]

朝日新聞

1921（大正10）年3月4日	「覚醒婦人協会　又新しい婦人団体が生れた」[7]
1923（大正12）年1月16日[8]	「神戸の婦人」[9]
1923（大正12）年[10]	「無産階級婦人勃興の全国的現状」[11]
1923（大正12）年5月以降[12]	「覚醒婦人会大阪支部の新しい大計画」[13]

読売新聞

1921（大正10）年3月14日	「神戸に新しく覚醒婦人会」[14]
1921（大正10）年8月1日[15]	「関西婦人界を横断する労働争議の赤十字」[16]
1921（大正10）年12月17日	「神戸の婦人界　新生面を開く」[17]

毎日新聞

1921（大正10）年3月4日	「職業婦人を中心とする『覚醒婦人会』生る」[18]

神戸新聞

1921（大正10）年７月17日	「女工団を先頭に団旗を押樹て丶麻耶山へ！再度山へ！！」[19]

大阪新報

1921（大正10）年３月23日	「覚醒婦人講演」[20]

時事新報

1923（大正12）年４月22日～28日[21]	「地下幾千尺の暗黒に腰巻一枚で働いて居るではないか無産階級婦人解放を叫んで　覚醒婦人協会演説会」[22]

大阪時事新報

1922（大正11）年９月15日	「(10)　職業組合の域を脱しない我国女子労働組合」[23]

労働者新聞

1921（大正10）年５月20日	「覚醒婦人協会の創立」[24]

これらの報道は、主に二つの時期に集中している。一つは、覚醒婦人協会が発足した一九二一（大正一〇）年の春を中心として、覚醒婦人協会の発足を伝える報道である。一九二一（大正一〇）年に一一記事が書かれた。もう一つは、一九二三（大正一二）年である。これは、覚醒婦人協会主催の大演説会が開かれ、また覚醒婦人協会の綱領が改正された年でもあり、一九二三（大正一二）年には七記事がこれらの動向を伝えている。

この報道が集中する時期からも、一九二一（大正一〇）年と一九二三（大正一二）年に覚醒婦人協会に大きな動きがあったことが推測できる。またその背景には、一九二二（大正一一）年一二月にハルが長男を出産したということも関連しているのかもしれない。この年は、会の中心人物であり、機関誌『覚醒婦人』の編集・発行を担っていたハルにとって初めての妊娠、出産、育児の中で、活動が停滞とまでは行かないまでも、活動が緩やかになった可能性はある。しかし、出産四か月後には総会を開き、綱領を発表しているのだから、ハル自身を考えれば決して緩やかに産後を過ごしていたとは言い切れない。

第二節　婦人運動の一つとしての好意的な受容

各新聞社が幾度にもわたり覚醒婦人協会を取り上げた理由として、二つの推測ができる。一つは、この時代の婦人運動の興隆であり、もう一つはハル自身の人物像に関わるものである。

一九二〇年前後のこの時期は、一九一九（大正八）年には治安警察法改正請願運動に取り組んだ新婦人協会の結成、一九二一（大正一〇）年には婦人参政権運動を展開した日本婦人参政権協会、一九二三（大正一二）年には婦人参政同盟、一九二四（大正一三）年には婦人参政権獲得期成同盟会が結成された時期でもあった。また、運動の一つの結実として、一九二二（大正一一）年には治安警察法第五条二項が改正され、女性の集会の自由が認められた[25]。このような時代の中で、婦人運動そのものに対してのジャーナリズムの関心が高く、覚醒婦人協会も婦人運動の一つとして注目を集めやすかった。例えば朝日新聞では、神戸に立ち上げられた一六の婦人団体の一つとして覚醒婦人協会を紹介している[26]。また、同新聞一九二一（大正一〇）年三月四日の「覚醒婦人協会　又新しい婦人団体が生れた」とする記事の見出しからも、他の婦人運動団体が数多く設立された背景を、「又」という言葉から読み取ることができる。一九二一（大正一〇）年三月四日毎日新聞では、覚醒婦人協会を「新時代」における婦人運動として位置付けており[27]、社会全体が、新しい女性の動きを感じていた様子が伝わってくる。このような明るい兆しの中で女性運動が興隆し、覚醒婦人協会もその一つとして好意的に受け止められていた。

また、覚醒婦人協会は多くの婦人運動の中でも特に、平塚らいてうの新婦人協会と並べられている場合がある。例えば、一九二一（大正一〇）年三月四日の朝日新聞記事では、同記事に掲載されている覚醒婦人協会発起人の一人である長谷川初音の談話として「覚醒婦人会は新婦人協会とは全然別箇のもので何等の関係もありません[28]」と掲載されているが、この談話からも、当時の人々の間で覚醒婦人協会と新婦人協会が混同されたり、区別があいまいになったりしていたのではないかと推測される。また、読売新聞一九二一（大正一〇）年三月一四日においても、「新婦人協会とは別に一つの覚醒婦人会なるものを組織[29]」として、新婦人協会と混同しないようにと注意が促されている。

これらの記事は、覚醒婦人協会の発足が、女性の人権の尊重、また労働者の人権の尊重という世論の高まりの中で、期待と好意を持って迎えられた活動であったことを示している。

第三節　「賀川豊彦の妻」としてのハル

各新聞社が覚醒婦人協会に注目したもう一つの理由として考えられるのは、ハルが持つ「賀川豊彦の妻」としての個人的立場である。当時、豊彦は一九二〇（大正九）年に出版した自伝的小説『死線を越えて』が一〇〇万部を突破したといわれるベストセラーになり、その名が世に広く知られるようになった。その豊彦の知名度を示すかのように、覚醒婦人協会を取り上げる記事の多くが、「賀川豊彦の妻ハル」の活動として、覚醒婦人協会の活動を伝えている。

例えば、覚醒婦人協会を紹介した朝日新聞一九二三（大正一二）年一月一六日では、ハルについて、「賀川氏と同じやうに時として暴漢の襲撃や脅迫に合い乍ら同じく無抵抗主義—愛する心を以てのみ之に対し彼等に何物かの光を与へて居る」と紹介している。それに対して、同じく覚醒婦人協会の発起人であった織田やすについては、「演壇に立てる女史から聴衆は真に思想の上から目醒めて生く可き道を雄弁に教へられる」と紹介されている。つまり、ハルについては、ハル個人というよりも、むしろ豊彦と一対としてみなされている。

また、同じく朝日新聞一九二三（大正一二）年三月四日でもハルは、「賀川豊彦氏夫人春子」として紹介される。同様に、一九二一（大正一〇）年「二月」[30]の読売新聞でも「賀川豊彦夫人」と、豊彦の妻として紹介され、ハルの個人名は見出しに登場しない。本文の中でハルの名は登場するものの、そこでも「賀川豊彦氏夫人春子」として、豊彦の名が先行する。読売新聞一九二一（大正一〇）年一二月一七日でもハルは、「賀川豊彦氏夫人春子」として紹介される。大阪毎日新聞の一九二一（大正一〇）年三月二八日でも、織田やすについては「織田女史」と紹介されていることに対し、ハルは「賀川夫人」として、豊彦の妻の立場で登場する。同新聞同日付記事では、「一人毅然として異彩を放つている女性」、「賀川春子女史」として大きく個人名があげられているものの、詳細な紹介では「賀川豊彦氏夫人春子女史」である。また同記事本文の締めくくりは、「賀川氏は好き配偶者を与へられた事を神に謝さねばならぬ」とし、やはり「賀川豊彦の妻」としてのハル、という位置づけである。それは一九二三（大正一二）年になっても変わらず、同新聞一九二三（大正一二）年四月一七日では、覚醒婦人協会の会長として「賀川豊彦氏夫人はる子さん」が紹介される。さらに同様に、一九二一（大正一〇）年五月二〇日の労働者新聞でも、覚醒婦人協会の創立を伝える記事において、「賀川豊彦夫人春子女史」と紹介する。

このように、著名人として名が知られていた「賀川豊彦」の妻としてハルが取り上げられることは、多くの人々の関心に訴えようとするジャーナリズムでは自然なことである。ジャーナリズムの覚醒婦人協会への注目は、活動の内容そのものに対する関心だけではなく、著名人の妻による活動という部分も多分にあった事実は否めないだろう。

しかし果たして、ハルが覚醒婦人協会の活動を展開するうえで、豊彦自身は覚醒婦人協会の活動に深く関わっているのだろうか。鈴木は、覚醒婦人協会の宣言内容から、「賀川豊彦の強い影響下に、覚醒婦人協会はあった[31]」とするが、「賀川豊彦」の名がジャーナリズムで取り上げられたこととは対照的に、直接には関わっていない可能性が高いのではないか。その理由は二つある。

第一点目は、協会機関誌『覚醒婦人』に、豊彦の名前がほぼ登場しないことである。現時点で入手可能な『覚醒婦人』の号を通して、「賀川の講演会が開催される[32]」という講演の予告案内が一度掲載されている以外は、豊彦自身が執筆したり、豊彦の講演記録をまとめたような記事は見当たらない。『死線を越えて』によって著名になり、著作活動や講演会活動もすでに数多く行っていた豊彦であるから、機関誌に寄稿を一つ二つ載せることなどわけないことだっただろう。『覚醒婦人』には男性の寄稿者も多くみられることからも、豊彦が男性であるから寄稿しなかったということでもない。また、豊彦も平塚らいてう、与謝野晶子や林てる等と交流を持ち、また矯風会でも一九二八（昭和三）年、廃娼運動の講演をしていることから、豊彦が女性問題に無関心だったために『覚醒婦人』への寄稿がない、ということでもない。実際、雑誌『女性改造』には、同時期に豊彦の寄稿が数点掲載されている[33]。妻が中心となって展開している活動であるから、豊彦の執筆が掲載されていないことの方がかえって不思議ともいえる。あれほど精力的に執筆していた豊彦が『覚醒婦人』への寄稿が全くないのはなぜか。これは、豊彦がこの覚醒婦人協会をあえて、ハルたち女性による働きとして一歩引いて受け止めていたのではないか。これまでみてきたように、ハルの思想には、豊彦の思想との高い共有性がみられる。豊彦と共にスラムで活動を行ってきたハルに対して、自身と十分に思想を共有しているという豊彦の信頼でもあるのではないか。

豊彦が覚醒婦人協会に関わりを持たなかった可能性の第二点目の理由は、先の理由に関連するが、豊彦がこの時期、多忙を極めていたことである。先述のように一九二〇（大正九）年にベストセラー自伝小説『死線を越えて』が出版されたが、その後も次々『自由組合論』（一九二〇（大正九）年）、『空中征服』（一九二二（大正一一）年）等を執筆、また一九二二（大正一一）年には個人雑誌『雲の柱』を発刊、また市民社会活動においては一九二〇（大正九）年には神戸購買組合を設立、一九二一（大正一〇）年には日本農民組合を結成、神戸イエス団設立、また川崎・三菱造船所争議のために投獄され、一九二二（大正一一）年にはアインシュタインの来訪も受ける、というめまぐるしい時期であった。このような多忙な中で、豊彦は、覚醒婦人協会の活動に直接関わる時間を十分に持たなかった可能性が高いと推測する。

以上の理由から、覚醒婦人協会にみられる方向性は、豊彦が直接的に関わったものではなく、むしろ活動の中心人物であるハルや協働者たちのめざした方向性が濃厚であると判断できる。

第四節　「無産者階級」「職業婦人」「労働婦人」のための活動

このように新聞報道では、「賀川豊彦の妻」による活動として覚醒婦人協会を取り上げることも多々あったが、これらの報道からは、この覚醒婦人協会がどのように受け止められていたのか、という他の側面も浮かび上がってくる。それは覚醒婦人協会が多々ある婦人運動の中でも、特に「無産者階級」「労働者」の女性を対象とした活動として認識されているということである。

例えば、一九二三（大正一二）年の朝日新聞の見出しには、「無産階級婦人勃興の全国的現状」と書かれ、「無産婦人」と記事内の「美しい社交婦人達」とを対比的に捉えている。資本主義の発達によって、若い女性たちが家庭ではなく、職業や工場へと入っていき、そのために青春と母性と健康が失われたが、職業や工場での働きによって、社会活動へと「導き、経済的独立を与へ、婦人解放の哲学を与へた」と記す。一九二三（大正一二）年の同紙の記事では、「覚醒婦人会大阪支部の新しい大計画」と題して、覚醒婦人協会の活動を紹介する。ここでは、「無産階級婦人」の代表としてハルの名があげられ、「漸くその基礎工事を終へた処で、これから私達のめざす実際運動に勇躍の一歩をふみだすのであります」と抱負を紹介する。同新聞では、一九二二（大正一一）年七月の「神戸の東神ゴム争議」で、覚醒婦人協会が女工組合を起こし、女工を代表して会社の要求承諾に努めたことを、「実際運動」の一歩として評価している。また、機関誌『覚醒婦人』が、「我国に於ける唯一の婦人労働問題◇誌」として紹介されている点も、覚醒婦人協会が女性かつ労働者という視点での婦人運動であったことを示しており、その後興隆する労働者婦人のための活動の先駆けの一つになったとも考えられる。

読売新聞でも評価は同様である。一九二一（大正一〇）年八月の[34]「関西婦人界を横断する労働争議の赤十字」の記事では、関西の女性労働者のための代表的組織として覚醒婦人協会を扱う。また、一九二一（大正一〇）年三月一四日「神戸に新しく覚醒婦人会」の記事でも、「職業婦人を中心として」と見出しにあり、会の特色を職業婦人にあると捉えている。また、本文中にも「従来の婦人団体とは一寸毛色を変へて職業婦人を中心にして」と書かれている。同じく、一九二一（大正一〇）年一二月一七日「神戸の婦人界」では、新婦人協会が目的とする「婦人の権利の擁護」、「女性文明の促進に必要なる法規の作成改廃運動」、「母性の保護」、「廃娼運動」が覚醒婦人協会にとっても共通の目的であることに加えて、覚醒婦人協会独自の特徴として、「職業婦人の為に職業婦人の覚醒及解放に必要なる事業」や「婦人職業状態の調査改善」などに取り組むとして紹介されている。

毎日新聞でも覚醒婦人協会に対する評価は同様である。一九二一（大正一〇）年三月四日「職業婦人を中心とする『覚醒婦人会』生る」を見出しとする記事では、覚醒婦人協会が、「新聞『覚醒』を発行し職業婦人の為め努力する意気込み」として、「職業婦人」の文字が二回重なる。ここでも、覚醒婦人協会の特色が「職業婦人」であると認識されている。また記事本文にも「従来の婦人団体とその趣を異にし職業婦人を中心として」と紹介されている。

大阪毎日新聞の一九二一（大正一〇）年三月四日「職業婦人の家庭生活は無味乾燥になりやすい」の見出しでも、会の特徴を「職業婦人」としている。一九二一（大正一〇）年三月二八日「惨めな彼女達を救へと　覚醒婦人協会講演会」では、見出しに「労働婦人の為に気を吐いた」とし、この会が労働婦人のためであることを強調する。二年後の一九二三（大正一二）年四月一七日「『無産婦人を中心として』新しい輝きの世界へ踏み出す覚醒婦人会」では、見出しには「無産婦人を中心として」と、覚醒婦人協会の特徴を無産階級のためと位置づける。また、会員の「全部が職業婦人ばかりであるところに此の婦人会の真実味がある」と評価している。そして、「職業婦人の集団としては何といつても関西一である」とし、「産婆、看護婦、女教員、タイピスト、事務員、女工、女書記、郵便局員といつた風に、あらゆる職業の人々を抱擁してゐる」と言及する。

一九二一（大正一〇）年五月二〇日労働者新聞では、「覚醒婦人協会の創立」を伝える記事において、覚醒婦人協会の目的が、「平塚女史等の新婦人協会に比較すると、著しくプロレタリアの色彩が濃厚である点が嬉しい」とし、覚醒婦人協会の特徴を「プロレタリアの色彩」として強調する。

そして、一九二三（大正一二）年時事新報でも「地下幾千尺の暗黒に腰巻一枚で働いて居るではないか無産階級婦人解放を叫んで　覚醒婦人協会演説会」として、見出しには、「無産階級婦人解放を叫んで」とある。本文にも、「無産階級婦人解放を目的」として覚醒婦人協会が設立されたと解説し、覚醒婦人協会の特徴を無産階級婦人であると位置づけている。一九二一（大正一〇）年三月二三日の「覚醒婦人講演」を伝える記事においても、講演内容として「労働婦人立場　架川（ママ）はる」と紹介されている。

以上のように、新聞報道においては、覚醒婦人協会の活動は、「女工」だけには限定しないものの、「無産階級」「労働階級」に属する女性のための活動である、との認識で一致している。それは覚醒婦人協会の目的でもあり、否定する必要はない。しかしその一方で、これらの報道記事の覚醒婦人協会に対する見解は、「ブルジョア対プロレタリア」という構図一辺倒の範囲にあり、当然のごとく、その背後にある思想にまで触れているものはない。

第五節　男女の協働とキリスト教

このような中で、特筆すべき記事が、覚醒婦人協会の二つの特徴を伝える大阪毎日新聞の記事である。同新聞は、他の新聞と比較すると、覚醒婦人協会の発足時から継続的に取材をしており、また記事数自体も多い。そして内容も、他新聞記事に比較すると、思想的な側面にまで言及している点が特徴的である。

その一つは、男女の協働を伝える記事である。例えば、一九二一（大正一〇）年の三月二八日大阪毎日新聞「惨めな彼女達を救へと　覚醒婦人協会講演会」の記事では、ハルの行った講演内容の要旨が掲載されているが、その要旨の中に「女子の手に及ばない所は知識階級男子の援助を得てモット同性のレベルを高めたい」とある。また、同紙一九二三（大正一二）年「『男女の協同による新社会の建設』を標榜して積極的に活動する覚醒婦人協会の演説会」では、さらにその特徴を浮き彫りにして伝えられる。見出しに「男女の協同による新社会の建設」の文字が掲げられ、覚醒婦人協会の新しい綱領として「男女の協同による新社会の建設」を挙げたことが紹介されている。今日でこそ、男女共同参画という言葉は日常的に聞かれるようになっているが、女性参政権はおろか、女性が集会を自由に開く権利もなかった一九二〇年代初頭の日本においては、「男女協同」で築く「社会」像は、先進的な思想ではなかったかと思われる。

対照的で興味深いのが、朝日新聞である。一九二三（大正一二）年「覚醒婦人会大阪支部の新しい大計画」として、大阪毎日新聞と同じく覚醒婦人協会の新綱領が紹介されているが、朝日新聞では綱領の一部が削除されて紹介されている。削除されている項目とは、綱領の第一項の「男女の協同による」の部分である。また、第六項の「廃娼及び禁酒の実行」も記事内では削除されている。削除されている部分は、どちらも男性と関連する部分であることから、男性に不利と思われる項目については意図的に削除された可能性も否定できない。

またもう一点、大阪毎日新聞が捉えた覚醒婦人協会の特徴は、覚醒婦人協会とキリスト教との関連に言及している点である。大阪毎日新聞一九二一（大正一〇）年三月四日「職業婦人の家庭生活は無味乾燥になりやすい」では、覚醒婦人協会の活動を、「美しい信仰の所有者としようと設立された」と紹介する。綱領や講演内容そのものには直接的なキリスト教色が見当たらないにもかかわらず、キリスト教信仰との関連を示唆している点は興味深いといえる。

他の新聞記事と比較し、大阪毎日新聞が覚醒婦人協会のより思想的な部分に触れているのは、覚醒婦人協会機関誌『覚醒婦人』にも寄稿している村嶋帰之が、一九二〇（大正九）年から大阪毎日新聞の記者として働いていたことにも関係するのではないか。[35] 新聞記事に執筆記者名は記載されていないが、村嶋が取材し、執筆した可能性はある。[36] そうであるならば、日頃から豊彦・ハル夫妻の活動に共鳴し、その活動を間近に見ていた村嶋は、単に「ブルジョア対プロレタリア」の構図の中でのみ覚醒婦人協会の活動を評価するのではなく、その基盤にキリスト教信仰があること、また「女性の個の権利」を求めるのみの活動ではなく、むしろ「男女の協働」をめざす活動であることを理解しており、これらの記事にもその思想が反映されたのではないだろうか。[37]

第六節　報道の限界と特徴

以上のようなジャーナリズムの報道から、覚醒婦人協会が当時の社会においてどのように受容されていたのかが垣間見える。一点目は、覚醒婦人協会が、大正デモクラシーの時代の流れに乗った運動として、好意的に受容されていた点である。女性の権利拡張、また労働者の権利拡張という世論の高まりも覚醒婦人協会にとって追い風となった。

二点目は、覚醒婦人協会の活動が豊彦の名に助けられてのものであった点である。もしハルが豊彦の妻ではなかったら、場合によってはそれほどジャーナリズムの注目を集めなかった可能性も否定はできない。世において覚醒婦人協会が注目を集める役割を果したという点では新聞報道は覚醒婦人協会にとって知名度を上げる後押しとなったが、その報道にも限界があった。

それは、一つには、覚醒婦人協会が「賀川豊彦の妻ハル」によって展開されているという点が必要以上に強調されているため、「著名人の妻」という報道が独り歩きをしてしまい、その活動内容そのものが健全に伝えられていない可能性である。また、「賀川豊彦の妻ハル」が覚醒婦人協会の前面に出た結果、豊彦が時代の流れと共に人々の記憶から遠のくと同時に、覚醒婦人協会の活動も婦人運動史の中で等閑視されてしまった可能性である。先にも記したが、新聞記事内で報道されているように覚醒婦人協会の会員数八〇〇名というのがある程度事実であるとするならば、それは平塚らいてう等による新婦人協会の会員数八〇〇名弱といわれるに劣らない規模であり、覚醒婦人協会の活動は婦人運動史の中で評価されるに十分値するものである。

また、もう一つの限界は、覚醒婦人協会の特徴を伝える中でも、「無産者階級」「労働者階級」「職業婦人」といった一側面だけが伝えられている点である。もちろん、覚醒婦人協会がこれらの特徴をもつ活動であることには違いないが、限られた紙面の中で、その一側面だけが伝えられた結果、覚醒婦人協会がもつ他の側面、すなわちその根底にあるキリスト教的信仰と共に、男女の協働が掲げられている点が隠れてしまった可能性がある。その点で、大阪毎日新聞が記載した、覚醒婦人協会が男女の協働という特徴を持ち、またキリスト教信仰がその活動の基盤にあるとの報道は、稀有なものとして注目すべきであろう。またそのような側面こそ、これまでにみたように覚醒婦人協会特有の視点であり、男女が共に市民社会を築き上げていく際に後押しとなる今日的意義を持ち得る点である。

■注（第二章）

1　三原容子編『賀川ハル史料集』第一巻、緑蔭書房、二〇〇九年、三八〇頁
2　三原容子編『賀川ハル史料集』第一巻、緑蔭書房、二〇〇九年、三八〇・三八一頁
3　三原容子編『賀川ハル史料集』第一巻、緑蔭書房、二〇〇九年、三八二頁
4　三原容子編『賀川ハル史料集』第一巻、緑蔭書房、二〇〇九年、三八五頁
5　『賀川ハル史料集』に日付の詳細は記載されていないが、四月二一日の出来事を示し、かつ四月二九日のことを先の予定として記しているため、この日付の範囲での記事だと推測される。
6　三原容子編『賀川ハル史料集』第一巻、緑蔭書房、二〇〇九年、三八六頁
7　三原容子編『賀川ハル史料集』第一巻、緑蔭書房、二〇〇九年、三七九頁
8　『賀川ハル史料集』では「一九二二年一月一六日」付けとなっているが、「覚醒婦人会」が「機関雑誌を発行し」ているという内容から、一月一六日という日付が正しければ、一九二三（大正一二）年の間違いであると推測される。
9　三原容子編『賀川ハル史料集』第一巻、緑蔭書房、二〇〇九年、三七七頁
10　本記事が「大阪婦人界の新機運　五」であり、次の記事が「大阪婦人界の新機運　六」であるので、次の記事よりも早い日付で、かつそれほど日が経っていない頃の記事だと推測される。
11　三原容子編『賀川ハル史料集』第一巻、緑蔭書房、二〇〇九年、三八七頁
12　四月の総会について「四月下旬に始めて開いた総会」と記されているので、五月以降の記事と推測される。
13　三原容子編『賀川ハル史料集』第一巻、緑蔭書房、二〇〇九年、三八八頁
14　三原容子編『賀川ハル史料集』第一巻、緑蔭書房、二〇〇九年、三七九頁
15　「二月」が正しければ、覚醒婦人協会は二月にすでに活動を始めていたという事になり、新婦人協会と並行して活動していたことになる。この「春」と述べているので「二月」という新聞の日付が間違いだろう。「過般神戸における労働争議に際して…」とあるので、七月の労働争議を指しているとすれば、（「もうすぐ京都支部が発足する」とあるので、京都の覚醒婦人協会の発足が判明すれば、さらに日付は限定される）、八月から一二月（「機関雑誌発刊の運びに至らず」とあるので）の間だろう。『日本女性運動資料集成　第四巻』（不二出版、一九九四年、二二一頁）では、八月一日となっている。
16　三原容子編『賀川ハル史料集』第一巻、緑蔭書房、二〇〇九年、三七八頁

17　三原容子編『賀川ハル史料集』第一巻、緑蔭書房、二〇〇九年、三八四・三八五頁
18　三原容子編『賀川ハル史料集』第一巻、緑蔭書房、二〇〇九年、三七八頁
19　三原容子編『賀川ハル史料集』第一巻、緑蔭書房、二〇〇九年、三八三頁
20　三原容子編『賀川ハル史料集』第一巻、緑蔭書房、二〇〇九年、三八〇頁
21　『賀川ハル史料集』に日付の詳細はないが、四月二一日の出来事を示し、かつ四月二九日のことを先の予定として記しているため、この日付の範囲での記事だと推測される。
22　三原容子編『賀川ハル史料集』第一巻、緑蔭書房、二〇〇九年、三八六頁
23　神戸大学付属図書館デジタルアーカイブ http://www.lib.kobe-u.ac.jp/das/jsp/ja/ContentView.jsp?METAID=00803491&TYPE=IMAGE_FILE&POS=16（二〇一五年一〇月三〇日最終閲覧）
24　三原容子編『賀川ハル史料集』第一巻、緑蔭書房、二〇〇九年、三八四頁
25　治安警察法第五条
①　左ニ掲クル者ハ政事上ノ結社ニ加入スルコトヲ得ス
一　現役及召集中ノ予備後備ノ陸海軍軍人
二　警察官
三　神官神職僧侶其ノ他諸宗教師
四　官立公立私立学校ノ教員学生生徒
五　女子
六　未成年者
七　公権剥奪及停止中ノ者
②　女子及未成年者ハ公衆ヲ会同スル政談集会ニ会同シ若ハ其ノ発起人タルコトヲ得ス
③　公権剥奪及停止中ノ者ハ公衆ヲ会同スル政談集会ノ発起人タルコトヲ得ス
26　一九二二年四月二〇日の改正により、第二項「女子及」の部分が削除され、女性の政治的集会が認められるようになった。
27　一九二一（大正一〇）年の記事とされているが、記事の内容から、日付の誤りであると考えられる。三原容子編『賀川ハル史料集』第一巻、緑蔭書房、二〇〇九年、三七八頁

28　三原容子編『賀川ハル史料集』第一巻、緑蔭書房、二〇〇九年、三七九頁

29　三原容子編『賀川ハル史料集』第一巻、緑蔭書房、二〇〇九年、三七九頁

30　『賀川ハル史料集』には「二月」とあるが、内容からは七月以降の誤りだと思われる。

31　鈴木裕子「ある女性活動家の軌跡」（近代女性史研究会編『女たちの近代』柏書房、一九七八年、二九五頁）

32　『覚醒婦人』第一号、覚醒婦人協会、一九二二年、八頁

33　雑誌『改造』の姉妹誌として、一九二二年一〇月から一九二四年一一月まで発刊された。この間、合計一一回の豊彦による寄稿が掲載されている（一―一―一二二、一―三―二〇、二―二―四六、二―五―一一四、二―七―二五、二―八―一五、二―九―一七五、二―一一―一七〇、三―六―六、三―七―三六、三―九―七三）。この中で女性を直接的なテーマとした寄稿は、「来るべき次世代の婦人―淘汰と神と女」（一―三―二〇）と「地球を墳墓として―日本の娘よ、私はおまへを見捨てはしない」（二―五―一一四）で、他は、宗教の瞑想や国外伝道先でのエッセイ、関東大震災をめぐる回想等といった内容となっている。

また、同誌には、ハルによる寄稿「女中奉公の一年」（一―二―八一、一九二二年一一月）も掲載されており、『女中奉公と女工生活』（一九二三）のダイジェスト的な内容である。ただし、『女中奉公と女工生活』の初出が『雲の柱』一巻二号（一九二三年二月）から一二号（一九二三年一二月）に掲載されたことからすると、『女性改造』への執筆が最も初期となり、この『女性改造』への寄稿をもとに『女中奉公と女工生活』を執筆した可能性もある。

34　『賀川ハル史料集』では、「二月」と記載されているが、記事の内容から、八月であると推測できる。

35　木村和世「村嶋帰之（むらしま　よりゆき）について―賀川豊彦をめぐる人々」（『雲の柱』一四号、賀川豊彦記念松沢資料館、一九九七年、一四―一七頁）

36　村嶋帰之は一九二四（大正一三）年、賀川から洗礼を受けた。（木村和世『路地裏の社会史――大阪毎日新聞記者　村嶋帰之の奇跡』昭和堂、二〇〇七年、一九二頁参照）

37　星乃はドイツにおける一九世紀後半の女性運動の興隆について、ブルジョア女性たちの置かれていた状況と労働者女性たちの置かれていた状況の違いに言及し、両者は「姉妹運動」でありながら、「容易に統一できるものではな」いとして、次のように分析する。「労働者女性の場合、彼女らの切実な要求は経済的分野が中心で、そうした労働条件改善のためには、男性と共闘せざるをえなかった。これに対してブルジョア層の場合には、女性というだけで教育・職業上は差別されている、それを改善しようと思っても女性に参政権はない、という状況をなくすといったものだった。そこでは、男性との連帯というよりはむしろ男性

との違いが強く意識されていたのであった。」（星乃治彦「ドイツ」（井上洋子・他『ジェンダーの西洋史（三訂版）』法律文化社、二〇一二年）、一〇六・一〇七頁）。日本の大正期における婦人運動の性質との共通点がみられる。

第三章　新婦人協会と覚醒婦人協会
ブルジョア対プロレタリアか？

新婦人協会と覚醒婦人協会が接点を持っていたことは先述したが、両協会及び賀川夫妻との関係には、いくつかの疑問が挙げられる。賀川夫妻は、なぜ新婦人協会に協力したのか。また、ハルはなぜ新婦人協会とは別に、独自の活動を立ち上げたのかという点である。

「なぜ新婦人協会ではなく、別の婦人団体が必要だったのか」という疑問に対する回答は、現時点での入手可能な資料では明言されていない。覚醒婦人協会発起人の一人である長谷川初音が機関誌『覚醒婦人』発行理由として、新婦人協会機関誌『女性同盟』が無産階級の女性には「定価が高いのと全体の記事が女工の御方には少し六ケ敷いと思はれますので別に此会の機関として『覚醒婦人』を発行したいと思つて居ます」[1]と述べているが、これは、覚醒婦人協会発足の理由でなく、機関誌『覚醒婦人』の発行動機である。覚醒婦人協会発足から九か月後にようやく『覚醒婦人』創刊号が発行されている時間差を考えると、覚醒婦人協会の直接の発足動機が『覚醒婦人』発行である、という理由は成り立ちにくい。

新婦人協会の課題に深く立ち入ることは本書の主題ではないが、新婦人協会と覚醒婦人協会とが接点を持ち、また先にみたように、新聞報道等では新婦人協会と覚醒婦人協会とが並行して取り上げられている事実がある以上は、覚醒婦人協会との接点の範囲に限定しつつ、両協会のあり方を考察したい。

第一節　覚醒婦人協会と新婦人協会の接点概要

賀川夫妻や、共に覚醒婦人協会の発起人となった長谷川初音、織田やすと新婦人協会との接点は、以下のようなものである。[2]

覚醒婦人協会と新婦人協会の関わり（筆者作成）

一九一九（大正八）年夏	名古屋	名古屋新聞社と中京婦人会との共同主催による夏期婦人講習会にて豊彦が講師として招かれたとき、同じく講師として招かれていた平塚らいてう、山田わか、高梨孝子と共に、宿屋で深夜まで語り合った。
その後	平塚宅	豊彦が平塚宅を訪れ、平塚と市川房枝に婦人労働者新聞の発刊を持ちかけた。
一一月二四日	婦人会 関西連合大会	平塚等が新婦人協会の趣意書を発布。
一一月二五日	神戸	平塚が神戸の賀川宅を訪問した。この件については、ハルの日記にも記録されている。[3]
三月		新婦人協会発会式
～三月		豊彦が新婦人協会に寄付。
一九二一（大正一〇）年 二月		ハル、長谷川初音が新婦人協会に正会員として入会。豊彦は賛助会員として入会（それより以前か?）。賀川夫妻が新婦人協会に五〇円寄付。
二月一二日	大阪 新婦人協会 覚醒婦人大会	ハル、長谷川初音が演説。

二月	神戸	治安警察法第五条撤廃のための講演会を神戸支部主催にて行う予定で準備が進められていた中、新婦人協会の神戸支部の幹事長であった石原リョウは、神戸支部の「与かり知らぬ間に本部と賀川氏との間には事が確定的に進んでいるものと誤解」（『女性同盟』六号）[4]。石原は二月一二日に辞任するが、この件と関係あるのかは不明。
三月		長谷川初音「男女共存のために婦人参政権を」（新婦人協会『女性同盟』六号）寄稿
三月二日		覚醒婦人協会設立
三月二七日		覚醒婦人協会演説会
八月		長谷川初音「独言」（新婦人協会『女性同盟』一一号）寄稿
一二月一〇日	大阪。新婦人協会「恋愛問題批判講演会」	豊彦が「恋愛と自由」講演。豊彦が新婦人協会に寄付。
一九二二（大正一一）年五月一〇日	新婦人協会神戸支部主催婦人政談演説会	「織田安子」が「女子基督教青年会会長」として「私の理想とする政治」講演。

第二節　先行研究の見解　演説会をめぐる行き違いと「ブルジョア対プロレタリア」抗争

本節では、覚醒婦人協会が新婦人協会とこれほどの数多くの接点や協力関係がありながらも、なぜハル等は別の婦人団体を設立するに至ったのか、に対する先行研究の見解を整理しておきたい。ハル等が新婦人協会とは別の女性団体として覚醒婦人協会を立ち上げた理由として、先行研究で提示される推測は大きく二点ある。

一点目は、講演会の日程をめぐる行き違いがきっかけとなり賀川夫妻が新婦人協会から離れた、との推測である。一九二一（大正一〇）年二月一三日に治安警察法第五条撤廃のための講演会を神戸支部主催にて行う予定で準備が進められていた中、神戸支部の幹事長であった石原リョウは、神戸支部を無視して本部と豊彦の間で準備が進められていると誤解し、「不愉快を感じた」[5]。結果として神戸支部主催の講演会は開かれず、本件が一要因となり石原は幹事を辞職し、講演会中止に「打撃を受け」[6]たハルは覚醒婦人協会を設立した、という説明である。

二点目は、ブルジョア的な新婦人協会に対して、ハル等はプロレタリア的な運動を展開したかった、との推測である。上記にみたようなジャーナリズムでも、「新婦人協会のブルジョア的な方向性に対して、プロレタリア女性のための団体を結成した」という評価であり、確かに『覚醒婦人』の記事でもブルジョアに対する厳しい批判がある。例えば、『覚醒婦人』一七号の林てるによる一文でも、「ブルジョアの婦人連を多く包含して居た新婦人協会の様な団体がその生命を全ふせず」[7]として、新婦人協会への反発もみられる。

しかし、これらの推測では説明しがたい点がある。

一点目の、講演会開催に関する行き違いが原因となり賀川夫妻と新婦人協会の間に溝が生まれ、覚醒婦人協会の設立に至った、という理由に関しては、新婦人協会と覚醒婦人協会の関係を見ると、両者の関係がこの時以降全く断ち切られているわけではない。賀川夫妻は、新婦人協会に少なくも三回にわたる寄付をしており、そのうちの一回は覚醒婦人協会設立後になお寄付をしているのだから、対立した関係ではないだろう[8]。覚醒婦人協会設立後の一九二二（大正一一）年五月には、覚醒婦人協会の中心発起人の一人である織田やすが、新婦人協会神戸支部主催の演説会で話をしている[9]。また、一九二三（大正一二）年四月の覚醒婦人協会による演説会において弁士となり、新婦人協会や関東婦人同盟にも参加していた山内みな（一九〇〇（明治三三）～一九九〇（平成二））は、この一九二二（大正一一）年五月に行われた新婦人協会の神戸支部で行われた演説会が、「兵庫県のその頃の進歩的婦人団体―キリスト教婦人矯風会、女子キリスト教青年会（中略）、婦人覚醒会（中略）など共催の形式でした。神戸は、最初から賀川豊彦先生が春子夫人と共に、支部長の石原良さんに協力的であって、祝賀演説会もいちばん盛大であったのです。（中略）この演説会も賀川夫妻の協力だと直感しました」[10]と記している。覚醒婦人協会立ち上げの前後を通じてこのような新婦人協会との諸々の肯定的協力関係が継続していることは、賀川夫妻と新婦人協会の関係性が決して険悪ではなかったことを示している。講演会開催に関しての行き違い自体は事実ではあっても、それが別の婦人運動を立ち上げるほどの原動力となったとは考えにくい。

また、二点目の、ブルジョア的な新婦人協会に対してプロレタリアとしての婦人運動を設立したかったため、という理由についても、それが決定的な原動力となったとは判定し難い。機関誌『覚醒婦人』の項目でも記したように、確かに覚醒婦人協会が労働者女性のために労働組合組織の支援を行ったり、また「ブルジョア対プロレタリア」の構図は『覚醒婦人』の記事内容に散見されるものの、「ブルジョア対プロレタリア」という構図は、例えばコラム欄のように小さな記事欄の内容にとどまっていることから、覚醒婦人協会の真の目的はこのような構図の中にはないのではないか。

これらの理由から、ハルらが覚醒婦人協会を立ち上げたのは、新婦人協会との関係に亀裂が入ったからでも、対ブルジョアとしての対立心によるものでもなかったと考える。

第三節　新婦人協会設立当初の方向性

ここで、もう一つの疑問点を検討したい。それは、ハル等が覚醒婦人協会を立ち上げた後にも、なぜ豊彦やハルはなお新婦人協会に演説や寄付を行うなど協力的だったのか、という点である。

新婦人協会の設立当初の方向性を示す綱領、創立趣意書、規約には、いくつかの点で、豊彦の方向性と一致する点がみられる。

次は、新婦人協会が発表した綱領である。

一　婦人の能力を自由に発達せしめるため男女の機会均等を主張すること
一　男女の価値同等感の上に立ちて其の差別を認め協力を主張すること
一　家庭の社会的意義を闡明にすること
一　婦人・母・子供の権利を擁護し、彼等の利益の増進を計ると共に之に反する一切を排除すること[11]

新婦人協会で実行された活動は、治安警察法第五条改正と花柳病男子結婚制限法の運動であったが、この綱領の内容は、新婦人協会のその後の実際の活動内容よりも、むしろ、先述した覚醒婦人協会の特徴と近い部分がある。綱領に「男女」の「協力」が掲げられているが、それまでの平塚の雑誌『青鞜』発行や母性保護論争等の活動は、いわば女性の権利を訴える目的を持ち、男女の協力という側面には結びつきにくい。しかし、「男女」の「協力」が綱領に掲げられており、さらに、新婦人協会の創立趣意書でも、「男子と協同して[12]」と記している。これは、一九一九年に豊彦との交流があり、その豊彦からの影響が反映されている可能性も推測できるのではないか。

また、綱領に「家庭の社会的意義」が言及されている部分も、平塚の母性の保護の立場からは違和感があるように思える。ただ「母性の保護」であるならば、それは私的領域の問題であり、「社会的意義」という広い視点にまで発展しにくいと思われる。その「私的領域」の事柄を社会における意義として、私的領域だけに閉じることなく、開かれた市民社会に連動させたのは、やはり豊彦の発想からの影響があったのかもしれない。

また、新婦人協会の「規約」には「婦人労働組合を組織する[13]」と記されている点も興味深い。平塚は一九三〇年代には消費組合の活動に関わるが、この一九二〇年時点までの平塚には、組合運動との接点はさほどないようであるにもかかわらず、ここに「組合」が掲げられるのは唐突にもみえる。しかし、平塚が豊彦と語り合った直後に作成された綱領であるとすれば、豊彦からの影響として、この「組合」の用語も理解できるのではないか。

ここで、平塚と賀川夫妻との交流をもう一度確認しておきたい。新婦人協会の綱領が発表されたのは一九二〇（大正九）年三月であるが、その直前に賀川夫妻とこの綱領を発案した平塚の間に、婦人運動の構想に関わる交流があった。平塚と豊彦が初めて出会ったのは、一九一九（大正八）年夏の名古屋新聞社と中京婦人会との共同主催による夏期婦人講習会にて両者が講師として招かれた時であった。その夜、同じく講師として招かれていた山田わか、高梨孝子も共に、宿屋で深夜一一時過ぎまで語り合ったとされている。[14] その後、平塚宅を豊彦が訪れ、平塚と市川房枝に婦人労働者新聞の発刊を持ちかけたという。[15] 一九一九（大正八）年一一月二四日、平塚は婦人会関西連合大会において新婦人協会の趣意書を発布した後、神戸の賀川宅を訪問した。この時の平塚の賀川宅訪問については、一一月二八日付のハルの日記にも、平塚や共に来訪した「原田の奥様」、そして大村甚三郎とオリエンタルホテルで「楽しく」夕食を取り、「食後も永く」、夜「十時」まで「色々」語り合った後、平塚が「貧民窟で一泊」した様子が記録されている。[16]「原田の奥様」とは一九二一（大正一〇）年二月一二日の「覚醒婦人大会」で開会の辞を述べたと『女性同盟』六号に記録されている新婦人協会大阪支部幹事の原田皐月（一八八七（明治二〇）〜一九三三（昭和八））だろうか。「獄中の女より男に」（『青踏』一九一五（大正四）年六月）の作者であり、夫は作曲家の原田潤である。大村甚三郎は神戸日本基督教会の会員であり、賀川夫妻の後援者でもあった。平塚は一八八六（明治一九）年生まれであるから、一八八八（明治二一）年生まれの賀川夫妻とはほぼ同年代である。共に三〇歳を少し過ぎたばかりの、思いを同じくする同志との食事の席での会話に心を躍らせる平塚と賀川夫妻の様子が目に浮かぶようである。そして一九二〇（大正九）年三月に、平塚は新婦人協会の綱領を発表した。

先行研究でも、新婦人協会の構想における豊彦の影響については指摘されている。今井は、この新婦人協会設立の構想には、豊彦の強い影響があったことを指摘する。一九一九（大正八）年夏、平塚は繊維工場や東京モスリンの工場視察を経て、子供たちや婦人労働者たちの労働の実情を目の当たりにし、「学校の設立、労働新聞の発刊をし健全な労働組合を作る」[17]ことをめざし、「アダムズのハル・ハウスや賀川の実践しているセツルメント活動」[18]に活動のモデルを求めた、としている。さらに、新婦人協会の規約をみると、セツルメント的な要素が強く、それは「協会の構想時にらいてうが頼みとしたひとりは明らかに賀川その人であった」と豊彦の影響があるとする。[19]折井もまた、「規約」に婦人労働問題が加えられているのは、豊彦との「話し合いの結果入れられたとも推測される」とする。[20]今井や折井は規約の一部に豊彦の影響を見ているだけだが、筆者はさらに一歩進め、豊彦が新婦人協会の綱領の内容にも影響を与えた可能性を推測する。

また、綱領の内容そのものではないが、さらに覚醒婦人協会との関係を思わせるものは、一九二一（大正一〇）年二月に新婦人協会が開催した大会の名称が、「覚醒婦人大会」である点にもある。ハルたちは「覚醒婦人協会」を設立し、年代順にだけみれば、ハルたちがこの大会の名称を一見模倣したようにもみえ、大会名と覚醒婦人協会の関係についての言及は先行研究の中にはない。しかし、この名称そのものは、もともと賀川が考えた可能性はないか。実際、新婦人協会の機関誌『女性同盟』六号では、この「覚醒婦人大会」は「賀川豊彦氏夫妻の斡旋」であったと記されている。[21]

これらの新婦人協会において豊彦の意向が強く反映されていると推測するならば、賀川夫妻が新婦人協会の演説会で演説を行ったり、寄付を行うなどの協力を惜しまなかった行動にも説明がつく。新婦人協会の特に当初の方向性には、豊彦やハルのめざした方向性とも共通性が見いだせるゆえに、賀川夫妻は新婦人協会を支援したのだろう。

第四節　新婦人協会の構想と実際の活動との乖離

このように、新婦人協会の発足当初は、その理念の中に男女の協力や、労働組合の設立等、市民社会における女性の役割等が含まれているものの、その後の新婦人協会の実際の活動からはこれらの理念はそれほど浮き上がってこない。そこで本節では、新婦人協会の実際の活動内容と、設立当初の構想を比較し、なぜ設立当初の構想を実際の活動において展開しなかったのかの要因の一端を検討したい。

新婦人協会が趣意書の中で言及する「人間としての、同時に婦人としての権利の獲得」[22]とは、具体的に、規約で示される「母性保護」「婦人参政権」「婦人労働組合」「事務所、公会所、教室、婦人共同寄宿所、婦人簡易食堂娯楽所、運動場、図書館等を含む婦人会館の建設」[23]などを指しているのだろう。ここには、母性保護をめざす点では私的領域である家庭的側面と、婦人参政権をめざす点では公的領域である政治的側面と、労働組合やセツルメントの実現をめざす点では公共的領域である市民社会的側面の三つの側面がみられる。

実際に新婦人協会を立ち上げた平塚は、母性保護論争では女性の権利が家庭において認められるべきであるという母性保護の立場に立ち、新婦人協会の活動では治安警察法第五条改正という政治的側面での女性の権利をめざした。しかし、新婦人協会の活動の中では、市民社会的な領域における実際の活動は充分に見えない。それは、新婦人協会が、市民社会のあるべき姿を具体的に描き出すことがなかったからではないか。私的領域における母としての女性の権利と、公的領域における政治的権利としての女性の権利と、公共的領域における女性の権利の三つの領域が、いかに関連しあい、いかに一人の女性の生の中で調和するのか、という問いへの回答がなかったのかもしれない。

第五節　多様性における分裂と一致

今井は、新婦人協会に集まる人々について次のように説明する。

協会内部には、女権主義と母性主義の立場に分かれたブルジョア層に加えて、潜在的に社会主義的な婦人解放運動をめざそうとするプロレタリア層が存在したのである。すなわち協会には、階級意識に目覚めつつあった労働婦人と、中流家庭の婦人間に大きな対立がある一方で、同じ労働者でありながらプチブル意識の強い職業婦人、反対にブルジョア層のなかにも宗教的動機から彼らに歩み寄ろうとしたキリスト者や、人道主義の立場から彼らを擁護する社会改良主義者がおり、さらにそれらの雑多な参加層のなかで、女性解放運動としての女権主義、母性主義、社会主義の三つの主義主張が混在しており、思想と階層が複雑に入り組み、ねじれていた[24]

ここで今井も指摘しているように、新婦人協会が母性保護や政治的権利の獲得、労働組合さらにセツルメント構想等々、さまざまな女性に関する項目を総花的に取り入れた結果、種々の方向性を持つ人々が集まり、その多様な人々がそれぞれの見解と目的を有し、一つの協会としての一致を保ちにくくなり、最終的には新婦人協会設立者である平塚が体調不良を理由に去り、市川も去り、協会自体が終息するに至ったともいえる。

一方で新婦人協会と同様に多様性を含んでいた覚醒婦人協会はどうか。鈴木は、『覚醒婦人』に寄稿する「顔触れの多彩さ」を指摘している。「キリスト教人脈に加え、（中略）社会主義女性人脈（中略）、これらに加えて（中略）『婦選』派もまじっている、というように、キリスト教人道主義、社会主義女性解放論、市民的女性運動の三者が渾然一体となって協会は保たれていたようである[25]」と覚醒婦人協会に関わる人々を分析するが、覚醒婦人協会では先にみたように、このような多様性が分裂で終結することなく、一定の方向性を保持しつつ協会の活動が展開されていた。

その背景には、覚醒婦人協会がその基盤にもっていた思想の影響が大きいのではないか。男女協働市民社会の実現も、組合運動の推進も、その根本には、神に創造されたがゆえにあらゆる人は等しい人権を持つという人間観と、その人々が友愛と連帯によって協働する生き方をめざした思想があることを先に確認したが、この思想を根底にもっていたからこそ、キリスト者、非キリスト者、女性、男性、労働者、知識階級という多様な人々が内包されていた覚醒婦人協会は、それらの人々を神の被造物としての等しい人格を持つ人々として受容することができ、かつ、その多様な中においてもゆるやかな一致が保たれたのではないかと考える。

第六節　「ブルジョアかプロレタリアか」を超えて

新婦人協会と覚醒婦人協会の違いは、単に「ブルジョアかプロレタリアか」といった、誰を対象とするのかという違いにとどまらない。

先に、覚醒婦人協会の特徴を四点指摘した。プロレタリアとしての自覚、男女の協働、組合運動、そしてキリスト教的価値観である。なぜ、ハル等が新婦人協会ではなく、覚醒婦人協会を設立したのか、という疑問に対して、先行研究で指摘される多くは、一点目の特徴である覚醒婦人協会のプロレタリアとしての自覚の点である。しかし、覚醒婦人協会の真の目的は、プロレタリアとしての自覚を追求することよりもむしろ、男女の協働、組合運動、そしてキリスト教的価値観であることを先に確認した。

一方、新婦人協会は、構想当初には「男女」の「協力」や、労働組合を掲げるが、その後の実際の活動においてその点はさほど強調されていないようにみえる。また、覚醒婦人協会にとってのキリスト教的価値観に当たるような、多様性を統合させることのできる根底となる理念も明確にみられないようである。

これらを総合すると、覚醒婦人協会は、いわば有神論的男女協働観ともよべる視点に根差した市民社会の実現をめざして、新婦人協会とは異なる協会として立ち上げられたのではないか。

本章では、新婦人協会の綱領、創立趣意書、規約といった一次資料を中心に検討したが、新婦人協会の理念や活動を考察するためには、新婦人協会機関誌『女性同盟』の分析や、活動内容の詳細な調査など、他にも考察すべき課題は多く残されている。さらに新婦人協会と覚醒婦人協会の両者の関係への考察を掘り下げていくために、同時期の他の婦人団体との比較考察も含め、今後の課題としていきたい。

小括　覚醒婦人協会の二年半での中断とその後の婦人運動への継続性

ハルと覚醒婦人協会との関係をみるならば、ハルは覚醒婦人協会の発起人であり、機関誌『覚醒婦人』の編集人兼発行人でもあった。覚醒婦人協会の委員会がハルの自宅で開かれ、演説会では弁士として立ち、労働者女性たちの組合を支援し、欠損金が出れば自らの資金で埋め合わせもした。ハルは、覚醒婦人協会の時に顔であり、時に影武者のようであり、時に大黒柱のようでもある。覚醒婦人協会の活動の根底には、明確なキリスト教的価値観があり、労働者ための活動でありながら、男女の協働や多様な人々との協働による市民社会のための活動であった。しかし、覚醒婦人協会はハルが一人で行った活動では決してない。ハル自身が確信していたように、志を同じくする、多様な人々との協働によって展開された活動であり、それこそがハルの神髄である。

覚醒婦人協会の一九二一（大正一〇）年三月から一九二三（大正一二）年八月までの二年半の活動期間は、例えば新婦人協会の一九一九（大正八）年一一月から一九二二（大正一一）年一二月という三年間の期間と比較しても、決して極端に短い活動期間であるとはいえない。[26]

なぜ、ハルはその後、覚醒婦人協会を再開しなかったのか。現在発見されている資料では、その理由は明言されていない。おそらく覚醒婦人協会活動の消滅の一因は、一九二三（大正一二）年九月一日の関東大震災に伴う被災地東京での救援活動のための転居であり、もし関東大震災がなければ、覚醒婦人協会は、その運動を継続させていた可能性は高い。なぜなら、機関誌『覚醒婦人』の最終号となった第二〇号（一九二三（大正一二）年八月）では、その後の運動のさらなる活動を期待する言葉が述べられている。日本全国に覚醒婦人協会の会員は存在するとしても、活動の中心を関西に置く覚醒婦人協会の機関誌の編集人であり発行人であるハルが関東に転居しなければ、覚醒婦人協会が突然休止状態になることは考えにくい。[27]最終号の二〇号では、「これから」の展望を期待しつつも、関東大震災のために「これから」はかなわなかったと考えられる。また、ハル自身も一九二二（大正一一）年に長男を出産した後、一九二五（大正一四）年に長女、一九二九（昭和四）年に次女を出産しており、育児と並行して、さらに多忙を極める夫の活動に関わる働きがあり、覚醒婦人協会と同様の形態での活動は時間的にも労力的にもハルにとって困難だったのかもしれない。さらに、一九二〇年代後半からは、いわゆる無産者・労働者女性による運動団体の高揚の中で、[28]ハルは自身が運動を展開する必然性を感じなかったのかもしれない。また、一九三〇年代に入ると、総動員体制が強化される状況下において、ハルにとって婦人運動の展開は優先されなかったのかもしれない。覚醒婦人協会休止の理由は、諸々の推測が可能である。

しかし、確実に指摘できるのは、覚醒婦人協会の休止は、ハルが女性をめぐる課題に無関心になったわけでも、覚醒婦人協会を立ち上げた仲間たちとの分裂を示しているのでもない、という点である。なぜなら、一九二八（昭和三）年には、天王寺公会堂と中之島中央公会堂とで開催された公娼全廃遊郭撤廃母性絶叫大講演会にて、ハルは長谷川初音や織田やすと共に講師として名を連ねており、[29]その様子はハルの日記にも記されている。[30]また、ハルの女性を取り巻く課題への取り組みは以後も続けられている様子が、その後の婦人運動に関わる場面でハルの名がたびたび登場することからもわかる。例えば、一九二四（大正一三）年には日本農民組合婦人部の部員として選出されている。[31]また同年、子供の病気のために出席はかなわなかったものの、岡山県邑久上道和気赤磐連合会委員大会・婦人問題社会問題大講演会に出席することとなっていた。[32]また、一九二七（昭和二）年関西婦人同盟の創立準備懇談会に出席し、同年、消費組合家庭会の顧問となり、[33]一九三二（昭和七）年には江東消費組合の婦人部大会で講演をするなど、[34]覚醒婦人協会の活動そのものは中断したものの、ハルは女性を取り巻く課題には関心と協力を示し、また同志たちとの個人的交流は続けられていることがわかる。共に覚醒婦人協会に関わったハルの共立女子神学校時代の友人である錦織久良は一九二七（昭和二）年、ハルへの書簡の中で、「覚醒婦人のことを思ふと今でも涙が出るので成るべく思はない様、思はない様とつとめております　しかし復活の機運にでもなつたらいつ何時なりとも第一番に傘下に走せ参じます。リョウマチも活動したら良くなりませう。」[35]と述べ、覚醒婦人協会の再開を願いつつ、交流が続けられている様子がみられる。

労働者である女性を対象とし、しかも組合活動の必要性に着目した活動として、一九二三（大正一二）年六月に創刊された職業婦人社機関誌『職業婦人』[36]や一九二〇年代後半に次々と結成された無産婦人を対象とした団体の設立などには組合の文字が並ぶが、労働者女性を対象とし、組合を活動の中核に据えた活動としては、覚醒婦人協会の活動は極めて早期であったといえる。[37]新聞記事にも幾度も取り上げられ、覚醒婦人協会の活動が婦人運動史の中で、無産婦人のための活動という側面において一定の足跡を残したことは確かだ。さらに、覚醒婦人協会は、男女協働による社会の実現という点でも特徴的である。

果たして、覚醒婦人協会の活動は、婦人運動において大きなインパクトを残した、または影響力のある運動だっただろうか。率直に評価して、「大きな」インパクトとは言い難い。それは、二年半という活動の短命さゆえだろうか。しかし、「大きな」インパクトを残した新婦人協会も三年で自然消滅していることと比較すると、活動期間の短さの問題ではない。新婦人協会においては、平塚らいてうというネームバリューが果たした役割も大きかった。しかしハルも、当時すでに著名であった賀川豊彦の妻、という点では、それなりのネームバリューは期待できたかもしれない。それでは今日、覚醒婦人協会がその名が覚えられていない理由は何か。

二点を理由として挙げたい。一点目は、地理的な要因である。新婦人協会の活動拠点は東京であった。また、活動期間は極めて短いものの強烈なインパクトを与えた赤瀾会の拠点も東京であった。一方、覚醒婦人協会の拠点は神戸であった。決して小さな都市ではないものの、日本の中心都市としての東京や大阪ではなく神戸であったことは、一地方の活動、との認識に附されていた面もあったのではないか。実際に、『日本女性運動資料集成』においても、覚醒婦人協会は全国の婦人運動の代表としてではなく、「関西」の「婦人運動」の「代表」として紹介されている。[38]

また、二点目の理由として、覚醒婦人協会の多様性を挙げたい。当時の新聞記事は、覚醒婦人協会を「プロレタリア」の活動として取り上げた。また、覚醒婦人協会の活動自体も、当初は、女工に主眼を置いた活動として開始された。しかし活動の過程において、女工の枠組みを超えて、女学生や教員をはじめとする幅広い職業層の女性を内包し、同時に男性をも内包していった。このような、職業の枠を超え、また男女の枠を超えて活動を展開した方向性は、本書では「多様性」として肯定的に評価するが、それが否定的な要素として現れた時、対象や方向性を絞り切れておらず、漠然とした印象を与える活動となった点は否めない。覚醒婦人協会はその活動形態において、活動に関わる人材においても、活動内容においても複雑であり、「これだけは」という路線が見えづらいといえる。

しかし、「大きな」インパクトを与えることだけが良いとも言い切れない。たとえ小さなインパクトであったとしても、質の高いインパクトを残すことにより、その理念が後世に継承されていくならば、十分なインパクトであると評価することも可能である。そして、その意義を正当に十分に評価し、今日的な文脈の中で生かしていくことが、後世に生きる者の役割でもある。稲垣は、福祉とは本来人々の必要に応えるものであるとし、キリスト教界における広い宣教のあり方を提唱するが[39]、覚醒婦人協会は大正期の女性であり労働者であった人々の必要に応えた点において広い宣教を実践しており、さらに時代を超えた普遍的な意義を提唱しているといえる。

これまで覚醒婦人協会の活動は、婦人運動史の中でわずかに言及されるのみで、日本のキリスト教女性史の中では等閑視されてきたが、その思想的な特異性からは、婦人運動史としても、また日本キリスト教史における女性史としても大いに注目されていくべき活動であると考える。

■注（第三章）

1　「覚醒婦人協会　又新しい婦人団体が生れた　覚醒婦人新聞を発行計画」（一九二一年）（三原容子編、『賀川ハル史料集』第一巻、緑蔭書房、二〇〇九年、三七九頁）

2　新婦人協会と賀川夫妻及び覚醒婦人協会関連の関係については、例えば、次の文献を参照。今井小の実『社会福祉思想としての母性保護論争――〝差異〟をめぐる運動史』（ドメス出版、二〇〇五年）、折井美耶子・女性の歴史研究会編『新婦人協会の研究』（ドメス出版、二〇〇六年）

3　「一九一九年日記」（一一月二八日）（三原容子編『賀川ハル史料集』第一巻、緑蔭書房、二〇〇九年、二四五頁）。資料により、日付が異なる場合がある。例えば、折井美耶子・女性の歴史研究会編『新婦人協会の研究』（ドメス出版、二〇〇六年、二〇三頁）では、「一一月二五日」とされているが、ハルの日記では「一一月二八日」の欄に記載がある。ハルの日記について、賀川の孫である冨澤康子氏が、次のように証言している。「祖母は私が泊まりに行くと、夜一緒に寝てくれて、日記をその日でなく後日、まとめて書くことがありました。」（二〇一六年七月一二日聞き取り）。そのために、実際の出来事と、日記日付欄がずれている可能性はある。

4　石原リョウが二月二八日に健康上の理由で辞任を申し出ることに関して、今井は、辞任の背景にはこの演説会をめぐる行き違いが原因しているのではないかと推測しているが（今井小の実『社会福祉思想としての母性保護論争――〝差異〟をめぐる運動史』ドメス出版、二〇〇五年、一二四・一二五頁）、演説会との関連については『女性同盟』六号でみる限りは明言されておらず、不明である。

5　今井小の実『社会福祉思想としての母性保護論争』ドメス出版、二〇〇五年、一二四頁

6　例えば、折井美耶子・女性の歴史研究会編『新婦人協会の人びと』ドメス出版、二〇〇九年、六六頁

7　三原容子編『賀川ハル史料集』第一巻、緑蔭書房、二〇〇九年、四〇三頁

8　折井美耶子・女性の歴史研究会編『新婦人協会の研究』ドメス出版、二〇〇六年、二九七―二九九頁
9　折井美耶子・女性の歴史研究会編『新婦人協会の研究』ドメス出版、二〇〇六年、二四八頁
10　山内みな『山内みな自伝――一二歳の紡績女工からの生涯』新宿書房、一九七五年、九四・九五頁
11　折井美耶子・女性の歴史研究会編『新婦人協会の研究』ドメス出版、二〇〇六年、二七五頁
12　折井美耶子・女性の歴史研究会編『新婦人協会の研究』ドメス出版、二〇〇六年、二七四頁
13　折井美耶子・女性の歴史研究会編『新婦人協会の研究』ドメス出版、二〇〇六年、二七六頁
14　賀川豊彦「地殻を破つて」（一九二二年）（『賀川豊彦全集』第二一巻、キリスト新聞社、一九六二年、七四頁）。『賀川ハル史料集』では「木村甚三郎」とされているが、大村甚三郎のことだろう。
15　市川房枝『市川房枝自伝―戦前編』新宿書房、一九七四年、四四頁
16　賀川ハル「一九一九年日記」（一一月二八日）（三原容子編『賀川ハル史料集』第一巻、緑蔭書房、二〇〇九年、二四五頁）
17　今井小の実『社会福祉思想としての母性保護論争――〝差異〟をめぐる運動史』ドメス出版、二〇〇五年、一一〇頁
18　今井小の実『社会福祉思想としての母性保護論争――〝差異〟をめぐる運動史』ドメス出版、二〇〇五年、一一一頁
19　今井小の実『社会福祉思想としての母性保護論争――〝差異〟をめぐる運動史』ドメス出版、二〇〇五年、一一五頁
20　折井美耶子・女性の歴史研究会編『新婦人協会の研究』ドメス出版、二〇〇六年、二五頁
21　新婦人協会『女性同盟』六号（一九二一（大正一〇）年三月）六九頁
22　折井美耶子・女性の歴史研究会編『新婦人協会の研究』ドメス出版、二〇〇六年、二七四頁
23　折井美耶子・女性の歴史研究会編『新婦人協会の研究』ドメス出版、二〇〇六年、二七五・二七六頁
24　今井小の実『社会福祉思想としての母性保護論争――〝差異〟をめぐる運動史』ドメス出版、二〇〇五年、一三〇頁
25　鈴木裕子編『日本女性運動資料集成―生活・労働Ⅰ』第四巻、不二出版、一九九四年、三七頁
26　例えば、同時期に設立された新婦人協会も三年間であり（一九一九（大正八）年一一月～一九二二（大正一一）年一二月）、赤瀾会も一九二一（大正一〇）年四月設立、自然消滅である。
27　長谷川初音が『覚醒婦人』が中断したことに関して、「賀川氏に金の必要なことができ、供託金をおろして中断したまま短命に終わった」としている（神戸新聞学芸部編『わが心の自叙伝』のじぎく文庫、一九六八年、九三頁）。「金の必要なこと」の具体的な内容は不明であるが、関東大震災の救援に関わることであったかもしれない。

28　鈴木裕子編『日本女性運動資料集成――生活・労働Ⅱ』第五巻（不二出版、一九九三年）参照。
29　三原容子編『賀川ハル史料集』第二巻、緑蔭書房、二〇〇九年、一一〇頁
30　賀川ハル「一九二八年日記」（五月一九日、五月二七日）（三原容子編『賀川ハル史料集』第二巻、緑蔭書房、二〇〇九年、七二七三頁）
31　鈴木裕子編『日本女性運動資料集成――生活・労働Ⅳ』第七巻、不二出版、一九九四年、三六頁
32　鈴木裕子編『日本女性運動資料集成――生活・労働Ⅳ』第七巻、不二出版、一九九四年、二五八頁
33　鈴木裕子編『日本女性運動資料集成――生活・労働Ⅳ』第七巻、不二出版、一九九四年、四七四頁
34　鈴木裕子編『日本女性運動資料集成――生活・労働Ⅳ』第七巻、不二出版、一九九四年、五五〇頁
35　錦織久良からハルにあてられた、一九二七（昭和二）年五月二六日付け書簡（松沢資料館所蔵。三原容子編『賀川ハル史料集』第二巻、緑蔭書房、二〇〇九年一一三頁には、一九二八（昭和三）年の書簡とされているが、資料館所蔵の封筒消印は昭和「二」と読める）には、共に覚醒婦人協会の働きを展開した者としての思いがつづられている。覚醒婦人協会の活動が一年半ほどで収束したことに対して、復活を願う思いがつづられているのだろう。
36　成田龍一『大正デモクラシー』岩波新書、二〇〇七年、一七六―一七八頁
37　石月静恵『戦間期の女性運動』東方出版、一九九六年、二五五頁以降。
38　鈴木裕子編『日本女性運動資料集成――生活・労働Ⅰ』第四巻、不二出版、一九九四年、二三頁
39　稲垣久和『公共福祉とキリスト教』教文館、二〇一二年

総括

ハルは、これまで豊彦の妻としての評価はそれなりに高いものを得ていたが、賀川ハルという一女性としての十分な評価は先行研究ではまだなかった。そこで本書では、ハルのキリスト教信仰、女性観、市民社会の理解に着目し、さらにその思想の実践としての覚醒婦人協会の方向性を考察することで、ハルという女性の新たな側面を掘り起こし、その評価に微力ながらも貢献できることをめざしてきた。

最後に総括として、第一節では日本における女性をめぐる課題に向けてのハルの思想と活動の今日的意義を提示し、第二節ではハル研究における今後の課題を述べる。

第一節　ハルの思想と活動からみる今日的意義

日本における女性をめぐる今日的課題に対して、ハルの活動と思想はどのような意義を持つ可能性があるだろうか。

第一に、男女の協働の視点である。今日よりもはるかに市民社会における女性の発言力は小さく、女性の参政権も認められておらず、女性の働く分野も現代よりも限定的であった時代に、ハルは「男女の協働」を提示した。今日においても職場での女性の活躍を促す意味での男女の協働だけではなく、家庭での男性の活躍を促すことも必要である。例えば、女性だけの育児休暇取得の取り組みだけではなく、男性の育児休暇取得の取り組みも模索されている[1]。そこでは、「育児」を行う「女性」だけが取り組むのではなく、男性も女性も、さらには、育児だけではなく、育児も介護も、それらすべてにおいて、男女の協働の認識が必要だ。家庭を犠牲にして成り立つ市民社会ではなく、また女性だけ、あるいは男性だけが負荷を負う市民社会ではなく、家庭を生かし、男女の両方を生かす市民社会の醸成を期待したい。

第二に、ダイバーシティの方向性である。覚醒婦人協会においては、男性、女性といった性別の多様性のみならず、現代風に表現するならば、ブルーカラーの非正規雇用者、大学教員、女性正社員、さらには、会員には外国名も存在することから、外国籍の会員も共に加わった。実に、市民社会におけるダイバーシティを実現した共同体であった。ハル自身は明確なキリスト教信仰に動機づけられて、自身の家庭生活や市民社会における活動を行った。ハルが中心発起人となった覚醒婦人協会も、その根底にはゆるぎないキリスト教信仰があった。グローバル化の波の中で職場や学校をはじめとする場では多様な国や文化的背景の人々と共に文字通りの隣人として生活する機会が日常の風景となっている今日、ハルの視点と活動は、多様な価値観を持つ人々によって構成される市民社会にあって、どのように個々人の理念や信仰を尊重しつつ、すべての人にとっての良き市民社会を形成していくことが可能であるか、という問いに対する応答の手がかりとなるのではないか。

第三に、女性のライフキャリアにおける、仕事上の役割と、家庭や地域社会の役割との統合の姿勢である。本書中にも述べたように、ハルは、市民社会における活動と家庭とを対立的には捉えていなかった。家庭においても市民社会活動を行い、また、家庭が市民社会に貢献すべき存在であることを母親たちに語った。それは、ワークとライフが補完的にその人の生の質を高めるものであるとする今日のワーク・ライフ・バランスが提唱する視点とも共通する点がある。

そこには、今日風に表現すれば、ハルの柔軟なワークスタイルがある。ハル自身の働き方に目を向ければ、オフィスで定時に働く、という仕事のスタイルではなく、在宅で働くテレワークスタイルである。ハルが自身について、

「ただ夫を台所で迎へるに過ぎない無力なもの」[2]と語る一九一〇年代にさえ、ハルの日記には、日々、訪問者を迎え、多くの貧困者や同労者を抱える所帯を切り盛りし、市民社会における活動に取り組む姿がある。また、一九二〇年代には賀川夫妻には子供が誕生するが、ハルは覚醒婦人協会の活動等を継続する。さらに、一九三〇年代には豊彦は幾度も長期にわたった海外伝道等に赴いて家を留守にし、「子供を育てるのにどうも主人がいないのが、まことにわたしは困難だと思いました」[3]とハルは語るが、豊彦とハルの間に交わされた書簡には、豊彦からの矢継ぎ早の幅広い事業関連の指示を次々とこなすハルの姿が浮かび上がる。さらに、ハル自身も『読売新聞』の人生相談の回答者になるなど、その活動は家庭内のみにはとどまらない。豊彦の死後は、二〇年以上にわたり雲柱社理事長を務めたが、それは、リーダーとしての働きともいえる。さらに、八〇代になってもなお、関西で開催されるイエスの友会の理事会等に定期的に赴く様子が日記に記されるなど、晩年まで活動は精力的である。賀川夫妻の孫・督明の妻である賀川一枝氏は、督明から聞いた晩年のハルの様子を次のように語る。亡くなる前の数年は認知症が進んだハルであったが、縁側で大量の預金通帳を並べて、その前にこっくりこっくりと居眠りをするハルの姿をしばしば見かけたという。豊彦と共に活動を展開する中で、教会や幼稚園、病院、農民福音学校、協同組合等々、多方面に広がる活動の経済を預かり、必要に応じてやりくりしながら送金してきた、市民社会の活動に取り組み続けた人生がその最後の姿に映し出されているようである。

ハルの記述には、本書中にみたように、家庭と仕事とのバランスのとり方に苦慮する様子もみられる。現代のように女性のライフプランが多様でなく、現代よりもはるかに、結婚するまでは父親に養われ、結婚した後は夫に養われることが前提となっていた社会状況にあって、ハルの働き方は、その時々の状況に柔軟に対応したものであり、本書中にも触れたように、渡辺等が提唱する、「(キャリアは)ダイナミックであり、生涯にわたって展開されるもの(であり、)仕事上の役割と、家庭や地域社会の役割とが統合されている」[4]という女性のキャリアの概念の方向性を共有し得る。

女性であり、キリスト教信仰者であるハルが、家庭という私的領域、または、制度的教会という親密圏における共同体のみに閉じこもることなく、信仰者であること、女性であることを自ら肯定的に受け止め、そのアイデンティティを持って市民社会における多様な人々との協働によって人々の必要に応える働きをめざした点において、ハルの思想と活動には、キリスト者、女性、そして市民社会に生きるすべての人の生き方へ示唆を与え得る今日的意義があると考える。

第二節　ハル研究の今後の課題

最後に今後の課題として、二点にまとめたい。

第一項　諸領域における研究との比較検討

一点目は、ハル研究に関連する諸領域における研究との、さらなる比較検討の深化である。キリスト教信仰という側面では明治・大正・昭和期の日本のキリスト教の文脈における検討、そして女性観でもやはり同時代の諸婦人運動や他宗教の婦人運動の領域での比較、さらに市民社会活動の側面からは市民社会のあり方を問う公共哲学との対話等も継続させていきたい。

また、賀川研究という枠組みでは、幼児教育や、福祉、各種協同組合運動、文学、そして公共哲学の領域でもその活動と思想が取り上げられている夫である豊彦側の研究との相互協力が今後不可欠である。豊彦が編集を行った雑誌『雲の柱』『火の柱』『神の国新聞』等々の膨大な資料からの詳細な研究も深めていきたい。

第二項　今日的意義に向けて

二点目は、市民社会における、ハルの思想と活動の今日的意義の提示である。ハルの思想と活動は、今日の女性のみならず、市民社会に生きるすべての男性・女性の生き方への示唆となり得ると考え、その基盤となる方向性については本書において示した。しかし、さらに具体的な今日的課題への適用を試みていくためには、その今日的課題そのものの歴史的背景や経過、現状への精通した理解など、さらに広範囲にわたる綿密な調査と考察が不可欠である。今日におけるキリスト者、女性、市民社会を取り巻く課題を見極めつつ、豊彦と共に、また人々と共に生きたハルの思想と活動から示唆を得ることができる側面を掘り下げ、具体的提言へとつなげていきたい。

■注（総括）

1　例えば、二〇一六年三月二二日朝日新聞朝刊
2　賀川はる子『貧民窟物語』（一九二〇年）（三原容子編『賀川ハル史料集』第一巻、緑蔭書房、二〇〇九年、七七頁）
3　「夫豊彦とともに五〇年」（『月刊キリスト』一二（一二）、教文館、一九六〇年）（三原容子編『賀川ハル史料集』第三巻、緑蔭書房、二〇〇九年、四七頁）
4　渡辺三枝子、E・L・ハー『キャリアカウンセリング入門――人と仕事の橋渡し』ナカニシヤ出版、二〇〇一年、一九頁

資料編

一・賀川豊彦・ハル書簡

凡例

＊日付下番号は、資料館ファイル番号。
＊賀川夫妻の自宅のある松沢以外の宛先、および手紙の投函元住所については、住所が残されている場合については本文の前に記した。
＊見出しの日付は、書簡本文に日付が記載されているものについては書簡の日付とし、書簡本文に記載のない場合は、消印及び松沢資料館記録の日付とした。
＊現時点で、見当のつかない文字については、「◇」（不明文字一文字につき「◇」一つ）で記した。
＊旧字体は、新字体に改め、それ以外は原文を維持した。例「云ふ」「つゞける」など。
＊松沢資料館所蔵の書簡の内、『賀川ハル史料集』等に既出の書簡一〇通程度も本資料に含まれている。
＊「筆者注」の記載のない「（　）」付きの小さい文字、よみ仮名、「。」「・」「▵」などの傍点、また文字横の傍線、句点の有無、及び「（　）」の時折の「）」部分の欠落等は原文ママである。

一九一四（大正三）年四月二日　ハルから豊彦　[a350-00001]

婦人の幸福は人を幸するにあると申ますが　よくそれを味ました
南アメリカの土産の絵は大そう面白く拝見致しました　校長はそれを見て私によく説明して呉れました　豊様を指して　あの人はハイカラです　こんな物を贈りますからと云ふのです
学校に幻灯の機械が有りますので何日か是非借りて写して皆なに見せ様と申されました
長い御旅行で御疲れもひどかつたでせう　好な春子が傍にゐて御介抱が出来なかつたのでお可憫しと思ひましてね
ですから忙がしくとも大儀でも矢張り恋しい〳〵豊様に無理云はれながら動くのはうれしいです
こんなに申しましたらお帰りになつてから私の世話やかせのお坊ちやんになるでせうね。いいのよ帰つてゐらつしやいね　待つて居ますから
そうそうこんだは春子にも無理云へと云ふてございましたのね
無理が云へますかしら　私にも
二学期の試験が済んで一息つきました
忠実に勉強しますが勉強の仕方が下手なので余り上出来とは云はれませぬ　来学期は上手に仕舞せう
春が参りましたのね　学校の桜もつぼみが大分大きくなりまして　芝生も雨毎に青くなりますのよ　木連が白い花弁を一ぱい思ふ存分聞かせて美麗です　八重椿は咲きかけです　春はうれしいでは有ませぬか　私達も春ですね
三頁を満たせた恋文は春子をして夜も昼も貴郎を思はせました　新川の楽しい〳〵生活を　うれしいお便は受け取るときその重みで第一によろこばせられ　変らず御勉強の御出来になるをよろこび　貴郎の評判のよいのでよろこび
お早く御帰りと定りましたので非常のよろこびです
真心からうれしく思ますことは真心から貴郎に愛せられて居ることです　幸な女　幸な春子
来年この学校の桜が散つて青葉が繁つて緑が濃くなる頃は　貴郎がアメリカの地から足を踏だして欧州へ御渡りなさ

るでせう
そうすると世界の知識を集めてお帰りになることですわね　定めしお土産ばなしの多いことでせう　私は自分の勉強時間が少なくなるに頓着もせずやたらに帰国の早くある様にばかり願ふのですよ
貴郎を帰らせて置いてどうして私は学校に止まつていられるでせう　それは勉強も致したいですが貴郎に下宿や生活などどう思つてもして貰ひ度ありませんもの
新しい恋の成立した私達は非常な引力が有りますよ　同じ日本に居りながら別れてはいられませぬわ　そうでせう
貴郎の美しい目を見ながら豊様の足と春子のあしとまつわらせ度と思ますよ
来年と申せばもう長くはありませぬ
三勝半七のお園は可愛そうでした　彼の女の言葉は憫です『添ぶしは叶ずともお側に居たいと辛抱して』と云つて居ますもの　春子は幸です
この後も幸は続きます
四月に本が出版致すそうですね　灯台許暗しの譬に洩ず私は少しも知りませんでした　お目出度御座ります　米国近信は宇都宮兄も読まれて私方へ知らせて呉れました
毎度父を御心配下さいまして有がとう存じます　早く全快すればよいですが
益[1]慶さんにも私は御世話になります故御席の節はよろしく　相変らず所々へ旅行の様です　神戸の竹元さんの子達は永眠されましたそうです　貴郎が名前を信彦を付てお上げなさつた子供です　ほんとにお気の毒だと思います　白仁姉は替りなく目黒で働いて居られます　先頃は非常に同情を以て或る新聞紙に書き上げて居ることをききました
新川では変つたことも無い様です
前には一頃職業が青年のために無くて心を痛めて居ましたが　只今では　暇が無い位だそうで　よろこびます
私がこの手紙を書いて居るとき私の恋人は何をしていらつしゃるでせうか　論文にペンを取つてですか　又は数学に

頭をひねつておいでになるでせうか　でもいつも春子を思つて下さることを感謝致します　私はね今横浜の町を見てますの　夕方でね　室には電気がつきました　ここの窓からは市街も向の山も見えますよ　そして私達が名づけたゲツセマネの園も見えますの　キリストの受難日で何となく心を引きしめられる様です
貴郎は如何　始め知らせて下さつたお室に只今でもゐらつしやるのですか
当校ではよく変るのですよ　私はこんど若い娘の母さんになりましたの　どうかしてよい感化を与へたいと思ます
一室は十二畳に四五人です　六月の休みには神戸へ行つて見たいとも思ますが　進歩なしに皆様にお目に掛るのも恥かしいと思つても見たりします　神様の御導きに従いませう
御身体は如何ですか　お目はよいですか　どうぞ御大切になすつて下さいませ
貴郎の御働きは先が永いのですから不養生など遊ばしてはなりませぬ　どう云ふ処にどんなに御勉強なさいますか
一寸行つて見たい様です　日本は春の日永になりまして　勉強家には夜が早く明けるので随分うれしいです　先達ては校内で神学生の演奏会が有りました　春子も学校に這入つたばかりに演奏者の一人となりました　然しスケールさへ出来ない自分はそれこそ一頁の二分の一位な処を漸くふるえながら弾て来ました　早く上手になり度ものです
神と偕にお出になることを祈ます

四月二日

幸福なる
はる子

恋しき
背の君様へ

一九一七（大正六）年三月二二日　ハルから豊彦　[a350-00004]

愈々御帰国だ相で私も今度こそ御帰りになると存じます

凡てをすて丶イエスの弟子として御帰りになる御決心は誠にうれしう思ますけれども、之までに御定めになりますには、ほんとに戦がおありでしたでせうと思つて居ます

祈に依りまして示されました今後の働の上に、神の御指導がゆたかにあります様に願つて私共は起ちませう　新川か何処か存じませぬが……

自分より弱い者　自分よりひくい者　自分より気の毒な者のために起つて働きます　是によつて＝哀れな隣人のために働きますこと＝今より充実した生活が出来るので御座いませう　相《ソー》思ますと　南京虫の新川もむさい茸合もよろこんで参りませう　私の喜びで御座います

『仕がしい生活は恵みであると』のあなたの御言葉がいつも味はされて居ます

新川に帰つて　あなたに引き上げられるのが待ち遠しく御座ります　今後どうして働くかわ知りませんが　只　感謝より出ずる奉仕の念を以て出来得る限り致します

四月か五月に御帰りですとおつしやる通り　私の卒業を待て頂く様になります　御暇を下さるので私はよろこんで残りの勉強を致します　暫く御不自由で御座りませうが御辛抱を御願い致します

芝からあなたへよろしく申ました

御進物をなすつて下さいましたそうで　よろこんで居ました

今は父が病つて居ます　よろこんで頂きますことは　母が熱心に求道して居ます　八重子もそうで御座ります

濵田美津様はいよ〳〵入学なさいますことに定まりまして　四月の上旬には出浜されることで御座りませう

水上様もよろしくとの言伝です　又　土井姉によろしく　大坂であなたに助けられた姉は　先達て学校に参られました　そして米国へ『救はれた女から』よろしくと申て下さいと頼まれました

先達の小説はほんとにあの当時を思起させられました　無料でお書になる丈　宗教的に書てよく掲載されるもので御座りますね　大そう面白く見ました　又　楽譜を有りがとう御座りました　よく解りませぬが　かわゆらしそうで御座ります　アンナものが未だ解らないのかと御思ひでせう　ほんとにお恥しいので御座ります

文章や試験で忙がしがつて居ます　オルガンの練習は割合に時間が入りますので　何か読んで居ますと　つい時間が惜いと思つてオルガンをおこたりますので中々進みませぬ

貴郎が帰つてゐらつしつて　お笑ひになることで御座りませう

時計と万年筆はよく私を助けます　その送り主は絶へず春子の胸に……

校内の桜の木が、ポツ〳〵枝に芽をつけました　柳は枯た枝に緑をほのめかして参りました　白木連も咲きかゝりました　桜が真最中の時ですか　又花が散つて葉が繁くなる時ですか　春子は懐しい方に遇ふので御座ります

どうぞいつまでも主エスと偕にゐらつしやいます様に願ます

あなたの御帰りは　私を始め多くの兄弟姉妹をよろこばせることで御座ります

文子にもお遇せ致し度う御座ります　丈夫で居ましたらどんなにか、よろこびますことでせう　けれど今は潔い処から私共の祝福を祈つて居つて呉れますことで御座りませう

露国の革命はどうなりますか　又独は食糧に欠乏して居る相で其の結果大戦は如何でせうか　早く終局を見たいもので御座ります

大へん走りがきで誠に失礼ですが、どうぞ御免なさい

暫くにして米を
あとになさる
背の君へ

妻

三月廿二日

一九一七（大正六）年五月二七日　豊彦からハル　はがき　[a350-00002]

横浜市山手共立女子神学校
賀川春子様

『貧民心理之研究』[2]が手元に一冊もないので一寸と小冊子を作る必要があるから至急御送り附下さい。

トヨヒコ

一九二三（大正一二）年九月二六日　豊彦からハル　はがき　[a350-00005]

高松と松山は私ひとりで二時間四十分話しました。毎度八百乃至千名の会衆でした。五百円位一夜で献金が集まります。ヒロシマより木村氏が参加してくれました。私ハ声を嗄らして了ひました。然し天候が善いのが何よりです。今夜ハ下ノ関です。坊やの顔が眼の前に浮びます。馬島先生[3]外　みな様によろしく御伝言下さい。瀬戸内海の美が私を静かな秋の海のよろこびに誘ひます。

一九二五（大正一四）年二月一日　豊彦からハル　はがき　[a350-00006]

ワシントンでミセスマヤス[4]の妹様に招かれて善い時間を持ちました。

トヨヒコ

一九二五、二、一、

一九二六（大正一五）年八月二〇日　豊彦からハル　[a350-00007]

上州草津
鈴蘭園
賀川豊彦

愛する春子様

色々お送り下さいまして有難う。

また少しパンヌスが出来たので弱つてゐます　然し四五日すれバ善くなるでせう。

山路さんに筆記して貰つて『わが子の宗教々育』を書いてゐます。二三日すれバ書きおへます。

早く帰りたいと思つています。帰つて酸素注射をやつてみたいと思つてゐます。然し著作を了つて動きます。

「わが愛に居れ！」

アカシヤの森によろしく

トヨヒコ

一九二七（昭和二）年七月三日　豊彦からハル（「金沢市上松原町　ホテル源円」の印刷入り便箋と封筒）
[a350-00008]

金沢源円旅館
賀川豊彦

春子様
金沢ハ百人位の集会で善き落ち付いた集りでした
今日ハ長野に行きます　五日ハ甲府に出まして　それで東京廻りで帰ります
坊やによろしく

トヨヒコ

一九二八（昭和三）年六月一〇日　ハルから豊彦　[a350-00009]

京本所松倉町二丁目
産業青年会
賀川豊彦様

兵庫県武庫郡瓦木村高木
賀川春子

豊彦様
其後如何で御座いますか　講演や校正など中々御繁忙のことと存じます
本日ミスタツピング[5]が米国紐育[6]フヰシユア氏よりとて金二百七十五弗御持参下さいました　取りあへず銀行に入れて置きました　もし東京にて御入用なれば御一報次第御送り申し上げます
（間の用紙は欠落（筆者注））
ましたでせうか？
宮井氏のは如何で御在りませうか？
御返事下れば好都合と存じます
大阪白木屋に於て白蓮会の余技展覧会が有ります　就て是非あなたのも書、画を拝借し度とて　村島帰之氏[7]の紹介を持つて西村氏が参られましたので書を一枚御貸し致しました　何卒御許可下さる様御願ひいたします
今日ハ純基[8]ハ幼稚園の花の日に千代子[9]と共に参りました　新調の水兵服を着て喜んで参りました　純基の童謡が皆をよろこばせた様に江村さんから聞きました　御眼と御体を御大切になされます様祈つて居ります　健子[10]様も御忙がしいでせう　よろしく御伝して下さいませ

六月十日　　春子

一九二八（昭和三）年八月一八日　ハル、純基から豊彦　[00284-b]
崑山花園日本青年会　支那上海
基督教青年会　内山様気付

賀川豊彦様

兵庫県武庫郡瓦木村東口二三八

豊彦様
御眼の御不自由の中から今朝は御文を賜はりまして有難う存じました　純基も御賞に預りまして大よろこびで御座ります
本日　大東出版社より稿料を（宗教々育）組上一頁弐円にして下さいますか　否かと問合せが参りました　先方では返事を急いで居りますが　御帰り迄待ちませうか　或はそれでよいと返事を致しませうか　御伺い申上げます
大東でハ後々より単行本として出版いたしました上は印税を差し上げますと申します
上海の経済会議は開催されましたか　御当地の御暑さハ如何で御座りますか
どうぞ御元気でゐらしやる様に御願ひいたします　皆と御祈り申して居ります

八月十八日

はる

パパ
オフネガシナノミナトヘツキマシタカ
ボクハママトケフオサカナヲトリニユキマシタケドトレマセンデシタ

スミモト

一九二八（昭和三）年九月三日　ハル、純基から豊彦　[00280-c]

東京市本所松倉町二
産業青年会
賀川豊彦様

兵庫県武庫郡瓦木村高木

豊彦様
西宮ハ殊に御暑く御座りますが　御障りは御座りませぬか
岐阜県明知《アケチ》町の根ヶ崎遠之氏が岩村町に続いて集会を頼んで参りましたが　不在であること旨を返事いたしました
農民組合講習会ハ十二三名です
暑いところを西ノ宮の特高が四五名も時にハ六七名も来てゐました
三日の正午で修了しました
御殿場グリーン氏より弐拾円送金が有りました　御通知まで　御機嫌よく御帰りを御待ち申します
九月三日

春子

一九二八（昭和三）年一〇月三〇日　豊彦からハル　[a350-00010]

釧路市富士屋旅館
賀川豊彦

春子様
お手紙有難う。旭川を経て十時間余　汽車に揺られ、釧路に参りました。此東まで来ますと　北海道の気が致します。

冬服ハメルトンが弱いのでランヤ服を送つていただきたかつたのでした。ズボンが一寸と惨になると破れるのです。

とても寒いので綿でハ駄目です。

各地とも、謝礼を出しませんのです。

それで、少しも金が送れませぬ。どうか共益社で融通して貰つておいて下さい。

金沢、富山、福井へも廻ります。之も自費で行くのですから、その積りで祈つていて下さい。神は餓させ給ひませぬ

トヨヒコ・カガワ
釧路にて

一九二八（昭和三）年一一月九日　ハル、純基から豊彦　[00284-a]

石川県金沢市廣坂通メソヂスト教会内
賀川豊彦様

兵庫県武庫郡瓦木高木
賀川《カガワ》純基《スミモト》

パパヲテガミオアリガトーゴザイマス　パパオカラダオダイジニシテクダサイ

一九二八（昭和三）年一二月一一日　ハルから豊彦　[a350-00011]

満洲長春中央通九番地
皆田篤実様気附
賀川豊彦様

北風よ来い！
北風よ来いと云ふ言葉の通り満洲[11]の寒風に吹きさらされて事ともせず血みどろの御姿を思ひ浮べて嬉しくも尊く目醒ましき大活動を遥かに御慶び申上げます
長く饉え渇いて居た北満の精霊が稀に得た恵の雨に全く浸つて妙なる歓喜に満ち充ちて居ることで有りませう　思ひ見ましても身内の熱するのを感じます
尚余るところの御予定の御行動に一層上よりの絶大の力が加はり遺憾なき御働きの出来得ますやう御祈り申上げます
御自重を合せて
平凡社の手紙を御覧に入れます　新年号が出まして　光明を孕む—を読みました
宗教々育の稿料金六拾円入手いたしました
クリスチヤンダイアリーは惜しくも題と、折角急いで送つた画とが間に合はず返す返すも残念で御座りました　何しろ先方でハ急いで居りましたので
昨日ハ御夕忙の中から御自筆で御便り嬉しく存じました　喜敬様[12]への御言伝御伝え致せばどんなにか御喜びでせう
御通知申します
本日徳島森命様より叔父上の形見が小袖一枚届きました
ミスタツピングは少し健康を害し看護婦ミツシヨンの集会に私が代つて話に参りました。病気ハ咽喉を痛められたの

で余り大したことハなく室で仕事をして居られます
純基ハ其後ハ一度も遅れて帰りませぬ　御安心下さい　西ノ宮の家族ハ健康で御座ります
時折岡山から青森から若き姉妹や名古屋から青年が訪ねて来ます
年末が近づいて来ます　古着市の為めにハ余り集まらずこの分でハ淋しいと杉山兄が頸を傾けてゐます
黒田松雄の近報でハ群馬ハ随分寒く物価は高い相です
舛崎氏十二月一日南部に於て禁酒会の行燈行列を企て雄弁研究会の青年五六十名バヰオリン　ハモニカ　大小太鼓の楽隊入りにて賀川豊彦作禁酒の歌を唱つて行軍（三時間余）をし大いに気勢を挙げたことで有りました
賀川豊彦先生の激励を要求せられましたから電文を送りましたら大よろこびで有りました
佐野氏ハその後　消息が有りませぬ
先ハ近況御報知まで

十二月十一日

はる子

春子様

一九二九（昭和四）年三月一二日　豊彦からハル　[a350-00012]

東京市本所区松倉町二丁目八十五番地
本所基督教産業青年会
賀川豊彦

馬島さんの景気ハよい。当選圏内に這入つてゐる。

そこで来ん十四日の晩まで居てくれと云ふので　藤島久六君に約束した紡績の演説会を延期して貰ひ、十四日ハ失礼して馬島君を是非応援することとし、別府は十五日午後三時半神戸入船、別府十六日午後十時着として黒田氏だけ先発していたゞき、黒田氏に二十円だけお渡し下さい。

馬島氏が当選圏内に這入つてゐるだけに　みな是非と頼むのです。

私ハ十四日夜十時四十分東京発で帰り　十五日午前十一時頃大阪つきます

賀川豊彦

一九二九（昭和四）年三月一七日　ハルから豊彦　[a350-00013]

別府市不老町
佐藤銓蔵様方
賀川豊彦様

今度ハ御休になる時もなく御出立で有りましたが　御元気であつたので嬉しく存じました
十六日に純基ハ　卒業証書を受けて参りました　其日の純基ハ『不思議の帽子』の童話を致しました　驚かされたことハ　本の通りに話したので二十七分を要しました
森完蔵様が　主一様が入学出来た報告と御礼とに見え　二輪車を純基の為めに贈られました
仙波安様も優等で関西を出まして御礼に見えました　いづれ宮崎あたりで御目に掛ると思ひます
今度御会になる浜崎牧師ハ　幼稚園の首藤先生の父君であるそうです

十六日に宇部の藤本姉ハ来られました
死線を露語に訳し度と或人が申越されましたから手紙を御送り致します
雄弁社の原稿依頼、御送りします
では御機嫌よく御奮闘を祈ります

三月十七日　春子

一九二九（昭和四）年三月二六日　ハルから豊彦　[a350-00014]

宮崎県都城市早鈴町
枝本清一様気附
賀川豊彦様

豊彦様
御健康もよく御元気で御精励のこと黒田先生[13]の御便りにて承知致し感謝いたして居ります
各所の集会に百数十名又二十名又二百名以上の決心者のありますことハ嬉しいことで御座ります
昨日ハ伝道地の御写真を拝見いたしました
昨日ミスタツピングが各人に送る可き金子を御届け下さいました
総額八百四十円で内訳ハ別紙の通りで御座ります
杉山　廣瀬　行政氏ハ何程を各人に送るので御座りますか　御席の節に金額を御知らせ下さい
佐野英雄氏の分ハまだ受取ませぬ　多分失念されたと思ひますから　直接タツピング姉から送金されたかを確かめて

未だでしたら要求しませう　舛崎氏にハ当方から送金いたします
先ハ右御知らせまで致します

三月廿六日

春子

一九二九（昭和四）年四月二五日　ハルから豊彦　[a350-00015]

門司市楠町八丁目
基督教青年会
賀川豊彦様

賀川豊彦様

ご送金下さいまして　確かに落手いたしました　下関に於ける救霊の運動の好結果を承はりまして感謝いたして居ります
藤本姉の母君からも詳細なる通知を得まして御働きの模様を御承知致すことが出来ました
腸がまだ少し御悪い様に伺ひましたが　その後御全快をひたすら祈つて居ります
先日宮井様も一度帰坂されましたが　まだ全快されてないのでもう少し静養の必要があるとて　昨日徳島に帰られました
鹿児島の飯野氏は昨日来られました　丁度昨日から木立氏[14]が坂神間に来て居られますので　本日神戸の消費組合で面会の筈であります　同時に北川氏も面談されることで有ります　過日御回送申し上げました三浦晃一郎氏の件　御返

事下さいましたでせうか　種々の事件申上げ相済まぬ事と存じて居ります
数日前　林彦一氏の訪問を受けました　父君の永眠記念に献金を持参されました　それと著書を委託され度との依頼で　送本致しました
岡山の禁酒会　成瀬才吉氏が見え　岡山の諸教会の応援を依頼して居られました
其後新潮社の校正がサッパリ参りませぬ
純基の鯉幟りが五月空に泳ぐ季節となりました　喜こんで下さる　パパが御旅行で　ママの手製の柏餅をあげられないことを残念に存じます　余り御からだに御無理のないやうに念じて居ります

四月二十五日

春子

一九二九（昭和四）年七月一〇日　ハルから豊彦　[a350-00016]

大分県杵田町
川上平三様方
賀川豊彦様

七月十日の御誕生日を御祝ひ申上げます
この御誕生に依つて百万の精霊が神に捧げられますことを御慶び致します
この御誕生に依り春子ハよき夫を得　純基　千代子　梅子ハよき父を得て居ることを感謝いたします
最も愛する

賀川豊彦様

愛せらるゝ
春子
純基
千代子
梅子

昭和四年七月十日

七月十日―
十一日―　白杵　米倉次吉氏
十二日―竹内―川上平三
十三日―中津
十四日―夜―行橋　福地幾一氏
十五日
十六日―直方　三浦清一氏
十七日
十八日―甲州
十九日―飯塚
二十日」

二十一日
二十二日
二十三日
二十四日　女学生修養会
二十五日　八幡　大森良二
二十六日　夕武峯
二十七日
二十八日
二十九日
三十日

一九三〇（昭和五）年一一月一一日　豊彦からハル　はがき　[a350-00017]

青森県七戸
賀川豊彦

岩木山
沈む夕日の
影うけて
林檎畑は

くれなゐに染む
——喉が爛れ、機関肢ハ鳴る

トヨヒコ

一九三一（昭和六）年七月三一日　豊彦から純基　はがき　[a350-00018]

これはアメリカで一ばん大きなたきです。村島先生と一しょに見に来ました
小川先生も、今井さんも一しょです[15]

トヨヒコ

おとうさんもげんき
おともの供たちもげんき

ムラシマ

一九三一（昭和六）年八月三日　豊彦から純基　はがき　[a350-00019]

坊やは毎日時間をきめて勉強してゐるでせう
さうしないとだめですよ
このハガキはニユーヨークの一番高い家にのぼつた時に買つたものです。千二百五十尺あります
神様に坊やが善い子になるやうに祈つてゐます

トヨヒコ

一九三二(昭和七)年五月二九日　豊彦からハル　[a350-00020]

奉天キリスト教会
賀川豊彦

春子様

奉天

六月廿六日にハ厚生省予防局長に依頼せられ　日本M・T・L[16]との関係もあり、大阪に救癩の話に行きます。その前日、出来れバ救世軍の為め山室軍平論を神戸でしたいと思います。
就てハ　何卒　連盟のプログラムと衝突しないようにして、救世軍山室武甫氏[17]と御交渉願ます

トヨヒコ

一九三二(昭和七)年六月七日　豊彦からハル　[a350-00021]

奉天萩町二八
安藤彦治氏方
賀川豊彦

春子様

主にありて健闘してゐます。
急行列車の中で書きました
「パウロ」よく読み補正して書き直し　原稿だけ保存し　平沢氏[18]に送り画をつけ　それを西坂氏にお送り下さい
六月十七夜ハ神戸にて集会する予定です。山室武甫氏にその旨お伝へを電話にて願致ます。
明日飛行機にて熱河州承徳へとび、明後日飛び奉天に飛び帰ります。主にあれ

六月七日　トヨヒコ

一九三二（昭和七）年一一月四日　豊彦から千代子　はがき　[a350-00022]

千代ちゃん
土地《とち》の底《そこ》から火を吹《ふ》く山へパパはのぼり
ました。山《や》ハ大《おゝ》きなものです。
よくママの云《ゆ》ふことをきいてべんきようなさい

パパより
クマモトケン・アソ山にて

一九三三（昭和八）年二月七日　豊彦から純基　はがき　[a350-00023]

兵庫県瓦木村
賀川豊彦

純基さま　ママの顔のスケッチはよく出来てゐました。パパは来る
二月十三日の朝東京に帰ります
急がしく仕事をしてゐます。そして毎晩講演に出かけてゐます。
私ハ千代ちゃんと梅ちゃんに手紙を書きませんからあなたからよろしくお伝へ下さい。

ママによろしく

二月七日　豊彦

一九三三（昭和八）年三月五日　豊彦からハル、純基、千代子、梅子　はがき　[a350-00024]

大津
パパ

パパはびょうきがなほり今日は大津にゐます
明日ハ神戸、明後日ハ大阪、九日の朝帰ります
みなによろしく

賀川豊彦
大津にて

一九三四（昭和九）年二月四日　豊彦からハル［a350-00025］

台北市本町三丁目三番地
旅館　朝陽号方
賀川豊彦

台北にて

愛する春子様

恵まれた集会をつゞけてゐます
台北教会[19]で三回に二百名以上救ハれました。その内一回の学生集会に百六十二名決心しました。

感謝してゐます。

やはり航海ハつらひけれども出てくるとうれしいです。

ヒモちゃんも来てくれました。帰りたいと云ふてゐます　迎へてやつて下さい。

眼も手紙を書くやうになれました。感謝です
二三日中に新聞も凸鏡使用して読めるでせう。

約かだつたが春子と二人で座ることの出来たことをうれしく思つてゐます。年をとると、「性」を離れて二人で座るよろこびをつくづく思ひます。恵まれて下さい。

主にあれ　トヨヒコ

一九三四（昭和九）年二月六日　豊彦から純基　はがき　[a350-00026]

今日台湾の高雄を出帆します　そしてフヰリピンに行きます
二月六日

一九三四（昭和九）年二月一四日　豊彦から梅子　はがき　[a350-00027]

パパ　ハ　コノ　キヨウカイデ　コノマエノ　ニチヨウニ　オハナシ　ヲシマシタ。
ウメチヤン　ハ　ヨク　オイノリヲシテ　カシコイ　ヨイコニ　ナツテ　クダサイ
パパヨリ
一九三四、二、十四、バギオ

一九三四（昭和九）年二月　豊彦から純基　はがき　[a350-00029]

フヰリツピンの北の山地へ来ました。土人の風習には頗る変つてゐるものがあります
よく勉強なさい
賀川豊彦

一九三四（昭和九）年三月二日　豊彦からハル　[a350-00030]

支那香港

賀川豊彦

愛する春子様

急しい講演旅行をつゞけてゐます。然し、病気にもかゝらず一回コレラの予防注射をして嘔吐しましたが　それでも講演にハ差支せずでした。

四回飛行機に乗りました。フリツピンの人々ハ沖縄から南部日本人とあまりによく似てゐるので九州地方を旅行してゐる気がします。至る処大歓迎で大閉口です。

最初世界一週をしたマゼランの発見したセブ島まで伝道に行きました。そして今マニラへ帰る船の中でこの手紙を書いてゐます（小川氏ハマニラにおいて来ました。それハ飛行機の旅金が高いので一人になりました）各地で知事の出迎えを受けたりして一寸と面喰ひました。腎臓ハ具合よくまるで忘れたようです。今日（二月廿六日）マニラにつけば直に西洋人の教会で講演してメソヂスト大会に午後講演します。そして、明日ハマニラ大学、明後日には国立大学に講演して最後に日本人に講演をして、二十八日支那に立ちます。

フヰリツピン旅行ハ色々な社会学的研究に資料を与へてくれました。留守中へ「子供博物館」の資料がつきませう受取つておいて下さい。

純基の「歴史」を見てやつて下さいね。

日本のリヴイヴルの為めに祈つてゐます。

フリツピンの同志が三晩も徹夜の祈祷会をしてくれてゐるのは感謝でした。

進撃のラツパと共に

進撃をつけます

トヨヒコ　カガワ

日本行の船に間に会はす為めに、この手紙を書きます
みなによろしく。

支那　香港
賀川豊彦

愛する春子様

トヨヒコ

無事にフキリツピンの伝道をおわり　香港に来ました。
三月九日に上海につく予定です
主にありて祈つてゐます
　みな無事です
三月二日

一九三四（昭和九）年三月一三日　豊彦からハル　[a350-000032]

上海浅間丸にて
賀川豊彦

今度の旅行で南洋の事情が少しく明るくなつて来ました。
毎日瞑想をつゞけてゐます
純、千代、梅によろしく　教会のみな様にもよろしく

トヨヒコ　カガワ

一九三四（昭和九）年八月一六日　豊彦からハル　[a350-00031]

大分県別府市外鉄輪町筑後屋
賀川春子様

札幌市北一条西五丁目（電話交換局前）
阿部旅館
賀川豊彦

愛する春子様

賀川豊彦

その後如何ですか。純基と大崎氏と私ハ三人一緒に岩手県を旅行し、更に北海道に参りました。そして私ハ今日（十六日）より二人に別れ、二人ハ奥地に旅行し　北見方面まで行きます。そして、私ハ小樽に残ります。そして、更に、二十四日に石狩で会ひ、青森県、秋田県、新潟県を旅行し、私ハ新潟の農村更生講演をして東京に二十七日朝帰る予定であります。

三日ばかり少し腹を害し弱つてゐます　たいしたことハありませぬ。天候にも不思議にまた恵まれ、会衆にも恵まれ

てゐます。
母上様にも、千代子、梅子にもよろしく

トヨヒコ

一九三五（昭和一〇）年二月一一日　豊彦からハル　[a350-00033]

愛する春子様

豊彦

海上無事　明日未明にブリスベン[20]につきます。二十四日間、無理をして原稿を書きつゞけました。『乳と蜜の流るゝ郷』を四ヶ月分と、『その流域』を一ヶ月分、後者ハこれから豪州で毎月二ヶ月分位送る予定にしてゐます。困つたことに、ニユージランドは二週間延長を要求して来ましたから帰国が遅延します。八月十日頃になります。ジヤワに廻る予定ですから遅れるのです。然し東洋各州を研究する上に、ジヤワハどうしても研究しておく必要があるのです。そしてシヤム　安南も実に近いので、行きたいのですが、あまり暇がないのでのばしまして帰ります。

純基のことが気にかゝつてなりませぬ。何卒よろしくお願ひいたします。猶　財政上に困ればタツピング氏に頼んで下さい。また香港の平川貞氏より東北の農民福音学校建築資金に三百円位寄附があると思ひますから保管しておいて下さい。

また健子さんに小説「乳と蜜」の八月号中『白内障《そこひ》』とあるは誤読にて「網膜炎」と訂正して下さいと手紙を出しましたが、あなたからも御注意下さい。

明日から各大学の講演が始まります。一寸と弱ります。「雄弁」の小説をもう四ヶ月分か五ヶ月分書かねばならないのが骨です。早く書き上げて、豪州の社会事業及社会立法の研究をしたいと思つてゐるのです。祈つてゐて下さい。海の旅行は忙しくて随分大変でした。北野丸船長出野氏が親切にも、私の為めに発着を一時間も早めたり遅らせたりしてくれて、各港で講演をするに便を計つてくれたことは感謝に堪えません。南洋セレヴエス島から博物の標本を届けて下さいますから何卒之を幼稚園にみせて下さい。パラダイス（極楽鳥）は標本的に島津[21]にやつて立派にして下さい。

では主にありて…

二月十一日　賀川豊彦

北野丸にて

豪州の物価ハ日本の四五倍で閉口します。

一九三五（昭和一〇）年四月二六日　豊彦からハル（Craig's Royal Hotel の便箋）［a350-00034］

愛する春子様

四月廿六日　バララット市

賀川豊彦

タスマニア島に渡つて約一週間を送り、メルボルン市（人口百二十五万）に一日居て、すぐ六百里程西のアデレード市（人口約三十五万）に行つて九日間を愉快に送りました。今またメルボルン市に帰る途中で、ヴキクトリヤ州第二の都会バララット（人口四万五千）に一日講演するのです。新聞で浅間の噴火（——私が預言したことが当りましたね）や台湾の大地震を見ました。何だか外国に来ることがすまない気がします。下手な英語をよく辛抱して聞いてくれるのをたゞ感謝してゐます。アデレードでは日本の艦隊と一緒になりました。たゞ私の祈ハ豪州に宗教的情熱の燃え上らんことであります。それで英語ハ下手でも一生懸命に祈つてゐるのです。アデレード市でハ多くの青年が共鳴してくれたことをうれしく思つてゐます。アメリカの来年の講演が気になります。長く日本にゐて働きたいと思つてゐます　豪州の人々ハ善い人が多いです。然し経済的にキリスト教を応用しようとしてゐませぬからキリスト教に力がありませぬ。で、私ハその為に力を入れてゐます。メルボルンでもその為に力を入れる積りにしてゐます。タスマニア以降ハ一生懸命に豪州の地質学や動物学を研究してゐます。たゞあまり時間が短いので思つたようにやれないが残念です。小川氏ハ無事です。大阪の共益社のことを一勝懸命に祈つてゐます。アデレード市は一州の首府でしたがその地の司法大佐が私にこんなに宗教的に動いたことハ始めてだと云ふてゐました。感謝です。何かの結果が生れるでせう。それにつけても善き書物を書かねバ駄目だと思ひました。次から次に集会が急がしいので、みなさまに手紙を差上げることハ出来ませぬがよろしくお伝へ下さい。三月七日附の手紙ハ四月十五日にメルボルンで受取ました。純基にその由お伝へ下さい。純基に英語の発音の出来るよき先生をつけて下さい。さうしないと英語の発音ハ少しも駄目です。五月十八日に海を越えてニユージーランドに行きます。そこで四週間伝道します。そして、それがすむと、ジヤワに廻つて帰る預定にしています。シヤムからも招待が来ましたがお断りしました。日本に帰ることをいそぐので。然し、ジヤワハ二週間の差ですから立寄つて帰る積りです。豪州の自然ハ単調です。で、博物館と、立派な図書館に（時間ハ無いが）暇があれバ這入つてゐます。

主にあれ

みな様によろしく

賀川豊彦

（裏にオーストラリア大陸の手書き地図）

一九三五（昭和一〇）年五月七日　豊彦から純基　はがき［a350-00040］

豪州は地質学上旧い地層なので、面白い世界で珍らしい鳥が沢山ゐます。その中で、ライ・バードは特色があります。之ハ凡ての動物の物真似を声でします。汽車の音、自動車、鳥の泣き声…なんでもです
然し何処に行つてもゴムの木ばかりで、二千里も三千里も同じ景色です。一生懸命に勉強なさい
神さまの為に正しくあられることを祈る

賀川豊彦

五、七、　メルボルン

一九三五（昭和一〇）年五月一一日　豊彦からハル（THE VICTORIA PALACE LTD. の便箋）［a350-00035］

愛する春子様

五月十一日　豊彦

約二週間のメルボルンに於ける宣伝を了へて今日之から私ハ最後の三日間の伝道をすませる為めに豪州の首府キヤンベラに向つて出発するところです。キヤンベラハ僅かに人口八千人しか無いところですが、小さい大学があります。メルボルンの伝道ハみな好感を持つてくれまして、好都合でした。多くの友人を作りました。経済的にも半額だけの負担でなく、全額負担したいと努力してゐました。そして多分さうなるでせう。私ハ毎日三回以上各種の集会に出ました。そして、大に努力しました。

暇を見てハ図書館に行き、博物館に這入り、標本を集め、書物を貰ひ、また大本を買ひ集め大に「自然教案」の作成に努力してゐます。メルボルンでハ、地質学の驚く可き立派な博物館を発見しました。雨もヴヰクトリア州（メルボルンのある州）だけで、生命の始めから、第四紀層までの標本が得られるのだから驚く外ハありません。日本にもこん

な博物館が欲しいと思ひました。豪州でも日曜学校の生徒が減りつゝあるさうですが、之ハ大問題だと思ひました。之ハ自然教案を採用するれバ医されるでせうが、豪州人ハまだ之に気がついてゐないようです。豪州から日本に直接各種の品物―特に書物を送りました。それで何卒受取つておいて下さい。メルボルンから山下汽船の船で書籍一箱送ります。此後も送りますから受取つておいて下さい。横浜まで取りに行かねバならぬかも知れまぬがよろしく。その中には京大駒井卓博士に進呈する書籍も這入つています。凡てハ祝福の中に進んでゐます。五月十八日また四日間海上にゐて、ニユージランドに行きます。ニユジランドハ人口百七十万位ですが、文化が進んでゐますから大に研究する積りでゐます

主にあれ

賀川豊彦

坊やの英語ハ発音の善い人に頼んで今の中に発音をよく教へておいて下さい。千代子、梅によろしく

一九三五（昭和一〇）年五月一八日　豊彦からハル（HUDDART PARKER LINE の便箋）［a350-00036］

愛する春子様

五月十八日

三度目の手紙をシドニーで受取ました。本日シドニーを出帆してニユジランドに向ひます。旅行の予定を全く変更して　ニユジランドより六月廿四日発ハワイ島に行きハワイより日本に廻ります。その方が僅か二十一日間でニユジランドから帰れるのです。ですがハワイで私に伝道せよとの依頼が有つたから、小川氏は一先七月七日の船で日本に七月十七日頃到着さられ、私ハ二週間か三週間伝道して帰りませう。ジヤワに回れば日本まで四十日以上かゝるのです。

旅費の関係と伝道の効果を研究して旅程を再び変更しました。トッピングさんに左様御通知下さい。シドニーの英文新聞に私の書物が発禁になつたと日本から電報が来て居ましたがブランブー氏の編集したもので無いかと心配してゐます。豪州でハよく戦ひ、よく努力しました。そしてよくその間に勉強をしました。「雄弁」の小説「その流域」八月号を送ります　どうか健ちやんに読んで貰つて講談社に送つて下さい。眼が悪ければバ本を読まないで西洋人の意見を聞いて廻り、眼がよければバ晩の十二時迄凸鏡を使つて本を読み原稿を書きます。不愉快なことが有つても凡てを大能者に委せて、私ハ愉快な旅行を続けてゐます。シドニーの最後の集会の外ハ大成功でした。新聞ハよく助けてくれました。色々のことが気にかゝりますが、凡てを神に委せて戦ひ抜きます。

日本農村伝道の資金も少しは出来るでせう。また永久の友人も多勢出来ました。豪州ハ万事が米国より遥かに豊かです。その変り宗教ハ形式的な気がします。

自然研究にハ全く善い材料が沢山あります。それを一生懸命に求めました。然し肺魚ハ保護魚になつてゐて、政府の許可が無ければバ取れないのでまだ手に入れませぬ。（此手紙も個人的なところを抜いて雲の柱に発表して下さい）

山下汽船や、日本郵船で書籍を次から次へと横浜に送りましたから、豪州からの船が横浜につくことによく注意して受取つて下さい。横浜の大西氏にもよろしく頼んでおいて下さい。

シドニー港　ワンガニラ号にて

賀川豊彦

純、千代、梅によろしく

北川氏に特によろしく

一九三五（昭和一〇）年六月頃　豊彦からハル　[a350-00039]

愛する春子様

豊彦

私ハ急しく旅をつゞけてゐます。

一生懸命南太平洋の自然研究をしてゐます。特に、地質学を大分調べました。然し、雲の柱に書く時間の無いことを悲しみました。何しろ、眼が悪い上に、講演続きでせう。どうして、書けませう。豪州でハ百七十八回、十一万五千人に、ニュジランドでハ唯今迄に約六十回五万人位に話しました。


（ニュージーランドの手書き地図）

ニユジランド

面積十万五千平方

南緯47°

英語で話すので、随分弱ります。然し大に努力して来ました。

六月二十五日発ナイヤガラ丸でハワイに行き　ハワイより日本郵船の船で七月三十日頃着（横浜）で日本に帰ります。

ダニデン市ハ月曜までゐて六月十七日（日曜に北に向ひ各地を巡回して太平洋に浮ぶのは今日より約十日目です。

子供等によろしく　凡てを神に託して

アーメン

豊彦

ダニデンにて

一九三五（昭和一〇）年一〇月一四日　豊彦からハル　はがき　[a350-00037]

神戸市北本中
六丁目二二〇
賀川豊彦方
賀川はる子様

本日北海道に渡りました。之から札幌で一奮発いたします。
帰るのは二十七日の夕かと思つて居ります
神にありて御安全にあらんことを祈ります

一九三六（昭和一一）年四月一七日　豊彦からハル（THE COPLEY-PLAZA の便箋）[a350-00041]

T.Kagawa
Auburn, N.Y.

口上
ボストン[22]でハ嘗てなき大集会を開き一回に一万二千人も来ました　その献金で、大阪の金田牧師の生野セツトルメントの敷地を買求めたいと思ひます。その約束をしました。で、今迄の所でハ自動車が這入らないので、自動車の這入る所を五、六千円の程度、で求めて下さい。金ハすぐ送ります。
就てハあなたが直接西下して、関西の事業を一々視察し、報告して下さい。お願ひいたします。

ボストンにて　トヨヒコ

一九三六（昭和一一）年四月一七日　豊彦からハル（The OSBORNE HOTEL の便箋）［a350-00042］

愛する春子様
四月十三日より十六日まで四日間をロッチスターで送りました。そして実に奇妙な経験を得ました。それは私の協同組合運動が共産主義運動だと云ふので、殺人犯で有名な牧師フランク・ノリス一派が一生懸命に私を攻撃したことです。

十三日から十五日晩まで私ハ市の大きなメソニックの公会堂で講演すると、対手ハ市の公会堂を借りて私攻撃専門の講演会をやるのです。

それにハ背後に保守派のファンダメンタリスト、在郷軍人団、資本家がついてゐるのです。

在郷軍人団ハ私の平和主義ハ米国の愛国心を鈍らす日本の計画だと云ひ、資本家ハ私の協同組合運動ハ彼等の経営する営業を妨害するものであるとし、また、教条主義者は私の『進化論』を信ずることは反キリスト的精神であるとなし、私の「愛の科学」の進化論の記事を逆に取つて大攻撃です。何しろ私を攻撃する為めの小冊子まで出版して街頭で売つてゐると云ふ仕末ですから面白いじやありませんか?それを読むと、私が反駁する為めに記入したことを私の信仰として反対するからたまりせんよ。教条主義者の人々の無智と狭量と嘘付に全く驚いてしまひました。

何しろ、フランク・ノリスと云ふ人ハ自分の教会に二度まで放火したと云ふ嫌疑で取調べをうけピストルで或材木商を殺した男ですから、驚きます。その人が説教すると、またそれを聞きに行くと云ふのですから　米国のキリスト教の堕落と云ふよりか、米国の空気がよくわかります。

ところが、また私に同情して、フランク・ノリスの所へねぢ込みに行く人があり、ノリスの集会は滅茶苦茶になされかゝり、巡査を呼ぶとか、呼ばぬとか、大変な騒ぎだつたときゝました。

兎に角、私の協同組合運動が国民に徹底すると共にゴロツキまで使用して反対運動を始めたことは面白いことです。それをパリサイ的教条主義者が支持し、軍需品工場主が後押してゐると聞いて全く驚きました。之が米国キリスト教の半面かと思ふとなさけなくなりました。日本の仏教と何等変るところなしと思ひました。然しその間にもロッチスター神学校々長ビベン氏ハ沈黙を守つて飽迄努力せられたのを見て私ハ同氏ハ矢張り人物だと思ひました。

理想に生きるものが悩まねバならぬことハ日本も米国も同じことです。

多くの経験によつて、益々パウロの経験と同じ経験を与へられます。で、使徒行伝をもう一度瞑想し直してゐます。然し、北米の教化運動も峠を超しました。あと二週間でカナダに這入り、後ハ大西洋の日本人の為めに二週間余を費やし、その後ハ協同組合中心の修養会を六回開いてノールウエーに向ふ予定です。遅くも九月末にハ日本へ到着するでせう。（或ハ十月初旬になるかも知れませぬが）　吉本健子姉も無事ロサンゼルスに到着せられた由の便を貰ひました。

悪戦苦闘―日本の神の国運動以上の困難を嘗めてゐます。それハパウロがギリシヤ地方を巡回した旅と同じであつたと思ひます。然し、凡てを神に委ねて戦ひつゞけてゐます。然し、北米教会の青年の間にハ潮時として協同組合運動の熱が挙つてゐます。必ずや全能者ハ勝利を我等に授け給ふことを信じます。

発表せぬこと（別便にて正金銀行より直接にあなた宛に「四千三百五十四円八十銭」を送付しました。御受取下さい。

神戸貧民窟の幼稚園の土地購入の下相談ハ進めてゐて下さい。先に行つて買取り出来なくなると困難しますから。同伴の久保田憲三氏も眼病で三週間近く弱つてゐられるので一旦、ロサンゼルスに引取つていただきます。そして信用組合運動の下相談を進めていたゞきます。

凡てハ戦闘です。祈つて下さい。突撃します。

ニユーヨーク州オウボルンにて

賀川豊彦
一九三六、四、十七、

一九三六（昭和一一）年四月二七日　豊彦からハル　[a350-00043]

今朝、電報にて「娘生[23]れて、みな無事」の報らせうけました。

ほんとにお喜び申上げます。

私の旅行の預定ハ、次の通りです。八月十七日頃には帰りたいと思つてゐます。然し、印度は是非見たいものですから少し無理でも『千円』送れの電報をうちました。

『千円』送れの電報を打つことは随分苦しかつたのですが、今度は是非印度を見たかつたので印度の小使にそれを貰つたのでした。吉田さんの為めに二千円近く使ひましたので番くるわせになりました。お許し下さい。然し、パレスチナのことは私と共に吉田兄もよく知つておく必要があり、そこのことをよく教へて日本によき基督教を植付ける必要があると思うたので、二千円を惜しみませんでした。

青年会の皆様がよくやつて居られるのでうれしく思ひます。兎に角、八月十七日頃には神戸に帰ります。

英国の印象は私をして益々、『日本で努力せねばならぬ』と云ふことを与へました。明日ハフランスに渡ります。北米で五週間と三日居ました。然し研究してゐてもきりがありませんので、フランスに渡り、欧州全体で五週間を費します。それでは――主にあれ、愛するよき妻よ――、アーメン

四月二十七日　賀川豊彦

一九三六（昭和一一）年五月一日　豊彦から純基（THE BERKLEY HOTEL の便箋）［a350-00044］

賀川純基様
英文で書いた手紙を確に頂きました　一年間の中に上手になつたのでうれしかつたでした。何卒この調子で御研究下さい。英語の会話が上手になれバ外国に来ても困らないですよ。

父様ハ今カナダの大都会のモントリオルに来て居ります。人口百万位のところで海から千里もセントロレンス河を遡つた東にあります。相変らず、お父様の道楽の「岩石」研究や、森林研究を大学教授を訪問してやつてゐます。あなたも何卒自然研究に趣味を持つて下さい。自然ハ神の言葉だと私ハ考へてゐます。そしてその自然を通し、更に人類の歴史を通して神が人類に物語つてゐられると私ハ思ひます。

三月の初旬、北米の南部テキサス州で外套を脱ぎましたが、またカナダに来て外套をつけて居ります。

毎日毎日急しく講演して廻つたのであなたに手紙を書く暇がありませんでした。然し、達者にしてゐます。疲れハしますがやむを得ませぬ。カナダで二週間居て、アメリカ合衆国に帰り、五月十五日にハシカゴ市にまた出ます。しかごより五月十九日セントルイスに行き、再び太平洋沿岸に出て、ロサンゼルスに十日間、桑港（サンフランシスコ）で四日、それから北に出て、シヤトルを経て、ニユーヨークへハ六月三十日に帰りその後　欧州行きの汽船ブレメン号にノールウエーに直行致します。

そしてノールウエーから一旦英国に帰り、再びフランス、ドイツ、スヰス、イタリア、ギリシアを経て地中海に出、印度洋を経て日本に帰るのは九月末か遅くて十月三日になるでせう。

どうか祈りつゝ一生懸命に勉強して下さい。お父様が居ないので勉強を怠ることなきよう願ひます。

千代子や梅子を始め　みなうちに居る子供達を大切にして　やさしく世話してあげて下さいね。

また、夏休みになれバ　本所の子供達のことをも心配して　世話してあげて下さい。聖書をよく読みあなたの精神にして下さい。

宇宙ハ物質的にみえてもその背後に神様が居られることをよく知り、その神のみ旨を知ることに務めて下さい。
でハさよなら
主にある祝福を祈ります

父　賀川豊彦
五月一日　モントリオル

一九三六（昭和一一）年五月一六日　豊彦からハル（Hotel London の便箋）［a350-00045］

カナダ・ロンドンにて
賀川豊彦

愛する春子様

カナダにて　トヨヒコ

二週間のカナダの旅を難みつゝ過ごしました。カナダハ一週間に一度づゝ休日が有つたのですが、やはりそれ〴〵旅行をしたり訪問客が有つたりして思ふように休めず　とう〳〵苦しい旅行をいたしました。然しカナダ人ハ　とても人が善いですから凡ての苦しみの中にも慰められました。またトラウト先生のお宅にお世話になりました　実に愉快でした。

モントリオルに四日、それから東より西へ西へ来てオタワ、ベエルヴヰル、ハミルトン、オエン・サウンド（トラウト女史の御宅）トロント、グエルフ、カナダ・ロンドンチヤタムと二週間の旅をつゞけるわけです。

その間に博物標本を集めるのが何よりの慰めで、その外ハいやいやの講演でした。カナダでもバプチスト派の保守派《ファンダメンタリスト》が私を攻撃してゐました。然し集会ハ多くの人が集まり愉快でした。

然しもう五ヶ月近く毎日講演してゐると飽きます。だかまだ一ヶ月半それをつゞけるのかと思ふとウンザリします。

神まかせ　みたままかせの
我なれバ
殺さるゝ事を　などて厭ハん

討人らと　しばしなりとも
道　語る
ジョジアン・べーの
白き夕暮

疲れじと
口に云へども　疲れたる
姿いとわし　眼《まなこ》の赤き

また祈り　また立ち上り
獅々吼する　十字架の戦士
痩せ　細り行く

百人の　予言者

殺す　悪しき世は
猶も一人の予言者殺せ—

ニネベにて　大声あげて
悔改《くいあらため》　叫びし
ヨナに　我をのぞろう

今度は色々考へさせられました。結局今日の形の教会でハ教会改造ハ全く出来ないと云ふことを発見しました。
それで運動としての教団を時々新しく造つて改造して行く外　途が無いのだと考へました。

予言者を　石投《う》つ心
今ぞ知る　投《う》たるる身にも
血潮は赤し

渡り鳥　エルムの森に
奇《く》しく鳴く　カナダの春の
寒き夕よ

凡百の教義　打捨て
唯飲む　赤き十字架

イエスの血潮

また明日はアメリカ合衆国に再入国し北米の各地で戦闘を開始します。

夕されバ　予言者の途
涙　多し
神の外にハ
助なけれバ

死ぬことを　厭ハざれども
道知らぬ　偽予言者の[24]
刀　厭はし

カナダ・ロンドン

一九三六（昭和一一）年六月六日　豊彦からハル（Hotel California の便箋）［a350-00046］

六月六日
賀川豊彦
サンフランシスコ

愛する春子様

愈々　在米日数もあと三週間に迫って来ました。

この後ハ凡て通信を次の如くしてください。

属先	私の着予定
瑞西（スヰスランド）日本大使館宛	八月一日
英領 スエズ運河 日本領事館	八月二十五日頃

それまでハ

○仏国パリ大使館気付

○ベルリン（独乙）大使館気付

にて下さい。

私ハ六月三十日ベレメン号にてノールウエー直行七月九日より十二日までノールウエー滞在、七月十三、十四日　スヰデンの予定。

英国へは七月十六日頃着か？然し之がトラホームの関係で怪しくなりました。それで或ハ英国に行かず、その儘、ドイツ、フランス、スヰスと滞在するかもしれませぬ。

実ハ旅行に疲れてゐるので、『社会保険』の調査が無ければ欧州に行きたく無いのです。然し凡てを研究的に出て日本の産業組合の前途の為めに努力して見ます。

日本への送金ハ直接カナダの西洋人よりまたニユーヨークの西洋人よりしてゐる筈ですから、何卒お受取り下さい。

凡てを祈りの中に努力してゐます。
主にあれ　純、千代、梅によろしく

お願ひ
①野辺地天馬氏[25]が私の児童向童話を日本童話全集に入れたい由、「賛成」してやつて下さい
②香港の平岡さんより頂り金約四百円ハ農村教会の為めですが坂井良次氏が借金で困つてゐるのであの方へ寄附して下さい。そしてその写真を平岡氏に送つて下さい。
然し昨日より広東政府が日本に宣戦布告したので平岡氏ハ日本へ帰られたかも知れないと思ひます。その場合イエスの友の赤須さん（北川さんハ知つてゐられます）に報告して下さい。赤須さんハ友人です。
坂井氏（近江海老江）によく事情を聞いてやり送金して下さい。

一九三六（昭和一一）年六月一三日　豊彦からハル　はがき　[a350-00047]

シャトルから飛行機で千六百里ばかり飛び途中北ダコタ首府ビスマークで一泊　今日はまたゼームス・タウンに行きます。千代と、梅に玩具の写真キカイを送ります
然し充分とれます
みなさまによろしく

トヨヒコ　カガワ

一九三六（昭和一一）年六月一九日　豊彦からハル（PARMER HOUSE の便箋）［a350-00048］

シカゴ市
賀川豊彦

愛する春子様

六月十九日　トヨヒコ

また第何回目かにシカゴに来ました。シカゴは何云ふても米国の中心のような気がします。多分六回目に来たのでせう。

野辺地天馬氏に童話集に私のものを入れても善いと云ふて下さい。（但し西阪氏にもその旨通知して許可を得て乞つて下さいね）

六ヶ月間よく働きました。米国人も喜んでくれました。外国人として人を集めたことでは始めてださうです。或人ハ「日本の征服」だと云ふてゐました。

米国に来て「話」が湧くのですが書く暇がありませぬ。純基に此夏中に天体星座「十二座」だけ実地につき覚えるように云ふて下さい。覚えれバ賞与をあげますつて。先日梅と千代に写真機（お玩具まがへのもの）を送りました。各地より生物雑誌（手紙の読みたし等）を送りました。何卒整理して一ケ所に纏めておいて下さい。小石も箱に入れて整理しておいて下さい。いよ〳〵私もあと十日間で米国を出発して欧州に向ひます。然し日本行の船にオリンピックの選手の為めに、船室が取れないで弱つてゐます。出来るだけ九月末に帰りたいと思つてゐますが、どうなりますか奇しくなりました。それでも十月十日（靖国丸）より遅くなる心配ハありませぬ。九月十九日着とも思つてゐますが　それでは調整が出来兼ねるので弱つてゐます。

中山昌樹氏[26]ハ六月十九日仏国マルセイユ出発船に帰国の途につかれました。私を待つてくれると善いと思つたのですが、金が入るから先に帰ると手紙を貰ひました。英語が充分で無いので、困つたのでせう。上手に行けば私が五百弗あげ、加州で六百弗　皆であげたので、充分やつて行けるですがね。残念です。ドイツを見ずに帰る◇◇です。ニユーヨークハ五月二日に立ちました。みなハ私と一緒に行けと進めたのですが、駄目であつたのです。それで結局費用が高くかゝつたのです。
シベリア経由で手紙をくれると、此手紙のつく頃出せバ　スヰスのセネバの日本公使館に下さい。或ハ小川氏と相談してセネバの万国キリスト教青年会宛下さい。
その他ハ
九月三日頃につく為（日本より三十日かゝる）…スエズ、「日本郵船」宛　賀川
九月十四日頃　セイロン「日本郵船」宛
九月二十日頃　シンガポール　日本郵船宛
九月二十五日頃　ホンコン　日本郵船宛
九月三十日頃　シヤンハイ　日本郵船宛

もし之より早くなれバ電報をうちます。

今の処、八月十九日か、九月十五日（スエズ発）の二つの便しか無いのです。八月十九日の分ハ「二百十日」に回り会つてゐるので、日本着十月十日にすれバ船ハ安全です。そのあたり目下決定しませぬ。ノールウエーで決定します。

留守が永くなり　色々御心配なことも多いと思ひますが　何卒祈りつゝやつて下さい。

凡てを主にまかせつゝ、
シカゴ市パアママア旅館にて　賀川豊彦

ロサンゼルスから観光団が行きます。宇浦牧師が四貫島、瓦木に二つピアノを下さいますから、よく歓迎して下さい。

一九三六（昭和一一）年七月二二日　豊彦からハル（Continental Hotel Berlin の便箋）［a350-00049］

唯今（七月廿二日）ハベルリンです。オリンピックの大会で町ハお祭り騒です

私ハ産業組合の研究と健康保険の制度の研究を中心に研究をすゝめてゐます。之がすめば仏のパリ、それより、スヰス、スヰスよりオスリア、ハンガリア、ギリシヤ、小亜細亜、ペルシヤ、印度と今度は多年の希望の陸路を帰りたいと思つてゐます

木立氏とその後通信もなく連絡が取れ無いで弱つています。

（毎日、（一週五回東帰行飛行機がバビロンを中心に出ます。便利になりましたよ）

賀川豊彦
ベルリン
コンチネンタルホテル

此通信は発表し無いで下さい。

中途で変わるかも知れませぬから――

船で帰るのも
陸で帰るのも速さハ同じです。
スーと帰れバ勿論飛行機の方が早いです

唯今の処では　シリアの国ユダヤの北方ベルートよりバビロンまで飛行機、それよりまた印度まで飛行機　印度より汽車旅行にしようかなど考へてゐます。それで九月末までにハ　必ず帰国出来ると考へてゐます。海老沢亮氏に秋の伝道をお引受けしますとお伝へ下さい。

豊彦

一九三六（昭和一一）年七月二七日　豊彦からハル　[a350-00050]

愛する春子様

愈々　九月十五日靖国丸《ヤスクニ》に決定しました。それより前の日本船も、その後の日本船も満席なので辛じて手に入れたのが靖国丸の一等です。日本着「十月十日」と存じます。少し遅いがやむを得ませぬ。九月廿四日着の英国船がありますが、英国船じや不便が多いのと、日本船ハ割引してくれるので、左様決定いたしました。日本のことが気にかかり夢にまで見るようになりましたが、已むを得ませぬから、お待ち下さい。木立さんも金が入るので大弱りのようです。言葉が出来ないのに第一駒るでせう。私ハ九月十五日スエズ運河で乗船する預定です。二百十日を避けて好都合です。

独乙でハ協同組合と健康保険、失業保険を主として研究しました。独乙ハ驚く程早く復興してゐます。日本が善い国だと思つてゐると、北欧の各地ハ更に日本より以上に努力してゐるのに驚きました。大に考へ直さねバならぬと思ひました。然し独乙の教会ハ　ガラ空きでした。淋しい感がしました。「国教会」と云ふのが駄目なのだと考へます。今夜巴里に立ちますが　明日ハ　ライン地方を船で見物する積りです。パリに三日居て協同組合と社会保険を研究しその後ゼネバに行き、ゼネバよりギリシヤ　シリア等に行き　キリストの小説の下見分をも一度したいと思ふてゐます。パウロの行つた地方をも回りたいと思つてゐます。パウロの生れたタルソにも行きたい思つてゐます。ヨーロッパの為めに祈ること切です。
この文明でなぜ戦争せねバならぬかと思ふと悲しくなります
純にも千代にも梅にもよろしく
七月二十七日　主にありて
ベルリンにて
賀川豊彦
海老沢氏に秋の伝道を引受けるが一週間以上帰つても余裕が欲しいとお伝へ下さい。

一九三六（昭和一一）年七月三〇日　ハルから豊彦　［A300-00047］

愛する豊彦様
酷暑の昨今欧州の旅を如何に御過しかと或時ハ御案じ申し　ひたすら神の御援けを祈ります　英国御上陸にならない事に就てもそう云ふ御様子かと心配も致しましたが　或ハまた御入国になつたのかとも存じます　そうで無ければ何か入陸なされない事が神の御旨であつたのかと存じて居ります
中山様も無事帰国され神戸に迎へられて神戸大阪で講演され　廿六日は松沢教会で願ひました　米国での御動きを又し新らしく感激を以て伺ひました　中山様自身も大い感謝を持て御言葉の如く今度の旅行で再教育をして頂いたと申して居られます
ロスアンゼルスのイエスの友会員ハ　角皆様　栄喜様など度々訪問されよく話しました　又訪ねて来られる外人が多く御座ります

軽井沢に純基を送り私も七月二十日から廿四日迄留まりローガン先生と食を共に致しました　若い夫人と共にたぶんトラオト女史の家に住まはれると存じます[27]
雄弁社の出版部天田幸雄氏が今度の先生の欧米旅行の随筆やらのものを頂き度い　之ハまだ私の方の意向でハ無い自分個人の考へですが　多分私も賛成と思ふので先生に御考へ置きを願い度いと申します
鑓田研一氏『賀川豊彦青年時代の日記』未発表のものなどと題してセルパン（雑誌）に載せました　御旅行中に断りも無くこうしたものを発表してよきものか否かを考へます
家中皆々　御保護のうちに健康で御座ります　御機嫌よく御帰朝を祈つて居ります

七月廿日　賀川春子

一九三六（昭和一一）年八月一七日　豊彦からハル　はがき　[a350-000051]

ブタペストは実に美しい街です
ハンガリア人は支那方面から欧州に流れ込んだ蒙古人種と白人との混血ですが市でハさう明らかにわかりませぬ。今度ハ蒙古人種と白人種の混血が人種学的にどんな結果を生むかを見て廻ってゐるのです。一々考へたら、一度祈り乍ら歩いていています。今日ハユーゴスラビアに明後日ハギリシヤに出ます。それからトルコ　ユダヤそして日本行の船に乗ります

八月十七日　賀川豊彦

一九三七（昭和一二）年八月一七日　豊彦からハル　はがき　[a350-00052]

大分県別府市外鉄輪温泉
筑後屋新館
賀川春子様

啓
八月廿一日（土）には東京に帰ります　そして秋の運動に移ります

賀川豊彦
甲斐
八ヶ岳下

一九三八（昭和一三）年二月二三日　豊彦からハル　[a350-00138]

西宮北口一麦寮
賀川豊彦

主にある春子様
済生会の眼科部長山崎博士の処に行き大阪方面にて先生流の手◇をしてゐられるところが無いどうか大至急に尋ねて来て下さい。
そして速達にても御通知下さい
主にあれ

御病気御平癒を祈ります

賀川豊彦

一九三八（昭和一三）年一一月一五日　豊彦からハル（N.Y.K.LINE の便箋）［a350-00053］（原文横書き）

春子様
今船に乗りました[28]
川村様、青木様、石島潔ちゃんが送つて来てくれました。
梅光女学院の廣津先生[29]が豊島の土地代を幾何か寄附して下さいました
豊島の土地ハ
一、安井氏の土地（¥三五〇〇）を買ふ積りにして再び河合氏にサヌキ迄行つて貰ひます
二、四十二町歩の分を買ふ予定にしてゐます
それで手附金として八千円の中二千円位川崎銀行から借りて入れておいて下さい。
来年四月帰つてくれバ後の分を入れます。
〝キリスト〟ハ出来上ればすぐマドラスに送つて下さい。
豊島への荷物代として（運賃）奥座氏へ四〇円を渡しておきました。
豊島の為めに各方面から同情の現れることを感謝してゐます。
梅光女学院でハ一月一銭呉れる由
また梅光の教師飯田天子姉も看護婦を寄附して下さいます。
以上の中　記事になるのを六号雑記として高山さんに渡して下さい。

昨日ハ二回話しました。
之から船で小説を書きます
主にありて　祈りつゝ

トヨヒコ・カガワ

豊島の八千円で買ふ四十二町歩は是非手附金だけでも渡して下さい
土地会社が這入るともう買へませぬから—
船ハ賑かです—
　一九三八、一一、一五
　十一時、

洋ちゃんからよろしく—

一九三八（昭和一三）年一二月二日　豊彦からハル（N.Y.K.LINE の便箋）［a350-00054］（原文横書き）

シンガポール

主にある春子様
船中ハ一生懸命に悪い眼で勉強してゐます　然し小説ハ四五枚きりしか書きませぬ
大会の論文二十枚を書きました。

書物ハ三四冊読み切りました。
いまオクスフオード大学の印度史（七五〇頁）を読んでゐます。
健康です。
毎日百頁位ハは読み続けてゐます。
みな様によろしく
教会員
イエスの友
その外の人々に
特にスミ、チヨ、ウメ
によろしく
トラウトさん、ドウンサンにも
祈りつゝ

一日に四時間づゝ大会の研究会があります　それで勉強が出来ませぬ。

トヨヒコ　カガワ

コロンボ
十二月二日
実に善き航海でした
よく勉強しました。

多くの書物を読みました。
インドの書物をまた伏見丸で返します。三月頃日本につくでせう。
プログラムが滅茶で　私ハ実に困難な旅行をせぬバならぬと思ひます
凡て印度的です。

皆様によろしく
主にあれ

トヨヒコ

一九三九（昭和一四）年八月一一日　豊彦からハル　[a350-00055]

信州下高井郡濃温泉
雀のお宿方
賀川豊彦

主にある春子
本日午後多分毎月分最後の小説を書き了り十月分の稿が全部纏ります。それで三人で山の中へ少し旅行します。（日本アルプスまで）自炊する用意をしました。
黒岩一夫先生と己はれる旧名主の二階を借りました。お母様とあなた　大崎夫人でも、千代ちゃん、梅ちゃん何人来ても大丈夫―但し自炊のこと。雀のお宿から約一丁山手です。月曜あたり出ていらしやい。但し自炊のこと。私ハ山ても「雀のお宿」で黒岩さんを教へて貰へばすぐわかります。「郵便函」のある家です。

カガワトヨヒコ
八月十一日

一九四〇（昭和一五）年八月　豊彦からハル　（新聞切り抜き「種子は正直者　西瓜の芽が出た」）[a350-00057]

賀川豊彦
上州草津

この伝を保存しておいて下さい
ハルコサマ、　トヨヒコ

一週間ほどすれば帰ります
みんなによろしく

一九四〇（昭和一五）年九月一〇日　千代子から豊彦　[A300-00284-3]

お父様
御元気でいらつしやいますか。御安じ申し上げます。お母さんがおもちかへりになりました柿、わざ〳〵お父様が取つてくださいまして、きようしゆくしております。

私はまだ島には行つたことがありません。けれどもお母さんにうかゞひますと、大変静かな景色のよい所とうかゞひます。私も是非この冬休みにまいりたひと思ひますがいかゞでせう。梅ちやんは、夜る電燈がなくて、他の光をつかうのにきよう味をもつてゐます。私は浜にそだつたことがないので網でお魚をとるのがみたいと思ひます。お母さんが、浜でかつてゐらつしやつた網をつくる竹のよーじみたいなものははじめて見ました。

今年は海に行きませんでした。九月の十日頃でもさむくなく、およげるとき〻ますと、およぎたくなります。こちらはすゞしくて水に入ると風邪をひいてしまひます。

十月十七日の信徒大会には学校から行きます。明日は遠足です。四五年は金沢文庫、一、二、三年は登戸へ行きます。

恵泉デは十一月三日ですが日曜なので二日にします。

今度のバザーでの純益は愛生園に河井療といふのをつくるためです。

皆仲よく勉強してゐますから御安心下さいますようにおねがひ致します。

だん〳〵寒くなつてまゐりますから御体を大切にして下さい。

賀川千代子

九月十日

御父様へ

一九四〇（昭和一五）年九月一九日　豊彦からハル　[a350-00058]

香川県豊島
賀川豊彦

冠省
この間中ハほんとに御心配また御心尽しの程感謝いたします　強いあなただから安心いたして居りました
私ハ昨日　豊島に来ましたが汽車の弁当が悪つた見え　到着と共に下痢をやり昨夜より十数回下痢し昨夜より今日にかけ絶食して居ります。
島に凡てにつけ不便にて困つて居ります
然し天気が善いので寝てゐても愉快です。一生懸命に勉強するつもりです。
祈つています。昨夜ハ微熱がありましたが今日ハありませぬ。然し下痢ハまだ止つてゐませぬ。
純基によく勉強するようにすゝめて下さい。
八重子様[30]にも色々、親切に蒲団まで借してくれました。
島で綿が四五貫取れましたから大蒲団の「ガワ」を二枚分縫つて大至急御送り下さい。客が来てもきせる蒲団がありませぬ

主にあれ
豊彦

主にある
春子様
九月十九日

一九四〇（昭和一五）年九月二四日　豊彦からハル　[a350-00059]

香川県豊島神子浜
賀川豊彦

拝復
高山氏が日曜日（廿二日）午後到着されました。私の下痢も底りクリスチヤン・ダイヤリーの原稿を本日西阪氏に送ります。
「化学将棋」の特許ハ　あれハ許可の下附でハなく「受附」番号です　あれハ下附と殆ど同様の力があります　お間違なく願ひます
玉置姉の月給ハいつもの如く御送り下さい。（私宛に）テーブル無く、電気なく、膳なく蒲団なく買入る費用が嵩むので弱つています
然し、労作で少し儲けなければならぬと思つてゐます
唯今ハミコガハマのウエスレー館に居ります
一生懸命勉強してゐます

主にあれ
トヨヒコ

主にある
春子様

一九四〇（昭和一五）年一〇月一〇日　豊彦からハル　[a350-00060]

香川県豊島
賀川豊彦

冠省
先日ハ島まで御出て下されうれしく存じました。
扨、今　米国ハ来年在住の米人に引上げを命令しました。
その為め、イエスの友のロサンゼルスに居る人達も引上げて帰らねバならぬかと気がやめます
で、此際北川信芳氏にも他へ転職願うよう私より手紙を出しました。そのことを何卒心の中にお置き下さい。今直にと云ふのでハありませぬが、先づ予告申上げておきました。私の関係してゐる組合にもし職業があれバその方へ転業願ひませう
さうすると、色々の事業が少し増加しますが、止むを得ず、小川菊子姉に「為替係」になつて貰ひ、みんなで「雲柱社」の事務を分担しイエスの友にも手伝つて貰へバ善いでせう。
此際、事業を縮小ハ已むを得ないでせう。
また大工さんなどの払ひの関係もあり、少し金を送つて下さい。

十月十日　賀川豊彦

一九四〇（昭和一五）年一〇月一六日　純基から豊彦　[A300-00284-4]

16,Oct.1940（横書き）

父上様

お手紙有難う御座居ました。大変御無沙汰してすみません。豊島ももう秋で、木の葉も紅いことでせう。こちらは毎日天気よく、自転車で学校へ通つて居ります。此の頃は、学校は行事が多く、家で良く勉強するつもりです。此の冬は是非とも良い成績を取り、島へ行きたいと思つて居ります。十三日の日曜日は成城の運動会でした。好天気にめぐまれ、僕達理2の属する黄組が優勝し、優勝旗を得ました。僕は食堂係りで一人で氷を七十一貫運びました。明日は全国信徒大会です。松本繁実君と一緒に出るつもりです。

島の柿大変おいしくいたゞきました。こちらでは栗が例年より多くとれました。今家には吉田先生、金田先生、升崎先生が泊つて居られます。升崎先生は貝の標本の分類で毎日お忙しいようです。

今学期は特に十一月の終りか十二月の始めにテストがある様です。今化学を準備して居ります。

今度こそはと思つて居ります。

ヒモちやん他皆さんによろしく。

賀川純基

一九四〇（昭和一五）年一〇月一七日　ハルから豊彦　[A300-00284-4]

東京都世田谷区上北沢町二丁目六〇三番地

兵庫県武庫郡瓦木字高木
一麦寮
賀川豊彦様

豊彦様
今日ハ東京を御出発になつた日で子供達と取り分け父様の為めに祈りました　御機嫌よく愈々御健かで嬉しいことで御座ります
火の柱の原稿を読ませて頂きました
二六〇〇年奉祝信徒大会ハ誠に盛大で御座りました　正確な参加者の人数ハ解りませぬが　希望致して居りました三万人位集まつたかと存じます　いづれ人数ハ判明致しませう
クロバーの種御送り致します　松沢教会のハもう芽が出ました
種を蒔かれる時　蒔いた種が飛ばぬ様に軽くくわで土を押すと宜敷とき丶ました
山羊の家が出来て仔が生れますれば結構と存じます　十二月に寄せて頂く時にハ見せて頂けますこと丶楽しんで居ります
序文届きましたので、四日前豊島にお送り申しました　先ハ右まで

十月十七日

春子

平井様がランプを御届けいたしました　金田様に御願ひして大阪迄お持ちを願ひ藤崎様に願つて豊島に持来て願ひます

一九四〇（昭和一五）年一〇月二二日　豊彦からハル　[a350-00061]

西宮市北口
一麦寮
賀川豊彦

口上
今日神戸女子神学校の貧しき学生とそこの小使さんの小さい結核の娘二人を連れて豊島に帰ります。
十一月にも　あなたに是非来て頂きます
月に一週来て下さい。さうしないと　東京の事務との連絡が取れませぬ。
北川信芳氏はいよ〳〵神戸消費組合に従事して頂くことになりました。で、解雇手当を月給の十一ヶ月分差上げましよう。で、先づ第一回として五百円だけ渡して下さい。後の分ハ第二回に来年でも渡して下さい。
来年三月末でも学校の関係上家族ハ東京に居て善いと思ひます。あとの家ハ他に貸さぬように、内の知人にのみ貸すこと——但し私の許可を得ること
高山郁乎氏を解雇しようか密かに複て迷ふてゐます。あなたの意見を尋ねて行きましたが返事が無いので　あてならないので困つてゐます。
然し経済的にハます〳〵困ると思ひますから注意したいのです

賀川豊彦

主にある
春子様

日曜日朝　神戸イエス団一二〇、夕　生野一二〇でした。

恵れた集会しました。

月末にハ約百円位入ります。

之ハ手払へに持つてゐないと心配ですから是非送つて下さい。二百円ハ建築に入るでせう。

香川県豊島
賀川豊彦

一九四〇（昭和一五）年一〇月二四日　豊彦からハル　[a350-00062]

啓
要件だけ申上ます
高山郁乎氏ハ木立義道氏を通じて協同組合新聞に取つていたゞくことになりました　それで九岡尚氏の御世話になることになりました
就てハ解雇手当をお渡しせねバなりませぬ、一年一ヶ月の割合にて御渡しを願ひます。
私ハ当分与へられるまで此儘で行きます　助手ハ時田さんでもがいれバ善いです。然し無理すると経済的に困ります

からこのまゝにて行きます
木立氏の方にまだ二千円預けてあります　必要な場合それを使用しませう
豊島の会計ハ私の手元を通じてしてください　今月の手当既に東京から行つたらしいですが、此後ハ私を通じてのみして下さい
さうで無いと統一がつきませぬ。私が島に居る間ハ私がやります。
十一月三日　また神戸に出ます、会計上の打合せ上　神戸まで来て下さい　一麦寮にて相談しませう
島へ病人を二人伴つて来ました

主にありて
トヨヒコ

春子様

一九四〇（昭和一五）年一一月一八日　豊彦からハル　「木高津浜」の消印　[a350-00063]

愛する春子様
急しく日曜日にハ　四回大阪神戸で話しました
用件のみ申上げます
一、豊島の土地ハ蛇山の南側平面なる宅地向畠二単を五百二十五円にて買求める用意をしました。
二、蛇山の北側約三町歩の買取の交渉中・・・

三、土地の登記ハ済みました。
四、済州島仲原幸太郎氏ハ済州島土地（山）千八百五十町歩の寄附を云ハれてゐます。
それをイエス団で財団法人に入れます
その方が善いと思ひます。就てハ金田弘義氏を済州島に行き登記して貰ふ旅費約百円を御考へてお入れおき下さい。
之ハ本多健太郎氏に御送金下さい。
五、協同伝道の為　大阪にて猛烈に活動する予定です。土、日、土日です。
来む　十一月廿三、廿四日
十一月卅日　十二月一日
十二月六、七、八日
十二月十四、十五日
来年ハ一月十日過ぎより　四十日間毎夜連続の大阪各教会めぐりを始めます。
六、化学将棋ハ独立で製造に着手始めました。そして問所兼次氏の手で全国に販売を始めます。品物が出来次第「神の国」新聞に広告します

陽《ひ》ハさせど
心の闇に
相剋の　憂ひを
払へ　十字架の子に

賀川豊彦

畠の代金として金ハありますが　今月の経費として二百円計り送つて下さい
一九四一（昭和一六）年一月一〇日　豊彦からハル　[a350-00064]
香川県小豆郡神子ヶ浜
賀川豊彦
主にある春子様
急しく伝道をしてゐます。
木曜日は豊島に来り　土曜ハ又神戸に帰ります
扨　西村氏著「保険国営論」ハ御手より送付下さいましたのハ謄写版刷でした。西村氏の方でハ原稿用紙百六十枚位のものであります。去年末に御送りになつた由で大至急私の見た上にて出版したいとのことであります。
もう一度松沢の家を調査してください。
二百円の送金ハ百円也済州島へ杉本潔氏　吉岡氏二人に視察に行つて貰ひました　三等にハ五十円づゝであります。
申兼すが直に百円だけその分を送つて下さい。
十二日より大阪霊性旋汎運動に出発します。

主にあれ
賀川豊彦

昭和十六年一月十日
春子様

一九四一（昭和一六）年五月七日　豊彦から梅子　はがき　[a350-00066]

賀川梅子様
天から隕石が落ちてこんな穴があいたのです。
米国にも満州にある位の大きな砂漠があります。勉強をして下さい。
祈つています

賀川豊彦
カンサス州にて

一九四一（昭和一六）年五月二八日　豊彦からハル　[a350-00067]

1156 E 57th st.
Chicago, Ill

主にある春子様
米大陸を横断し一度ニユー・ヨークまで出ましたが、また中央のセント・ルイス、カンサス州ウイナタ市等まで舞ひ戻り、本日またシカゴ市に到着しました。此処にて私ハ一旦、腰を落付け、二週間位シカゴ大学附近で講演したり、勉強したりする積で居ます。お陰様にて健康で居ます。
一行の中、河部、小崎、斎藤、杉山親子の五人ハ六月五日の船にて帰ります。

私ハ後二ヶ月程北米の各地にて講演致します。不思議な摂理にて、米国各地に「祈」の空気が高まりつゝあること、不思議な程です。

大統領が反戦論者のリンドバーク大佐を罵倒しても民衆ハ一層戦争反対論について行く様子です。大統領も困つてゐるでせう。キリスト教の各教会も今度位真剣に大統領を諌めてゐることハ　珍しいことだと　みなシカゴでハ云ふてゐます。

シカゴが平和運動の中心です。

然し、今度ハ前回と異なり　決して財的にハあてになりませぬから無一文で帰ることを覚悟してゐて下さい。たゞ祈の集会のみを各地で持つてゐます。そして「祈」を勧めてゐます。

だが、東部ハ主戦論者の多いのに吃驚します。

松沢教会の後任牧師の件ハ　私の帰るまで無理をして決定しないように勧めて下さい。

アメリカの友人が色々心配してくれるのにハ感謝してゐます

主にあれ
シカゴ大学の神学校の寄宿にて
トヨヒコ
シカゴにて

純、千代、梅によろしく
忠敬さん、しげちやんにもよろしく
教会の皆様にもよろしく。菊池さんにもよろしく。

一九四一（昭和一六）年七月一八日　豊彦からハル（hotel LAKEHURST の封筒）［a350-00068］

主にある春子様
御手紙有難く存じます。今日迄に十数万人にキリスト教講演を到しました。まだ一ヶ月間太平洋沿岸を廻ります。近衛内閣が再変制になり心配いたして居ります。
本日正金銀行を通して「六仟円也」送金致します。之ハ主として結核問題の為めに使用する積りであります。
済州島が米を生産してくれる由　神に感謝いたします。その他にも　うんと生産をあげて世の困つた人を助けたいものです。

取急ぎ
賀川豊彦
サンフランシスコ
ポスト街一五〇〇
日本人キリスト教会

七月十八日

一九四一（昭和一六）年一〇月二四日　豊彦からハル　はがき　［a350-00069］

西宮市外瓦木村高木

西宮北口　一麦寮内
賀川豊彦

無理して講演すると　またあと帰りして腰部の腎臓が引つり傷むので、遂に八重子様の診断の基き断然、台湾行を中止し、一週間、絶対安静不動の姿勢を取ることにしました。まだ昨日の疲れで、本日ハ変ですが、段々快方に向ふことを祈つてゐます。千代、梅の手紙に感激しました。荷物ハつきました。豊島より広本姉が手伝に来てゐます。包もつきました。臥床中にて

トヨヒコ

一九四七（昭和二二）年四月一四日　豊彦からハル　はがき　[a350-00070]

紀州九度山
小沢芳太郎氏方
賀川豊彦

朝またき　北国の雪
ふみわけて
午後　紀の川の
花に会ふかな

憲法ハ
変れど　猶も
変らぬは　低迷日本に
低き　心根

高野山
うゐの奥山　超えやらず
聖も餓鬼も
混道に　泣く

杉山◇さんハ少し
希望◇◇◇

トヨヒコ

一九四九（昭和二四）年五月三日　梅子からハル　[A300-00091]

本当に長らくご無沙汰を致しました。

何ですか、近頃非常急がしかったものですから手紙を書く時間もありませんでした。それに又、学校が始まるまで旅行してゐて、学校が始まっても又東京に帰ったりしたものですから少し気が落ちつかなかった事もあります。五月の三日になってもまだその影響があり今日は、朝から本を読もうとつみ上げましたのに、居眠りばかりして四時間も寝てしまひました。靴と下着を有難うございました。黒の靴は大変すばらしいので嬉んでおります。こちらにおいてあった茶色のを一足あげましたので黒の靴一足になってしまひました。あの下着は少し大きい様で下から出て来てこまります。

二日にパ、と一緒にシゲちゃんが色々なものを持って来てくれるだらうと、楽しみにして待ってゐたのにパ、だけがお骨をぶら下げて来たのでがっかりしてしまひました。「シゲちゃんは？」とききますと、「こないよ」とかんたんに答へられるのであゝまたこれパ、がいけないと云ったんだなと思ひました。お姉ちゃんでも九月の試験が終ったら、少し来てくれると本当に嬉しいと思ひます。それにしても、忘れず何か送って下さいね。

叔母さんは、近頃非常に病気にかゝり易くなり、数日前も寝たり起きたりしておりました。近頃は澱粉が多い〳〵と云って二食にしてゐるので抵抗が弱ったのだらうと思ひます。それにしても、めんどくさい事です。二日の朝から又、四国の重子さんが男の人と一緒にこられ二日の晩御食と二日の朝たべて行かれました。せんだってまで福子をやっておられるのだと思ったら今度はパ、の云ひ付けで母子寮を始められたそうです。その事で相談に来た様でした。

こゝの幼稚園は園舎を建て増したいのでパ、の許可を貰ふために一芝居打って大騒ぎでした。少しパ、も人が話しにくいと云ふ事を考へて、あらためたら良いと思ひます。そうしないと頭っからだめですと云はれると静かに話せバ解決のつく事も失敗してしまふ様な事になるのではおくしてしまひます。しかしそおゆう時本多の叔父さんがうまく話を持って行く手ぎはに本当に感謝してしまひました。するすると話を横の方に持ってゐってちゃんと母父会の人達が思ふ様にパ、をなっとくさせてしまひました。それに叔父さんの考へ方は石橋をたゝゐいて渡る様な方法をとっておられます。

近頃は前とは違って学校の勉強も大分急がしく大変になりました。それに勉強外のことも沢山ふえました。

二十四日の日曜の午後には番町の子供を十七人程つれてジョンソンも一緒に須磨公園に参りました。大変な人出でしたがそれでも結構楽しい時をすごしました。しかし、子供達のお行儀には全く手をやきます。電車の中でもおとなしくしてゐれば番町の子供だと云ふ事がわからないのに急がしげに話したりさわいだりするのですぐにわかってしまひます。ですから、私一人で色々気をつかはねばならないのは大変です。

帰りには、ジョンソンに、ボートに三人づつのせて貰ひましたが三十分なので乗れない子も出て来ました。子供達は我勝に乗らうとしますし、ジョンソンの事も考へねばならないので一人で気をつかひます。

四月の二十八日にはY．W．で新入生の歓迎会を開いて白雪姫を無言でいたしました。そのうちに写真も出来てくると思ひますが。知ってゐる若い外人の先生から洋服をかりました。人絹の赤の長いスカートか、黒か、タフタのかと云ふ事になりましたがとうとう緑と黒と黄でこう子になってゐて腰のまはりに風船だまのついてゐるみたいなけっさくなのを、借りました。それを着てやったのですが、一寸面白いでした。

今、もう一人のミス・フィッシャーと云ふ人から、招待を受けております。まだ日はきまってゐないのですが日曜日の午後と云ふ事になってゐます。あっちやこっちや、行かねばならないので本当におほ急がしです。マミがゐたら、ちゃんとして行けるのですが、一人では、髪など思ふ様に結えません。

さっき書くのを忘れたのですが、パ、がおはぎの箱を、お土産にくれました。それから、磯部が来たので、お金をくれました。

おばあさんは、どうしておられますか。耳が遠いので困る事もあるだらうと思ひます。

こちらも、相手が叔母さんでなくて、食器にもう少し上品なものが使へると、本当に楽しい生活が送れるのですが、どうにか、ならないものかと考へます。ことに、お客さんや友達がくると、お盆はないし、安っぽい器ばかりなのでがっかりしてしまひます。コーヒ茶碗を貰ってくるのをすっかり忘れてゐました。もしなにかつてがあれば、頂きたいと思ひます。

それから岩浅さんの住所がわかればお知らせ頂きたいと思ひます。今週の土曜までに伝へねばならない人がありますから。

今、こちらは山にはつつじ、畑には菜の花で本当に夢の様に美しい景色です。それにもうすぐしたら苺が出ます。今は花ざかりで今年も沢山たべ様と今から楽しみです。
あんまりのんきなふん囲気なので勉強する気になれず誠に迷惑いたしております。どうぞ皆様によろしく。

五月三日

梅子

ママ、箱の中に木綿でピンクと白の縦緒の地に花模様でギャザースカートになってゐるのがまだあげてなければとっておいて頂きたいと思ひます。頂度、私が夏に黄色で大きな模様のスカートをはいてゐましたが、あれと感じがよくにております。

一九四九（昭和二四）年五月九日　梅子からハル　[A300-00089]

ママ、
お金を、お送り下さいまして、どうも有難うございました。大祈祷会があってお客様が沢山とまられたそうでさぞかし、お急がしかったことと思ひます。私も、お金のお礼と、母の日の感謝の言葉を早く申し上げ様と思ってゐたのですが、とう〳〵こんな遅くなってしまひました。どうお許し下さいませ。
本当に家を離れてたゞ一人厳格な叔母さんと一緒に住むと云ふ事はなみ大程の事ではありません。でも、私は、まだ、うったへる所がありますし、なにかほしければすぐに云へば貰へますし、お金は充分にあっても、これだけの思ひをするのですから、まして本当に孤児になってしまったりしたら、どんなに寂しく悲しい事かとこの度の母の日は、本当に、よい母の日を迎へました。この様な経験をしなければ、母のない子のさびしさを本当に知る事は、出来ないのですから、本当に有難い事だと感謝しました。

私でさえても、もうひがんでやるからと云ふ気がおこるのですから、まして他の子供達がひがむのは当然の事と云へます。新川にも、番町にも孤児の子がゐるので本当に可愛さうだと思ひます。

私の急がしい日曜日も日曜ごとにかなしんだり嬉しがったり、いつも有意義な時をすごしております。又しらみがうつった頃だと思はれるのですが、こちらではだれにも頼む人がゐないので、巡礼お鶴のことを思ひ出します。

八日には、新川で石鹸と、古いタオルを持って行って、子供に全部、顔と手を洗はせましたら、皆、嬉しがって洗っておりました。一人の子は「先生、親切やなあ、なぜこんなにするのや」ときいておりました。忘れないうちに申しておきますが、パ、の原稿は私がたしかに持っておりますからそのうちに郵送いたします。これはパ、に云って頂きたいのですが、過日五日に一麦で会があった時斉木さんの奥さんが大分疲れておられる様なので、パ、が帰りに明石の方へ云って貰ったらと私に云はれました。その事を相談する様にとの事だったので、斉木さんに申し上げますと、斉木さんも非常に喜ばれて、出来る事だったら、是非そうさせて頂きたいと、云はれました。どうも、神経衰弱になってゐるらしいので、一度、自分の家族だけで生活したらよくなるだらうと云はれてゐました。ですから、このことを、パ、に申し上げて是非実現する様にして頂きたいと私からもお願ひいたします。斉木さんは、今、私が持って行った背広をきておられますが、頂度よいサイズで手が一寸長かっただけです。

勉強もなか〳〵急がしく、今、英語の方も一寸身を入れておりますので毎日一刻も余有がなく、その又余有がない上に、摂さんや恵さんと議論したり駄べったりするのでますますです。二十七日に天理教につれて行ってくださると、申されましたが、どこで何時に逢ふのか、はっきり教へて下さいませ。お姉ちゃんによろしく。お兄ちゃんに、オルガンの譜を、おそれ入りますが下さいとおつたへ下さい。

梅子　本当に乱筆で相すみません。

五月九日

ママ

一九四九（昭和二四）年八月一〇日　豊彦からハル　[a350-00071]

春子様

眼がひどくなり、旅行も困難と思ひました。札幌市南一条通西六丁目中村競先生（眼科医）にペニシユリンを二本もうつていたゞきました。それで「金四仟円」を銀行小切手にして同先生あて御送金下さい。昨日も御払ひしようとしても直接にハ受取りにハなりませぬ。また木綿シーツ類の不足に困難してゐられますからシーツを送つてあげて下さい。実に親切な方で驚きました　犠牲的に時間外に世話して下さいました。昨夜ハ病院からすぐ共産党の巣と云はれてゐるところ「月寒」で話をし、三百七名の決心カードを乞ひました。

豊彦

主にあれ

一九四九、八、一〇、　トヨヒコ

一九四九（昭和二四）年八月三〇日　豊彦からハル　はがき　[a350-00139]

オホツク海、岸をつたひて七十里
北見の国に　十字架をとく

いたどりの　花に送られ　迎へらる
北海道は　いたどりの国

北海道ハ　百里、二百里、三百里
道ばた　みな　いたどりです
主にあれ

賀川豊彦

一九五〇（昭和二五）年一月五日　豊彦からハル　[a350-00072]

主にある春子様

一九五〇、一月五日　豊彦

謹賀新年
千代子が及第しておめでたう。本当にうれしいですよ。
私ハ殆ど毎日、午前三時から起きて勉強してゐます。ロンドンハ昼でも太陽が照らないので、視力の足り無い私にハ本を電灯で読みます。[31]それで、朝でも、昼でも同じだから、朝仕事してゐるのです。
○世界国家の原稿を書き直して小川先生にお渡し下さい。シゲ子に頼んでください。
○一月七日から引つゞき毎日のように活動することになります。
○ロンドンの地下鉄ハ東京の市街電車位複雑で、一種の恐怖を感じる位です。また地理がわからないので、研究に差支へしてゐます。
○四月にハちよつと、ドイツに伝道に行き、五月末から、スヰデン、ノルウエーに行き、再び、英国に帰り、英国より、カナダへ飛行機にて飛ぶ予定をしてゐます。オベリン学園の登記ハできましたか。歌集千冊分ハ本を取寄せ代価

を早く払つて助けてあげて下さい
○毎日新聞社への通信、キリスト新聞通信等　何卒二部づヽ保存しておいて下さい。
喘息《ゼンソク》で困つてゐる人がありますから

Rev. Norman Motley
Little Ilford Rectory
London E.12,

へ、セファランチンを送るように赤須さんと相談して、一ビン送つてあげて下さい。お願ひいたします。試みに見本として送るのでも、色々六ヶ敷いことも云ふかも知れないので　何卒よく英国領事館は聞合せることを小川先生に頼んでください。
ロンドンは寒くても雪がないところです。この前の日曜にハ貧民街に行き四回説教しました。みんな愛に飢えてゐます。

なぜ之な優殊な人種が喧嘩答かその理由がわかりませぬ。
○祈つて下さい、お願いたします。
○小川渙三牧師、[32] 牧野さん、[33] 後藤さん、杉山さん、松村さん、萱沼さん等に特によろしく　佐竹さん、北川さんにもよろしく御伝へ下さい
松沢教会にも、黒田先生にも、中山先生にも、小寺さん、うちの人々にもよろしく
純基に「バツハ」の旧本を見付けたら送ると云ふて下さい。

一九五〇（昭和二五）年一月一〇日　豊彦からハル　[a350-00074]

Mildmay Centre
London N.1

主にある春子様　その後よく勉強した為めに眼を悪くし視力が衰へ、未だに充分回復しないので、キリスト新聞の通信を怠つてゐます。そのことをよくキリスト新聞に通じて下さい。

本日、朝日新聞をいたゞきました。あまり郵税の高いので驚きました。もう飛行便にて送つて来なくて善いです。その変り、サンデー毎日、週刊朝日等と「朝日」を通常郵便で送つて下さい。その郵税で、九州福岡県の猶崎牧師に毎月三仟円送つてあげて下さい。お願い致します。

毎朝、午前三時に起きて勉強いたしました。今でも起きてハゐるが瞑想し、祈り、読み書きハこの四、五、日休みます。

昨夜ハウエストミンスター・ホールにて二千五百人位に話をしました。日本と同じく、「原子力」の話をしました。

下手な英語でやつてのけるのです。

一昨日ハ、千八百人に話をしました。何しろ、教会が、全く萎縮してゐるので、私の集会が大きいと云つて悦んでくれます。入場券を配りました　二シリング（日本金にして百円）そして千八百位来ました。昨夜ハ五十円でした。不自由をしてゐます。第一手紙が沢山来るのに、答事が書けませぬ。「毎日新聞」に二回論文体の通信をしておきました。そのことを本田社長に電話で通じておいて下さい。大体毎週一回づゝ、書く予定にしてゐると云ふて下さい。ロンドンは朝、午前八時五分頃日出ですが、ロンドンに来て二週間になるが、太陽は殆んど出ませぬ。

社会主義が発達してゐるので、一生懸命に勉強してゐます。

まだ銀行の金がとれ無いので弱つてゐます。此処ハ労働者ハ一週間四十時間一週五日間しか労働しませぬから能率ハ悪いです。

皆様によろしく

主にあれ　一九五〇、一月十日　賀川豊彦

銀行が金をくれ無いので、研究の書物も買へず、弱つてゐます。

科学の本ハまだ大きなものは一冊も手に入れてハゐませぬ。その中に、まとめて、箱に入れて送りますから受取つておいて下さい。

ロンドンでハ昼「ほとどぎす」が泣いてゐます。米国と違つて、貧乏ですから、能率ハ悪いです。

まア、しかし、貴族が千名もゐるし、教会の監督が、職権上上院議員になれるのだから変わつてゐます。

日本に来てゐた宣教師にも四、五人会ひました。或方面でハ　日本の再建を反つていやがつてゐる風が見えます。

然し、神学校などでも今の形を全く変更する必要を認めます。あまり時代離れし過ぎてゐます。

トヨヒコ
一九五〇（昭和二五）年一月二〇日　豊彦からハル　[a350-00075]
Mildmay Centre
London N.1
主にある春子様
英国は日本と全く同じ配給生活で、不自由のようです。然し、食堂へ行けばいくらでも食へるのです。そして安価です。日本よりも安く日本金で百円も出せば、腹一杯食へます。その点ハらくです。

だが、私ハ「忙しい」と云ふことを嫌ひますが、勉強せねバならず「眼」が云ふことをきかず、朝ハ必ず三時か、五時かに起きますが、眼が悪い時ハ瞑想し、眼がよければバ書き、読みます。近頃ハ「英国社会主義」を根本的に研究してゐます。

手紙が毎日、五通、六通も来るのは弱つてしまひます　返事がいるのに、一々書いておれバ一日つぶれます。日本であれバ、あなたや、シゲ子が書いてくれるものを茲でハ一々私が、眼を通し、マイルドメー本部に持つて行つて、タイプライターにして貰ふのです。厄介です。英国ハ自動車が無いのと、ガソリンが無いので、日本と同じく不自由で地下鉄通ひです。東京伝道と同じ苦労がいります。たゞ石炭が多いので室ハ温いです。それにロンドンでは大阪位いの気候で、今年ハ少し変だと云つてゐます。

「毎日新聞」が二枚の新聞に「千五百円」も切手を張つて来ました。少し変ですよ。編集局もお気の毒ですから送らないでも善いと云ふて下さい。

千代子様が英語の御勉強も結構だが、貧しい人達の為めに医術を生かせば、その方が神様によろこばれます。で、本所の「賛育会」へ午前中でも実習に行くやうすゝめて下さい。河田茂先生は私の友人だからあなたがつれて行けば善いです。あそこは小児科産科内科が、実によいです。ロンドンに約一ヶ月居て、地下鉄に慣れて来ました。然し、英国人ハあまり本を読まないで本を見る国民になつたように思ひます。

純、道によろしく

一九五〇、一、二〇　豊彦

一九五〇（昭和二五）年一月二七日　豊彦からハル　[a350-00077]

Mildmay Centre
London N.1

主にある春子様
ロンドンは毎日、セピア色の霧につゝまれてゐます。もうロンドンに来て一ヶ月以上になりますが、天気と云ふのは、ほんの三日か、四日でした。雨ハ稀です。それも、殆ど雨合羽ハいりませぬ。寒くハありませぬ。外ハ寒くても室内ハ暖いです。仙台位の天候です。然し雪ハ一回もまだ降りませぬ。気候の変化の少ないのは全く海流の関係でせう。

昨日ハ　ロンドンの貧民窟ポプラに説教に行きました。矢張り社会主義国になつても、貧民ハゐます。老人が多かつたでした。百人位いの婦人ばかりに話をしました。人が善いので、反響ハ多いです。毎日五通より、十通の手紙を受取るので、返事も全く閉口してゐます。朝早くおきて勉強してゐます。全く留学のつもりでゐますから、一生懸命です。たゞ視力が弱いので閉口です。毎日新聞の通信でも余程勉強しなければバ、なか〳〵まとめることは困難です。

英国教会ハ弱つてゐます。然し、平信徒の運動の底力のあるのにハ驚きます。平信徒の説教者もメソヂストに五万人、バプチストハ四万人位あります。そして、ロンドンにハ平信徒の開いてゐる伝道所が四百ヶ所もあるとのことです。偉いものです。日本にも此程の平信徒の運動がイエスの友中心に発展すべきでせう。

労働者の伝道を怠つたことが、今日の英国教会衰退の最大原因だと云ふことが、発見されました。平信徒の伝道者ハ金持ばかりで、全く労働者に接近してゐませぬ。この点ハ日本に於ても注意すべきです。クエーカー（無戦論者）は平信徒ばかりですが、実に活発に動いてゐます。道徳復興運動も同様です。聖公会ハ儀式が多過ぎて、精神が抜け勝です。

ロンドンではメソヂストが、最も活発で、その次ハバプチスト、次が組合です。長老教会ハ　スコツトランド中心です。

生活費ハ日本の二倍位の所でやれさうです。一月に五千円あればバ普通の生活とまで行かなくとも、不自由ハしますまい。

今ハ総選挙で大変です。お蔭で英国事情がよくわかります。

今夜ハ　北ロンドンの説教です。殆んど日本人ハ　八百万人中五十人しか居りませぬから一ヶ月に一回会つたきりです。もう一人で、何から何までやるのです。

聖霊の導く儘に説教をします。一月廿三日のロンドン郊外イルフオド・バプチスト教会では十数人の改心者がありました。だから、全く捨てたものでもありませぬ。

全く、学生時代の若さに返つて、努力してゐます。祈つて下さい。

イエスの友によろしく。（この手紙ハ火の柱にのせてよいです。）

一月廿七日　トヨヒコ

＝報告（キリスト新聞）にでもよし　アテ名ヌキ＝

一九五〇（昭和二五）年一月三一日　豊彦からハル　[a350-00078]

Mildmay Centre
London N.1 England

主に春子様

一月廿四日附の手紙を一月卅日にいただきました　感謝申上げます。昨夜ハ東ロンドンの郊外 Romford ラムフオドの伝道に参りました。九百人位来てゐたでせう。講壇の階段まで大入満員でもう這入る余地がありませんでした。つゞけて祈つてゐて下さい。また皆様にも祈るようにお願ひして下さい。ロンドンの貧民窟をも研究してゐます。明石の土地の為めに心配してゐます。「得意」の土地を売払ひ、その金で、明石へ三十万円以上支払ふよう武内勝氏にお願ひしておきましたが、その後「得意」の土地は売れたかどうか、何卒本多健太郎氏に聞き合せて下さい。売れてゐなければ、速かに処分するよう依頼して下さい。英国から金を外国に出すことを許可してくれませぬから、英国の財政上、送金ハ絶望です。まだ配給生活に甘じてゐる位ですから。日本内地で、米国の同志の援助により努力するより外、道ハありませぬ。

書物を少し買ふて読んでゐます。毎日、朝ハ三時から、五時の間におき勉強してゐます。試験のつもりで、毎日やつてゐます。

戦争が如何に恐ろしいか、大勝利を得た英国が未だに復興出来ないことを見てもよくわかります。ドイツも数十年以上復興にかゝるでせう。西洋ハ日本の工業的復興をさへおそれてゐます。キリスト教的精神を以つて互に助け合ふ精神が無ければバ結局世界ハ滅亡します。朝早く、それの為めに祈つてゐます。

深田氏の方ハ少し遅れてもよいから、明石の方を早く片附けて下さい。ようやくロンドンの地理も判つて来ました。そして英国の事情も明かになつて来ました。総選挙には少しの差で労働党が勝つと思ひます。然し、それでも決して英国ハ楽にならぬと思います。

千代子様が武蔵境の赤十字病院に研究に行かれることは　ほんとに善いことです。英語もかたわら勉強するようすゝめて下さい。

私はマイルドメーの大学生の寄宿舎に一室を借りて住んでゐます。スチームが温いので、個人の家より温く、地方は出て行くと、個人の家には暖房が悪く、夜寝れ無いで困ります。千代子が作つてくれた真綿のズボンを毎夜のように暖房の無い所でハ着てねます。千代子にお礼を云ふて下さい。アイルランドでハ共和国大統領の午餐会が私の為めにあるとかで、恐縮してゐます。
兎に角、大勢、人ハ集まります。不思議な位です。然し、まだ決心者を多勢出すところまで行つてゐませぬ。祈祷会の殆んど無くなつたことが、英国教勢衰微の原因でせう。
中山先生、杉山元治郎先生[34]によろしく御伝へ下さい。四月中旬ドイツ、また英国に帰る予定、然し、旅券の許可範囲を英国だけにしてゐたので、今許可をとるのに困つてゐます。松沢教会にもよろしく御伝へ下さい。小川渙三先生にもよろしく
毎晩、伝道に出てゐます。然し、米国と違つて能率ハ悪いです。小川清澄氏によろしく
研究にいそがしくて書けないことをわびて下さい。

主にあれ、一月卅一日　豊彦

一九五〇（昭和二五）年[35]二月一日　しげから豊彦　[A300-00048]

主の御業に勤しまれる
伯父上様
悪天候と繁雑なお仕事を処理なさりつゝ、大きな使命に御奮闘なされる御姿を想像し、もったいと思ふ心と、同時に感謝の念で一杯でございます。
毎日及びキリスト新聞の通信は本当に興味深く読して頂いて居ります。然し、あの充実して克又、一般的興味をもった論文・通信が、充血した瞳の、酷使の結果生れたものであることを思ふにつけ、大へんな御苦労であることを御察し申し上げます。中労委の末広厳太郎他のアメリカ通信などはこのロンドン通信にとても及ばないと思ひます。
九日間の関西中国旅行を無事終って帰って参りました。そして広島の祖父が元旦に他界したと云ふ事を神戸に来て知

りました。何か会いたくてはるばる出掛けて行ったのですが対面を許されず残念でございました。神戸では新らしいイエス団、天隣館、明石のエイクリー先生を訪問し、梅ちゃんの活躍振りを拝見、愛隣館へも見学することが出来ました。

十年振りでお墓参りをいたしました。そして、今までイエス団の同志の墓にあった母の御骨を、青山の叔母（母の妹、救世軍士官の）夫婦の手伝ひを得て、ひよどりに移し、三霊共に致すことが出来ました。叔母が、『若い時から御墓の心配までしなくてはならないシゲちゃんが可哀そうだ』と云って呉れましたが、私はそんなこと以上に今までに与へられた数々の恩寵、見えざる御手の摂理を心から感謝せずにはいられませんでした。私は孤児にしては余りに恵まれすぎてゐます。それは今改めて申すまでもなく、伯父様の御蔭でございます。

そして今度は外国で勉強をさせて頂くのです。一昨日、DR.ブリッグスから正式インビテイションを頂きました。写しを同封いたします。それにはDR.カガワの推薦状を送って欲しいと云って参って居ります。小川先生がそれを書いて下さいました。何卒サインを御願ひ致します。後は、河井道子先生と、ミス・ノードン（恵泉で私の教師、戦前約廿年を日本に過された方です。）に御願いひしようと思ってゐます。

一生懸命に勉強をいたして居ります。しかし、大学に入るには一時に九千三百円を払込み電車共に約一万円も必要なのです。三ヶ月しか通学せずにその様な多額を消費することは愚の様に思はれ迷ってゐます。

もし育英資金がもらへても、五月に申告して、七月頃からしか利用出来ないと云ふ事です。ですからスケールの大きな勉強は出来ないかもしれませんが、津田の英語講習会へ通って、我慢しても良いなどと考へてゐます。

神様の御護りを祈ります。

一月廿一日

賀川シゲ

御伯父上様

二伸

DR.ブリッグスへのお手紙はどうぞ直接送って下さいませ御願申し上げます。（裏を御覧になって下さい。）

今日学校に関する良い方策を得ました。

と云ふのは、文理科大学の旧制の聴講試験を受けて見たいと存じます。大体入れるものと思ひます。あそこは官立ですから、私立から見れば丸で只の様です。

どうぞ御安心下さいませ。　二月一日

一九五〇（昭和二五）年二月六日　豊彦からしげ　[a350-00076]

Mildmay Centre
London N.1 England

賀川しげ子様

お手紙拝見してうれしく存じました。フヰリプ大学入学の許可おめでたうございます。ロサンゼルスの久保氏に依頼状を書いておきました。許可がおりたのだから、渡航届を出して、ロサンゼルスで正式の勉強をしなさい。旅費ハどうしますか？小川清澄先生とよく相談して、タツピングさんに借りておけば、私がまた工夫しませう。もしそれとも学校が出してくれるなら猶のこと結構です。それにしてもロサンゼルスを根拠地にしなければバならないでせう。

大学に行くまでのことをあまり気にせず、会話を一生懸命勉強しておきなさい。そして、できるだけ早く、ロサンゼルスに行き、高橋夫人のところでも、どこでも善いから手伝ひ乍ら、英語の勉強をしなさい。

私がもし、アメリカに入国出来るのであれば、あなたにアメリカで会ひませう。

一九五〇、二、六、

主にあれ

賀川豊彦

T. Kagawa
Mildmay Centre
London N.1 England

純基、道子、邦彦、千代子等によろしく

また、中山先生、北川さん等によろしく

推薦状ハ　ブリグス先生に送りました

安心なさい

一九五〇（昭和二五）年二月一三日　豊彦からハル　[a350-00081]

イリー聖堂の祈

一九五〇、二、一三、

（1）異国の旅に　疲れ果て
　聖書ひらきて　主をしのび
　神にたよりて　勇むかな
（2）えがく幻　愛の国
　世界連邦　いくさなき
　平和の世をば　祈るかな
（3）街より市に　祈もて
　イギリス祝し　アイルに祈り
　ロシアの為めにも　祈るかな
（4）聖き一時《ひととき》　聖堂の
　蔭にひそみて　千年の
　イリーの歴史　しのぶかな
（5）隠者の住みし　家の隅
　膝をかがめて　今日もまた
　神の国をバ　祈るかな
　―此詩をキリスト新聞に送つて下さい―

主にある春子様
二月十八日に手紙を拝見しました。二月一日より十六日まで休みなしに働き少々疲れました。一生懸命に勉強してゐます。然し左眼がまた曇つたので困難してゐます。夜中におきてハ祈り、朝三時、五時と、祈りつゞけてゐます。日本の祈がきかれて、どの集会も満員で、夕刊新聞ハ映画俳優より多くの聴衆を集めると書いてゐると噂してゐます。然し、英国にハ青年が教会にあまり来ませんから、淋しいです。

ハワイへ支援金の来るやう催促して下さい。必ず来ますから。

千代子様に、本所太平町賛育会病院であればほんとに勉強が出来ると云ふて下さい。貧しい人の多い病院に行けバいくらでも勉強が出来ます。大きい金持の病院でハ勉強ハ出来ませぬ。

小川清澄先生の翻訳にハ感謝してゐます。英国で出版の約束をしてくれる会社があります。

邦彦の手紙にハ感心しました。毎週急しいので手紙を書くひまもなく困ります。毎日新聞への通信ハ私の研究の一部分を発表してゐるのです。物理学者にも面会してゐます。

最近、英国の天文学者ボイル博士は天地創造論を数学の公式で説明してゐます。三月二日頃同氏に面会するつもりです。面白い研究が英国にてなされてゐます。

日本にハ送金が全く駄目ですから、科学書を買ひ求め近く日本に送りますから買入たものを受取つて下さい。好本氏に託して送るかも知れませぬ。

×スヰデンの宣教師が尋ねて行くでせうからよろしく世話をしてあげて下さい。

×二月七日附で、米国入国の許可はマ元帥から貰ひました。ダアギン氏に感謝して下さい。小川清澄氏にさう伝へて下さい。

×一生懸命に勉強してゐます。毎日約十通近くの英文の手紙を貰ひますが、返事が書けないので閉口してゐます。返事してゐれバ勉強ができませぬ。欧州各国から来てくれの手紙にも弱つてゐます。総選挙ハ誠に静かです。労働党が勝つとみな云ふてゐます。今週ハ英国南部諸市を巡回します　祈つて下さい。イエスの友によろしく

トヨヒコ

一九五〇（昭和二五）年二月二六日　豊彦からハル　[a350-00079]

Mildmay Centre
London N.1 England

主にある春子様
本日、朝英国の西南端コンオール地区その他の巡回を終り　久し振りにロンドンに帰つて参りました。総選挙の前後でしたが、何処も満員の有様でした。サウザンプトンから東京毎日新聞に、総選挙の結果を電話で話しました。約九ポンド十五シリング（一万円）かゝりました。その由、毎日新聞社高田市太郎氏に電話しておいて下さい。電報料（本日の分五ポンド九シリング）も約六千円でした。

小川清澄氏の翻訳をニユーヨークのハーパー出版会社が出すと云ふて来ました。その由伝へて下さい。また生月夫人が翻訳してゐたものをも、よく小川氏にみて貰ひカアペンター氏に送つておいて下さい。

私ハ来月ハアイルランド、四月ハドイツ、ぐる〳〵急がしいです。米国の入国許可が出ました。カペンター氏、米国キリスト教連盟と相談して英国よりノルウエーに渡りカナダを経て米国に行く準備をしてゐます。多分七月十日頃になると思ひます。急しいので、月日の経つのが、早くて何をしてゐるかわからぬ中に日が立つてしまひます。

唯今ハ一所懸命に「宇宙目的論」の材料集め、「経済心理」の材料を集めてゐます。久保田憲三氏が四ヶ月間百弗づゝ増して送金して下さる由ですから、少しあまれバ、深田氏の分の土地代を全部支払つておいて下さい。そして、雲柱社に登記しておいて下さい。

今日ハ之よりレスター女史に関係あるセ◇ル◇◇◇へ三回話に行きます

二月廿六日

賀川豊彦

一九五〇（昭和二五）年三月一日　豊彦からハル　[a350-00080]

一九五〇、三、一

主にある春子様　トヨヒコ

（「即興詩」は二つ、つづけて火の柱にのせて下さい。裏のものはキリスト新聞の油壺に送つて下さい。）

いそがしくしてゐます。アメリカ行の許可もマ元帥からおり、七月十二日飛行機でアメリカに渡ります。それまでいそがしいこと…三月アイルランドとウエルス　四月、ドイツ　五月スコツトランド、六月ノルウエー、七月スヰデン。七月中旬アメリカ。久保田氏とハ毎週連絡してゐます。

「旅より旅」

旅より旅の　たゝたひに
夢もさけ落ち　日ハのぼる
野《の》ぢに咲くなり　「雪しづく《スノウ・ドロプス》」
二月の寒そら　気にもせず
旅になやめる　子をいたみ
星を見上げよと　ささやきぬ

集会ハどこも満員状態で感謝してゐます　感謝状を沢山貰ひます。
たゞ送金ハ出来ませぬから、書物を買入れます　多分、「聖書協会」が親切に日本へ送つてくれると思ひます。

霧も　ふかかれ　わが旅路
天のコンパス　みちびけば
暗夜もしけも　おそれざれ
しけには風とて　早変《かわ》り
暗《やみ》には星と　うつり行く
天のみ光　むねにあり

新聞紙を三日位づゝ、普通便で送つて下さい。五月末まで。一回五円で来ます。お願します。

ひとり旅（白抜き文字）

ズボンのボタンが一つ、二つ、三つ落ちたよ。一つ落ちた時にハ気にしなかつた。二つ落ちた時には困つたと思つた。三つ落ちた時にハ針と糸とをさがした。ロンドンの都の百貨店をさがしたが、針と糸とを売つてゐる所が見付からなかつた。仕方が無い。冬のズボンをぬいで夏のズボンに着換へた。二月の寒さも気にはしない。ひとり旅だ！人生の旅路もひとり旅だ。生れる時もひとり生れたのだ。死ぬ時もひとりで死ぬのだ。心の中には、私ひとりしか住んではゐやしない。神に面会するのもひとりで面会するのだ。ひとり旅がいやなら生れこなかつたらよかつたのだ。牢獄へもひとりで行つた。裁判所へもひとりで引出された。日本が亡びてゐるのだ。ひとりで神の刑罰を受けるのはあたり前だ。ただありがたいことに地球の上から落ちる心配は無い。キリストハ私に取つて新しい地球だ――新しいエルサレムだ。そこから落ちる心配ハない。

一九五〇（昭和二五）年三月一七日　豊彦からハル　[a350-00082]

T.Kagawa
Mildmay Centre
London N.1 England
主にある春子様
ただ忙しいばかりで早や三月の半ば過ぎ去りました。ロンドンではもう杏の花が満開で外套なしに歩けます　半月ばかり、イングランド各地をとび廻り、充分書物も読まず、地理学の研究は少し出来たようです。
風のように飛び廻り、風のように都会より、都会へと吹きさらして、名誉にも地位にも恬淡として、創造主の救の話をして廻つてゐます。
来月（四月四日）にはドイツに渡ります。二週間旅行して来ます。マツカサー元帥から、欧州各地を旅行する許可を電報で貰ひました。
相変らず視力が弱いので全く閉口してゐます。日本を出る時より弱りました。旅行中、医療国営の国に来ると、却つて、不便で困却します。
△神戸のイエス団は費用不足だと武内勝氏より手紙がありました。調査の上、毎月、幾千円か補充してあげて下さい。
△毎日新聞の記事ハ、帰国の上一冊の書物にしますから、必ず、スクラップにまとめておいて下さい。
△聖書協会の好意で、買求めた数十冊の書物を汽船で送る予定にしてゐます。よろしく願ひます。まだ港に出しませ

ぬがその中に送れると思ひます。

「毎日」新聞を読んで、内地から書いてくれの要求がくるのに困つてゐます。「毎日」に書くのがやつとなので、あまり「所」を知らさ無いで下さい。殊に六月下旬以後はニユーヨーク、カアペンター氏宛に手紙を送つて下さい。カペンター氏の所ハ「しげ子」が知つてゐます。
△小川清澄先生の病気を心配してカアペンター氏ハ渡米せぬが善いと云ふて来ました。小川氏を慰めてあげて下さい。全快すればいくらでも行く機会があると云ふてあげて下さい。
△英国からハ少しも送金の出来ぬことをあきらめて下さい。送金出来ても僅かですから書物にしてしまひます。
△最近の各方面の送金額を別便で送つて下さい。黒田先生にハ少し増加すべきでないかと考へてゐます。よろしく御伝へ下さい。徳島の小川秀市[36]氏長男にも補助をせねバならぬのじやないでせうか　新居の甥も補助を要求してゐますがよく調べて下さい。

三、一七、　トヨヒコ
主にありて

Toyohiko Kagawa
Mildmay Centre
London N.1

一九五〇（昭和二五）年三月二四日　豊彦から純基　はがき　[a350-00083]

バツハ記念祭で各地ハ賑つてゐます。然し私ハ急しくて御注文の楽譜をよう手に入れてゐませぬ。少し御辛抱下さい。

イエスの友の中央委員に出席して下さる由感謝してゐます。一生懸命頼みます。何しろ、視力ハ弱いし、仕事ハ多いし、講演ハ多いし、英文の手紙ハ沢山くるし全く閉口してゐます。英国の宗教◇◇も進歩してゐませぬ。御努力を祈ります。道子様[37]によろしく

ロンドン
カガワ　トヨヒコ

一九五〇（昭和二五）年三月二七日　豊彦からハル　[a350-00084]

T.Kagawa
Mildmay Centre
London N.1

主にある春子様
毎晩どこかで講演をさせられ夜遅く学校の寄宿舎に帰つて来ます。昨夜ハドイツの潜水艦の勇士で有名なニムラー牧師と二人で、ロンドンで有名な大きなキングウエーの大講堂で話をさせられました。イースター（四月九日）はドイツ・フランクフルトのニムラー牧師の教会で説教することにしてゐます。来週四月四日自動車でオストリア人のモリス氏ラビット氏に連れられて十日間ドイツ各地を巡回講演して来ます。通訳附で話をしてくるのです。明日ハ　マンチエスター市（消費組合発生地区　人口百二十万　英国第二の都会）にニムラー氏と二人に行きます。ニムラー氏ハ十日間の予定でイギリスに来てゐます。フランスからも救世軍司令官ウイクリフ・ブース中将が親切に招待してくれてゐますが、どうしても時間が出来ませぬ。まだ行くことを決定してゐませぬ。イタリー、フランス、ベルギー等旧教諸国

ハ共産党が強いので弱つてゐます。イタリーは暴動つゞきです。イスター休みで、此処の神学校もやすみになつてゐます。それで、大きなところに二三人しかゐませぬ。世話してくれる鉄道従業員の電気掛のショウリー氏夫妻が色々面倒をみてくれ感謝してゐます。労働党賛成なので意気相投じてゐます。

暇があれば科学書をあさり廻つり、また大学教授を訪問し、社会事業を視察してゐます。朝早く、夜、遅く一生懸命勉強してゐます。

『ひとりぽちの修道院』もなか〳〵落付いて善いです。日本を離れなければこんな修養はちよつと出来ませんね。よい機会だと感謝してゐます。

日本の新聞を見ると気が暗くなります。日本の為め祈ります。皆様によろしく。

ロサンゼルスから眼薬を送つて貰ひ悪化だけハ防止してゐます。まだドイツで薬を買ひます。『国営医療』も旅行者にハ不便です。

主にある平安を祈ります。

一九五〇、三、二七、　ベルリンにて

トヨヒコ

この手紙は「火の柱」にのせてよいです

一九五〇（昭和二五）年四月一二日　豊彦からハル　[a350-00085]

ベルリンの駒鳥に寄せて

（駒鳥）

アカシヤの梢高く春のロビンはすみ切つた声で藜明をよびさます。焼野原――戦争の惨害ハいつ片付けられるか、その時もまだわからない一九五〇年、戦争がすんで、早や五年も立つに、焼煉瓦ハそのまま放置せられ、こわれたコンクリトの家ハ爆弾で破壊されたまま捨てられてある。

その惨害を気にかけぬかの如く　駒鳥ハ梢高く夜の明けぬ前に病院の庭先、アカシヤの梢高く春の日の帰つて来たことを告げてゐる。

駒鳥よ、ドイツ国民に春を教へてやれ！ブランデンベルグの丘に春は帰つて来たが、ドイツの花ハ開かず、サキソニーの広野に林檎の蕾ハ開いたが、雌蕊は見付からなかつた。

ニユレンベルグの城壁は横に倒れ、エッセンの煙筒は煙を吐かず、ライン河は咽り泣き、エルベ河は悲しみ憂ひ、ベルリンの森は天を恨んで泣き伏してゐる。駒鳥よ、おまへはマルチン・ルーテルを知り、フレデリック・フヰヒテを覚えてゐる。も一度、ドイツにルテルとフヰヒテが帰つてくるように梢の先から、ドイツの泣いてゐる魂に呼びかけてやれ！シワルツワルデンの山々は溜息をもらし、ウエスト・ファリアの岡は歎息してゐる。木陽もドイツの空を忍び足で通り抜け青き月も顔をそむけていそぐ、その日、おゝ梢の駒鳥よ　新しき世紀の為めに、新しき聖歌をバツハの子孫にきかせてやれ！ルテルの子等は亡せず、チンチエンドルフの娘らは永遠の神の子であると。駒鳥よ、アカシヤの梢の先に踊る小鳥よ、神に従ふものに、不滅の生命のあることを、今日もドイツの子らに教へてやれ！春の朝、太陽の昇らぬ先に。

トヨヒコ

一九五〇、四、十二、

一九五〇（昭和二五）年四月一四日　豊彦からハル　はがき　[a350-00086]

ドイツに十一日間約二千マイルの伝道旅行をしました。どこも数千名の聴衆が堂にあふれ、毎度二ヶ所以上で話をしました　今日（四月十四日）ロンドンに帰ります

また、ウエルスにすぐ行き、来週ハ英国中部よりスコットランドへ六月スカンヂナビアです。ドイツのベルリンは死の都です。独乙人を慰めたので、悦んでくれました。

一九五〇、四、一四、カガワ　トヨヒコ

一九五〇（昭和二五）年四月一九日　ハルから豊彦　[A300-00044]

Dr.T.Kagawa
c/o Dr.Thomas Cochrone
The Movement for World Evang.
Founder's Lodge, Mildmay Centre
London N.1.England

豊彦様

四月十七日　今日ハ好天気で御座りました　教会の八重桜が只今盛りで御座ります　もう独乙の講演を御済ませになり英国で御座りませうか　随分御苦労で御座りませうと御察し致して居ります　まだ〳〵外国伝道が続くこと、思ひ

ますと中々長い時間と存じます
一生懸命祈つて居ります　『ひとり旅』ハ皆様に読まれてなぐさめの言葉を送られて居ります
毎日新聞の通信をよくも御続きになると存じます
どうぞ御眼を御大切に願ひます
前便で私ハ間違つて認めたかと思ひますが毎日新聞社から御送金したものが私方へ送り返されたお金の額ハ二百ドルでありまして七万弐千円であります
四月十三日ハ平和学園の理事会が村島帰之氏宅で開かれ私も出席いたしました　村島氏ハ元気で居られます　執筆もされて居ります
四月十六日にハ松沢教会総会を開き参拾五万円の予算を組みました　教勢ハ御留守の為めいささか落ちましたが是から大いに努力いたし度いと存じます
四月廿八九日にハ東京で全国信徒大会が開かれますので地方の方々に御目に懸れること、思ひます　純基ハ相変らず仕事をして居ります　千代子ハ中々忙がしく毎夜十時頃迄働いて居ります　栄養を注意して倒れぬやう心懸けて居ります　梅子ハ勉強も努め働きも精を出し　新川の子供も番町の生徒も心から愛して導いて居ります　シゲ子も将来の準備を忙がしくして居ります　本月も米国から送金ありました由　明後日メーヤー氏より受取ること、なつて居ります
徳島の新居とよ様に弐千円づゝ送金致すことに致しました
所々からお金の要求が多いので困ります　皆ハ悩んで居りますから出来るだけ応じ度いとハ願つて居ります
多くの方々が欧州伝道の為め祈つて居ります
どうぞ御大切に願ひます
四月十九日

上北沢　春子

Mildmay Centre
London N.1 England

一九五〇（昭和二五）年四月二二日　豊彦からハル　[a350-00087]

主にある春子様

四月四日より十五日まで、ドイツを巡回慰問講演をなし、十六日より四月十九日ウエルス国（イギリス国内で、先住してゐたケルト民族で、大古の言葉をまだ保持してゐる人々）に四日間伝道に行つてゐました。どこも大入満員で、ドイツでハ十日間に約三万人に話し、ウエルスでハ四日間に七千人位に話をしました。

尚、五月ハスコツトランド、六月下旬よりスヰデン、デンマーク、七月ノルウエー、米国の予定にて巡回いたします。祈の中に覚えて下さい。聴衆の中にハドイツ人の如き私に抱きついて頬ぺたに接吻する学者や、老人がありました。

――ここまでハ火の柱に発表してよい――

△小寺俊三氏結婚せられる由、新夫人が、森の家に住んで善いかとのことですが、悦んで歓迎してあげて下さい。善い学者になると思ひます。藤崎氏の後継者として、大事にしてあげて下さい。新夫人の食費も出して下さい。月月（二千円程）あげて下さい。

△明石の土地代が、まだ四十万円、不足の由、武内勝[38]氏より云ふてこられました。祈の中におぼえて下さい。アメリカに回れバ多分早く送金できると思ひます。

△イギリスも貧乏ですが、ドイツの復興ハ二十年以上もかゝると思ひます。とても、とても日本のように早くハ復興

ハできないでせう。それで、ドイツあたりから来る人々に宿を提供してあげると善いと思ひます。
△堀切のハワイ会館の新築を急いで下さい。二十万円位の予定にてどれだけ建つか、後藤安太郎氏とよく相談し、その上で萱沼氏や、杉山健一郎氏、そして北川信芳氏のよく知つてゐる大工にやらせると善いと思ひます。今度ハ私が堀切で泊れるように準備して、小さい六畳の部屋を二階につけておいて下さい。お願ひいたします。この返事をすぐ下さい。ハワイからは既に金を貰つてゐることになつてゐると思ひます。足らなければアメリカより送金します。イギリスからは送金全く不能です。大陸旅行ハ旅費が入るので之も大変ですが、日本の為めと思つて研究費を入れます。
聖公会の宣教師ハンマー夫妻が六月二日日本へ新しく赴任せられます。夫人ハ物理学者です。小崎道雄氏に電話をかけて、どこかで教へて貰ふよう道を開いてあげて下さい。
△ロンドンは冷かですが、地方は遥に教勢ハ善いです。然し、第二次大戦後　英国のキリスト教ハ軟化してゐます。
△邦彦に、西洋の紙芝居を送ります。日本へつくのは六月初旬になると思ひます。純基が英語ができると、アメリカに一寸と来ると善いと思ふのですが、少し英語を研究するやうすゝめて下さい。
千代、梅にもよろしく。お祖母様にもよろしく。

四月廿二日

トヨヒコ
ロンドン

Mildmay Centre

一九五〇（昭和二五）年五月二日　豊彦からハル　[a350-00088]

London N.1 England

主にある春子さま

昨日英国中部工業地帯の伝道から帰つてきました。四月ハ僅か一日しか休日が無かつたので、視力も弱り、機械的になりました。然し何処でも会場ハ満席で、みな悦んでゐてくれます。羊毛工業の中心地、ブラドフオドでハ一夜三千人の集会をしました。

毎日新聞社のまちがひで色々御面倒かけたことをお気の毒に存じます。

英国ハまだ「カワセ」管理がやかましく、持つては入つた金の外、持ち出せませぬから、七月中旬、米国より少しばかり、手持ちの金だけ、そちらにお送りします。日本の伝道を空つぽにしてゐて誠にすまなく思ひます。英国の新聞でハ日本のキリスト教の賑い無いのはマツカサーの失敗の一つだなど書いてゐます。マツカサーが可哀相です。

ロサゼルスの「イエスの友」に報告する必要がありますから、雲柱社から送金していゐる各地牧師に終戦後、何人が受洗したか報告するようにして下さい。求道者数をも明示して、北川さんに依頼して往復ハガキで返事を取つて下さい。それをまとめて、ロサンゼルスの「イエスの友」に報告し、「火の柱」にのせて下さい。二月に二日だけ休み、三月ハ三日休みがあつたきりでした。随分疲れます。勉強も一生懸命にしてゐますが、日本にゐた時より視力が弱つたので困つてゐます。十日程前ハアメリカの久保田氏よりペニシユリンを送つて乞ひ、頗るよかつたのですが、何しろ、みな私を健康体として無理をさせるので、また退行しました。たが、また少し休めバよくなると思ひます。たゞ日本を殻にしてゐるのが心配です。イギリスハ頗る落ち着き払つてゐます。日本の工業的復興を非常に恐れてゐます。アメリカが日本の機嫌をとりすぎると考へてゐます。工業的にイギリスが弱つてゐる証拠です。然しクリスチヤンはなか〳〵しつかりしてゐます。

私の講演旅行をみな感謝してくれてゐます。私も英国研究ができて幸でした。ドイツも感謝してくれました。ドイツ人で日本に来たいと云ふ人が多いので、大に助けてあげることにしてゐます。就てハ西洋人がとまれるやうに、室を一つ準備しておいて下さい。

千代子によろしくお伝へ下さい。また純基、道子、邦彦[39]によろしく。邦彦に先日面白い絵本を一冊送りました。「純」に英文を読んで、邦彦にきかせてやつて下さい。つくのに一ヶ月以上もかゝると思ひます。竹上さんから千代子のことをまた相談して来ました。病気せられた由でした。よろしく。五月中旬二週間スコットランドを巡回します。之も大変急しい旅で疲れると思ひます。

然し、六月下旬から三週間デンマク、スヰデン、ノルウエーを巡回する予定も出来ました。七月十五日からハ　ニユーヨークのカペンター氏宛に手紙を下さい。益慶さんにもよろしく御伝へ下さい。教会の皆様によろしく。平田先生に特によろしく。主にある平安を祈りつゝ

一九五〇、五月二日　　トヨヒコ　カガワ

一九五〇（昭和二五）年五月一〇日　豊彦からハル　[a350-00123]

T.Kagawa
Mildmay Centre
London N.1

主にある春子様
英国の五月ハ外套のいる五月です。やはり北緯五十一度に位するだけあつて寒いです。然し樹々ハみな青葉を萌え出

でさせ、美しく大地を飾つてゐます。

少々疲れました。二月八二日切りのやすみ、三月は三日の休み、四月はタツタ一日の休み、全くフラ〳〵になりました。

アメリカからプログラムが来ました。七月十四日頃ニユー・ヨークにつく予定になつてゐます。三木行治局長がゼネバに来てゐられるさうですが、スコツトランドに行つてゐるので、とても面会ハ困難でせう。杉山健一郎氏にさう云ふて下さい。

日本内地の不景気の話があまり悪いので、全く心配して居ります。

千代子の作つてくれた、真綿のズボンを珍重しました。夜間は全く冷えるので、旅行先に必ず持つて廻ることにしてゐます。千代子によろしく御伝へ下さい。

主にあれ

みどり葉を　羨むひととき　神を讃め
また人の子を　淋しと思ふ

一九五〇、五、一〇　トヨヒコ

一九五〇（昭和二五）年五月一一日　豊彦からハル　[a350-00089]

主にある春子さま
別の小包にて「NEts」「魚網」の作り方の本を送ります。立派な本なのでこの翻訳権を貰ひました。生月さんの夫人に翻訳して貰つて下さい。「さしえ」のものは全部そのまゝ使用しませう。別に一冊送ります。その由　生月夫人にお伝へ下さい。

一九五〇（昭和二五）年八月二三日　豊彦からハル　[a350-00090]

トヨヒコ

―ナイヤガラにて―

1
亡びにし　国の涙を集めてぞ
滝に落さん　ナイアガラの音

2
あの声をきけ、あの水音を！
亡びにし国の泣き声　ナイヤガラのたき

3
万万の涙しぼりて　たきつせと
流さまほしけれ　ナイヤガラの滝

一九五〇、八、二三、

カガワ　トヨヒコ
カナダ側ナイヤガラにて

一九五〇（昭和二五）年八月二六日　ハル、梅子から豊彦　[A300-00280-1]

Dr.Toyohiko Kagawa
Room 200 Cadman Plaza
Fulton St. Brooklyn 1. N.Y.
U.S.A.

パパさん、アメリカに渡られてからの御様子は色々の方面からくわしく知らせて頂き本当に感謝いたしております。さぞかし毎日お急がしく大変だらうと存じて常に祈っております。私の目や鼻についてお見舞下さり有難う御座いました。お陰様で両方ともすっかりよくなっております。目も結果は良く何もさしさわりはないと医者は申しておりました。夏休みになってから神戸の二つの日曜学校を一緒にして、一泊の臨海学校を浜甲子園でして、成功いたしました。それから後、関学の社会事業研究会のキャンプに参加して、小豆島に参り、草壁の石田先生のお宅を訪問したり、豊島にも参りました。その後引き続き四国に一行五人で人形芝居をたずさへ、夏期伝道隊と云った形で高松、坂出、多度津、三津浜、松山と伝道集会、子供会、合計十五回の集会を持ちました。たったこれだけのプログラムで三週間旅行しただけなのに、皆疲れてしまったので、衆議一結、パ、は本当によくやる。賀川先生は、どうして八ヶ月間も、外国で続くのだらうとほと〳〵感じ入った次第です。

私は始め卒業論文に「神の国」をしようと思ってゐたのでしたが、先生方ともお話して、それよりも社会調査みたいな事を教会、及び牧師に適用したらどうだらうと云ふ事になり、その方が私としても興味を感ずるので何か、その実例を書いてあるもの、又、方法論について書かれてゐるものがあれば送つて頂きたいと思ひます。今まで神学校の卒論にその様なものはないから、非常によいと皆の先生方がすすめて下さり、後には翻訳ぐらひしたらよいとも申されております。しかし、大体この様なものは、本よりも研究雑誌に多く書かれてゐるのではないかと思ひます。単なる社会調査であれば日本でも多くされておりますが、教会牧師の家庭となると一寸ないので、C．I．Eの図書館でも調べて見ようと考へておりますが、何分よろしく願ひいたします。もうすぐ学校も始まるので又、神戸に参るつもりでおります。今津も九月十日に竣工式が行はれる様です。お体を大切に。主の御守りを祈ります。

梅子

豊彦様
八月十八日出の御手紙頂きました　十三日の御便りも入手いたしました　特別の御守りを受け何時も御元気で嬉しく存じます　各所の御活動誠に恵まれ御苦労も多いと存じますが感謝の極みで御座ります
純基一家も元気にして居ります
千代子も健康で奉仕してゐます
この前に御報告致したと存じますが英国からの御送金十九万円余とカーペンター氏の三百ドルは確かに入手いたしました　其他ハまだ到着いたしませぬ　二十一日メーヤー氏に遭ひました　其内又伺ひます　名古屋市外の建物ハ代金払済みで御座ります　二十三万六千円余でありました
税金の吊り上げておびただしく税金が残つて参ります　又修繕の申込もありますので適当に致して居ります　御言葉に依り近日関西に参りよく聞きます
玉井虎太郎兄も松山に赴任致すことに決定致して居ります
必要に応じて助けることに致します
武藤富男氏ラクーアーの音楽伝道隊を連れて全国に旅行いたして居ります

横山兄の賀川豊彦伝が出たので多くの人が読んで居ります
杉村信幸兄療養生活を続けて居るので経済的に少し助けて居ります
書籍の小包が次々に届きます
手紙も二個送り返され入手いたしました　書籍によく筆をお入れになつて居られるのを見て御忙がしい中をよく御勉強と感じます　手紙も誠に面倒で御座りますのに目を通されること誠に御気の毒と存じます　之等に堪へてあの英国伝道をなされたことハ全く上よりの御支へと感謝に堪へませぬ
今後の御護りを祈ります
御写真ハお元気そうで嬉しく存じます

八月廿六日　春子

主にある春子さま

一九五〇（昭和二五）年九月一五日　豊彦からハル（ROYAL YORK HOTEL の便箋）［a350-00091］

T.Kagawa
252, Fulton st. Brooklyn
New York

一九五〇、九、一五、賀川豊彦

冠省　本日ニユー・ヨークより飛行機にてトロントに飛んで来ました。また明日ニユー・ヨークに飛行機でとんで帰ります。
さて、吉田源治郎氏、[40] 小川三男氏より大阪の風水害の被害を報ぜられ一麦寮の瓦、トタンが飛び、十万円ほど修繕に要することを訴へて来ました。で、本日、カナダより別に五百ドルだけ送る手筈をとりました。

また別にニユー・ヨークよりカペンター氏が千弗送つてくれた筈です。兎に角、四貫島の屋根が全部とんだ相ですから之も十万円必要だ相です。合計二十万円の要求ですが、兎に角、予算を認定して、その程度以上必要としても、やつて下さい。然し、計算書を見た上、全部支払はず、先ず五万円づゝ渡して下さい。そして必要ならそれ以上出すと云ふて下さい。

アメリカ旅行も休みの日が旅行なので全く休日なしと同じです。キリスト新聞に書く暇さえ無く疲れを感じます。然し、これで満二ヶ月を頑張りました。アメリカでも祈つてくれる方が多いので感謝いたして居ります。

山内璋一氏も会計にハ弱つていると通信して来ました。

×新倉（泉牧師）ハ登記しましたか　よく北川信芳氏を通して調べて下さい。また、愛知県の新しく買入れたものも登記してください。お願申上げます。北川氏に十分旅費を渡し、登記して下さい。

キリストの弟子達ハ何事も愛に充ちてゐるので感謝してゐます。

夜十一時、　主にありて
トヨヒコ
講演会より帰りて
一九五〇（昭和二五）年一〇月七日　豊彦からハル　[a350-00092]
T.Kagawa
252, Fulton st.
Brooklyn 1

New York

主にある春子さま

いそがしく飛行機で飛び廻つてゐます。送金のことのみ気にかゝつてゐます。カペンター氏の分、千弗（十月一日）千弗、三百ドル（八日九日宣教師をへて）合計二千三百ドル送つてくれたのですが、まだつきませぬか？

また、ロサンゼルスより別に二千ドル、カナダより別に約二千ドル位送られたと思ふのです。毎週つか無けれバ　つか無いで必ず一回ハ手紙を下さい。連絡が無いので（九月十日以後）どう交渉して善いか困つています。

（カナダより別に五百ドル講演料を送金してくれたと思ひます）

休日なしでとぶ為め、キリスト新聞にさえかけず全く距離の遠い為め欧州の旅行よりえらひです。でももうあと約五カ月位になりました。

祈りつゝ努力してゐます。

今津、一麦寮、四貫島に（必要なだけ）どしどし渡して下さい。又、大阪共益社にも十万円位の借金を金田氏を通して直接支払ひ、受取りを取つて下さい。之ハ勿論金がついておればのことです。メーヤー氏を訪問して下さい。毎月千ドルづゝ送ります。そして私ハ十二月廿日東京着の予定です。

錦きる　秋を見送り
また旅に立つ
放浪の子を　天ハ見守る

一九五〇、十、七、
賀川豊彦

ペンシルヴエア州
ハリスブルグ

一九五〇（昭和二五）年一〇月一五日　ハルから豊彦　[a350-00093]

Dr.Toyohiko Kagawa
c/o Rev.J.Henry Carpenter
Cadman Plaza 252 Fulton st.
Brooklyn 1. Newyork
U.S.A.

拾月十五日
豊彦様

春子

十月七日出の御手紙頂き有難く存じました
御帰国が十二月三十日と確定されましたことを承知致しました　祈りをきき上げ神ハ特に力強く働かせ下さいました
今度の世界伝道を誠に有難いこと、感謝を致します
米国の御送金に対して御心配かけ相済みませぬ
カーペンター氏のは八月十四日　三〇〇ドル受け取つた以外のものハ未だ到着して居りませぬ　十月十日の氏の通信にも今日も送金したとあります　私宛に送つたとあります　十月八日にバークレーアルバニー教会連盟からホイツテ

モーア牧師を通じ鋸山伝道の為め八六、七三五円（約二四〇ドル）を送金され日本の放送局に居るケリー博士から現金で受取ました　其他明日メーヤ氏より受け取る分ハ二口あり
△ユタ州　ウサミ　四〇〇ドル
△ソートレーキ集会　日本人献金　一一九ドル廿八仙であります　この二口は恒吉氏からメーヤー先生を通じてあります
恒吉氏からハ毎月羅府からの六〇〇ドルハ必ず来て居ります
○本所の土地を購入に就てハ御指示のやうに進めて居ります　○堀切も工事を進めるやう手配して居ります　○新倉の登記に就て急がし度と交渉に参り白水氏にも頼み、又北川兄をも遣はして居りますが　また済みませぬ　○大阪水害地にハ　二階建を許可して宜敷のでありませうか　之に就て御返事を頂き度存じます
○御殿場高根保育所修繕に就てハ　五万か六万円か必要ですが御許し下さい
○猶崎牧師（鋸山伝道）として五千円宛送金致してゐます
○廣瀬廉太郎氏へ協同組合の油（輸入）の仕事に就て木立氏との相談の上参千円を毎月渡すことに致します
○小川秀一牧師へ建設資金壱万円ハ仰の通送金済
今日ハ東駒形教会創立記念日で古い本所松倉町時代を偲ぶことで私も礼拝後それに出席致しました　二十二日夜ハ三宿の（三軒茶屋）教会に頼まれて参ります　壱万九十人の追放解除があり杉山三輪其他に祝電を致しました　内地ハ栗と柿の季節です　伝道の時であります　純基もラクーア伝道に（東京）聖歌隊として参加致します　老母より宜敷申上げます

一九五〇（昭和二五）年一〇月一九日　豊彦からハル　[a350-00094]

T.Kagawa
252, Fulton st.
Brooklyn 1
New York

主にある春子さま

冠省　毎日朝四時に起き　夜、十一時半就床を四日間つゞけました。毎日飛行機旅行で疲れ、左眼の視力が弱りました。

休日が飛行の日で　一日に幾百マイルより数千里とぶので無休の形です。

ノース・カロリナ州セルビー市の同志が千百弗（四十万七千円）くれました。之は九州大ノ浦炭鉱（服部団次郎氏保育所）に送り会堂兼保育所にして下さい。之も「雲柱社」に登記して下さい。明日送金します。「雲柱社」への登記料ハ七千円として、「四十万円」だけ送ることにして下さい。

しげ子にオクラハマ市で面会しました。健康にしてゐます。大学の三年に這入つてゐます。少々英語の講義がわからぬと云つてゐました。無理も無いでせう。だから「梅子」にハ、あまりアメリカに来ることをいそがず、関西学院大学で充分英語の論文が書けるやうに勉強するよう云ふて下さい。みな英語で困つてゐます。少くとも二年間ハ神戸でミツチリ勉強する必要があります

来月ハ牧野の「とし子」[41]さんに大西洋沿岸で会ひます。

「悲しみを　残して　登る　大空に
　大地見ろし　日本を痛む」

何しろ、急がしい飛行キ伝道に全く、原稿も書けず、みなに失敬してゐます。一日、必ず三回づゝの講演で書くひまが無いのです。
「家の光」にもその由電話で伝へて下さい。

賀川豊彦

「家の光」の分ハ書きますが　遅れると伝へて下さい。

一九五〇（昭和二五）年一〇月二〇日　豊彦からハル　[a350-00095]

T.Kagawa
252, Fulton st.
Brooklyn 1
New York

冠省　用件だけ先に申上ます
四貫島の二階と云ふのはどこに作るのせうか　政府のであれば駄目です。別に「イエスの友会館」としてであれば三十七万円乃至四十万円出すから二階建てのものを作つて善いと伝へて下さい。然し、之は「神戸イエス団、或は「雲柱社」に登記すべきであつて、教会個人代表者が売払ふことができないようにすべきです。今の日本の宗教法人法でハ代表者数名で売払ふことができることになつてゐるので、「岩村田」の如き事件が起つたのです。カアペンター氏より送金願つたものはつくでせう。

萱沼氏に伝へて下さい。新宿の「家具組合」の建築物を『イエスの友』会館に改造することに賛成しますと。金額ハいくら欲しいのですか、それをも確かめて下さい。萱沼さんのことなら、凡て「O・K」だと伝へて下さい。然し、表を美しく塗りかへ、窓をつけ、二階に畳をひき、「保育所」でも開くやうにするには相当の金が入ると思ひます。然し、長き祈りの結果だから、左様しませう。

一九五一年一月二日よりの西宮の福音学校には出席します。一月一日の夜行で立ちます。トラウト先生に会ひました。デサイプルの全国婦人会副会長をしてゐて　大会に私を紹介してくれました。元気です。

小川清澄氏もこつこつやつておられます。

私はあまりに睡眠不足と無休状態なので閉口してゐます。然し、すきな物理学「波動力学」を読み出すと、眼があくのが不思議ですね。ハイトラー博士の『波動力学』に大に教へられ、旅行中も聖書と一緒に持ち歩いてゐます。それに飛行機が多いので『気象学』をも持つて歩いてゐます。鞄が重いです。（移動図書館と呼んでゐます）

眠《ね》むけれど　また読み耽る　原子物理
頭《あたま》澄《す》ませて　神《かみ》を讃《たた》ゆる

一九五〇、十、廿、

一九五〇（昭和二五）年一〇月二四日　ハルから豊彦　[a350-00128]

Dr.Toyohiko Kagawa
c/o Rev.J.Henry Carpenter
Cadman Plaza 252 Fulton str.

Brooklyn 1, New York
U.S.A.

東京上北沢
春子

豊彦様　十月二十四日

絶へざる御守りの許に御機嫌よく御活躍の事を御祝し申し上げます。シゲ子の手紙にも或日の一日は飛行機より降りられて直ちに集会で一日六回も講演なされたと告げられ御苦労の程を御推し致して居ります　全く不思議を思はせられます
カーペンター博士から十月九日に御通知下すつた　大阪災害救援の一千ドル御送金ハ昨日有難く受取りました　カーペンター氏からの送金ハ八月十四日の三百ドルが第一回で今度のハ第二回で御座ります
哇布[51]の渡辺氏　円て百五十弗ハ送金されて居ります
新倉の建物登記　北川兄を遣はし進めて居ります
白水氏と先方とでハ　行き違ひもありまして困難でありましたが近日中に登記が可能となります
堀切の伝道ハＳＳ一四〇名　礼拝二〇　夕拝一五　祈祷会十名　其他夜学校三〇名でありました
熊本県の中田均氏　小松島の古角氏　正教師試験に受験の為上京当家に居ります　パスされ明日按手礼を受けられます　教団総会に各地から出席される牧師方があると思ひます
徳島に度々益富政助氏は行かれ来春ハ賀川先生を徳島に迎へて大いに集会をしたいと協議し又ローガン先生を御連れして賀川先生が帰られると噂してゐます
梅子も勉強を励んで居ります　幸にも健康が良いので喜こんで居ります

リビングストン模型到着いたしました
追々御帰りも近づいて皆喜こんで居りますが　内地の伝道もイエスの友の運動も御留守中　立派な働きの出来て居らないことを歎きます　あちこち教会ハ建ちます　岩間松太郎先生の教会　深田氏の国分寺教会　この廿九日起工式を致します
私ハ廿二日夜（日曜）三宿中田寅雄氏の招きで元兵舎内の教会に話に参りました　六十人の集会でありました　私も毎日多忙に事務其他を致して居ます　でハ御機嫌よく主の御まもりを祈り上げます
一九五〇（昭和二五）年一〇月二七日　豊彦からハル　[a350-00096]
T.Kagawa
252, Fulton st.
Brooklyn 1
New York
一九五〇、十、廿七
賀川豊彦

主にある春子様

無休の旅行に、見物する元気ハ勿論のこと好きな博物館を見る元気さえ出ず、辛じて、少しづゝ「本」を読んでゐます。

一ヶ月十五日以上、飛行機でとび、一日三回位平均話をするので、創作欲の多い私にハ、日本のことが気にかゝり全く弱つてゐます。然し、もうあと二ヶ月になりました。日本の教会のことを思つて、努力してゐるのです。

私の書物などでも、翻訳をし直すのでまだ出ませぬ。で、横山春一氏の著作も翻訳料が原稿料以上かゝり出版ハ不可能です。翻訳の文章が拙いと出ないのです。で、自然的に翻訳したい人があれば、すれば善いので、おいそれと出るものではありませぬ。

疲れて、ピヤノや、オルガンをくれと、他人に頼む元気が出ないのです。（カルフオルニアで頼んでみます。）私の気分として、『くれ…くれ』と云ふのは大嫌ひです。それと、みな私に寄付を依頼してくるので弱つてゐるのです。

送金がおくれてすみませぬ。千住新橋を渡つた、貧民街に鈴木武男氏が「五百平」の土地付の保育園を見付けて、買ひたいと云ふて来ました。町長を通して、百万円なら買ふと云ふてやりました。「貧民伝道」の為め努力します。百万円も三四回に分納します。

キリストにあつて善戦します

主にありて
トヨヒコ

T.Kagawa
252, Fulton st.
Brooklyn 1
New York

一九五〇（昭和二五）年一〇月二七日　豊彦からハル　[a350-000097]

主にある春子様
用件だけ先に申上げます。日本への送金を次々にカアペンター氏がせられますが、絶対に、財団法人『雲柱社』の銀行通帳のみを使用すること。個人通帳を使用すれば、それに税金がかゝります。私の個人が取る可きものさえ、みな出して、社会事業に使用するのだからその点、何卒よく御含みを願上ます。山内璋一氏は税金百二十数万円を命令せられ弱つてゐます。気の毒ですが、私にその金はありませぬ。無理なプログラムで、飛行機の費用でも大へんかゝります。
それに無休ですから、（休みの日ハ飛行日ですから）クタ〳〵になり、日本で少し静かにする必要があります。だが、全国に半月は出ねばなりませぬ。全国伝道を依頼されてゐますから。……
鈴木武男氏の「貧民街伝道」の場所は是非買ひ求ませう。日本の貧民の為めに、また余生を送ります。

一九五〇、十、二七、トヨヒコ

十字架を背負ひて　進む人の子に
落葉する秋、霜を踏ましむ

残月を西に見やりつ　曙に
また舞ひ上る　北米の空

精進の旅にしあれば　かこたねど
狐と鳥《とり》を　羨む日多し

紅葉《もみじ》する　森に　林に　亡国の
涙かくして　旅《たび》を　やむかな

夜を徹し　地上守りし　銀の月
しつかりせよと　我に囁く

帰り得ぬ　我に代りて　海渡り
日よ　くらがりの　日本をてらせ

有情の　森と野草にはげまされ
また立ち上る　十字架の道

（「人生ノート」は鑓田氏の出版所にて出して下さい。）

一九五〇（昭和二五）年一一月四日　豊彦からハル　[a350-00098]

T.Kagawa
252, Fulton st.
Brooklyn 1
New York

一九五〇　十一月四日（雨）
ニユーヨーク　トヨヒコ

主にある春子様

今日ハ雨ですが、之から、太平洋沿岸に飛びます。僅か十時間で太平洋沿岸まで飛ぶのです。

約一週間ニユー・ヨークで苦労しました。田舎町より広く且つ大きいので交通がこみ、朝早くより夜遅くまで苦労しました。もうあと六週間になりました。冬着のためと、もうニユー・ヨーク帰つて来ないために、カバンが一つ殖えました。みな親切にしてくれますが、たゞ急がしいので苦難します。

毎日三回講演、土曜日は休み筈ですが、その日ハ飛行機で、とびます。色々考へましたが、日本のキリストの為めなら、辛抱します。

然し、静かにして書きたいです。『家の光』に電話をして、何しろ、いそがしくて書けないと悪しからずことわつて下さい。頼まれた原稿が書けませぬ。

フヰシヤー氏の金ハ　カアペンター氏より廻送した分です。十一月一日また、あなた宛に「二千百弗」送つたとのことです。カナダの五百弗ハ「ストン」先生に送つたとのこと　ストン宣教師を訪問して下さい。またカナダから別に来る筈です。

十一月ハ二十数回飛行機でとびます。

霧と雨と風がいつも気になります。

下界にゐるとさうでも無いですが、鳥になると、気象を気にします。

クリスマス・プレゼントを「邦彦」にも、純基にも送りたいが何しろ、とび廻つてゐるので赦してくれとよく断つて下さい。

みな様によろしく。平田の篤ちゃんに会ひました。松村さんのことを気にして祈つてゐます。

主にありて　賀川豊彦

一九五〇（昭和二五）年一一月一五日　豊彦からハル　[a350-00099]

T.Kagawa
252, Fulton st.
Brooklyn 1
New York

賀川豊彦

主にある春子様　一九五〇、十一、十五

拝復、堀切の建築は二階のものでなければダメです。そして、二十九棟ハ大き過ぎます。それで春でなければ話が出来ませぬ。私が帰るまで延期して下さい。

飛行機の都合で一月一日になるかと心配してゐます。それで、一月一日の集会五回も話はできませぬ。イエスの友に厳重に依頼して、話を断つて下さい。或ハ一月一日午前五時頃、つくかも知れませぬ。東半球へは一日損をすることを忘れてゐました。

もし、ハワイが時間を差繰つてくれるなら早く帰ります。無休の活動に全く閉口してゐるので、日本でハあまり無理をせぬつもりです。「著作」に毎月の半分を費ひます。で無いと、『宇宙目的論』の完成ができませぬ、この著作がこゝ一年間の最大目的です。之ハ後世に残る論文にしたいです。そして月の半分を巡回に出ます。日本の悩みの為め祈つています

賀川豊彦

オハヨ州
デトン市にて

一九五〇（昭和二五）年一一月二二日　豊彦からハル　[a350-00100]

T.Kagawa
252, Fulton st.
Brooklyn 1
New York

主にある春子様

カンサス州首府トピカ市
一九五〇、十一、廿二、　カガワ　トヨヒコ

冠省　今の処、どうしてもハワイのプログラムが短くすることができないので、時間通り飛行機でついて十二月廿一日午後十一時半になります。悪くすると一月一日の午前三時頃になるかと心配してゐます。で、何卒、イエスの友の新年一月一日の集会ハ私の分を一月一日の午後にしておいて下さい。でないと話ができないと思ひます。緻密になるでせう。然し一月二日の集会にハ大阪―西宮に行き度いと思つてゐます。で、あまりつかれると悪いから、一月二日の朝のツバメで西宮に行きませう。もしプログラムが違へばまた電報打ちますが、何しろ、プログラムがつまつていて大弱りに弱つてゐます。ロサンゼルスでさえ送別会を許可して呉れないのです。アメリカ系の教会で独占してしまつて、日本人に譲つてくれないのです。で、ロサンゼルスでも送別会なしで十二月廿一日午前早くハワイに立ちます。

何卒祈つてゐて下さい。毎日飛行機で、純基の注文品を手に入れることができ無いで誠に残念ですが「あしからず」許して下さいと云ふて下さい。

豊彦

みぞれ降る　初冬の夕
機会を　神に祈らむ
興国の朝

―インデナポリスにて

おもちや屋の　おもちやの棚に
顔を出す　乙女の顔は　おもちやにぞ似る

T.Kagawa
252, Fulton st.
Brooklyn 1
N.Y.

一九五〇（昭和二五）年一一月二八日　豊彦からハル　[a350-00101]

主にある春子様
冠省　ニユー・ヨークの本部と交渉してハワイを縮めて貰ひ、十二月廿九日頃日本に帰れるかと思ひます。十一月四日カペンター氏にオハヨ州クリブランドで会つた上で無いと　明白にハわかりませぬ。その上で飛行便を差上げます。或ハ電報を打ちます。熊谷牧師（シュクちゃんの）のミセス・クマガイのお姉様に会ひました。銀行家に嫁ぎ、兄さんはオハヨ州立大学の大学院学監をしてゐられます。みな立派な方です。熊谷夫人によろしくお伝へ下さい。宛先がわからないので、よろしくと電話があれば電話して下さい。

今日ハ之より五百マイル南セント・ルキスに飛行機でとびます。僅か二時間です。

毎日無休ですから蓄音機になりました。

日を迎え　月を送りて
雲にのり　天がける身も
キリストのため

一九五〇、十一、二八、
トヨヒコ　カガワ
アイオワ州デモイン

クリスマス・プレゼントに
お祖父さんからとして邦彦に本を買つてやつて下さい

T.Kagawa

一九五〇（昭和二五）年一二月二日　豊彦からハル　[a350-00102]

252, Fulton st.
Brooklyn 1
New York

十二月二日　ウヰスコンシン州　首府
マデソン市　賀川豊彦

主にある春子様

冠省　十一月廿三日附のものを此処でニユー・ヨークより回送して乞ひ受取りました。

交渉の結果、十二月廿七日午後十二時過ぎ　多分廿八日午前一時に羽根田につくと思ひます。それで、タキシーを今より用意して下さい。杉山健一郎氏と交渉して下さい。それとも誰か親切な宣教師或ハ実業家があればその人の車をかりませう。然し、家のものが出迎へにくるならタキシーが必要になりません。「イエスの友」にその由御伝へ下さい。

キリスト新聞にもその由伝へて下さい。そして、「一千弗」はすぐ武藤富男氏にお渡し下さい。受領書だけを貰つておいて下さい　あと、「二千弗」ハ別にくると思ひます。（之もキリスト新聞の分です）キリスト新聞ハ大に発展させます。

日本内地のプログラムは少し軽くして、著作に力を入れ、「宇宙目的論」を完成します。

小崎道雄氏[42]、海老沢亮氏、友井禎氏によろしく御伝へ下さい。また日野原善輔氏[43]にもよろしく。アメリカは支那を解放したので大にを頭痛をいためています。

私ハ今日一日、カルフオルニアのアール・レクチユアの講義の原稿を書くのです。無休です。

之より一週間ハ　雪の中の旅です。ロツキー山地方が多いのです。

曇り日に、　雪に　小雨に
行者　行く
濡れし　泥靴　すりへらしつゝ

十一月廿六日記
アメリカ東部ハ雪にて三十六年目とかのことです。自動車も何かも全部止ました。

極東の　風雲　険《けわ》し　胸いたむ
いつし　平和は　日本にくるか？

十二月分の送金「壱万ドル」は青山学院にゐられるアイグルハート博士を通して送るとカアペンター氏ハ云ふてゐました。本所キリスト青年会の土地代を少しづゝ入れておいて下さい。

佐世保行列車中にて
賀川豊彦

一九五一（昭和二六）年二月一八日　豊彦からハル　はがき　[a350-00137]

諫早《いさはや》の梅も散りける　雪の朝
嘆ける胸の　いたむまにまに

門司の集会を始めとし、始めは元気が出ませんでしたが、諫早で323の決心者を与へられ　玄海灘を越えて海上二時間の崎戸島の炭鉱夫1500の中より135の同志を与へられ、非常に元気が出て来ました。ご飯は一杯しか食ひませぬが　二時間づゝ講演してゐます。お祈を感じ感謝します。

宇和島にて
賀川豊彦

一九五一（昭和二六）年三月一一日　豊彦からハル　はがき　[a350-00103]

八重桜　早や咲きつれば
伊豫の国　◇生《りしょう》の里に
春を嘆きぬ
—病をおしつゝ—

無理してキリストの為努力してゐます　十八日の朝七時また例の毎く夜行にて帰ります

トヨヒコ

一九五一（昭和二六）年八月一七日　しげから豊彦　ニューヨーク消印のはがき　[A300-00283]

Greetings from an old friend! I have been enjoying your niece, Shige very much this summer. I do hope your eyes are better.　マコーズランド

伯父様、伯母様
こゝでもと神戸女学院の先生であり印度に伯父様と旅行されたマック・コーズランド先生にお会ひしました。食事に招いて頂けたり、色々、面白い御話を伺って、本当に愉快でした。本当に先生は、博識で又親切な方で、偶然ながら先生を知る機会を得た事を感謝しました。では又。　シゲ

Shige Kagawa
c/o Rev.Y.Ohyama
1400 W.Chicago Ave.,
Chicago,U.S.A.

一九五一（昭和二六）年八月二九日　しげから賀川夫妻　[A300-00283-a]

伯父様
伯母様
シタウカ、ニユーヨークを発ってクリーブランドに行、シカゴに参りましたのは八月二十三日の夕方でした。シタウカに於ける六週間の夏期のコースとクリスチャンリーダシップ要成を終へたのは八月の十日でしたが、時間が中途半端でしたので幸ひスカラシップをくれたキングズ・ドータスの家に只で◇らして下さったので八日間程そこの手伝いをして居りました。シタウカでの経験は非常に有意義でありました。ニユーヨーク大学に二つのコース、比較宗教と宗教芸術はフィリップスでとった二学期間にも勝さるものがある、と思ひました。それは主として教へて下さった先生が立派な方だったからでせう。長老派の正教師でいられ支那の追放などに深い関心を持ってゐられる面白い人物で

す。又、キングス・ドーターズを知りますと、ずい分イエスの友に擬似してゐると云ふ事がわかり非常に興味がありました。教育機関から云へば少し内容は違っても、農民福音学校とキングス・ドータースの私のとったクラスが同じ様な特色をもってゐると思ひます。

さて、シタウカから、シカゴへの同じバス道でクリーブランドに立寄り、久保田先生に紹介された指原さんのお宅を訪問しました。こゝには昨年婦人団体の赤松常子氏や野村さんがこられたとの事でした。こゝで面白かったのは、アメリカで有名な電気会社ジェネラル・イレクトリックの研究所で電気照明の様々な実験を見たことです。御親切な指原夫妻やお嬢様に感謝してゐます。

シカゴでは大山牧師にお世話になってゐます。牧師館が今整備されたところで後々に引越してゐられるのですが東京から車田牧師と私が最初のお客になったそうです。◇しいペンキのにほいがプン〱している所です。教会の役員の方が賀川先生が来られた時に大きな教会だから客が二、三人で泊られる様にしておけと云って居られ御姪子さんを泊めるから顔が立つと云って居られました。小寺さんに会ったのは来た翌日、まず様々の内地の近況が伺へた事は大へん嬉しうございました。御計画の眼の手術ものび、休養の時もさき紀州に伝道に行かれた伯父様の情報をも伺ひ、神様の御護りを祈って共に、心から少しはお休みになられる様お願ひいたします。シカゴイエストキリスト教会では、五日間にわたり、信徒修養会をもたれました。私も車田先生の御話を六回にわたって伺った事でした。非常に聖書的かつ福音的な説教、或いは講演は、人々の魂を突きました。私も久方振りの日本語の説教を聞き胸がすーっとしました。然しそれは、国語であったからと云ふのみでなく、今までアメリカに一年ゐましても、かつて本当に心をゆさぶる様な強い福音的な説教を、聞くことがなかったからです。

小寺さんと一緒にシカゴを見物してゐます。自然歴史館ではあの名にしも聞く巨獣ダイナサールの骨格を見ました。水族館、美術館、それから昨日は、ストックヤードの大きなそして有名なと殺場を見学しました。ものすごいでしたが興味あるものでした。今日は、シカゴ大学と工業科学博物館に行きます。アメリカにて一年とは云へシカゴは初めてなので、小寺さんと私とて時たま話がはずんでのり越したり、いさゝかやじ北めいてゐます。明日、私の恵泉での親友、土橋やす子さんがオハイオへの途中シカゴでのりかへられるので、会ふ事が出来ます。牧野俊子さんと相当接近したのですが駄目でした。皆様によろしくお伝へ下さい。（千代ちゃんの写真を見ました。）シゲ拝

一九五一（昭和二六）年九月二八日　しげから賀川夫妻　[A300-00283-c]

Shige Kagawa
Clay Hall
Enid,Oklahoma,
U.S.A.

伯父様
叔母様

今日は、この週末は御手紙をした丶め様と思ひつ丶、日々のアサイメントに追はれたり週末も出されたりいたし今になってしまひました。

その後、皆様如何ですか？私は九月一日に学校に帰って参りました。二日からエンロールメントで四日から正式の授業が始められました。今学期は、宗教々育（青年の）、旧約、アメリカ政府と憲法のそれぞれ三時間と、青年心理　物語法及び音楽の二時間づ丶、十五時間とりました。その他、日曜学校の中学二年生の七人のクラスを、ユニバーシィティ・チャーチで受持つ事になりました。朝と夜の二回集ります。夜の方は、合同でその受持ちが責任をもつのですが、朝のためには、相当時間をついやして準備をいたします。然しこの経験がどんな、宗教々育の時間よりも面白く

て為になる様な気がします。男の子が気の弱い女の子をいじめたり、聖書の講演をする同僚がつっかへればクス〳〵笑い出したり総ての点で心理的には東西変りないと云ふ事を身をもって体験するのも興味深い事です。

伯母様のお手紙はカーペンター先生の方から廻送されたのをシカゴから帰って拝見しました。有難うございました。少し古いことにさかのぼりますが、シカゴでは大山牧師に本当によくして頂きました。あそこをたつ三日程前に中川先生が、小寺さん、私の恵泉英専の同級生土橋さんと私を◇教会の祈祷会に連れて行って下さいました。その夜は、もと明治学院の先生秦牧師が奨励をなさって集会の後に紹介して頂いて、伯父様の昔の教師であったと云ふ事を知りました。そしてその翌日私共若い者三人はお昼に呼ばれる事になりました。秦先生と奥様は、河井道子先生がシカゴをこの間音ずれられて以来、恵泉後援会に一生懸命骨折っていられます。又、シカゴを立つ間際に、発らつとした大田敏雄さんに御面にかゝりました。短い時間でしたが大へん愉快でした。

全面的にあらずとも講和条約が結ばれた事は、うれしい事ですが、又一方的に出来上った講話は色々問題があり、不安が伴ふ事と思ひます。世界の平和を祈ると共に、日本国民が中立と平和のために団結出来る様に祈って居ります。

今年は新しい百七十数名を収容してゐる学宿舎クレイ・ホールに住む様になりました。今までのアセニアンの様に二分間でゆう教室に行けたのと違ひ、少し不便になりました。今度は十二、三分位かゝります。私は新しく立て増しされた一階に二年生のルームメートと居ります。二階ではまだノミの音がたへません。

一昨日九十六度だった夏は今日になって丸きり冬になりました。実に妙な気候です。

では御身御大切になさって下さいませ。御家の皆様にも宜敷く。主の御祝福を祈りつゝ。

九月二十八日

シゲ

一九五一（昭和二六）年一〇月一八日　ハルから梅子　[00280-F]

西宮市高木南芝
一麦寮　七八一
賀川梅子様

十月十八日

梅子様

春子

御手紙頂きました
色々と渡米に就て考へられ勉強と共に心遣の多いことで御座ります
旅費ハ父様に頼むことがよいと思ひます
廿五日に岡山の伝道が終りますから西宮に立寄られると思ひます　御願ひなさい　ママもそのことを御祈りしてゐますから御願ひなさい
播磨兄も先日来　学校へ交渉してゐましたが　うまく行かず　入学出来ないので　後の方法に迷つてゐます
東京で来年四月の入学迄待たうか　或ハ　西宮に帰つて学院に復帰しやかと…
下宿の方ハ　国分寺向日荘に依頼して落付いたのですが　肝腎の学校に入学を断わられたので全く困つてしまいました
小包を送ります　買物のクッキーと家の栗を送ります　小さい包をおばあさんに渡して下さい
家でもお砂糖ハすつかり無くなりました　黒砂糖の自由販売のを買つて使つてゐます
十月廿九日バザーの支度で夜も遅くなります
でハ　お大切に

（佐治良三著「正統神学而して福音的—賀川豊彦著「永遠の再生力」を読んで—」の原稿二枚同封。）

一九五二（昭和二七）年一二月三一日　豊彦から梅子　[a350-00104]

Miss Umeko Kagawa
General Assemblys Treining School
3400 Brock Road
Richmond 27. Va.
U.S.A.

祝クリスマス
祝新年

千代子代筆
父トヨヒコ

お母様への便りであなたのおいそがしいことをよく承知致しております。私は十二月十七日から東京駿台の井上眼科病院に丁度二週間入院しておりました　院長は反対しましたが一月一日より三日間関西イエスの友の修養会に行く為出て来ました
カーペンター先生から御親切に、あなたとしげちゃんとの二人をニューヨークで、お世話になることを感謝してますしげちゃんにもよろしく云つて下さい。千代子さんの赤ちゃん[44]も大きくなつて来ました。よく私に話してくれます。
一九五二年十一月三日から約二週間日本全国各地で世界連邦アヂア会議を開きましたので　日本の新聞ラヂオがよく

宣伝してくれ、相当に反響がありました。NHKでは五時間も放送してくれました。〝世界国家〟を送りますから御覧下さい。今年は平和運動の為に時間を多くとつたので約二万人しか決心カードがとれませんでした。しかし再軍備運動が盛でどうしても世界国家運動をしなくてはならないと思つたので広島に大勢来てもらつて、日本人を教育致しました。

一月二十八日午後六時羽田を立つてパンアメリカンでサンフランシスコに着き、ロサンゼルスに二、三日おり、フロリダ州マイアミを過ぎブラジルのサンパウロに飛ぶ予定です。

ブラジルには二月上旬の第二日曜日位に着くのではないかと思います。

隅田川の東側に又新しい江東区南砂町三丁目袖ヶ裏伝道所をもうけました。これで東京労働街に六ヶ所の伝道所が出来ました。

クリスマスには病院から抜け出して深川富川町の木賃宿街では十一人、松沢教会では十四人、五日市教会では七人、洗礼式を致しました。

口語約聖書をキリスト新聞で出版致しましたからお読み下さい。まだ私の思つた通りにはなつていませんが世が明けたような気がします。校長先生にお礼を言わねばなりませんので名前をお知らせ下さい　眼が悪いので千代子が書きました。

主にあれ

T.Kagawa
c/o Rev.Itō

一九五三（昭和二八）年二月六日　豊彦からハル　[a350-00106]

Ruo Corofá 108
Sao Paulo, Brasil.

主にある春子様

無事、二月五日ブラジルにつきました。[45]アマゾン河の上で上昇気流に三時間もつられ　荒天で弱りましたが二百五十名以上の日本人の大歓迎をうけ　聖公会伊藤先生宅の客となつてゐます。之から伝道にかゝります。ブラジル外字新聞も同情の大きな記事を書いて呉れてゐます。

九百七十五ドル　ロサンゼルスより枡中さんを托して送金しました。之ハ日本協同組合同盟建設費の為めに二十二万円貸りてゐる「共済協会」（富士見町）の方へ一先返却して下さい。また「十万円」ハ大川氏に四貫島牧師館を借りて立ててゐますから　その方に入れて下さい。大川氏ハまだ後数万円かりてゐますが、またあとより支払ひます。ブラジルは献金を無理して伝道に専念しますから　何卒金の欲しい方ハ凡てお断りしてをして下さい。徳島石井町の十万円ハ何卒送金して下さい。之ハ石井町増岡氏を通して石井町長に渡して下さい。合計四十二万円を支払つておいて下さい。

眼ハ大丈夫です。健康も大丈夫です。

ぼつぼつ日本への新聞通信をします。

旅に死ぬ　覚悟をつけて
空とべば
何処も同じ
天の輝き

一九五三、二、六、
賀川豊彦
c/o Rev.Itō
Ruo Corofá, 108
Sao Paulo, Brasil.

お祈を乞ふ

一九五三（昭和二八）年二月一七日　しげからハル　[a350-00105]

Shige Kagawa
55 Elizabeth St.
Hartford 5, Conn.
U.S.A.

伯母上様　二月十七日　シゲ拝

今アメリカの一病院のベッドから御手紙するところです。学校に帰つてからですと又いつになるかわかりませんので鉛筆をとりました。去る金曜日十三日の晩神学校の人たちとある公園に大ゾリに乗りに行つて又落ちてしまつたのです。どうも馬鹿な事をしてしまつたと思いましたが仕方がありません。左のあごの骨が折れましたので土曜日から病院に入つて治療を受けてゐます。上歯と下歯と針金でしばられてあごを動かさない様にし、スープやミルクばかりをくだでのんでゐます。初めはショックで物を頂くことが出来ませんでしたが、三日の間に今は元気を回復し、今日は二度目のX線でとつてもらつた結果も良効だと云ふことです。大抵明日は退院出来るでせう。然し退院しても五週間位は針金をしてなければなりませんのでやはり液体を頂いていなければなりません。ソリに六人のつて皆落ちた中、コブが出来た人とクビがいたかつた人がゐましたが、病院に来たのは私だけでした。

運心がなかつたのか運が悪かつたのかよくわかりません。何代、二度行つて何か起こつてゐますのでもう三度目は止めにすることにしました。病院に来ましたが、学校や教会関係の人々が親切にして下さるのでいたみさへなければ、この経験も良いと思ひました。

米国の病院に人を訪問したことは幾度もありましたが、自ら這入つて見て少し違つた世界を知つた様な気がいたします。病院では食料品店と違つて、人が多く働いていることが一番初めに感じられました。病人では、セルフ・サービスと云ふ訳けに行きませんし、やはり人間のあつかひは、情のある人間の方がよいと米国でもさとられているからだと思います。看護婦助婦サービス等々と、様々の階級や分業部門によつて制服が違ひ、誰が一番もらつているか、と云ふことも一見してわかる位です。インターンは、上から下まで白い洋服を来ていますが、御医者は手術室以外には何も着て居りません。

始めて廻しんしてもらつた時には、何も着ないで、かんごふもつけずに、全く気どりもせずに来るものですから、本当に、どこのおつさんが来たのかと思つてしまひました。

インターンも一人でやつて来ます。

彼は私が手術室で治療をされている時、私の先生の助手をしながら、「全く看護婦の方が二色《ツートーン》の車を買つているのだから、どうも看護婦（一色の方ハ高い）になつた方がよさそーだ」としゃべつていました。

実に偉厳がありません。

アメリカで入院するのは実に簡たんです。大きなふとんやひちりんを持ちこむ必要がありませんから、私は入院のつもりできませんでしたが入院しろと云はれて何ももたずに這入りました。パジャマもナイトガウンも一切がそろつています。そしてそれを毎日かへて呉れます。ベッドのシーツ、ベッドカバーまでが、日毎に交換されるのです。各ベッドにベルがついていますので必要な時には看護がすぐ来てくれます。余程のことでなければ個人の付添はありません。一日中痛にいる人には、二回位背中をもみに来てくれますし、朝夕他、日中にも顔を洗つてくれ、まるで女王様の様な気持です。

世にも不思議な程親切に出来ている私のルームメートが、彼女の車で、大抵一日二度の面会時間に私のお友達をつれて来てくれます。又その他の人々が御見舞いに来て下さいました。ある人たちは特別よくして下さるので有難くもあり心苦しくなる程です。

―○―○―

学校に帰つてきました。学校の給食長が私に特別な食事をつくつてくれると云ふことです。又日頃食堂で一緒に働いている学生達が同情献金をしてもつて来てくれました。五弗五十仙位ある様ですがこれは、額の問題でなくて情の問題なのです。特に彼らの中の多くがソリ乗りに連れて行つてくれ、私だけが災難を蒙つたので、或いは責任を感じたのかも知れません。

女子学生の監督《デーン》＝ミセス・ローエル＝が、入費のことについては心配しない様にと云はれていましたが、内訳けを聞いて見ますと百二十弗位になつてゐました。

ある組合教会が学生御入院費の五十弗をふたんすることになつて居り、あとの残りは、この学校を援助している婦人のグループが払つてくれるのだそーです。

今日帰つてから、河井先生の御遠眠になつたことを知りました。期待してゐたことながら、誠に残念に思ひます。

この手紙は特別増かん号の様なものですから次からは又順調なところを御知せすることが出来ると存じます。

一九五三（昭和二八）年四月一九日　豊彦から邦彦へ　[a350-00107]

賀川邦彦様
邦彦さんも三年生になつて一生懸命に勉強してゐるでせうね。私ハ毎日ブラジルの奥地で廻つてイエスさまのお話しをしてゐます。ここには四十八メートルもある大蛇がゐるところです。それを兵隊が十九時間も戦つて丸を五百発もうつて退治したさうです。六月廿日頃また、お目にかゝります
パパによろしく。パパを大事してあげて下さい。

ブラジル
一九五三、四、一九、　カガワ　トヨヒコ

T.Kagawa
Japanese Episcopal Church
Corofãs 108 San Paulo
Brasil

一九五三（昭和二八）年五月七日　豊彦からハル　[a350-00108]

主にある春子様
いよいよブラジルの伝道も日本人の部はあと数日で了ります。五月十三日よりアマゾン河の研究に北行します。そして
五月廿八日―六月三日　メキシコ市及メキシコ国宗教講演
六月三日―六月十五日　カルフオルニア（主としてロサンゼルス）

六月十二日―六月廿二日　ハワイ伝道

六月廿三日―東京到着予定

ブラジルでは約五千名しか日本人の決心者は得られませんでした。然し有力な人々が決心してくれたので将来は有望だと思ひます。「イエスの友」会も組織でき、各教会を応援することになりました。吉田源治郎氏に右の予定をお伝へ下さい。又木立義道氏にも六月廿八日、中ノ郷信用組合の総会までには帰国できるとお伝言御願上ます。ブラジルは広いので、いくら廻つても廻り切れませぬ。然し、アマゾン移民の問題、「宇宙目的論」の材料もブラジルで集めました。純基夫妻、邦彦、冨沢夫妻[46]によろしくお伝へ下さい。黒田先生、中山先生、その他の皆様によろしく。

多忙の上に、研究にいそがしく、皆様に手紙が書けないが許してくれとお伝え下さい。

主にあれ

一九五三、五、七、

イエスの友に特によろしく

賀川豊彦

サンパウロ州奥地

リベリン・プレトにて

一九五三（昭和二八）年五月一七日　梅子からハル　[A300-00663]

Umeko Kagawa

3400 Brook Road
Richmond, Va.

ママ、いよ〳〵暑い夏がまたやって参りました。

どこか海にでもいらっしゃる計画でせうか。箱根にでもパ、が帰ってからいらっしゃれば良いと思います。数日前、着物とお茶などがとどきました。本当に有難うございました。断然気に入ってしまいました。ことに、着物と帯のとり合せが私がやって見たいなと思ってゐたそのままなのですっかりうれしくなってしまいました。この月曜日は卒業式でレセプションには、フォーマルを着る事になってゐますが、私のは夏のものでありませんから、いやだなと思ってゐた所、この着物が届きましたから早速この着物を着ておく事にします。こんな時は、着物もなか〳〵便利です。この前、友達と一緒にとった写真を入れます。私も、この夏にはこの友達が着てゐる様なフォーマルを手に入れるつもりでおりますが。

この間、日本の友達からの便りで、パ、が南米で、病気だとの事ですが、本当なのでせうか。その手紙は八日附で、七日附の家からの便りには、何とも云ってなかったので、そんなに大した事もないのだらうと思っております。いらなくなった洋服など一箱送りました。家においておかないで誰れにでもすぐに上げて下さい。冬物ですが、別においておくだけそんですから。こちらの学校の教会の一室には、沢山古着が集めてあって誰れでもほしい人が自由に入っていただける事になってゐます。ですから、近所の人にさっさと上げて下さいませ。二枚のシーツのうち、一枚はお兄ちゃんに、一枚はママへです。二つのコロンの瓶（ビン）を入れていれておきましたから、一つづつマミとお姉ちゃんでつかって下さいませ。他に一箱を、神戸にも送っておきました。そちらの方は箱が大きすぎて重すぎたので郵便局に行ってから、ほどきつつみなほして、大騒ぎをしました。同封の十弗の小切手は、私の雑誌代と、新聞代です。夏休み中は、学校の方に送っておいて貰へば廻送していただけますが、八月一日分からイエールの方に送って貰って下さい。住所はたしか送ってあったと思いますが念の為、最後に書いておきます。

色々、卒業式に関係した事は面白い様でもあり面白くない様でもあります。まあ〳〵なんだって、かまいませんが。

暑いので、ガウンを着る人達は、さぞかしやり切れないだらうと思います。あの四角い帽子をかぶりますが、今度始めてB．A．をいただく人は、ふさが左側から右側へと免状をいただいたと同時に、先生によって、変へられます。そんな事はいままで知らなかったので、面白いなと思っております。

今朝聖餐式があり、今度引退なさる先生が司式をなさいましたが終わりの頃には、泣いていらっしゃいました。泣く事もないだらうと思いますが。

ではお元気で。三十一日まではMiss. ローガンの所にゐます。

五月十七日

梅子

301 Prospect st.

New heaven. Con.

一九五三（昭和二八）年五月二三日　豊彦から梅子　はがき　[a350-00109]

ブラジル伝道を了り、アマゾン移民の研究を一週間して今日メキシコに向ひます。メキシコに十日、伝道し、加州に十三日、ハワイ七日　日本に、六月廿三日の予定です。

ブラジルの第一世の決心者五千三百七十三人与へられました。健康すぐれず、無理な伝道をしました。然しめぐまれて感謝してゐます

あなたも神よりの力を得て一生懸命に勉強をして下さい。学校の校長先生によろしく。お名前を日本に知らせて下さ

い。御礼を書きます。

一九五三、五、二三、賀川豊彦
ベレン市
（アマゾン河口にて）

一九五三（昭和二八）年六月四日　豊彦からハル　[a350-00110]

T.Kagawa
Japanese Christian Church
San Pedro st. Los Angeles
U.S.A.

冠省
電報にてお知らせ申上げました通り、六月廿四日（米国の六月二十三日）正午羽田着の予定であります。六月十五日迄シヤトル、六月十六日―六月廿三日までハワイにて伝道いたします。

ロサンゼルスの皆様ハ　よくやつてゐられます。

賀川しげ子が「スキー」に行き骨を挫いて病気したことを始めてロサンゼルスに来て知りました。純基様に、「バッパ」の全集ハ一寸と手に入らぬことを伝へて下さい。今度のロサンゼルス訪問ハ御礼廻りのつもりですから、希望通りの資材ハ得られぬことをよくお伝へ下さい。

二千二百ドルだけ住友銀行より送金しておきました。その中に「住友」より通知があると思ひます。受取つておいて下さい。

読んだ書物を三十冊ばかり、郵送します　之ハ六月下旬につくと思ひます。受取つて下さい。また横山氏ハ九月か、八月下旬に汽船で帰るでせう。左様御伝言下さい。「イエスの友」の同志によろしく。純基、道子、邦彦によろしく。冨沢夫妻にもよろしく

主にあれ　豊彦
一九五三、六、四、ロサンゼルス

一九五三（昭和二八）年九月一七日　梅子から豊彦　［A300-00286］

Rev. R.O. Brown
Umeko Kagawa
667 S. 2nd Ave.
Canton, 211

パ、その後お変りない事と存じます。ママが悪くて御心配の事だったと存じますが、良くなってなによりの事と嬉んでおります。私の学校もこの月曜日から始まりますが、もしもとても難かしくてどうにもならない様でしたらば一年で止めにしておきます。始めから落第するつもりでしたらば本当にそうなってもまあかまわないでせうから。エバンストンではミス・ナイランドにお目にかゝりました。くれぐもよろしくとの事です。Dr. カーペンターは、いつでも非常に親切にお世話して下さるので感謝しております。日本行きが早く実現されればよいと願っております。この間、一言小寺さんの事について云っておられましたが、私は今だに小寺さんはお目にかゝっておりません。ではお元気で。

きっと私の為になにかお金を集めたとか何とか云われるだらうと思いますが。

九月十七日

梅子

一九五三（昭和二八）年一〇月一五日　豊彦からハル　[a350-00111]

淡路にて

主にある春子様

紅葉して　秋は　野山を　飾れども
痛みにし妻に　霜をしるか毛

帰りして　また悲しみの　知らせきく
旅より　旅に　心ひかるゝ

相共に　苦労わかちて　四十年
国は亡びて　妻は　痛めり

十字架を　背負ひて進む　紅葉《もみぢ》とき
霜をふみしめ　風にさからふ

小田切先生と相談して、衛生病院に入院してハ如何ですか？

神戸より胃潰瘍によくきくホメオパシーの薬を送ります。武内勝氏に依頼しておきました。祈つてゐます

トヨヒコ

一九五四（昭和二九）年二月二六日　しげから豊彦　[A300-00283-b]

Shige Kagawa
55 Elizabeth St.
Hartfort 5, Conn.

伯父様

ご健康であられる事と推察致して居ります。

日頃の御無沙汰御許し下さいませ。

梅ちゃんを通して、伯父様がエバンストンの会議においでになるかもしれないと云ふ事を伺っては居りましたが、完全に決定的なお話を耳にしたのは昨日でした。カーペンター先生が三ヶ月の予定で伯父様がこちらにおこしになるとの事、もしお役に立つことがあれば、喜んでお伴なり、他のことなりさせて頂きたいと思って居ります。勿論、二ヶ月半御旅行なさるならば、飛行機で同伴があれば不経済と御思いになるかと推察して居ります。或いは「サッサと帰って留守居をしなさい」と仰云られるのではないかとも思ひます。いずれにしましても、御意を伺せて頂きましたら幸ひに思ひます。私は伯母様への手紙に書きました如く、今の所船便旅費の関係上、二、三週間コロラドあたりの青年のキャンプを廻って帰る予定にして居ります。そして、特別伯父様に、利用して頂けなければ、七月の初旬或は

中旬に帰国出来ると思って居ります。
さて話は少し変りますが、三日程前に、恵泉の清水校長が御頼りを下さいました。勿論伯父様との会見の結果についての御報告でありました。（そーすると私は恵泉に奉仕する事にされたのですね）この間頂戴しました伯父様よりのお手紙は感謝して読ませて頂きましたが、具体的に私は理解出来ませんでしたのを、恵泉からの再三の要求で、私も決定的な返事を出したと云ふ訳でした。或る意味に◇いて、あまり具体的でない様に感じられました伯父様のお手紙は、私に一低の自由選択のチャンスを与へて下さったものと解釈し、感謝いたします。
恵泉は、或る意味でアプレンティスシップをする良い処であると思ひます。然し学校のフールタイムに努めますと伯父様や伯母様は直接にお助け出来ませんので何卒お許し下さいませ。将来どの様な立場があっても与へられた経験と教育を通して神様の御栄を表す器でありたいと願って居ります。ではこの辺で筆をおきます。二月二十六日
シゲ拝
二伸、只今カリキュラム作成のクラスに提出する教課目をもくろんでゐます。内容は、小学校の元年から中学の二年間まで「生活と宗教の問題、具体的に云へば、農村の問題、労働問題、青年の問題、組合、平和問題をキリスト教精神に基いて考へる様なものにしたいと思ってゐます。

一九五四（昭和二九）年七月二日　豊彦からハル　はがき　[a350-00112]

無事アラスカにつきました。飛行機がおくれて七月一日夕にシヤトルにつく予定です。
皆様によろしく
主にあれ

神戸貧民関係夏休伝道に行く人のこと忘れてゐました
よろしくたのみます

トヨヒコ　カガワ

一九五四（昭和二九）年七月一〇日　豊彦からハル　[a350-00113]

T.Kagawa
Japanese Christian Church
San Pedro st. Los Angels

主にある春子様
とても忙しく旅行を続けております。

サンフランシスコよりロサンゼルスまで約四万マイルを自動車にて伝道しながら来ました。各地とも恵まれた集会をしました。

フレスノの中山夫人ハ目下また入院中です。病院に見舞ゐました。

フレスノまで椰中氏、高橋常次郎氏が見舞に来てくれました。それで、また自動車にて五時間乗つづけて参りました。

アラスカなとにて寒かつたので初めて気持よくやつてゐます。健康もよく、勉強もしてゐます。

しげ子との連絡も取れず弱つてゐます。

ロサンゼルス或ハ　シカゴ大山牧師に手紙を下さい。

c/o Y. Oyama Japanese Christian Church
1400 Chicago ave
Chicago 22, Illinois, U.S.A
にハ九月一日までおります。その他ハ見◇◇で通信願ひます。
こんな猛烈なプログラムに迚もあなたは同行出来ませぬ。また御病気なるでせう。
皆様によろしく
冨沢夫妻、純基夫妻
教会員皆様によろしく

主にあれ
トヨヒコ　カガワ
一九五四、七、一〇、

バアクレーの古本屋から英書が六ホンドの小包として二個或ハ三個、また、サンフランシスコよりも小寺田牧師より私の読みましたものなどを入れて三つつみ位行きますから、一ヶ所にまとめておいて下さい　みな大事な「宇宙目的論」の参考書です。次次に送りますから二階のどこかに一ヶ所にまとめておいておいて下さい。

T.Kagawa
Japanese Christian Church

一九五四（昭和二九）年七月一二日　豊彦からハル　[a350-00114]

San Pedro st. Los Angels

主にある春子様
七月十一日の日曜日にハ午前六時より五回話をしました。疲れました。来年一月十七日が、ロサンゼルスのイエスの友三十年記念になるので、記念にあなたをお迎えすると云ふてゐられます。少しだけ会話の練習をなさい。津田会話塾に毎晩通ふても善いでせう。旅費ハしてくれるでせう。

私が持つて来た金に少し足して送り返します　三百五十ドル新宿住友支店宛に送つておきました　御受取下さい。その中三万円でも、五万円でも、祖師谷の篠田さんの所へ土地代として持つて行つておいて下さい。毎月少しづゝ、送るつもりにしてゐます。

健康ハ祝福されて、少しづゝ勉強をしてゐます。

何しろ、大変なプログラムなので一寸と普通の人でハ出来ませぬ。

杉山君、萱沼君、赤須さん、中野組合の島野さん、小池さん等によろしく。其他、餞別をいただいた人によろしく御伝えください。

一九五四、七、一二、　主にあれ
トヨヒコ　カガワ

今日は自動車にて北に参ります
サンタマリアまで百八十マイルです。

一九五四（昭和二九）年八月七日　豊彦からハル　[a350-00115]

T.Kagawa
Japanese Christian Church
Chicago st. N.Chicago

主にある春子様

この文章を原稿用紙に清書して、「農村」にのせるように古瀬さんにお渡しください。（五日市の清原平氏、入院の由毎月二千円づゝ手当を増して上げて下さい）

米国の農村の悩み

太陽の黒点（太陽面の火山の噴火）が無い為めに、大陸の暑気が激しいことを想像してゐたが、果してその通りであつた。太平洋に面する米国北部ワシントン州などは数十年来の寒さに困つてゐたが、中部ケンタツキー州などは三年間の大旱魃に弱り抜いてゐる。米国中部カンサス州では一年以上も雨が全々なく、七月中旬には数十人も暑気の為めに死亡者が出たほどであつた。

その上に、小麦を耕作してゐたロツキー山脈東部の諸州は廿四年目の『砂塵の暴風』が吹きめくり、土壌保全の必要を新しく感じたようである。二十四年前の『砂塵暴風』は北部諸州北ダコタ州、南ダコタ州を荒したが、今年はカンサス州、コロラド州　アリゾナ州を悩せた。その上に蝗の大軍がこれらの諸州を荒した。蝗の大軍と云えば一八七四年頃のものは、幅一マイル、長さ三万マイル（東京から京都位迄）もつづき、幾十億が一団となつて飛来するので困つたさうである。幸ひ新しい農薬を飛行機五千台を動員して散布して之を退治することになつたので人類を悩した害虫も、新しい化学の前に降参してゐる。

米国南部諸州、特に日本の鹿児島県と同じ緯度にある諸州はブラジルから輸入した営業用の『水生ヒヤシンス』が野生化し、数千万町歩に繁殖し、之を退治するのに困つてゐる。輸入植物のおそろしさは「水生ヒヤシンス」でよくわかつた。

機械化農村では小麦が出来すぎて、政府を悩ませてゐる。その為めにアイゼンハウワー大統領は、農産物の価格に補助金を出してゐる。之がいつまでつゞくか知れないが、生産過剰に難むアメリカは、とれ過ぎて困つてゐる。日本と正反対だから比較が面白い。

南部ルイジナ州でペカン畑も見たが、樹と樹の間を五間以上あけている。たゞ収穫期を待つまでに数年かかるので、辛抱できないものは桃や、梨、「ぶどう」にのり換えてゐる。ジヨウジヤ州はペカンが盛んである。

米国にハ山羊は乳用十二万頭、揉[47]毛用アンゴラが三百万頭居ると云ふ。北アフリカのモロツコ（仏領）に三百万頭の乳用山羊がゐるのと比較すると、大変差がある。しかし、日本は是非、山村の農家一戸に一頭づつの山羊を入れたいものである。今年は大の「ひでり」で、乳牛を殺さねばならぬと農民が心配してゐる。

戦争の為め　米国では都市集中が行はれ、農村は人口の四割以下に落ちてしまい、機械化の為めに、まるで農業か工業かわからなくなつてしまつた。

日本人はカルフオルニアでは園芸師としてはアメリカ一と尊敬せられ、老人でも庭園師して働き、相当な暮しを立ててゐる。しかし黒人の多い南部諸州の農村ハ昔ながらに「移動労働者の本場となり、毎年二回、南より北えと大きな「機械部隊」を編成して、中部諸州、東部諸州の労働不足の地域に出稼ぎに出てゐる。これは日本の雪国から、出稼ぎに出るのと全く同じである。

一九五四（昭和二九）年八月二九日　豊彦からハル　[a350-00116]

主にある春子様

世界キリスト教大会ハ何しろ会議だけでも朝九時半より夜九時半までするので急しくて手紙も通信も出来ませんでした。

神戸消費組合の為めの担保提供ハ「西宮」を出してあげて下さい。あれだけがまだ「賀川」個人のものとして残つてゐるので、六ケ敷無いのです。お願します。

灘組合長田中俊介氏が世界大会の私を尋ねて来られましたが、氏があまり急しく廻つてゐるので、「五百ドル」の「信用小切手帳」を失つたとかで弱つてゐました。あまり無理して旅行せれるのが原因でせう。

小寺さん、中山先生とも一緒です。大会にハ傍聴者を入れて二十人以上日本人が出てゐます。シカゴの日本人の信者が親切にしてくれます。

私ハ九月一日よりまた七週間、各地を巡回して最後にまたロサンゼルスに出て、日本に帰る予定にしてゐます。先日、シカゴの大山牧師を通して百ドル送つておきました。留守中、困ると思つて送つておきました。今度ハ募金を中心にせず、「移民問題」「世界労働階級伝道を中心にましたから、金銭を離れて働きました。金ハあまりありませぬから、純基の「バツハ」楽譜も買え無いでせう。
☆ここまで書いて日曜講演に行き　また書きたします（一九五四、八、二九・◇◇◇◇◇）
その後も鼻汁が多く出るのと、また機関肢カタルが癒えないので困つてゐます。祈つて下さい。

帰りは十月廿日サンフランシスコを立ち十月廿三日か、廿二日にホノルルをたちます。で、十月廿四日にハ必ず日本に帰ります。

冨沢摂夫さんの論文ハ　デーク大学医学部に残しておきました。その中に返事がくると思ひます。デーク大学の奨学金が摂夫さんに与へられるよう努力しました。然し判明到ませぬ。

藤崎氏のことが気になります。アメリカも不景気の気構えなので旅行に困難せられるでせう。多分会えないでせうヨロツパ州ハ困難でせう。

小寺さんは藤崎さんの為め、またゴセン大学に少し残つてゐます。クリスマスまでには帰る予定です。
皆様によろしく。純基、道子、摂夫さん、千代子、邦彦、しげ子、おばあ様によろしく。
　　主にある平安を祈りつゝ、
　　　　　　　　　　　　　　　　　　　　　　　　賀川豊彦

日曜礼拝をすませ之から百二十マイルばかり走つて
午後にエバンストンの夜の集会に帰ります。
道が善いので二十五里を一時間で走り　五十里を二時間で走ります。

　　　　　　　　　　　　　　　　　　　　　　　　賀川豊彦
一九五四、八、二九（日）

その後、シカゴに移り日本人の歯科医吉田ドクトル方に三日世話なります。
明日ハ五百マイル南にとび、明後日ハ飛行機で千マイル帰つて、ニユー・ヨークにて講演します。南船北馬と云ふよりか南飛北飛です。主に支えられて努力します
中山氏も九月中頃北カルフォルニアにて巡回せられませう。（一九五四、九、二）
書物の小包を次次に送りますから、二階に一か所にしておいて下さい。お願します

主にある春子様

一九五四（昭和二九）年九月六日　豊彦からハル（BARRINGER HOTEL の便箋）［a350-00117］

その後も忙しい旅をつゞけてゐます。そして「宇宙目的論」の「想」を練つてゐます。中山眞多良氏の手紙により四百八十八弗の件わかりました。で、「ドル」にてニユーヨークより日本にその額だけ送つてもらひます。別に篠田氏の土地代として三千ドル送つて貰ゐます。一度に渡すと（篠田氏に相談しないと税金を多く取られるでせうから、）その点よく考えて、渡して下さい。

「宇宙目的論」を早くすませたいです。米国も南部ハ不景気で、ウエストヴジニア州でハ銀行が潰れてゐます。それで今度ハ日本に送る可き献金も少額でせうからその点よく「イエスの友」にも承知して貰つて下さい。私が始めから予測してゐたことと同じです。

だが、旧友たちは皆親切で、新聞紙も、みな親切に世話してくれます。ブラド・シヨウ氏もいつも一緒に旅行してくれ友情を示してくれ、旅行に何等心配なく喜んでゐます。梅子と北方ウエルモント州バリングトン市にて数時間一緒に送りました。それから、私は十日ほど北より南にとび今日ハまた北方にとび二十日間寒い方に廻り、そして、また暑い方に四五日飛び　また北方に行き、日本に帰る前ハ最後にロサンゼルスの同志に送れをつげて、日本に飛びます。お婆様によろしく。おばア様が日に日に衰えて行かれるので気になります。純基、邦彦、道子、冨沢様、千代子等によろしく。

主にあれ
賀川豊彦

一九五四、九、六　北カロリナ州
シヤロト市にて

（ニユー・ヨークタイムスによると日本も大変らしいですね）

一九五四（昭和二九）年九月二七日　豊彦からハル　[a350-00118]

T.Kagawa
c/o Church Federation
Chicago Ill,

主にある春子様

各地の御伝道の近況を承り感謝いたしました。さぞお疲れでせう。私も無理な旅行をしております。「毎日」「朝日」に投書しましたが、出てゐるならば切抜をしておいて下さい。

藤崎盛一氏の分は何卒毎月欠ざさず御送り下さい。唯今、カルフオルニア州にゐられるようです。小寺俊三氏とは一昨夜も一緒に一時間余を共におくりました。英語も上手になり、よく勉強しておられます。

私ハ来る十月二十一日ハワイに飛び十月廿二日の夜か、十月廿三日の朝　日本向の飛行機にのります。

『宇宙目的論』の瞑想を毎日相変らず続けてゐます。自分ながら面白いので書きたくて困つてゐます。時間が無いのが悲しいです。

もうあと三週間すればロサンゼスに行き　最後に日本に帰ります。

純基が邦彦と督明[48]の写真を送つてくれましたが、よく取れてゐるのに感心しました。面白いです。邦彦の手紙がよくかけてゐるのに感心しました。

冨沢さんの留学につきニユー・ヨークのロイ・フヰシヤー氏に依頼しましたが、米国も不景気なのにどうなりますか？純基さんに毎月千円出してあげて、「バツハ」全集を買求めてあげて下さい。

毎日の如く飛行機にのり　寒い北から温い南へ、そしてまた北に飛ぶので鼻の病気が癒らずに困つてゐます。

今日の新聞に津軽海峡の大難破船の記事が出てゐるので心配してゐます。私の知人のＹＭＣＡの主事クーパー氏も死去されたらしいですね。気の毒なことをしました。

「宇宙目的論」も四ヶ月位暇があると完了出来るのですが、惜しいものです。祈つてゐます。時間ができて書けるように。

皆様、特にイエスの友によろしく。

ロサンゼルスに手紙を下さい。

賀川豊彦

一九五四、九、二七、シカゴにて

一九五四（昭和二九）年一二月九日　豊彦からハル　[a350-00119]

口上
坂本勝氏の知（切り取り）（筆者注））
くれ。でないと（切り取り）（筆者注））
（吉（筆者注））田源治郎氏　山口政雄氏、本多健太郎氏、武内勝氏の総がかりの要求で、無理をして応援に決定しました。
で、十二月十日夜、十時大阪発「明星」で帰ります。九時に品川につきます。海老江（滋賀）決心者九十名、生野（64）一麦教会（16）今津（12）ありました。切符の期限が切れたので坂井良次氏に寄附する一万円の中から切符を買いました。窮屈な旅です。主にあれ

トヨヒコ・カガワ

一九五五（昭和三〇）年二月二三日　豊彦からハル　はがき　[a350-00120]

神戸市生田区花隈町一一七
神戸愛隣館内

啓　杉山元治郎氏応援の為　二月廿六日夜十一時十分徐行車にて品川駅着　廿七日午後一時半上北沢二時半頃　直に小学校に投票に行きます。応援弁士になるのもなかなかじゃありません。日曜日午前礼拝に間に会ひませんから何卒小川渙三氏によろしく依頼願上げます。杉山元治郎氏も風邪をひき弱つてゐます。

太陽と語る　冬日の　朝晴れに
悲しき国の　事情祈ふ

賀川豊彦

一九五五（昭和三〇）年四月二八日　豊彦からハル　（日本からアメリカ滞在中のハルへ）　[a350-00121]

Haru Kagawa
c/o Japanese Christian Church
120, N. San Pedro st
Los Angesles I Calif.

U.S.A.

主にある春子様

冠省

毎日奮闘と存じます。みんなで祈祷の度毎にお祈り致してゐます。私の中耳炎もよほどよくなりました。だがどおしても五月三—五日の京都の日曜学校大会の集会を断つても許可してくれないので、また無理をして行く予定にしております。毎日見舞客が大勢くるので松沢でハ休養ハ困難です。

康子さん[49]も中耳炎にかかり、耳だれが出て可哀相です。あなたが留守したので、風呂の水が這入つたのでせう。東京も大阪も知事ハ保守派に敗北しました。都会議員ハ社会党ハ廿六名出ました。共産党ハ東京二名、大阪四名、京都四名も出ました。明後日ハ区会議員選挙です。先日三木行治知事が見舞に来てくれました。

高橋常次郎氏に御伝言下さい。先日五月初と云つてお願した四貫島の小川秀一氏令息の渡米ハ六月十四日に汽船にてロサンゼルスに到着の予定につき、是非お世話願上度存じますとのことです。十日程見学がしたい由です。

キリスト新聞にあなたの印象記を送つて下されバ面白いと思ひます。女にハ女の見方があるでせう。

家のものは他に病人もありませぬ。祖母様ハ近頃ハぼつぼつ動いて居られます。八重様がよく面倒を見て居られます。

今年も冷害が甚しく、昨年と同じようです。心配いたしております。四貫島の大きな「労働会館」ハ五月末竣工いたします。六月初献堂式に大阪に行く予定をいたしております。皆様に左様御伝言下さい。

毎日あなたの御伝道の為祈つております

主の平安を祈りつゝ

一九五五、四、二八、賀川豊彦

一九五五（昭和三〇）年五月五日　豊彦からハル　（日本からアメリカ滞在中のハルへ）［a350-00122］

Haru Kagawa
c/o Japanese Christian Church
120, N. San Pedro st
Los Angesles I Calif.
U.S.A.

主にある春子様

盛んな伝道がお出来になつて、実に感謝です。私は京都に開催せられた全国日曜学校大会に行つて参りました。無理をしてキリスト新聞の和気清一に送れて行つて貰つたのでした。全国代表者六百人、五月三日（憲法発布日）の夕の大講演会にハ　二千五百人来会しました。帰りは小川清司さんに連れて帰つて貰ひました。まだ歩行が自由で無く疲れが甚しいので弱つてゐます。東京地方の都会にハ廿一人の社会党員が当選し共産党二名、区会議会三十数区に対して約議員千名　社会党左右合計右（五八）左（破れ）（四一名）計九九、共産党四一名でした。西尾昇も再選（紙破れ（筆者注））した。三浦清一氏も再選しました。

大連の磯部敏郎氏が、赴任されましたが、大連の信者が小さいバラックを同氏に寄附され、千歳郵便局の側に十棟位の住宅が出来ましたが、上娘が結核性腎臓炎で入院せねバならず、この費用を私方で負担します。祈つて下さい。

小川渙三牧師ハ松沢教会牧師に正式に決定しました。それで引越して来られました。村民ハ送別講演会を開き別れをおしみました。

エールの梅子さんがヨロツパの渡航費に困つてゐますが　またの機会を楽しみに、一旦、日本に帰るようにすすめて下さい。

私方には資金が無くて困つてゐますから、渡航費ハ出せませぬ。このことをあなたより丁寧に手紙で梅子さんに云ふてやつて下さい。

病気が少し回復すると急がしくなつて困つてゐます。

「中央生協」も解決して、安心しました。従業員が自力でガンバルさうです。

皆様によろしくお伝え下さい。古谷さん、高橋さん、小口さん、枡中さん、大塚さん、恒吉さん等には特別によろしく。牧師先生達、イエスの友の皆様によろしく。

主にある御平安を祈ります。

一九五五、五、五、　トヨヒコ　カガワ

一九五五（昭和三〇）年五月一九日　ハルから豊彦　（日本からアメリカ滞在中のハルへ）　[A300-00280-4]

Haru Kagawa
Sacraments U.S.A.

豊彦様

五月十九日　サクラメントにて　春子

日本の雨期ハ如何で御座りませうか　皆様御健康であるよう願ひます　私ハ追々加州を中部に参りました　全く次から次へ送られて毎日宿所が変り　うか〳〵すると何処に誰れが居たのか解らなくなります　目まぐるしい毎日で御座

ります
集会ハ羅府のように多数でハ御座りませぬ　教会が小さく人数が少ないので当然でありますが殆ど一ぱいで所に依ると補助椅子を出します　仏教者が少しあると何処の教会も申すのをきくと仏教徒が多く住んで居ると思ひます
フレスノに来て十四日ハヨセミテを一日がゝりで見物致しました
前年賀川先生を二日自動車に乗せて走つたと云ふ坂上牧師が案内役で桝中幸一氏と中山眞多良氏同伴と云ふ訳です
滝も水が充分あり壮観でありました　三千八百年齢の樹も大したものと思ひます
十五日からハ一日も休みなく五月二十九日迄続きます　中山牧師と今朝茲で別れました　昨日からずつと暖度が高く八六度　昨夜ハ汗を流して話しました　でハどうぞ御機嫌よく

純基様、道子様
邦彦も督明も丈夫でせうか　同じ位の子供が遊んで居るのが目に付いて子供達を思ひ出します　サクラメントは加州の州庁の所在地でイバツています　昨夜ハ日本人経営のＨＯＴＥＬ・ＭＡＩＮに宿泊しました　近くに増田四郎兄の叔父さんが店を出して居ます　教会の役員です　旅行に馴れている筈の小崎道雄先生が先頃の米国旅行で此処に講演があるのに汽車で通り過ぎ困つたことがあつたと牧師が云つて居られました　サンタバアバラのミツシヨンに先日行きました　宣教師が昔使用した農具　鋸　釜　寝具などを保存していますが　その中に楽譜がありました　丁度ソロバン球のように◆□菱形だの四角で六線の上に書いてありました
始めて白人の店に独りで買物に行きインクと封筒を買ひ少々得意であります　けれども之から先き東部行の一人旅ハイササカ心配です　此のあたりハ果物の産地で今ハまびき小さい実をとり捨てる仕事に多忙です　苺が真盛です　寒暖計ハぐんぐん昇つて九三度　暑いことです　講演ハやさしく話せバ皆喜こんでくれるので楽です　大きな声で元気に話すので皆が疲れるだろうと心配して呉れますが大丈夫です　食事に注意しよく眠りますのでいつも気持よく働け

ます
家も忙がしいでせうからどうぞ手伝つて下さい　御願ひ致します　一箱私の不必要なものを高橋常次郎様から送つて貰ふよう願つてありますから六月半に着きませう
坊やのシヤツが入れてあります　皆様によろしく御伝へ下さい

五月十九日　サクラメント　マインホテルにて

春子

一九五五（昭和三〇）年五月二〇日　邦彦、他からハル　（日本からアメリカ滞在中のハルへ）［A300-00096］

Mrs. Haru Kagawa
c/o Japanese Union Church
120, N. San Pedro str.
Los Angeles I. Colif.
U.S.A.

おばあちゃん
おばあちゃん、長いはがきや、飛行機のはがきありがとう。でも、おばあちゃんが乗る所や飛び立つ所を見れなかったのが残念です。おばあちゃんの顔をこのごろ見たくなりました。督ちゃんに「ブーンは?」と聞くと、すぐ「バババッ　バーチャン　バーチャン、イナイネー、ナイネー。」と言っています。日航機を見ると、「ブーン　バーチャン」と言います。督ちゃんは、日航機を見ると、とても喜んでいます。それから、僕は自転車に乗れるようになりました。ほんとです。でも、まだかんぜんとは言えません。幼稚園のうん動場を何まわりも何まわりも出来ます。買い物を入れるバスケットも買ってもらいました。うれしくてしかたがありません。おばあちゃん、このお手紙を書こうとしている間に、もう一通お手紙がきました。百四十六マイルも自動車で走ったら、それだけでつかれてしまうでしょう。僕だったら面白いけど。おばあちゃんは、自動車の中でごはんを食べるのでしょう。うらやましいな。はじめて行った時、それを見てびっくりしたの。僕もおばあちゃんから聞いた時、おどろいちゃった。こないだ、しゅう学旅行の生徒が、船のちんぼつやら汽車火事やらで沢山死んだんだって。かわいそうですね。向うの人達によろしく。病気にならないで帰って来て下さい。羽田で待ってます。じゃさようなら。　邦彦

お母様御出発になってもう一ヶ月たちました。毎日々々御苦労様で御座居ます。御便りを度々有難う存じます。御様子がよく分って本当にうれしう御座居ます。何と申しましてもお元気でいて下さいますことが私共ハ本当に安心いたしました。御病気の後ですし御身体のことを一番心配しておりましたから。一ヶ月もお留守でしたのにまだ時々千代ちゃんの声で錯覚をおこして此方にいらっしゃるようなことを考えたりいたします。

督ちゃんはやっと近頃おばあちゃんが（下に行っても）いらっしゃらない事が分ったようです。始めの内は下に行くと直ぐ大きい声で「おばあちゃん」と呼んでおりました。二、三日前からおぢいちゃんに「おはよう」と挨拶をするようになりました。この頃盛んに大人の履物をつっかけて外に行きたがります。

先日金井様よりお写真を送って頂きました時、早速督ちゃんに見せて「おばあちゃんは？」ときくとちゃんと覚えておりました。そして「おばあちゃん　おばあちゃん」と云って非常に喜び写真を持って離さず、それをクシャ〳〵にならないように取戻すのに苦心いたしました。

家中皆でこの手紙を母の日にそちらに届くように出しませうと云っておりましたのにこんなにおそくなりました。御結婚記念日にはどうやら間合ひますようですね　はるかな地よりお祝申上げます。

邦彦の自転車に乗れ出した時の緊張したそしてうれしい顔、そして乗りまわしてゐる得意そうな表情を御想像下さい。

よく買物にも行ってくれます。邦彦にシャツと靴下を送って下さいました由有難う御座居ます。たのしみにして待っております。ではくれ〲も御大切になさって下さいませ。督ちゃんのサインがないのが残念です。御元気を切望して。

みち子

おばあちゃん。長い旅行ご苦労様です。又おばあちゃんからの手紙が楽しみです。今まで家からお祖父ちゃんはじめ3人もアメリカに行ったのに、お祖母ちゃんからの手紙が一番面白いです。

こちらでは、千代ちゃんがよく働いています。事ム万端、手紙の返事等、夜遅くまでやって居ます。お土産でも買う時には是非千代ちゃんに報いてあげて下さい。（昨日はつかれて、一寸と熱を出して居る様でした。今日は多分元気になるでしょう。

教会の修理あまりひどくなっているので、結局新築する事になりそうです。今度は杉山（健）さんにでも募金にでも行って貰はなくてはなりませんねと笑って居ます。督ちゃんは元気が良く窓によじ登って危なくて困ります。暑くなって来たのに窓の上の方もあけられません。康子ちゃんもよく笑う様になりました。こちらの部屋に居ても、独言でケッケッと云って居るのが良く聞えます。

羽田の飛行場は新しい立派な建物が出来た様です。お帰りにはその建物でお迎えする事になります。ではその日を楽しみに　スミモト

一九五五（昭和三〇）年六月九日　豊彦からハル（日本からアメリカ滞在中のハルへ）[a350-00124]

Mrs. Haru Kagawa

c/o Mr. S. Teragawa
2068 Interlaken Place
Seattle Washington
U.S.A.

主にある春子様

南船北馬の御伝道感謝いたします。私ハまた朝早くから執筆し、伝道集会を開いてゐます。松沢教会でも先日私ハ特別集会を応援し求道者会で三晩手伝ひました。その結果、近頃ハ日曜日に二百四、五十人集ります。また五月末の月曜日ハ韓国の都留忠明氏の教会を応援し、教会内に三百、教会外に二百人位立つて聞いてゐました。決心者四十八人位ありました。また六月五日の日曜ハ　大久保ルテルでも満員にて困りました。あまり大勢すぎて人が這入れないのです。ブルンナー先生ハ　七月十日スヰスにお帰りになります。

私ハ今夕神戸に帰り　イエス団で六名受洗します。大川拡さんのところの保育園献堂式　四貫島労働会館の献堂式を挙行いたします。

私ハ共済生命保険の全国組織と伝道を兼ねて全国的に動きます。

一九五五、六、九、

主にあれ

トヨヒコ・カガワ

お元気で伝道旅行を続けておられる事と思います。多くの方よりママから手紙をもらいましたよろしくお伝えくださいと云われます。筆まめにかゝれるのを感心致します。昨日は小包と写真を有難うございました。皆大喜びを致しました。写真は玄関にかざつております。彦ちやんのパパが一寸臂部に化膿して休んでおりますが大した事はありません。他の者は皆元気にしております。パパは今夜より神戸、大阪、奈良へ伝道旅行に行かれます。ママも毎日々々旅行が大変でせうと思つております。お元気で帰つてこれられす事をお祈り致します。

千代子

御姉上様
御恩寵の許に御元気よく御巡廻の御様子　何よりのことと感謝しています。御兄上様もその後順調に過され今夜関西に旅行なさいますがもう体の状態は常状に復された様子です。今夜御多忙中私にまで結構な賜物を下されて山々御礼申上げます

八重

みち子記

度々の御便ほんとうにうれしく又御苦労様としみじみ感じつゝ拝見しております。此度は小包を有難う存じます。包みの一つ一つをあける度毎に皆でカン声をあげつつ頂戴しました。本当に一つ一つに御心がこもつていて有難く有難く頂きました。邦彦にも督ちやんにもサイズが丁度よろしいでした。やはりいつもみていて下さいますのでよく分ります　誠に有難う御座居ました。家の者一人一人でゆつくり御礼をかきたいのですがこの手紙が急ぎますそうですから大急ぎで私一人かきました。後の便でゆつくり又いろいろのことをかきます。くれ〴〵も御自愛をお願ひいたします　後一ヶ月、皆で首を長く長くしております。お礼のみ。

一九五五（昭和三〇）年六月二八日　豊彦からハル　（日本からアメリカ滞在中のハルへ）［a350-00125］

Mrs. Haru Kagawa
c/o Rev. Kawamata
323 108 ◇◇ st.
New York
~~c/o Rev. Y. Ogawa~~
~~1400 W. Chicago ave.~~
~~Chicago, Ill.~~
U.S.A

主にある春子様
みな様への手紙を綜合して、さぞお困りのことと推測申上ます。しかし、シカゴにて梅子とお会いなされ久し振りにうれしかつたでせう。

私ハ生命共済組合の全国組織の序にキリスト運動をつづけております。七月十二（岐阜）七月十三日（名古屋）七月十四日（三重）を巡回します。八月ハ山形に行きます。ラクーア伝道団33名が来られ感謝しております。兵庫県、奈良県、福島県等に分散して伝道してくれます。有難いことです。

ハワイよりまた一週間滞在してオワフ島以外の島を巡回してくれと云つて来た由、金銭を離れて伝道の応援をしてあげて下さい。一週間位日本に帰ることが遅れても善いです。だが、之も健康（と）（紙破れ（筆者注））御相談の上のことです。

例年の如く七月四―七日まで毎晩四時間の連続講演を明治学院大学でいたします。イエスの友修養会ハ箱根強羅（七月廿二―四日）比叡山（七月廿五―七月廿七日）の二ヶ所にて開きます。デンバアの中杉姉が松沢を訪問されました。デンバアにてあなたに会うために帰ると云つて、汽船に乗られました。デンバアにてお会いの節　献金の感謝をして下さい。M・T・Lの為めの献金運動の中心人物です。

一九五五（昭和三〇）年七月六日　ハルから豊彦　（アメリカ滞在中のハルから日本へ）［A300-00280-2］

Haru Kagawa
Detroit Mich
U.S.A.

豊彦様　七月五日

春子

御機嫌御伺い申上ます　日本も定めて御暑いこと、思ひます　神戸への御出ましを御苦労で御座りました　続いてイエスの友の修養会も持たれることで御多忙と存じます　御大切に願ひます　私も御祈を頂き健かで働いて居ります　インテアナポリスでハ外人の集会二回致してトラウト　ドーン姉に別れネパービルに参りました　クレーマー女史の処で泊りました　此処も外の教会で話し梅子の通訳で皆に喜こばれました　緑の濃い静な町でありました　ここにも書いたものを見て前年お出になつたと存じます　一度シカゴに帰り私ハ乗りかへてミネアポリスに独り行き梅子ハ欧州行の途につくので祈つて別れました

七月一日から五日迄日本人に二回白人に二回の話を致しました　牧師大谷氏の通訳でありました　大谷氏ハハワイに十余年居た聖公会の牧師です　ミネアポリスにハ鳥居蒔吉氏が居り　かつてあなたから明朗《ホガラカ》な人と言はれたと面白い

話をしました　茲に湖水の多いのにハ驚きました　今日は飛行機でデトロイトに参ります　御祈り下さることを有難く存じます　旅が続き講演を続け嬉しくない歓迎会が続きますが幸にも元気で御座ります　乗物の間違ひもなく失敗もなく元気で御座ります　でハ東京の家の皆様も御機嫌で御過し下さいませ

千代子様

色々御苦労をかけていることと思ひます　疲れぬように願ひます　アメリカは今年も涼しいと言つて居りましたが追々暑くなります　追々と東部に伺つて来ましたがそれが済むと西へ伺ひます　七月三十日頃ロスアンゼルスに帰ります　もう暫くで御座ります

摂夫様如何ですか　米国行きに就てハ自分からもセツ極的に手紙を書かれた方がよいと思ひます　其後サンノゼの渡辺ドクターから便りがありましたかどうか

康ちゃん大きくなりましたでせう　暑い時ハお腹をこわさぬようお大切に　おばあさん　叔母さん　シゲちゃんに宜敷く願ひます　ロスアンゼルスの桝中氏が来られたら宜敷く願ひます　私ハ随分御世話を受けましたから御願ひいたします

でハ御大切に願ひます　家のためにも祈つて居ります

七月五日デトロイト（ミシガン州）に参りました　明日ハオワイオ州のクリーブランドに参ります　道子さんに先日手紙と一家四人の手紙を受け取つて喜こんで居ると伝へて下さい

督ちやんの大きくなつているのを知りました　私ハ忙がしい乍らよい旅行をして居ります　御安心下さい

でハ御大切に願ひます

七月六日　朝

デトロイトにて

春子

一九五五（昭和三〇）年七月九日　豊彦からハル（日本からアメリカ滞在中のハルへ）［a350-00126］

Mrs. Haru Kagawa
c/o Japanese Christian Church
323 N. 108 st
New York
N.Y.
U.S.A.

主にある春子様

暑中御苦労様です。大勢の人々に手紙を出されるのを綜合して御苦心のことがよくわかります。シカゴで御努力のあつたことを彼地の牧師から手紙のあつたことと聞きうれしく存じます。

千代子、弥生子、しげ子らがよく助けてくれるので私も明治学院大学の講義を四日間休まず努力し、七月、十二、十三、十四日愛知、岐阜、三重各県の「農協」県大会に講演し、その夜ハキリスト教講演会に出席する予定に致しております。

「実業の日本」から「天の心、地の心」（二百二、三〇頁もの）と出版する予定です。今朝は朝四時から起き序文を書きます。ローガン博士が去る六月廿日召天されました。「天の心、地の心」をロサンゼルスの同志が必要とあるか否かおきき下さい。

ラクーア一行33名が日本で活躍してゐます。その間、私ハまたキリスト新聞の社説を書いてゐます枡中幸一氏が夫妻で日本の息子の所に来てゐます。昨日おめにかゝりました。梅子によろしくお伝え下さい。ニユー・ヨークにてロイ・フヰシヤー先生によろしく。また川俣先生[50]、赤松先生によろしく。七月二二—二四日箱根強羅にて、七月廿五—廿七日比叡山にてイエスの友修養会が開かれます

主にあれ　トヨヒコ

一九五五（昭和三〇）年七月二一日　豊彦からハル　（日本からアメリカ滞在中のハルへ）［a350-00127］

Mrs. Haru Kagawa
c/o Japanese Christian Church
120 N. San Pedro st.
Los Angesles I Calif.
U.S.A.

主にある春子様

各地より内地の皆様に出された手紙の内容をきかされ、御無事伝道のお仕事に専念さるゝことを感謝いたしております。私も全く急しく駆け廻つております。八月ハ山形県、長野県、千葉県を廻ります。之らは農村の生命共済組合の仕事に廻るのです。そしてその夜ハキリスト教会にて講演いたします。各地とも善い成績を示しております

ラクーア伝道も善き効果をあげております。しかし大和郡山あたりでハ困つてゐるようです。

「督明」ハあなたのお帰りを毎日待つております。また、祖母むら様も赤ン坊のようにあなたを待たれてゐます。毎日、「たすき」をかけて掃除をしてゐられます。皆様ハ祈祷会で、みなあなたの伝道の為めに祈り続けられました。感謝でした。

七月廿二―廿四日箱根強羅、七月廿五―廿七日、比叡山にてイエスの友修養会を開催いたします。枡中氏夫妻も出席せられます。
八月十一日頃御帰国との由　祈の中にお待ちいたします
各地に御礼を書いておきました。高橋常次郎夫妻に特によろしく
一九五五、七、二一、　主にありて　賀川豊彦
今日ハ之より御殿場に参り、昼、夜二回の講演を高根学園中心にいたします　萱沼氏親子も同行いたします

一九五七（昭和三二）年一月二九日　豊彦からハル　[a350-00130]

主にある春子様
タイに来てもう六日になります。[52]その間に飛行郵便の紙が手に入らないために失礼してしまいました。バンコックに来ても、金が無いし日本人との連絡がつかず、見物もせず、家の中でじつとしてゐました。一月廿六日に飛行機でランパン（バンコックの北七百五十キロ）に来て　やつと伝道を始めました。タイの信者は単純ですから単純な話をしてゐます。

信者が多くは散在でゐるので、夜ハ集会は多く来ませせぬ。然し昨夜から三日間連続説教をしてゐます。

バンコック（北緯十四度位）は暑いと思いましたが、七百五十キロ真北にとぶと朝晩の寒いのにびつくりした位です。

冬服が、朝、晩ハいります。

帰りは二月廿三日になると思ひます。廿三日、夜の十二時過に日本につきます。農民福音学校の生徒諸君に会いたい

ものです。二月廿四日（日曜）は松沢教会で話します。『タイ国の宗教とキリスト運動』の題にしておいて下さい。
皆様によろしくお伝へ下さい。一生懸命に「タイ」の勉強してゐます。然し、視力が弱いので　思つたように書けませぬ。

主にあれ

一九五七、一、二九　トヨヒコ

タイでは仏陀磨を使用します。

T.Kagawa
c/o the first Church
Chiengnai

一九五七（昭和三二）年二月二五日　豊彦からハル　[a350-00056]

「いそがしく　かけづり廻る　熱帯の
冬も　いつしか　夏に　変りぬ」

新聞を読まずに　すごす　こと国の
朝《あした》に　仰《あを》ぐ　太陽の顔

私を健康体と思つて、プログラムを詰めこんでしまつたので記事も書けず、本もよめずいつしか三週間を送つてしま

いました。決心者の一人もとりませんでした。タイの教会ハ仏教におそれをなして畏縮しています
来る二月廿二日にはバンコツクを立つ預定をしています。それで、廿二日遅く――二十三日午前一時頃、羽根田空港につくでせう　タイの癩病々院に四日滞在し、よくタイの癩病の事情がわかりました。
タイの北部タイの第二の都チエンマイに八日間ゐました。今は之から、プレエ町に飛び、更に『ナン』に行きます。熱帯だと思つて、暑いと考えて来て失敗しました。タイの人々はみな冬服をきてゐました。朝、晩は冬服がいります。その冬服をみなバンコツクにおいて来て、失敗しました。その為めに冬のシヤツを買いました。
疲れが甚しいので読書もあまりできませぬ。手紙も書けませぬ。「毎日」と「朝日」に通信しました。之がやつと書ける位です。

朝バナナ、昼もバナナに夕バナナ
バナナの国に　生活難はなし

賀川豊彦

T.Kagawa
Federal Hotel
KL.

一九五八（昭和三三）年一月二四日　豊彦からハル　[a350-00131]

主にある春子様

十七年書き続けた「宇宙目的論」が完結したのでマレーへの旅行はいき抜です
それにしても暑いが一月の末　日本に帰り　またストブと毛皮に世話になるのがつらいです。
「経済心理学」の著作はまた一苦労ですが　之は「経済雑誌」に目を通さねばならぬので厄介です。

旋風の子は
低気圧、求めて進む
台風の　過ぎし　後にもまた

貧乏も　苦労も　何のその
裸一つに
なれし　この身は

一九五八、一、二四、　豊彦

一九五八（昭和三三）年一一月五日　豊彦からハル　[a350-00132]

主にある春子様
唯今神戸花隈におります

神戸市花隅町
イエス団
賀川豊彦

宇部、岩国の教会の町名番地を失いました。
至急　別府市キリスト教会宛　御送附下さい
之から列車にのります。

豊彦

一九五九（昭和三四）年三月七日　豊彦からハル　はがき　[a350-00133]

春なれば　若芽　萌え出て
野を飾れ　淋しき山に　小鳥　誘《いざな》え

ふたつきも　春と　別れて　床につけば
月はいづこを　照らし　つるらん

内科病院　トヨヒコ

一九五九（昭和三四）年三月一〇日　豊彦からハル　[a350-00134]

高松市四番町ルカ病院
賀川豊彦

主にある春子様
もう十日位して歩けるようになれば　東京に帰つてもよいと　小川篁先生から許可が始めて出ました。公表しないて下さい。

三月十日　トヨヒコ

一九五九（昭和三四）年三月一三日　豊彦からハル　[a350-00135]

高松市四番町ルカ病院
賀川豊彦

啓
パスは机の「ひきだし」にでも這入つてゐませんか
持つて来てゐませぬ。切符は往復とも代金を支払いました。運輸省で貰つて下さい。
来る三月廿三日に帰ります　いつもの「瀬戸」です
客車は後部より二輌目です

三、十三、

賀川豊彦

主にある春子様

一九五九（昭和三四）年三月一六日　豊彦からハル　[a350-00136]

主にある春子様
主にある春子様

電報いただきました。全く忘れてゐましたが長田の『神視館』隣保館を作る時土地代と建物代が不足しまして、銀行から借入れ『百万円』を武内勝氏の交渉にて銀行から借入れ毎月十万円づヽ「神戸協同牛乳会社」が支払つてくれてゐたものが全部支払をすませたので至急支払ハねバならぬのです。それを三年もたつので全く忘れてゐました。「百万円」凡てをそろえてすぐ払ハ無くとも、先づ第一に五十万円、その次に五十万円、次に三年分の利息三十万円と三度位に支払つてよいと思いますが　出来れバ一度に支払いたいのです。「鉄道弘済会」の手当は此地で受りました。それで現金にて十万円持つております

私は来る三月廿一日「瀬戸」にて東京に帰ります。

皆様に親切且厄介になり感謝しております。

主にあれ

賀川豊彦

三月十六日

一九六〇（昭和三五）年三月三〇日　梅子からハル　[A300-00090]

Umeko Kagawa

Toronto, Canada

ママお元気でいらっしゃいますか。私はカナダに来て十日間ばかりになりますが、いつも新らしい人に出会って、同じ質問ばかりに出会うのでいささかいやになって来ました。

「お父さんは、いかがですか。私は何十年前にお父様のお話をききました」と云うのがいつもの挨拶です。それが、百人、二百人がいつもいっていれば、いやになるのはあたりまえだと思います。しかし若い連中だとパ、が誰れだか

も知らないので、本当に気楽です。

カナダはまだ〳〵雪が消えずにあります。今頃は、日本だったらお花見に行く頃なのに、こちらは、まだ〳〵雪にとぢ込められているのを見ると驚きます。今、カナダのトロントで、関学のノルマン先生の所で泊めていただいています。この間は、ハミルトンでアウターブリッヂ先生にもお見にかゝりました。先生もまだ〳〵お元気で活躍していらっしゃいます。これから、ベーツ先生にもお見にかゝる所です。

カナダでは、思いがけなく沢山、カナダ生れの日本人におめにかゝっています。アメリカに一生が沢山いるのは知っておりましたが、カナダにも、こんなに沢山いるとは思いませんでした。

これから、まだ十日間ばかり、こちらにいますが、いささかいやになって来ました。今、頂度私の所が非常に忙がしい時なので、さぞかし私のセクレタリーがこまっているだろうと思っています。

和ちゃん康子ちゃんは元気にしているだろうと思います。ママのお誕生日をすっかり忘れてしまっていて、申しわけなく存じます。皆のお誕生日を書いてある聖書を送っていただく事にしようと思います。そのうちに、私の本や書類やなにか、必要なものをリストに書いて送りますから、送っていただければ幸です。新聞と朝日ジャーナルを五月一日で止めていただきたいと思います。私は六月から、またヨーロッパに参りますから。私の秋のスケジュールがまた変って、今の所一寸どうなるかわかりません。もっとはっきりしてから、お知らせします。皆さんによろしく。

三月三十日

梅子

日付不明　豊彦からハル　[a350-00141]

主にある春子様

用件だけ……五千円だけ送ります
之は札幌から自動車代として送られました。
明日樺太に立ちます。今迄に二千数百人　救ハれました。
主にあれ

名寄にて
賀川豊彦

日付不明（オーストラリア伝道中の一九三五（昭和一〇）年か?-）（HOTEL MIDLAND の便箋）［a350-00142］

夕の七時廿五分に首府ウエリントン発急行に乗つて、マストンにおりたのは夜の十一時五分前であつた。その晩、ニユシランド北島最大河川であるワンガヌイ河口の宿に一晩をあかし、二十二日朝八時、ワンガヌイ市メソデズト教会牧師パアカア氏の自動車に乗せてもらつて、エグモント山を見乍ら北西に走つた。富士を見るように美しく午前八時半から午後四時過ぎ迄　海抜九千尺の峻峰を眺め得てうれしかつた。ハワラでメソヂスト教会牧師宅で茶を飲まして貰ひ、十二時にニユプリマス着、医師デビー氏宅で昼食の御馳走になる。ダフネの（木犀）の香の美しいこと。十二時半よりオペラ館にて講演二時三分半終る。会衆約千五百
それより公園に行き『フアン』を見る　NZハ南緯四十七度にして且亜熱帯の「フアン」の多いのにハ驚く位である。百四十三種約三十種のものがある。その中アスピリアン系が最も多く二十種、その外変種の多きに驚かざるを得ない。アスピリアンハ胞子が葉の上で芽を出し、土に落ちて、育つ面白い習慣を持つてゐる。雌雄の別があり、下等植物にハ珍しいと思ふた。
プリマスハ暖流の流れ故か　この美しい「フアン」に恵まれてゐるのである。

三時半ニユウプリマス発テークイアに向ふ。中途山村にて食事をとり、星を見る。バッド氏　巧に自動車を走らせ九時デクキアに入る。

?年一月二八日　ハルから豊彦　[A300-00045]

其後御目ハ以何で御座りますか　御案じ致します　御働きの上に御健康の上に主の御守りを御祈り致して居ります
お眼もよく回復されて御働きに差し支へないやうにと祈つて居ります
金の用途が多く困ると思ひますが　このお便りのやうに又献金を頂くことが出来ることも神の御愛を深く感謝いたして居ります　また祈つて留守を致して居ります　他の方々も皆様が祈つて居て下さいます　でハ御大切に願ひます

一月二十八日　賀川春子

豊彦様

■注

1 豊彦の弟。
2 『貧民心理の研究』一九一五（大正四）年一一月一五日、警醒社より出版。
3 馬島僴（一八九三―一九六九）。徳島県出身の医師。賀川のスラム活動において、無料で診療を施す友愛診療所で活動する。
4 グレース・マイヤース（Grace Myers）。一九五九年米国で死去。
5 ヘレン・タッピング（Helen Topping）。
6 ニューヨークの意味。
7 村嶋帰之（一八九一―一九六五）ジャーナリスト。一九二四（大正一三）年、賀川豊彦により洗礼を受ける。

8 賀川夫妻長男（一九二三―二〇〇四）。
9 賀川夫妻長女（一九二五―）。
10 吉本健子。豊彦の執筆の口述筆記を行った。アメリカにて客死。
11 一一月二九日、黒田四郎と共に満州伝道に出発。一二月二四日、神戸に帰着。
12 豊彦の弟。
13 黒田四郎（一八九六―?）。牧師。賀川と共に、神の国伝道に関わった。
14 木立義道（一八九九―一九七九）。関東大震災時に神戸から賀川と共に上京し、のちに消費組合設立に関わる。
15 七月一〇日、カナダのトロントで開催された世界ＹＭＣＡ大会のため、小川清澄、村嶋帰之と共に横浜より出発。一一月一二日、横浜帰着。
16 Mission To Lepers
17 山室武甫（一九〇二―一九八二）。救世軍士官。山室軍平の長男。
18 平沢サダジ。賀川の小説に挿入画を描いた。
19 一九三四（昭和九）年二月一日、フィリピン伝道のため、小川清澄と共に出発。三月一四日帰着。
20 オーストラリア伝道のため、小川清澄と共に出発。一九三五（昭和一〇）年七月三〇日帰着。
21 標本の制作を行っていた、島津製作所。
22 一九三五（昭和一〇）年、中山昌樹と米国、ヨーロッパへ出発。翌一九三六（昭和一一）年一〇月一二日帰着。
23 妹・本多ウタの子「恵子」のことだろう。
24 「能」
25 野辺地天馬（一八八五―一九六五）。婦人之友社『子供之友』の編集も務めた。
26 中山昌樹（一八八六―一九四四）。ダンテ『神曲』の翻訳者。
27 原資料では執筆年の記録のない書簡であったが、「若い夫人」とは、ローガンの再婚相手であるローラ・ブラウンを指していると思われる。『夜が明けるまで―南長老派ミッションの宣教の歴史』（ジェームズ・A・カグスウェル、真山光彌、浅若佐、西田スヱ子訳、新教出版社、一九九一年、二九五―三〇七頁参照）によると、ローラの宣教師着任期間が「一九三六―一九四一、一九五九―一九七三」となっているので、この手紙は一九三六年頃に執筆されたと推測される。また、一九三六年は豊彦が六月三〇日にニューヨークへ出発し、その後、ノルウェー、スウェーデンをはじめとして欧州を巡遊している点からも、条件が合致する。

28　一九三八（昭和一三）年一一月一五日、インドにおける世界宣教大会に参加のため、出発。翌一九三九（昭和一四）年三月一八日帰着。

29　廣津藤吉（一八七一―一九六〇）。梅光女学院初代院長。

30　ハルの妹、芝ヤヘ（一八九八―一九七四）。医師として、新川のスラムでの活動に関わった。

31　一九四九（昭和二四）年、世界宣教協会等の活動のため、英国に出発。一九五〇（昭和二五）年、一二月二八日帰着。

32　小川渙三。松沢教会牧師。

33　牧野仲造。関東大震災時に神戸から賀川と共に関東へ移住した。

34　杉山元治郎（一八八五―一九六四）。農民組合に関わる。

35　書簡に年は記されていないが、ガブリエル・エイクリー宣教師の来日（一九四九年六月）よりも後で、しげの留学（一九五一年八月の時点で「アメリカに一年いる」と記されている）より以前であることから、一九五〇（昭和二五）年と推定した。

36　原文ママ。小川秀一のことと思われる。

37　長男・純基の妻。

38　武内勝。神戸新川のイエス団の活動に関わる。

39　長男・純基の長男。

40　吉田源治郎。大阪四貫島セツルメント等の活動に関わる。

41　牧野（吉川）俊子。恵泉女学院英語教員を務める。

42　小崎道雄（一八八八―一九七三）。牧師。小崎弘道の長男。

43　日野原善輔（一八七七―一九五八）牧師。医師・日野原重明の父。

44　長女・千代子の娘・恵子は幼児の内に亡くなった。

45　一九五三（昭和二八）年一月二八日、ブラジル伝道のため出発。六月二五日帰着。

46　長女千代子と夫、冨澤摂夫夫妻。

47　「獣毛」の意か？

48　長男・純基の次男。
49　長女・千代子の娘。
50　川俣義一。
51　布哇（ハワイ）の意味。
52　一九五七（昭和三二）年一月二二日、タイ伝道旅行に出発。二月二二日帰着。

二．ハルの音声資料[1]

（一）松沢教会礼拝説教

日時―一九六三（昭和三八）年一二月二九日[2]
場所―松沢教会

一九六三年も終わります。ここに、五二回の聖日の最後の主の日であります。よく新聞には、「一年間の重大ニュース」というようなものを掲げることでございまして、色々その年に起こった問題を取り上げておるのでありますが、私どももまた、個人個人にも、一年間の間には、色々の出来事を経験するのであります。幸いにして、喜びを持って送った人々もあります。感謝をささげて、この一年を過ごした人もあるのでありますす。しかし、ある者はまた、非常な悲しみと深い嘆きと、困難と、そうしたものを持って、この年を送った人々もあるのであります。

こうした私どもの人生に、イエス・キリストは、力強い勧めをしていてくださるのでございます。山上の垂訓で、イエス・キリストがお教えくださいました。その最後に、イエスは仰せになりました。自分の教えを聞いて、行うところの者は、賢い者である。その者はちょうど、（音飛び）に建築をする人のようである。色々の出来事が起こっても、それに耐えられる。大風が吹き、大雨が降り、洪水があっても、大丈夫だ。そういう賢い者は、自分の言葉を聞いて、行うところの者である。それに反対し、土台のないつなぎに家を建てた者は、愚かな者である。それは、雨風の災害に耐えることができないで、その家は、倒されてしまう。流されてしまう。これは、自分の言葉を聞いて、行わないところの愚かな人である。こういう風に、仰せになりました。

イエス・キリストが、荒野の四〇日四〇夜、それをお過ごしになって、そうして多くの人々に教えてくださいましたことが、マタイによる福音書の四章、五章、六章。五章からのところに、それが記されてあります。この人生に問題は多く、悩みは多いのであります。しかし、イエスのお教えくださった言葉に従っていく者が、結局は、大きな勝利である。

イエスはおっしゃいました。昔から、色々の掟がある。あるいは、自分に向かって、悩みを持ってぶつけてくる者。そうした者に向かっては、その敵を憎み、隣の人を愛し、敵を憎めということは在来の教えである。けれども、自分はそうは言わない。敵を愛さなければいけない。自分に向かってくるところの者を、本当に、赦して、愛していきなさい。それが自分の教えである。目には目を持って、歯には歯を持って報いよ、というそのしきたりの道徳ではないと、こういうふうに、お教えくださったのであります。

こういうイエスの御言葉に立って、それを行っていくところの者、これが賢い者である、こういう風におっしゃる。また、このイエスの教えてくださいますその道が、これは非常に狭いものである。大きな、にぎやかな、楽な大通りではない、と。それは狭いものである。しかし、それをゆくところに、本当の天国があるんだと、こうイエスは教えてくださる。どうも私どもは、非常にみんなが行くから、この道がいいだろう、これは便利だからこの道がいいだろう、というようなことで、えてして、広い、楽な、にぎやかな、そういうところを通っていきたい。また、通る。それではいけない。まじめな、正しい道を通っていくことが賢いのである。こういうように、教えていてくださるのであります。

私どもは、教会に集まり、信仰をもって聖書を読む。良いお話も受けたまわる。これで立派なイエスの弟子としておる、というようにも考えるのでありますが、これに一つ、私どもは、やはり、その困難な道、また、自分を愛する者でなくて、自分に敵対する者をも愛する、というその行動をとっておるかどうかを、一応私どもは考えなければならない、と思うのであります。ただ、聖書を読み、なるほど、こういう風にしなければならない、こう思うだけでは足りない。些細にそれを行って、これは、困難なことでありますけれども、やはり、これには、私どものその困難な業をもできる方法をイエスは、やはり与えていてくださる。祈りなさい、求めなさい、そのところに与えられる。自分は到底できない力が、その祈りによって与えられる。求めることによって、門が開かれる。そうしてその、自分にはなしえない、困難な道、苦労な道、損のような道、そういうものでも、勇気をもって、喜びをもってゆけることができる。こう、イエス・キリストはおっしゃっていらっしゃる。求めなさい、祈りなさい。これを私どもが本当に求めて祈っていくところに、確かに、イエス・キリストの教えてくださったとおりの、祈りは聞かれる。求めれば与えられる。その生活が、私どもにでき得るのであります。これを、私どもが経験いたしますと、実際にこの生活を、本当に会得ができますと、これはもうありがたい。本当にもう、神様の御心にかなう業であるならば、これは、かなえられる。与えられる。この信仰をもって、進んでいくことができるので、これは大きな喜びであります。

その喜びを得るために、他に一つ大切なことがある。これは、イエス・キリストのお教えくださったように、私どものこの大きな恵みを絶えず思っていなければならない。賤しい者が、つまらない者が、本当に罪ある者が、尊い天の父の恵によって、これが許されて、天の父を、「お父様」とあがめることができる。また、賤しい者でありますけれども、この天地宇宙を支配するところの、大きな絶対の神様に「お父様、お願いいたします」と、このまあ願いのできる立場におかせていただいておる恵みを感謝するところに、この道が開けていくことを思うのであります。

本当にありがたい。このような神様が愛していてくださる、助けてくださる、救ってくださる。この喜びをもつ、そのところに、その感謝に私どもは溢れて、困難な道でも、これは主の望んでいらっしゃることだ、イエスがこれを求めていらっしゃることだと、こう思います時に、自分を捨てて、自分の楽しみ、喜び、自分の幸い、一切を捨てて、主にお従いしていくことができる。またこれを少しでも自分の身に体験いたしますと、この喜びが、もう本当に大きく、なんとまあ、幸いなことであろう。このような思いで、主のお示しくださった道を、喜んで、進んでいくことができる。

あのポウロは、大きな患難、苦しみ、悩み、あらゆるものを受けましたけれども、彼の心の内には、大きな喜びがある。感謝がある。そうして、あらゆる困難に打ち勝って、自分は喜んでおる。喜びだと、こう言って、多くの人々にその喜びの訪れを伝えた。信者一人一人がこういう心持ちを持って、生活してまいるときに、（?）この社会は変わっていくのであろう、ということを思わないわけにはいきません。

先だっても、この講壇から、タケウチ牧師がおっしゃいました、新宿伝道所の先生である牧師をされておるところのハナモリ先生が、（?）日本を発って、南米の中部にまで伝道に行かれる。これは大したことである。本当に、住み慣れた自分の国を出て、そして最も困難なボリビア（?）の地に伝道行く、と。大きな働きであります。困難を覚悟して、色々悩みがあり、それをももう乗り越えていく、とこれはやはりイエスに対するところの大きな感謝と喜びをもって、その困難な業に進んで先生は、赴かれる。本当に、感謝であります。

私は沖縄に参りまして、そこにまた、沖縄の困難な伝道をしておるところの牧師先生に出会いました。二年前くらいから、沖縄の北部の伝道地に参られました。随分困難な、生活もなかなか楽ではない、（?）の時は、やはり自分で労働をしに出なければならない。水が大変不自由でありますので、水を下げて、そして百姓の手伝いに、牧師先生が出かけて行かれる。水は自分で持って、お昼の食事はそこで与えられる。一生懸命に畑仕事をして、帰ってくる。そういう生活でありまして、教会は、キリスト教を説いても、なかなかみんなに会得できない。元来、沖縄は祖先崇拝の非常に強いところでありまして、他の宗教はいらない。祖先さえ崇拝してれば、それでいいんだ、と。十分だ、と。死んだらば、神様になれるんだ、と。こういうその信仰を強く持っている人たちであります。そうしたところに、キリストの福音が、なかなか入っていかない。けれども、その牧師先生は、一生懸命、時にはそうした働きの内に、（?）と話をして、福音を述べておられた。一人の人に、ことさらに親しくなって、そしてその聖書の言葉を言い、神様の恵みを説くんですけれども、頑として聞き入れない。（?）祖先を崇拝してたら、死んだら自分はもう神様になれるんだ。「他の宗教はいりません」。そういうわけです。

たまたま、その人が、四一歳の若さで、急に、亡くなった。死因は何か、と言いますと、それは、非常に（?）しているところの、農薬を非常にこう、吸収しちゃった。そこへもっていって、泡盛をもうたくさん飲んでいたわけですね。それで、それが原因にして、患いもしないで、亡くなっちゃった。子供は七人残された。随分困難で、その婦人は、（?）した嘆きと、悲しみと、苦しみに出会ってしまいました。その牧師先生は、その人の葬式に列席をいたしました。親しくもしておりましたし、そしてその葬式を（?）。そして、そこに列席をしました。みんなが大きな悲しみを持って、それに集ってまいりました。来る人、来る人が、たくさんの餅を、お餅を持って、その霊に供えるために、積み重ねられたお餅がそこにあるわけなのであります。色々仏教でも供え物をしますが、それが、そのものすごい、その量が多い。そういう風にして、供えた。そして、その人の葬式が終わりました。それで、静かになってしまった。これはどういうわけだろうと思いますと、隣の人がささやいてくれた。今、この死人は、これを食べている時だ。捧げられたそのお餅を食べているんだ。しばらく静かにしている。その時間が、一時間たっても、終わらない。二時間たっても、終わらない。三時間、その餅を死人が食べる間、静粛に、みんなはその時を待っていた。そういう葬式に、その牧師先生は出会った。思うことに、あの霊は今、一つの位牌になっており、その位牌は何の力もない。今は餅を食べていると思って、静粛にしておりますけれども、位牌が餅を食べるわけもない。また位牌は、この悲しみに満ちているところの、困難に出会っているところの妻の少しの助けをもしないではないか。こういうことが信じられていては、本当に、沖縄はだめだ。やはりここに、イエス・キリストの教えを、本当に、多くの人々に伝えなければならない。実に、人はパンのみにて生くる者にあらず、ということを、その牧師は深く感じて、多くの人々に、その困難の中に、また、勇気をもって、伝道を始めた。そういうことによって、その牧師先生は、もう本当に、これこそ福音を宣伝しなければならないと、力強いものに励まされて、伝道に立った。

それから後、その町に講演会を開きました。それは、町長をはじめ、学校の校長、町の名士。そういう人々を集めて、そして講演会をした。「罪と罰」。こういう題をもって、講演をした。ところが、そこには多くの青年たちが、それに参加した。講演を聞いた。非常に感動を受けて、記名者の数をしますと、七〇名、(?)。これからは、そういう教えを聞きましょう。こういう講演を聞きましょう。こういうことになりました。続いて、その会が今もって、保たれている。この七〇名の記名者をさらに教会に集めまして、伝道をした。今、その四〇名が、熱心に続いて、聖書研究、講演会、礼拝、その会に出てきておる。私はここに、本当に神様の深い恵みを思うのです。困難な伝道。本当に、苦しい働きでありますけれども、その中に、神が働きたもう。イエス・キリストがこの人々をお救いくださる、というところの信仰を持って、喜びを持って、今、その牧師は、その働きに勤めておられる。と申しますと、伝道してくださる牧師先生だけが喜びか、そうではない。われわれまた、一人一人信者が、本当に神の恵みを感謝して、喜んで、この救いに与った、本当に感謝を持って参ります時に、またこの喜びを一人一人が受けることができる。

今、私が文通をしております一人の、これは信者の婦人でありますが、大変もう年をとりました。一生懸命に、信仰の道を励んでおる。ある先生が、一つの集会で、山室軍平はイザヤ書を六〇回読んだ、ということを、その席上で話した。ところが、その老婦人は、大変感じちゃって、ああ、あの先生は六〇回このイザヤ書を読んだ。(?)ってたいした者だ。私も読みましょう。その婦人は、その読み始めたんですね。自分は、イザヤ書を開いて日に一〇節だけを読んでこう、とこう思いました時に、一〇節ずつ読んでいくのでは、なかなかこの何十回という数にはいたらない。奮発しました。一章ずつ読みましょう、とその時一章ずつ読んだ。素晴らしいことがイザヤ書にある。なんとまあ、有難い。わたしもこれを、何十回も読もう。山室先生は六〇回。私はそうは読めないだろう。もう年が年だ。そう思って、読み始めましたけれども、それをだんだんと読んで、ついに先だって私の所へ来た手紙は、「もう五〇回になりました。五〇回と二三章を読みました」。こういう報告が、私へ参った。

しかし、ただこの人は聖書を読むだけではない。本当に、信仰の生活をしておる。困難の中に、喜びを感じてる。困難は何であるか。その人は、主人が救われてない。しかも酒飲みで、酒に酔えば、もうその妻を怒鳴る。叱る。そういうことが、その酒癖がある。そのことにおいて、本当にその妻は、どうかしてこの夫が救われるように、思う。

本当に、祈りの生活をしていた。ところが、その主人が、だんだん、だんだん酒から遠のいて、したがって、乱暴もなくなる。そして、激しい言葉も言わなくなった。この人が初めからそういう癖のない人であったならば、その苦しみもなかったでありましょう。けれども、また今救われても、本当に「神様。彼はその為すところを知らざるなり。おけれども、また今救われていて、いくらいじめられても、なかったでしょう。けども、そうした主人に仕えて、自分は信仰を持って、いくらいじめられても、本当に「神様。彼はその為すところを知らざるなり。お許しください」と、この祈りをささげて、その夫を導いていった。それが今、その恵みをいただけた。この祈りによって、主人が救われるようになりました。なんと自分は幸いなことだろう。随分、苦労があったんでありますけれども、その苦労があればあるだけに、神さまの、この主人を救ったところの恵みを彼女は感謝をした。

その報告を私は二、三日前に受けて、「なんとありがたい。神様のために、苦労するところの者に、大きな恵みがある。また、自分の一つの家庭のために、苦労をして祈って、またその祈りが、受け入れられた時に、その人に大きな喜びがある。こういう風に考えてまいりまして、私どもは、本当に、イエスが教えてくださったように、狭い道ではある。困難な道ではあっても、それを進んでいくときに、大きな喜びと、そこには大きな収穫を与えられる。この喜びを持ちます時に、信者一人一人が、本当に神様の御国をめざして、御言葉に従った生活をしてゆきたい、と思います。

こういう風にいたしまして、しっかりした信仰を持って、感謝の内に、生活をしておるその喜びがありますけれども、その中にはまた、色々な誘惑があり、妨げがあり、躓きが、人間にはあるんであります。けれども、それにくずおれてはならない。この尊い（？）御国をめざして、私どもは困難を乗り切っていきましょう。

本当に、今日、洗礼を受ける人が幾分か少なくなった。信者の数が増えていかない、というような嘆きも持っておりますけれども、どうか私どもが、このまま神様の大きな恵みを賜っておる、という喜びを持って、困難にも勝ち、悩みにも打ち勝って、信者としての務めを果たしてゆきたい、と思う。牧師先生方お一人一人は、一生懸命にこのことに尽くしていてくださる。けれどもこれだけでは、神の国は早く来ない。信徒一人一人がまた、本当に受けた恵みを証をして、その家庭におき、職場におき、その働き場所において、受けた恵みの証をして、一人一人が進んでゆきたいと思います。

今年《こんねん》の恵みを感謝し、またさらに、新しい年に向かって、私どもは、苦労の中にも喜びを感じて、神の国の来りまするために、お互いが励んでゆきたい。こういうことを思うのであります。

お祈りいたします。


恵みに富みたもう父なる御神様。今年《こんねん》もあなたの深いお恵みの内に信仰生活を保たれ、また、主にある兄弟姉妹と共に、交わりを深くいたして、今日に至ります。神様、どうか私どもは、あなたから賜りますこの尊い賜物を受けておりまする喜び、感謝とを絶えず心にもちまして、どうか、困難をも喜ぶところの信仰にまで至らしめくださいまするように、切に、請い願い奉ります。神様、どうか、愛する日本《にっぽん》の国土を、本当に、清めてくださいまするように。そのために、私ども一人一人をお用いくださいまして、どうか、上よりの御助けをいただきまして、同志、同心の者を多く起こし、この国が、あなたの御旨にかなうところの、清き、尊き国となることができまするように、御助けを、切に請い願い奉ります。多くの悩みある者の上にも、また、病める者の上にも、あなたの御恵みを豊かにお与えくださいまして、どうぞ、強めてくださいまするように、切に請い願い奉ります。この祈りを、尊い主イエスの御名を通して、お捧げいたします。アーメン。

(二) 賀川豊彦生誕七六周年挨拶

日時—賀川豊彦生誕七六周年（一九六四（昭和三九）年か）

司会者　ご挨拶をしていただきます。雲柱社の理事長として、各地にあります社会事業の指導をしていらっしゃる賀川ハル先生です。大分以前のこと、先生の本の中に、紙切れが入っていたそうなんです。で、たしか横山先生でしたか、調べてらしてびっくりしたのは、それは賀川先生が、先生が奥様をうたった詩が、そこには書き記されておったそうでありますね。私はそれを読んで、本当に感激したんですね。「霊の我妻、いと恋し」という一文がございます。先生にそういう風にうたわせた良き半身を私たちの指導者として、すぐそばにいただいております。本当に、感謝しております。それでは、あそこの若い、小さな跡継ぎたちを奨励していただくために、一言ご挨拶を。

ハル　今晩は、このところにおきまして、賀川豊彦生誕七六周年を記念して、講演会が開かれますことを、感謝いたします。アベ先生、オオタ先生が、そのためにわざわざおこしくださいまして、今晩の講演を願うことになりました。また、担当者が色々と骨折りをいたします。そのことに尽くされましたので、この講演会が開かれることになりました。まことに、感謝でございます。

私どもこの講演会の主催をいたしましたイエスの友青年部が色々と骨折って、ここまで参ったわけでございます。振り返って考えてみますと、賀川豊彦が生前、あの関東大震災の時に、神戸におりましたけれども、どうしても、東京の（?）をなんとかしなければならない、こういう風に思いまして、焼け野原になったところの東京に駆け付けたのでございます。しかし、一人では何もすることができません。色々と計画を持ってしたいことがたくさんございました。幸いそこには、イエスの友の同志が集まってこられました。しかも、年若い人たち。それぞれの身に受けておる賜物を捧げて、このことに尽くしてくださいました。教育者は、そのことを持って。また、建築家はその技術を持って。また色々社会のために尽くす人々はそれ相当の捧げものをいたしまして、本当に、一つとなって、東京の復興に尽くしたわけでございます。

私はその時に、その青年たちの本当にありがたい奉仕を思ったことでございますが、今もまた、そのことを思い返して、その人々によって、大きい働きがなされたことを心から喜んでおるのでございます。ここにまた、イエスの友は、五つの綱領を掲げて、イエスにあって敬虔であること。あるいはまた、貧しき者に仕えて、労働を尊ぶこと。また、世界平和を願うこと。純潔を保っていくこと。社会奉仕を旨とすること。こうした五綱領をもって、イエスの友は進んでまいりました。この時に私はまた、あの震災当時、青年たちが本当に一生懸命に働いて、良き東京の復興の働きに尽くされたことを思います時に、またこのイエスの友の青年部が、今後においても良き働きがなされるようにと願うことでございます。

台湾には、一つの物語がございます。それは、台湾は暑いものでありますので、どうかして、もう少し涼しいことになりたい。ある人はそれを思いまして、あの太陽を射とめるならば、もう少し涼しくなるだろう。こういう風に思いまして、「太陽を射落そう」、こういう希望を持って、駆け上がりました。しかしそれはなかなかの大事業でありまして、太陽を打つことは容易ではありません。自分一代ではこれはできかねるだろう。それならば、後継ぎがいる。自分の子供を背負って、自分ができなかったならば、その次の時代が、どうかこの自分の目的を達してくれるように、子供をおぶって、太陽に矢を向けた。そういう言い伝えがございます。ついにその目的を達して、その太陽を射落した。そこで、大分涼しくなった。その一つの太陽は地球を照らさないで、月となった。こういう言い伝えがあるのであります。

ここにまた、イエスの友は、このその後継ぎであることを思います。賀川豊彦は、この「太陽を射るもの」が非常に好きでありました。自分の何冊かの著述をいたしましたが、その中には、「太陽を射るもの」という題をつけた小説もございます。私はそれを思います時に、本当にイエスの友の青年部がいよいよ力強く主の導きを受けて、良き働きをして、本当に神様の御栄えを現していくように、と心から願うものでございます。(?)にまたお集まりの皆様のどうか主の恵みの内に、本当に社会を清めるために、主の御栄光が現れるために、一段とまたお尽くしくださいますように、この場を私はいただきまして、皆様にもそのことをお願いする次第でございます。今晩これからの時間も、主のお守りの内に過ごしてまいりたいと願う次第でございます。

(三) 賀川ハル説教「愛は寛容である」

説教日時・場所—不明（説教内容より、一九六六（昭和四一）年（井上伊之助氏の晩年）以前と推定）

今日は、「愛は寛容である」。こういうことについて、少し、お話をいたしたいと思うのでありますが、旧約聖書の箴言を開けますと、そこにもまた、一〇章の一二節には、この愛、寛容はすべての咎を覆う、こういうふうな言葉もございます。また、一七章の九節をみますと、その寛容は、人の過ちを赦す、そういう聖句が、そこにあるのでありますます。またあるいは、私どもが自分にできるならば、これはもう大した力であると思うのであります。けれども私どもの愛は、わがままでありまして、そうしなければならないと、愛さなければならないと思いましても、なかなかそこにまた素直にその業ができない。そういうような状態に置かれることも多いのであります。けれども、もう一つ、私どもがどうしても、この愛を知っていかねばならないと思う時に、私どもの心を励まして、そしてこれをなさしめるところのことのあるのを私どもは思わなければならない、と存じます。それが何か、と申しますと、私どもがこの尊い神に、本当に結び付けられて、宇宙を支配して、この生き物の力を持っておられるところの神が、私どもの神であり、また、キリスト・イエスのお言葉によれば、これは父である、お父様だ。こういう言葉をもって、神様と私どもの関係を結んでくださる。この実に大きなことが、本当に会得できる時に、福音の素晴らしい、人間だけの考えでない、力でない、そうしたものが、そこにできてくるんであります。

随分日本の人は義理堅い、ということがあります。そういった面で、非常に優れているような点もあるのでありますけれども、なんといっても、私どもが神様に背いて、そうして本当に自分と神様とは関係がない、と。あんな十字架とはおそらく私とは縁の遠いものだと、こう考えて、本当に、神様に対して、感謝も持たないし、神様を拝むこともしないし、そうしておるところの私どもの罪人のために、神様は、その者を救うために、一人のイエスを地上に送って、そうして、私どもとイエスとを結び付けてくださった。この大きな愛、これを思います時に、私どもは義理堅い、なんて言っておりましても、到底その愛には及ばないことである。逆に、実際に、これが私になされておる。素晴らしいことだ。本当に神様の愛は深いんだ。大きいんだ。こういうことを考えてまいりますと、大きな恵みを受けて、そしてまた私どもも、普通ではできない愛の業が、いささかでもできるように、導かれていく。これはもう大きなことであります。

私どももこの標準が違ってくる。今までは、自分に好意を持ってくれるから、こちらもいい気持ちでお付き合いができる。あの人も私を世話してくれたから、こちらもこうしなければいけないと、こういうような関係で結ばれておりますところのものが、神様の愛をこの標準にしますと、そういうことではない。全く神様に見向きもしない、罪びとである私をお救いくださるために、イエスを十字架につけて、その贖いをしていただいた。

私はもう随分こう考えてみますと、私は早くから、キリスト教には関係があったわけであります。今から、六〇年ばかり前、私は親戚に、信者がありましたんで、導かれたわけです。けれども、とっても私のような小さい、子供心ですけれども、そんな耶蘇なんて私大嫌い。拝むんだったら、ちゃんと日本の神様を拝む。こういうことを考える。仏様もあるんだ。仏様もありがたい。こういうふうに考えていた。もうキリスト教は大嫌い。ところが、色んな事情で、私はそこの親戚にしばらく身を寄せなければならない。身を寄せると言いましても、お手伝いに行ったんですから、一五、六の時。そしてまあみんなが教会へ行くんですね。横浜ですから、指路教会。教会へ行くんです。それで、「お前もおいで」とこう言うんですけれども、「私は家でお留守番してます」。そして、行かないんですね。みんなで一生懸命お祈りをしたり、讃美歌を歌ったりしていると私はこっちの方で、みんながそれで救われるんだったら、私は自分でもって、仏さんを拝んで、救っていただく。どうしたらいいのか。みんな一生懸命、南無阿弥陀仏、南無阿弥陀仏というから、私もそれで一つ救われましょうと、こう思って、南無阿弥陀仏、南無阿弥陀仏と、こう言うんです。そう信者の家におりながら、そういうようなよくないことをいたしました。それで口で言うだけではいけない。口でいうのはもう、たやすいことだ。私はそれを書きましょう。今度は、木切れがあると、紙切れがあると、南無阿弥陀仏、南無阿弥陀仏。口でただ言うだけより、御利益が余計あるだろう。こういう風に子供心に考えまして、そしてそういうことをした。随分これはひねくれた、嫌な性質なんですね。自分はそんな悪いとは決して思わない。そして、いい気になっておる。

それから、月日はたちました。で、私どもは神戸へ移って、神戸のその伯父の会社の印刷工場へ行ったんです。それでだんだん、その工場が、やっぱり伯父の会社なものですから、キリスト教の伝道集会があるんですね。すると、その話を聞いてる。今まで、嫌いで、嫌いでしょうがなかったんですけれど、そうしても嫌いでもなんでも、そこに座らされて、その話を聞かなくちゃいけない。だんだん話を聞いている。私は一つまた、その躓きになっているものがあったんです。その信者がみな、神様は愛だ、愛だと、神様はお恵みだ、とこう言って信仰しておるのに、私の一番尊敬しているそこの親戚の伯母が、心臓病を患いまして、非常に苦しむんですね、心臓のために。私はそれが疑問になった。みんなこんなにも、神様、神様と恵みをいただいている、というはずなのに、あの苦しみはどうだろう。神様は恵みで、愛であるのに、こんな苦しみをお助けくださったらいいじゃないか。そういうことがない。愛でもお恵みでもなんでもない、というような一つの疑問がある。疑問を持っていた。

そうしますと、その工場で話をされた時に、聖書でもって、神様は本当に愛であるから、かわいいわが子には、ある時は、愛のむちを与えることがある。それを神様を信じて、それを乗り越えて行かなければならない。かわいい子には旅をさせる。そういうようなことで、試練もある。隣の工場で、盛んに鉄をつくっておる。あれでも、鉄を溶鉱炉の中に入れて、すっかり赤く溶かして、そしてそれを型に入れて、出して、それを打って、一つの立派な使われるところのものができ上がるんだ。人生にもそういう悩みがある。悩みがあるけど、つらいことがあるけれども、それで神は愛でない、ということはないんだ、と。こういう説明を聖書によって、牧師先生が話してくださった。

私は、随分自分が愚かであった。わからなければ、お尋ねすればいい。こういうところは、先生、どうなんでしょうかと、伺えばいい。それもしないで、ただ、神様は愛だといって、教会のためにも尽くしている信者がこんな苦しみをするんだ。あれはもうでたらめだ。こういう風に、私の心は非常にこう、打たれました。自分は愚かであった。今度はもう心を入れ替えて、神様の本当に聖書についても、神様のことについても、へりくだる思いでお話を聞かなければならない。こういうような気持になりまして、私は、本当に今度は、神様のお話を心から聞くようになりました。こうした私のような、いわば、放蕩息子のような、私をも神様がお救いくださった。それはもう私は感謝でいっぱいだったんです。なんとまあ、何年も。一年や二年じゃないんです。神様はダメ。こんなのは外国の宗教だ。こういう風に言っておった私を神様はお救いくださった。この喜びを持って、本当にありがたいことだ。

それで私も何にもできないんですけれども、この信仰の、貧民窟へ自分の情報で、別にどこも豊かでもないんですね。知恵もない。学問もない。その女工風情で貧民窟へ行ってみますと、もうそこには、私よりももう何倍か気の毒な人たちがそこにいる。そしてじゃあ、自分にできることをしましょう。幸い自分は体が健康だ。それじゃ、なんかお手伝いしましょう。その一軒一軒を見ると、気の毒な人たちが、(?)着るものもない。もう病人でも、そこに放ってあるまんま。そこへ行って、少しお手伝いをしたい。お茶を沸かして熱いのを飲ましてあげたい。そういう(?)心が嬉しい。私のように、本当に何の力のない者でも、少し人様の面倒を見ると、あのみんなの喜び方。人に尽くしてあげる時に、本当に自分に大きな喜びがある。幸せを感じる。そして私の心はすっかり変わった。これは一つ、神様の救いに与るためだから、できるだけのことはしましょう。

こういうような気持で、私は信仰をいただいて、今日まで、神様の大きな恵みをいただいてきたわけであります。これは大きな喜びであります。でありますから、やはり私は、人が一年や二年、神様をもうないがしろにしても、その人に失望しないんです。私は自分が長い間の神様に背いていた生活を見て、なんという神様は、恵み深く、忍耐深く、そして、その人の悔い改めを待っていらっしゃる。こういう風に思って、私は、その人も上にも、この大きな救いがあることを思いまして、また、自分の本当に至らないことも、証をさせていただいて、一人でも多く、この喜びを味わっていただきたい。こういうことを思いまして、時々お招きをいただきますと、私は出かけて、救われた感謝を証するわけであります。私は聖書の勉強もしてきません。神学もわかりませんし、何にもわかりませんが、救われた大きな喜びを、持っておりますために、皆さんの前に、立たしていただくわけであります。

これは今、私のような者が救われたことを思いまして、どなたにでもこの恵みがいただけるんだ。こういうことを思いますが、私どもの日曜学校に来た子供が、小さい時から、その家庭が、この宗教的な、神様を崇めるところの家庭であったんですね。不幸にして、その小さい子供が四つの時に、もうお父さんは胸を病んで亡くなってしまった。それでお母様が、若い未亡人になりましたけれども、神を崇めての生活であったために、非常に不幸な生活でありますけれども、そこにもまだ希望を持って、そして神様は永遠の命をくださる。私もまたこの地上の生活が終わった時には、共に、神様の御前にゆける。こういう思いを持って、ただ一人のその子供を本当に愛して、生活をしている。家も、別に豊かではない。その若い未亡人は、幼稚園の先生をしながら、その子供を育てている。子供も本当に良いお母さんの信仰を受けまして、普通で言えば、子供はお父さんがない、寂しい家庭でありますけれども、そこにそのお母さんの信仰が、自分の家を暗くしない。坊やね、いい子にしていたら、やっぱりお父様がいて、それも神様にかわいがられる良い心を持って、そうしていかなければそれはできない。そして、みなに親切にして、いたずらをしないで、うそを言わないで、いい子になっていきましょう。そういう気持ちで、お母さんはもう決して、「お父さんがいないから、困るね。お父さんがいないから、これもやってあげられないね」、というようなことは言わないで、子供と非常に友達になって、そしてその子供を育てていったんですね。

その子供が非常に良く素直に育ってきました。幼稚園をその子供も出るようになりましたら、そのお母さんは、「私はできるだけ、その子供と一緒におりたい。せっかく、幼稚園でお勤めをしていたけれども、子供が小学校へ行って、私も小学校へ行って、やっぱり子供と一緒にできるだけ多くの時間を使いたいから」。そうして、小学校の先生になった。その子供はだんだんと、大きくなった。ところが、その子供は小さい時からですね、お母さんが信仰を持って、本当にこの天地宇宙が、神様の御手の中にこれがおさめられている、そういうことを、その子供は信じているわけです。

その子供の学校生活の内に、子供は詩を作りました。その詩を見ますと、非常に私どもも驚かされるんですね。その詩がありますが、「コオロギ」という題で、詩を作っているんですね。

コオロギ
コオロギは縁の下。僕と母さん、屋根の下。お屋根は、お屋根は、空の下。お空は、お空は、神様の、大きな大きな御手の内。

こういう詩を作るんですね。私はこの子供の詩を見まして、この旧約聖書の詩編にあります一九篇を思うんですが、ヘブライ詩人は、「諸々の天は、神の栄光をあらわし、大空はその御手の業を示す。この言葉をかの日に伝える。この夜は知識をかの夜に送る。語らず、言わず、その声聴こえざるに、その響きは全地にあまねく、その言葉は地のはてにまで及ぶ。(詩編一九・一―四)」。ヘブライ詩人は、大きな、この天体を見て、神様はもう素晴らしいことをなさる。こんな大空が神様の御手の業を示している。こういうことを言って、神をたたえているんですが、この一五年、六年の間にこの詩は作ったんですけれども、その子供はですね、わずか五行のこの詩の中に、コオロギは縁の下にいる。僕と母さんはその上の座敷の上にいる。それは屋根の下だ。そのお屋根は大空のその下にあり、その大空は、神様の大きな大きな御手の内にある。このようなその信仰の言葉をこの子供は、うたってるんですね。私は、これは素晴らしい。私なぞは二〇何年か、神様がわからなかったんです。子供は、お母さんに導かれて、日曜学校で教えられて、そのような綺麗な心の内に、神様がいらっしゃるということを意識して、こういうその子供は、やっぱりそのただ大空が神様の御手の内にある、というだけではなく、神様と自分とが、本当にこの密接な関係がある、とそういうことをうたってるんですね。

それは、自分は男の子ですから、こうして手を、骨を少し痛めたわけですね。

お骨の接ぎ木

メガネをかけた先生は、黒い薬を塗りました。涙のお目目で母さんは、折れたお骨をなでました。お骨の接ぎ木は神様が、知らないうちに、接ぎました。

こういう詩なんですね。そのお医者さんが、医学的に治療をする。お母さんはまた愛情で、その手をなでてくださる。これはありがたい。お母さんは、早く治るようにと涙を流して、さすってくださった。これもありがたい。けれども、骨を完全に治してくださったのは、知らないうちに、神様が、この骨を接いでくださったんだ。こういう信仰をこの子供は持っているんですね。

私はもう一つ、この子供の歌で、立派なのがあるんですが、それは、ある時に、その家へ泥棒が入ったんですね。その母親と子供と二人がそれこそささやかな生活をしているところへ泥棒が入る。今度は、「泥棒」という題で作りました。

泥棒

前にはきっと、いい人よ。夕べ入った泥棒さん。僕らも取られて困るけど、泥棒さんもかわいそう。今頃どこかの街角で、コオロギさんの声聞いて、きっと後悔しているよ。母さん、許してあげようね。

こういう詩を作ったんですね。泥棒が入ったから、本当言えば、憎らしい、困っている、憎いやつだ。こう言いたいところでありますけれども、その子供は、同情をもってですね、今頃どこかでコオロギの声を聞いて、ああ悪かった、と思っているだろう。お母さん、許してあげようね。こう言って許す。非常に寛容な気持ちをその歌にあらわしている。どうかすると、大人は及びません。大人は、その泥棒は、けしからんことだ。どうしてだ、どうしてやろうか、というようなことですが、その子供の心の内に、本当に、神様があるところに、人を許すところの思いがあるんですね。寛容である。そのことは、本当に尊いことだと思います。私どももやはり、神様の恵みを受けているところの者は、本当にその寛容がなければならないと思うのでありますが、どうかすると、私どもは、そういうことがなかなかしにくい、ということを考えます。

新約聖書のテサロニケ人への第一の手紙、三二三頁ですか、第五章一二節を見ますと、「兄弟たちよ。私たちはお願いする。どうかあなた方の間で、労し、主にあってあなた方を指導し、かつ訓戒している人々を重んじ、彼らの働きを思って、特に、愛し、敬いなさい。互いに平和に過ごしなさい。兄弟たちよ。あなた方におすすめする。怠惰な者を戒め、小心な者を励まし、弱い者を助け、すべての人に対して、寛容でありなさい。誰でも、悪をもって悪に報いないように心掛け、お互いに、またみんなに対していつも善を追い求めなさい」。寛容であるということがなかなかしにくいことでありますが、申し上げましたように、自分の救われておりますことを、感謝するならば、この寛容が本当に身について、できてくる。信者がやはりこうした思いを持って、生活をしていかなければならないと思います。でもなかなかそういうことがこうできにくくって、どうかすると、向こうがこうだから、自分もこういう調子でいく、とこういうようなことで、そこに、まことに穏やかでない、自分もまた苦しい生活をしていくことをよく見受けるのであります。

私はこの寛容について、もう一つのことを申し上げたいと思うのですが、時はだいぶ古いことであります。昭和一六年八月六日。これは、戦争の始まった時であります。その当時、アメリカに勉強しておる日本の学生があったんでありますが、真珠湾攻撃を、アメリカにいて、ラジオで聞いたんです。そして、その聞き逃すまいと思って、一生懸命にラジオを聞いている時に、日本はだいぶこう具合がいい、真珠湾を攻撃して、あれは勝って。こういうその思いを持って、そのラジオに聞き入っていた。そうすると、みんなの気持ちは非常に興奮して、それこそ、米国も日本も今後どうなるか、というような気持で、一心にそのラジオを聞いている時に、その日本の学生に向かって、一つのものが飛んできた。ひょっと見ると、そういった時ですから、なんだろうと思って見たんですが、それは卵だった。生卵をぶつけられて、服が汚れた。はっと思っているうちに、またあとが来たから、これがまた生卵だろうと思って、その人は上手にそれを受け取りました。そして、ぶつけたと思う人に向かって、「ありがとう」。こう言ったのです。そして、そのところへ持って行って、「ありがとう。私は二、三日ももう栄養もとらないでいた。これはもう私の大変なごちそうだ。ありがとう」。感謝してそれを受けた。それは非常に穏やかな、寛容さがあったわけです。するとそれを見ていた人が、非常にそれに感じた。もうこの今、戦争が始まって、敵と味方であるこの最中に、自分にぶつけられた卵を、それを受け取って、敵であるところの同国の人に向かって、それがありがたい。私はこれに飢えていた。ごちそうだ、ありがとう。こう言ったその態度に感心して、ある人がそれを新聞に出したところが、大勢の人がそのことに非常に注目していた。ところが、一人の婦人の人が、それを見て、その日本の青年の場所を訪ねて、「お話ししましょう。言うことがある」。何のことかと思って、会って話してみると、「日本とアメリカがこうした戦争状態になった。あなたの学費も多分途絶えるだろう。それじゃあお気の毒だ。せっかくアメリカに勉強に。あなたはお続けなさい。私が学費を全部出しましょう」。こう言って、思いがけない学費をもらって、その人の援助によって、学校の生活を続けることができた。私はここに、やっぱりこの寛容であることが、本当に大きな幸いを得る、ということを、その出来事についても、感じられるのであります。

キリスト・イエスの山上の垂訓に、仰せになったことは、やっぱり、寛容である者は幸いだ。地を継ぐことができるんだ。こういう教えをくださっていらっしゃいます。私たちはやっぱり、これを日常の生活に本当にこれを行っていかなければならないと思うのです。随分偉そうな人であっても、人を許すことができない、いつもできない（?）、というようなことで、おもしろくない生活をしている人が多いんです。それが、愛し合っていかなければならない自分の家庭でも、そういうことがある。年取った人と若い人と。どうもその、うまくいかない。なんだかもう気持ちが悪い生活をしている。けれどももし私どもが、イエス・キリストの尊いお救いをいただいている者として、また神様が私のような者を、またいろんな罪のある人をお救いくださったというその大きな愛を思って、その幾分でもしていきましょうと思うところに、そういった問題も解消する。こう思うんですけれども、なかなかそれをみんなできずにいる。けれども、それは私どもが、祈って、祈って、祈り求めて、この態度に私どもが出て、いい生活をお互いにしていかなくてはならない、と思うのであります。

ある人の夫婦生活を見て、本当にこう信じて、信頼して、愛情を尽くして、楽しくゆけるはずであろうと思うのに、そこにもまた大きな溝を作っておる人がある。聞いて驚いた話でありますけれども、ある新しく結婚された二人があった。新しい家庭を作って、楽しい生活をするはずであったんですけれども、その期待にはずれて、その花嫁は悲しい思いをしなければならない。というのは、その結婚の日から、その花婿さんは、家を外に。この自分のわがままな態度をとったんです。そして、その花嫁さんの失望。夫に対して、これはもう私の罪だ。こういう風にわかりまして、その婦人は、自分の前に罪を懺悔した。申し訳ない。本当ならば、協力していかなくちゃいけない。愛していかなくちゃ。愛情をもって仕えていかなくちゃ。それを私は今までできなかった。それは私の罪です。赦してください。こうやって認めて、その家庭が良くなっていった。

これはですね、これまでひどくならなくとも、私どもの家庭生活にも、社会の生活にも、職場の生活にも、これがあるんです。ただ相手が悪い、相手が悪い。思っているところに、自分の大きな罪を犯している。それに気づかないときに、お互いに、それは哀れな生活であります。他に自分の罪を認めて、相手も悪いんだけれども、自分もまた何にも尽くすところもない生活であった。気の付いたことはよかった。こういうことを思います時に、私ども信者が、本当に神様の愛が私どもに充ち溢れていることを思う時に、相手が少しくらいに自分に失礼なことがあっても、相手の足りない点があっても、それを許していくところに、自分もまた幸いが来るんです。

ある婦人が、私の所に相談に来たことがある。その人は、立派な学校の教師だったんですね。それがそのご主人が、教え子と親しくなってしまった。その奥さんも、その子供も知っている。娘は知っている。そうした大変な関係になったわけです。それはもう、教会に行って、信者であったわけであったんですけれども、そういう大きな間違いがある。その奥さんも、本当にがっかりして、相談に来られた。打ち明けて、私に話に来られたわけです。もう本当にお気の毒だと思いました。もう婦人として、妻として、これ以上の悲しみはないだろう、と思うほどでありましたけれど、私は慰めました。やっぱり、信仰を持った人は、お互い、神様から大きな愛を受けている。(?) ここはあなたは、しんどいことですけれども、許しなさい、と。許してあげてください。あなたがあの人を許すことにおいて、あなたも救われます。そう私はおすすめした。随分これはむごい言い方です。自分に対して裏切ったところの人を許して、それに仕えて行きなさい、ということは、本当にきつい言葉です。けれどもその婦人は、それを受け取ってくださった。「はい」。そして、心から、それを許した。そして、気が本当に明るくなったわけです。報告に来てくださいました。「ありがとうございます。ああいう風にして、私は今、本当に安らかな気持ち。人を許すと、これまた自分も救われる。その状態になりました」。こういって、感謝された。「もう主人も天国におくって、そしてもう何十年となりました。いまだにその人は、あの時のあのお言葉をいただいたんで、私は本当に幸せになった」。こう言って、感謝をしておられた。

私どものお付き合いでも、お友達との付き合いでも、そういう心持ちがやはり必要であると思うのですね。これが、ただの道徳、ただの修養、それだけではなかなかできない。けれどもここに、恵みに満ちた天の父が、豊かに私どもを愛して、そしてこの恵みを与えてくださる。その御恩寵を思う時に、人を許すことも、本当にでき得るんですね。これは、お互いが本当に心に入れて、愛は寛容であることを、お互いが尽くしていかなければならないと思います。

今、静岡で、老年で、そして身体を痛めて休んでおられます、井上伊之助[3]という牧師がおられますが、私はこの牧師をよく思い起こすのでありますが、若い時に、ちょうど私どもが貧民窟で伝道しておる時に、台湾の伝道に向かって、そして、神戸に寄って伝道に行かれました。この井上伊之助先生のことを思いまして、私はここにも、大きな愛のあることを思わせられるのであります。この井上青年が、東京で勉学にいそしんでいた時に、彼の耳には、父親が当時台湾で奉職していた。非常に不幸なことには、台湾人に殺された。何にも悪いことはあったんじゃないんですけれども、つまり、会社の雇人として、その井上さんのお父さんはそこへ務めた。その会社に向かって、雇われておるところの台湾人が、つまり、ストライキをしたわけなんですね。その時に、そこの使用人であった井上伊之助さんのお父さんが、台湾人に殺される。その知らせが、勉強している最中に、東京に届いてきた。そして大きな悲しみを持って、一体自分はどうしたらいいんだろう。自分の愛する父を台湾人に殺されてしまった。そして、祈って、祈って、神様の御旨を伺ったわけです。千葉の海岸へ行って、それも祈った。三日祈った。そして示されたことは、その方たちを許すことだ。そして、井上さんはそれを決心して、私は台湾人へ復讐をする。けれどもその復讐は、あの人たちの魂を救うことだ。こういうように考えて、それから神学校で勉強をして、自分は伝道に台湾に行く。そしてその時が来まして、台湾に伝道に行ったわけです。行くときには奥さんを連れて、そして行かれました。台湾の、私も一回台湾へ行ったわけですけれども、ずいぶん伝道は困難。伝道させないんです、その当時。それで、また井上先生は、ただ伝道ができない。それでしょうがないので、今度は医学を勉強して、医者として、病人を扱って、そしてその間に福音を説いて。ですから苦労は大変だったんです。そしてもう蛮人もおりますし、なかなか難しいところで、気候が違うし、その伝道を努めた。その愛。人を許して、そのために仕えて、そしてその人たちを本当に愛して、救いに与らせる。そこに、キリスト・イエスの大きな愛がある。井上先生の上にも行われたわけです。私はこの井上先生の、ご本人もよく知っておりますし、伝記も読みまして、本当になみなみならない苦労をそこにされましたけれども、井上先生の生涯は勝利です。豊かに敵を愛して、そのために困難な伝道をして、その人々に仕えて、これは本当に、大きな神様の愛を受けて、その愛をまた蛮人に及ぼしていったわけであります。

私どもは神様からの特別なお救いをいただいておりまして、本当にありがたい生活でありますから、豊かにこの恵みをまた、大勢の人に分けていかなければならない。そこには、私どもの寛容をもっていかなければならない。これもまた一朝一夕にはできませんが、そこにもまた神様とのお交わりにより、祈りにより、このできがたいその行いをもさせていただく。これはまあ、経験者がよく経験するところでありまして、自分には（？）たらないと思うところにも、豊かにその恵みによって、それが満たされていく。こういうありがたいお恵みを上から受けることができる。これを幸せと思いまして、私どもはお互いに励んでゆきたいと思います。その小さい子供にさえ、豊かに神様をわかって、それを受け入れてしていくところに、大きな愛の気持ち、寛容な心持ち、そういうものをいただける。こう思います時に、私どもはお互いに、どうか愛の業を励んで、寛容な思いを持って、神様のお救いに与った者としての良き生活を励んでゆきたいと思う次第でございます。

一言お祈りいたしましょう。

恵みの御父様。愛する兄弟姉妹と共に、あなたのお恵みをもう一度ここに思い起こすことができ、まことにありがたく、感謝をいたします。あなたの御恩寵を感じつつも、まことに力弱い私どもは、色々な欠点もあり、行き届かない面もあり、また、あなたの目に本当に沿わない点もございますが、どうか、大いなる御許しを持って、私どもをお強めください。あなたの御愛を常に心に覚えまして、どうかまた勝利に向かって、その過程に向かって、また、どうか愛の実行者となり、あなたの御栄をここにあらわしていけますように、上よりの御助けを切に請い願い奉ります。神様どうか、ここに集われるところの一人一人の上に、上よりの豊かな恵みをお与えくださいまして、どうぞ、この与えられました人生を、本当にあなたによって、希望を持ち、喜びを持ち、感謝を持っての生活であらしめてくださいますように、切に請い願い奉ります。これを行われます伝道が、どうか大いなる働きを御前におさめることができまするように、御助けを切に請い願い奉ります。愛する祖国が、どうか、今日の間違ったたくさんの事柄から救われまして、あなたの御姿を拝する良き国となることができますように、お願いいたします。まことに行き届きません感謝、祈願、主イエスの御名を通してお捧げいたします。アーメン。

(四) 賀川ハル説教

日時――一九七八(昭和五三)年六月二六日(ハル九〇歳)
場所――不明

この度は、至らないものが、みなさんの前に立って、お話をしなければならないということになりまして、おそるおそる、こちらへ出たわけでございます。

都民福音学校というのは、大変私は素晴らしいと思うわけでございます。信仰生活をいたしておりますと、本当に、神様のお恵みで、天の父を知り、また尊いキリスト・イエスの救いに与って、幸いな人生を送れられると、こういう風に感謝して、日々を送るわけでございますが、こうしたお恵みをなお多くの人が、お持ちにならなければならない、ということを感じながら、それがなかなかできませんときに、都民福音学校ができまして、また信仰を持った方々が、ご自分の信仰生活の幸せ、神様の恵み、イエス・キリストの御愛、そういうものをどうかして皆さんにお伝えしなければならないということを深く思って、その方法を本当に与えられたいと、こう願っております時に、都民福音学校ができて、ここに、また聖書についてご指導をいただき、また、色々の方面に教えをいただくことのできるこの良き時が与えられておりますことは、まことに、幸せなことであると思うわけでございます。本当に自分が、キリスト・イエスの尊い救いに与って、信仰を持って、神様の恵みを感謝しつつ生活をすることは、何事にも勝った幸せであり、また幸福であるわけであります。そういうことを思います時に、これを一人でも多くの人にお伝えしなければならないという思いを持つのでありますけれども、それがなかなか困難であります。そういう時に、この福音学校ができて、ここで学び、教えられ、導かれて、なおまた多くの人々が自分と同じような信仰によっての幸いを与えられるように、この歩みをしてまいることができるのは、本当に大きな幸いであると思うわけでございます。

私は、小学校の時代に、その頃、横浜にありました指路教会、これはもう古い教会で、立派な教会でありますが、小学校時代、私は横浜に親戚がありましたので、そこによく参りますと、日曜日に教会に連れて行かれる。ところが私はなかなか不信仰で、その教会のお話もよく身に染みて覚えませんし、ただ教会というのは連れて行かれるんで行くんで、自分の希望で行くわけでもないので、上の空で聞いておりました。みなさんがアーメンという時には、自分は南無阿弥陀仏。こういう風に、本当にどうも不都合な者であったわけでございます。けれどもやはり神様は恵みをもって、そうした無学な者、また至らない者、また不信仰な者、そういう者をもお救いくださって、私は、信仰を持つようにしていただいたわけであります。本当にこれは大きな喜び。感謝。もう本当に幸福であることをしみじみと思うわけであります。

こういうような思いをもっております時に、やはりこの幸いを多くの人に、お知らせして、みんながこの恵みを受けることができることは、しなければならないことである、というように思いましても、どうもそういう元気がなし、またそういう力はなし。そういう知恵がないために、そのことができないでおったわけでございます。

私が信仰をいただいて、洗礼を受けたのは、小学校時代に行きました横浜のあの大きな指路教会のようなところではなくって、所は神戸でありましたが、神戸の貧民窟で、そこで私は洗礼をさずかったわけであります。と申しますのは、賀川豊彦がその時代に神戸貧民窟で、救霊の業をしておりました。私は指路教会で立派な教会に行っておりましたけれども、信仰は持てなかったんです。ところが神戸へ移ってまいりまして、賀川豊彦がその時代、細民窟でも非常にひどいところで神戸の俗にいう新川という貧民窟で、自分の力もありませんし、身体の弱いそういう者でありましたけれども、その貧民窟に参りまして、なんとかそういう人たちのお助けがしたい、というので、貧民窟の伝道をしておりました。そういう伝道の群れに私はぶつかりまして、そこで、お話を聞いておりました。そこで、私は、昔、前に年の若い時に、指路教会に行っておりましたけれども、信仰も持てませんでしたけれども、この神戸の貧民窟にまいりまして、そこで部落の一つの伝道の群れが賀川豊彦によって与えられておりまして、そこの住んでおる貧しい人たち、また教育のない人たち、あるいはまた罪のために監獄の生活をしたような人たち。そういう人たちの群れで、天の父の恵みとイエス・キリストの救いを述べて、大勢の人たちに伝道をしておったのであります。そこで私はその部落の人たちが、貧しい中から本当に神を崇めての生活に移っていって、幸せであることを見まして、素晴らしいことだと、そういう風に思いまして、私の心をへり下らせくださって、神様のお恵みを受けるようになりました。私は、その貧民窟の部落で洗礼を授けていただいて、信者となって、賀川豊彦の小さい教会というような会堂も持ちませんし、やっぱり貧民窟の五畳敷きの家を三軒借りまして、それを集会所にしておりました。そこの信者としてもらいまして、そこに信仰を与えられて、また、そういうとこに住む人々と親しくなって、私の信仰生活を育てていただいたわけでありました。

そういうことを思います時に、本当に神様の恵みがあって、これにみんながよくして行かなければならないということを強く思ったわけであります。貧民窟のその賀川豊彦の教会は、ちょうど五畳敷きの家を三軒借りて、そしてそこに人を集めることにしておりました。これは長屋でして、その中で、その三軒の家を続けましたから、中に柱がこう立っているわけでありましたけれども、それが教会で、まあ昔小学校時代に連れられていった横浜の指路教会とは、もってのほかの相違でありました。しかし、そこで神様は、やはり自分が背いておりました私の信仰を与えられて、本当に神様の恵みを感謝して、生活するようになる。今日に至りまするまで、この神様の大きなお恵みのもとに、生活をいたしておる次第でありますが、こうした信仰生活をいただきまして、私は本当に幸いな者であるということを、深く感ずるわけであります。

貧民窟で私は洗礼を受けまして、一緒に受けた人が一二人ありました。みんな酒飲みであったり、もう本当にばくち打ちであって、また監獄から盗みをして連れられていたのが監獄から出されてきたような人たちが、その周囲にはたくさんいるわけであります。そういう人たちも、神様の恵みの元に心を改めて、教会生活をして、自分も貧民窟の生活で、満足な十分な生活はできませんでも、やはり、イエス・キリストの愛に救われたことを思います時に、やはり人様には、愛をもって接しなければならない。困っている人のお助けを幾分でもしなければならない、ということを実行して、そこに生活をしておりました。これを見まして、本当に、神様のお恵みの素晴らしいことを、私は感じた次第でございます。

それから幸いにも、信仰生活を続けられておりますす。ありがたいことである。これは、私だけでなく、賀川豊彦もまた、神様の大きなお恵みをいただいたわけです。賀川豊彦はやはり、青年の頃、二〇歳くらいの時に、胸を病んで、そして、もうあんたの生活は、人生はもう二、三年しかない、とこう言われたような病身であったのでありましたけれども、その時に決心して、こういう短い人生が自分であるならば、なにか一生懸命で力を尽くしてする仕事をしていきたい。こう思いまして、自分の二、三年の寿命というものを本当に捧げてしなければならない、というので、賀川豊彦は、神戸の貧民窟に入ったわけでございます。

その貧民窟はまた、非常に大きくて、八千人からの貧民と言われるような人たちの住んでいたところでありましたけれども、自分はお金もないし、そういうような体は、肉体は病身でありますし、力がないのでありますけれども、なんとかしてその人たちのお助けになりたい。こういうわけで、その貧民窟に住んだわけであります。自分も弱い体を持ちながら、また、財産も何にもない。けれども、こういう人たちを、慰め、また祈りを持って、その人たちを少しでも、愛のお助けができたらば、と。こういうような思いで、そこに入ったわけであります。病身でありますから、普通であれば、もう静かな寝床におって、また、栄養物を取って、本当に、良いお医者さんにみていただいて、療養をするわけでありますけれども、全然それと反対な貧民部落に入って、そして、悩んでいる人のために愛の手を差し伸べたいと、こういう思いでそこに入ってまいりました。

自分が二、三年の命。一生懸命でこの人たちのために尽くしていきたいと、こう思って、その生活に入ったのであります。けれども神様はお恵みくださいまして、二、三年という命を続けてくださいました。賀川はそこに、自分も力もない。また、財政もない。そういう身でありながら、やはり何か愛の業をしたい、とこういうわけで、そこに入って仕事をしておりました。またそこには神様の恵みがあって、そういうことのためにお使いなさい、とこう言って、宝を捧げてくださる方々がある。もう深い感謝で、そういう人たちが、やはり恵みを受けるように、神様が導いていてくださる。こういうことを思いまして、自分の二、三年の寿命をそこでもう尽くそうと、こう決心して入りました。その貧民窟の生活が、やはり神様のお守りの内に、彼はよく考えまして、七二歳にまで寿命をいただいたわけでありますが、七〇歳越してからもよくそれを口にいたしました。もう自分の命は、二一、二の時に二、三年しかない、と医者はそういう風に宣言をしてたが、恵みによって、七二歳越して、まだ自分はこの地上の生活ができている。ありがたいことだと、こういうようによく申しておりましたけれども、本当にそのように、随分金もないし、肉体も弱いししますけれども、そこに神様のお恵み、深いお導きをいただいて、七二歳まで寿命を続けたわけであります。こうした神様の尊いお恵みを思いまして、私どもは非常な感謝を持って生活したわけでございます。

今日、この都民福音学校がありまして、これはまことに幸いなことだと思うわけであります。神様の恵みによって悔い改めて、神様につける信仰生活を許されておるというような、なお多くの人がこの恵みに与らなければならない。こういう風に思います時に、やはりそこに良い導きがなければならない。

都民福音学校が、本当にありますことは、ありがたいことと思う次第でございます。信仰生活をして、多くに人にこの恵みを証したい。神学校に入るといっても、それはなかなか大変で、自分の仕事をやめて、神学校へ入る。その間に、長い月日も経なければなりませんし、そういうことはなかなか難しい時に、都民福音学校がありまして、こういうところで、聖書によっての知識を得て、また、伝道の方法も教えられ、本当に良き訓練をされて、自分の証を十分にして、多くの人々を救いに導くという仕事をできますことは、本当に幸いなことであると思うわけであります。

こうして、どうか私どものこの社会が、本当に神様の恵みによって、清められ、強められ、そしてお互いが愛の業をなして生活をしてゆきたいと思うわけであります。こういうような都民福音学校ができてありますことは、大きな喜びであります。お互いに信仰をいただいて、ますます、こうしたお仕事が成長し、発展して、すべての人が神の恵みの内に、喜びを持って、感謝を持って、愛の業をしつつ生活をしてまいりたいと思うわけでございます。

私も本当に、考えてみますと、信仰を持つに、色々間違った道を踏んでまいりましたけれども、こうした者をも神様はお救いくださいまして、神の恵みの本当に行き届いたこの愛の業に感謝を持ち、またいささかでもそういう方々のために、福音の宣伝のお手伝いができれば幸せだとそう思っております。

そうしたことで、お互いが信仰の証をして、また多くの人々が救いに導かれるように、心掛けてゆきたいと思うわけでございます。まあ、賀川豊彦もそういうような思いの内に、貧民窟の生活を続けてまいりましたが、医者は、もう二二、三であんたの命はない、と言われたような悲しい宣言も受けたわけでありましたけれども、七〇歳以上まで命を与えられまして、貧民窟の生活をし、そしてまた導かれて色々の業を尽くしてゆくことができました。本当に大きな恵みであることを、感謝しておる次第でございます。お互いが本当に神様の恵みがあるところに、喜びを持ち、感謝を持ち、色々の困難にも打ち勝ってゆけることを、私は深く思います。私どもが貧民窟の生活をいたしておりましても、自分には力が何にもない。財力もない。こういう人をこういう風にお助けしたいと思っても、そういうことがなかなか与えられないのでありますけれども、そこにまた神様の深いお恵みがあって、思いがけない色々の賜物をいただいて、賀川も二二、三でだめだ、と、人生終わりだというような宣言も受けましたけれども、七〇歳以上まで命をいただいて、まあ色々と仕事ができてまいりましたことは、大きな神様のお恵みであることを思うわけでございます。お互いがこうしたことを思いまして、力を尽くして、神様の御心が地上に十分ゆきわたりますように、お互い信仰生活が与えられております私どもがともどもに励んで、そうしたことを待ち望んで、尽くしてまいりたいと思うわけでございます。

行き届きませせん言葉を持ちまして、一言申し上げました。ごめんください。

■注

1　テキスト化にあたり、音声として含まれていた「まあ」「えー」等の間投詞は削除した。音飛び等によって聞き取りが困難な部分については「?」として記した。句読点の位置や段落は、筆者の判断による。漢字の確定が困難な個人名についてはカタカナで表記した。

2　一九六七（昭和四二）年一〇月九日ハルの日記（『賀川ハル史料集』第三巻、三二二頁）に、「シカゴイエスの友メンバーが説教（賀川ハル）を録音して送られたいと申込まれ、それを用意する。三八年一二．二九日松沢教会での説教をテープに入れる」と記されているが、その節の録音と思われる。

3　井上伊之助（一八八二（明治一五）―一九六六（昭和四一））は、日本出身の台湾宣教師。

三、年表・家系図

賀川ハル略年表

ハルの詳細な年表は『わが妻恋し――賀川豊彦の妻ハルの生涯』や『賀川ハル史料集』に掲載されている。これらの年表を参考に、ここでは本書に関連の深い事項を中心に選び、編集・加筆した。

年月日・年齢	居住地	家族	活動
1888（明治21）年	横須賀	父・芝房吉、母・ムラ。	3月16日　誕生。
1894（明治27）年　6歳			尋常高等横須賀小学校入学（1899（明治32）年に豊島尋常高等小学校に転校）。
1896（明治29）年　8歳		1月　妹・フミ誕生。	
1898（明治31）年　10歳		5月　妹・ヤヘ誕生。	
1902（明治35）年　14歳	東京・横浜	2月　妹・ウタ誕生。	豊島尋常高等小学校卒業。 春　女中奉公に出る（1903（明治36）年春まで）。父の勤務に伴い、横浜に転居。
1904（明治37）年　16歳	神戸		5月　父の転勤に伴い、神戸に転居。10月　福音印刷合資会社に女工として就職（1913（大正2）年3月退職）。

1908（明治41）年	20歳	浦賀		夏　母方の養女になるが、父の病気のため約1年で神戸に戻る。
1909（明治42）年	21歳	神戸	秋　伯母・村岡はな永眠。	秋、伯母・村岡はなが永眠し、神の愛と苦しみとの問題に葛藤する。その後、賀川豊彦と出会い、キリスト教信仰を持つと同時に、スラム活動に参加するようになる。
1912（大正元）年	24歳			12月21日　キリスト教の洗礼を受ける。
1913（大正2）年	25歳		5月27日　賀川豊彦と結婚。	スラム内に居住して活動をする。
1914（大正3）年	26歳	横浜		9月　共立女子神学校入学。
1917（大正6）年	29歳	神戸	2月　妹・フミ永眠。	6月　共立女子神学校卒業。スラム活動を再開。市民社会活動の場が広がり、晩年まで活動を継続する。
1920（大正9）年	32歳			5月『貧民窟物語』（福永書店）出版。
1921（大正10）年	33歳			3月　覚醒婦人協会設立（機関誌『覚醒婦人』は1923年8月発行が最後となる）。
1922（大正11）年	34歳		12月　長男・純基出産。	
1923（大正12）年	35歳			4月『女中奉公と女工生活』（福永書店）出版。 10月　関東大震災救援活動のため、東京に転居。
1924（大正13）年	36歳	松沢	4月　長女・千代子出産。	

１９２５（大正１４）年　３７歳			１０月　兵庫県・瓦木に転居。
１９２６（大正１５）年　３８歳	瓦木		
１９２９（昭和４）年　４１歳	松沢	６月　次女・梅子出産。	１１月　東京・松沢に転居。
１９３１（昭和６）年　４３歳			９月〜１１月『読売新聞』身の上相談欄「悩める女性へ」回答担当（２８回）。
１９４０（昭和１５）年　５２歳		姪（豊彦の弟・喜敬の娘）シゲが賀川一家と共に暮らし始める。	
１９４７（昭和２２）年　５９歳			４月『太陽地に落ちず』（福音書房）出版。１０月『月　汝を害はず』（福音書房）出版。
１９５５（昭和３０）年　６７歳		１２月　母・ムラ永眠。	４月〜８月　アメリカ伝道講演旅行。
１９６０（昭和３５）年　７２歳		４月　豊彦永眠。	
１９６５（昭和４０）年　７７歳			１〜２月　アメリカ旅行。
１９７４（昭和４９）年　８６歳		１月　妹・ヤヘ永眠。	
１９８１（昭和５６）年　９３歳			１０月　東京都「名誉都民」称号を授与される。
１９８２（昭和５７）年　９４歳			５月５日　永眠。

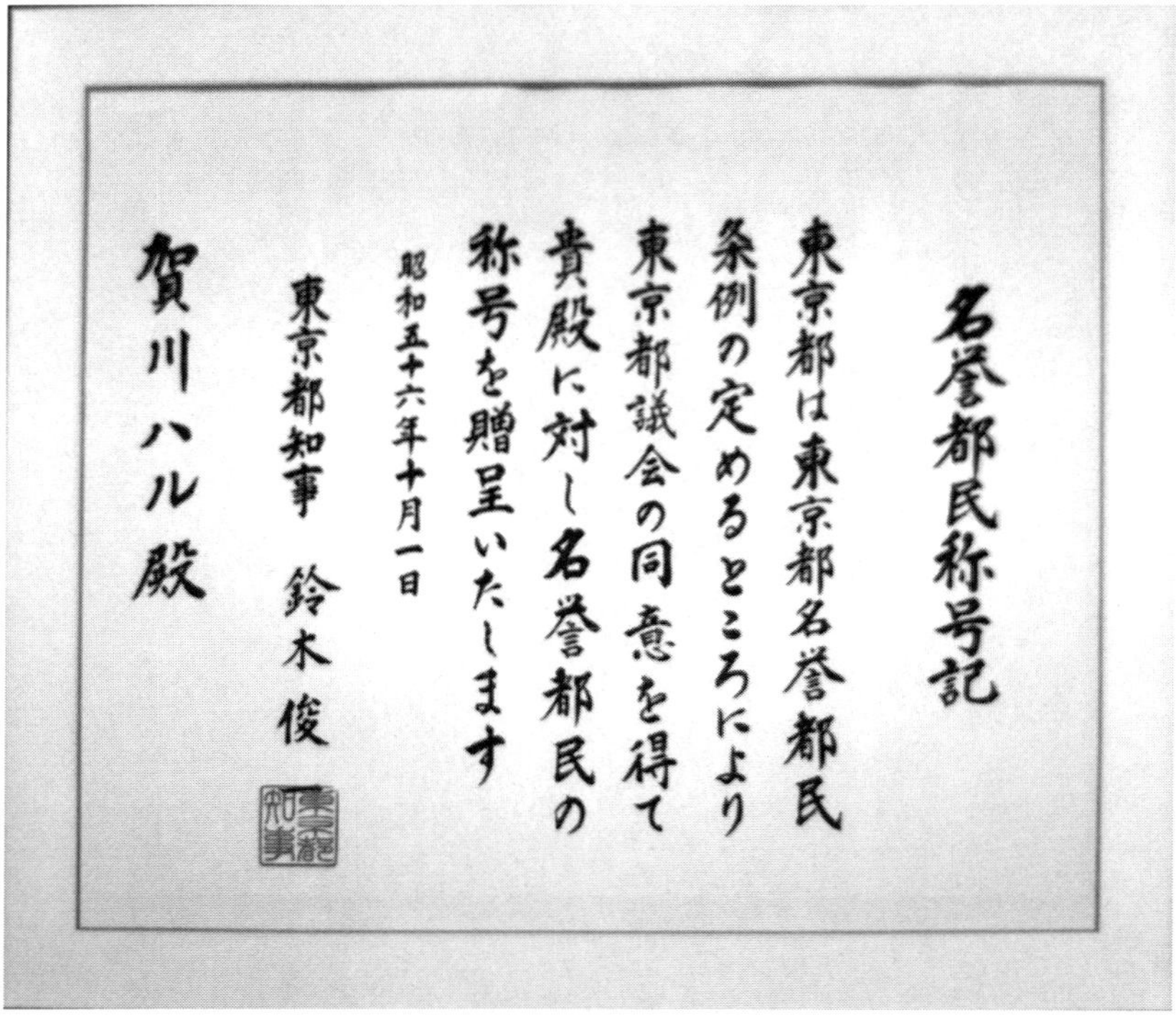

写真15　名誉都民称号記（松沢資料館所蔵）

家系図

詳細な家系図は「芝家・鈴木家家系図（1991年　賀川豊彦記念・松沢資料館制作）として『わが妻恋し――賀川豊彦の妻ハルの生涯』や『賀川ハル史料集』にも掲載されている。ここでは、本書に登場する人物を中心にハルの家族関係を編集加筆した。

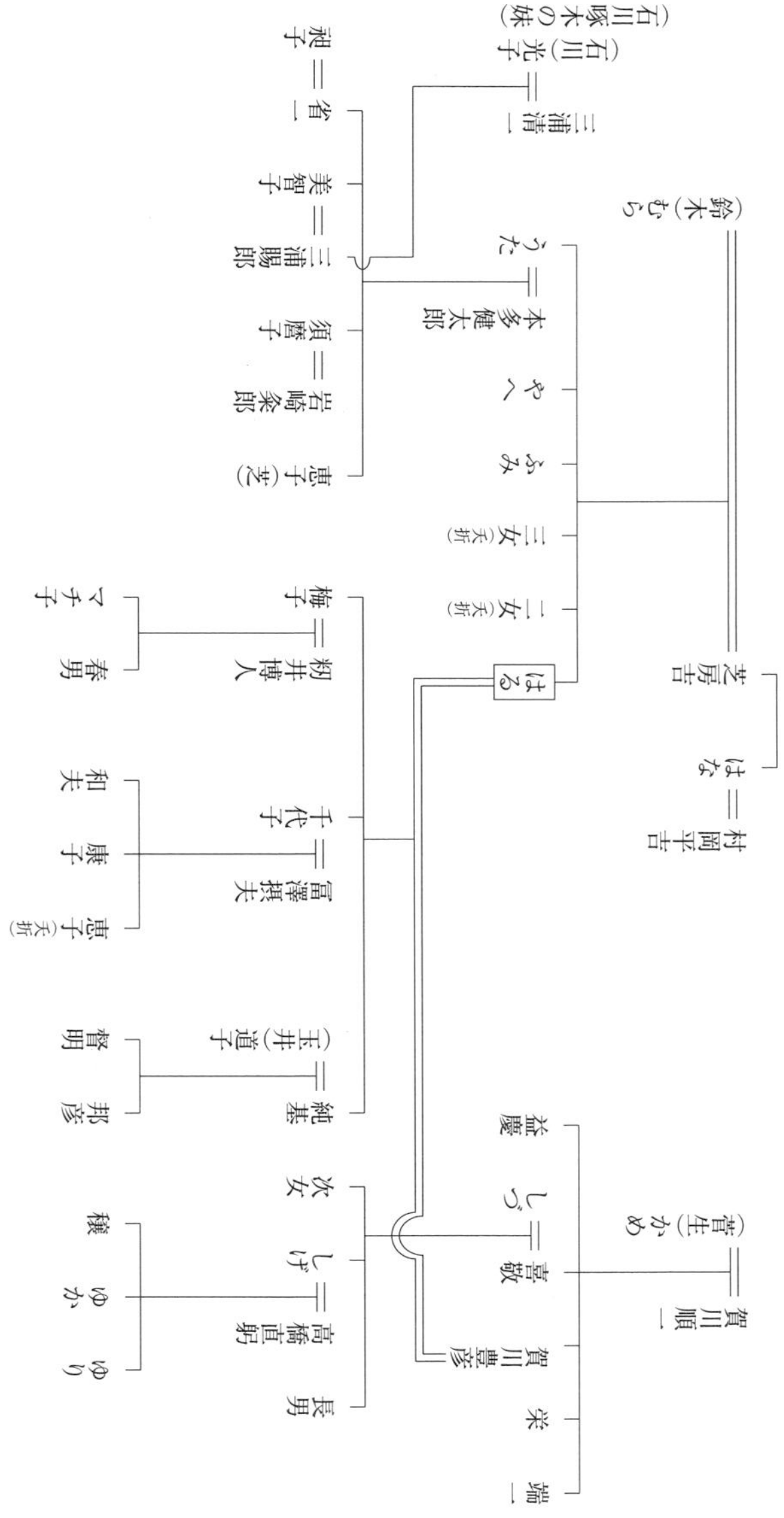

四．主なハル関連参考資料

賀川ハル関連

〈一次資料〉

○資料集

・三原容子編『賀川ハル史料集』第一巻、緑蔭書房、二〇〇九年

・三原容子編『賀川ハル史料集』第二巻、緑蔭書房、二〇〇九年

・三原容子編『賀川ハル史料集』第三巻、緑蔭書房、二〇〇九年

○新聞記事

・『読売新聞』「婦人ページ」の「悩める女性へ」の回答欄にて一九三一（昭和六）年九月九日から一一月一三日に合計二八回掲載

（昭和六年九月九日、一五日、一七日、一九日、二二日、二三日、二五日、二八日、三〇日、一〇月二日、五日、八日、九日、一二日、一四日、一六日、一九日、二一日、二三日、二六日、二七日、二九日、一一月二日、四日、六日、九日、一一日、一三日）

○音声資料（賀川豊彦記念松沢資料館所蔵）

・「松沢教会礼拝説教」一九六三（昭和三八）年一二月二九日

・「賀川豊彦生誕七六周年」雲柱社理事長として挨拶（一九六四（昭和三九）年か？）

・「愛は寛容である」説教日時・場所は不明（説教内容より、一九六六（昭和四一）年（井上伊之助氏の晩年）以前と推定）

・「賀川ハル　大宅荘一　対談」一九六六（昭和四一）年、NHKにて
・「女子大社会事研メンバーと語るハル先生」一九七五（昭和五〇）年四月一八日
・「賀川ハル説教」一九七八（昭和五三）年六月二六日（ハル九〇歳）
・ルーテルアワー　インタビュー

○日本基督教団松沢教会　所蔵資料

月報
・七号　「罪」賀川春子　一九三一年一二月
・二四号「福音の証人」賀川春子　一九三三年五月
・第一巻「感謝を持て」賀川春子　一九五〇年二月
・第二巻「信仰と生活」賀川春子　一九五四年九月
・第三巻「訪問に励み度い年」賀川春子　一九五六年一月
「教会の廿五周年によせて」賀川（籾井）梅子　一九五六年六月
「せいなるかな」賀川純基　一九五六年八月
「子供の質問」賀川（籾井）梅子　一九五七年三月
・第四巻「ジュニーバより」賀川（籾井）梅子　一九五九年一〇月
「新年に憶う」賀川春子　一九六〇年一月
「あいさつ」賀川純基　一九六〇年五月
・第五巻「恩寵を顧みて」賀川はる　一九六一年五月
「賀川先生召天一周年記念講演」深田種嗣　一九六一年七月

・第六巻「愚かでない賢い人」賀川ハル　一九六四年一月
「ボクのグループ　私のグループ」賀川ハル　一九六四年九月
・第七巻「信者の群れを訪ねて」賀川ハル　一九六六年四月
「信仰の友を訪ねて（九三）賀川梅子」　牧野仲造　一九六七年二月
「東南アジアを旅行して」籾井梅子　一九六八年四月
「バージニア州アーリントンより」籾井梅子　一九六八年八月
・第八巻「教会創立四〇周年に際して」賀川ハル　一九七一年五月
「賀川益慶兄略歴」竹内良雄　一九七一年九月
「北米・ミネソタ州より」冨澤康子　一九七三年六月
・第九巻「スリランカの籾井梅子姉からのお便り」籾井（賀川）梅子　一九七四年六月
「夫賀川豊彦を語る」賀川ハル　一九七五年四月
「賀川ハル先生の遍歴」牧野仲造　一九七五年五月
「おめでとう！米寿賀川ハル姉」一九七六年三月
「妻恋歌」賀川豊彦　一九七六年三月
「セイロンに遣わされて」籾井梅子　一九七六年八月
・第一〇巻「賀川ハル先生を偲んで「ママさん」の思いで」牧野テル子　一九八二年九月
「賀川ハル先生を偲んで　半世紀の思い出」佐竹千歳　一九八二年九月
「日系教会に遣わされて」籾井梅子　一九八四年一〇月
・第一一巻「海の向こうから」籾井梅子　一九八六年六月
「天国にある人々　賀川近姉」一九九〇年一二月

「松沢教会と私」賀川純基　一九九一年一〇月
・第一二巻「賀川ハル姉を偲ぶ」牧野仲造　一九九二年六月
「牧野仲造さんを偲んで」賀川純基　一九九七年一月
・第一四巻「父、賀川豊彦を語る」冨澤千代子　二〇〇六年一二月
「天国にある人々　高橋しげ姉」二〇〇九年四月
「神様が遣わせて下さった人（一）賀川豊彦先生・ハル夫人」小川渉三　二〇〇九年七月
「神様が遣わせて下さった人（二）賀川純基督兄」小川渉三　二〇〇九年一二月

その他
・『のぞみ別冊　平和への祈り　私の戦争体験』二〇〇八年一〇月
・日本基督教団松沢教会『松沢教会と私　創立五十年を迎えて』日本基督教団松沢教会、一九八一年
・日本基督教団松沢教会『わが教会の生い立ち　松沢教会五十年史資料』（一九八二年？）
・牧野仲造『天国にある人びと』牧野仲造、一九八八年
・『日本キリスト教団松沢教会七〇周年記念誌』日本基督教団松沢教会、二〇〇二年
・創立八〇周年記念準備委員会編『松沢教会資料集　八〇年のあゆみ』日本基督教団松沢教会、二〇一二年

〈二次資料〉
・高見沢潤子「賀川はる」『二〇人の婦人たち』教文館、一九六九年、三〇九―三一四頁
・前田ケイ「賀川ハル」、五味百合子編『社会事業に生きた女性たち―その生涯としごと』ドメス出版、一九七三年、二一二―二三二頁

・佃寛夫編「人間愛の伝道者　賀川ハル」『神奈川の人物〈下巻〉』昭和書院、一九七三年、一四九―一六六頁
・「賀川ハル」『名誉都民小伝』東京都生活文化局コミュニティ文化部、一九八二年、三一―五四頁
・白石玲子「賀川ハル」『雲の柱』七号、賀川豊彦記念松沢資料館、一九八八年、一六三―一七八頁
・加藤重『わが妻恋し―賀川豊彦の妻ハルの生涯』晩聲社、一九九九年
・三原容子「愛妻　ハルの幸い、社会の幸い」『ともに生きる―賀川豊彦献身一〇〇年記念事業の軌跡』家の光協会、二〇一〇年、七六―八七頁
・三原容子「賀川ハルの幸福な生涯に学ぶ私たちの生き方―絶望してしまいそうな社会の中で―」『東北学院大学紀要』三一号、東北学院大学基督教文化研究所、二〇一三年、四一―六二頁
・鍋谷由美子「賀川（芝）ハルをスラム街へと動かした原動力とは」『雲の柱』二八号、賀川豊彦記念松沢資料館、二〇一四年、六一―八二頁
・鍋谷由美子『賀川ハルものがたり』日本キリスト教団出版局、二〇一四年

〈初出一覧〉
・第一部　第一章　第六節「賀川豊彦・ハル夫妻書簡における意義」『キリストと世界』第二八号、東京基督教大学、二〇一八年
・第一部　第二章　第二節　第二項「賀川ハル（一八八八―一九八二）におけるイエス観――共に歩む人格的存在者として」『賀川豊彦論叢』第二四号、賀川豊彦学会、二〇一六年
・第一部　第三章　第一節、第二節「賀川ハル（一八八八―一九八二）における女性観――家庭と市民社会における女性の役割」『キリストと世界』第二六号、東京基督教大学、二〇一六年
・第一部　第四章　第一節「賀川ハルにみる市民社会概念の変遷過程」『キリストと世界』第二七号、東京基督教大

学、二〇一七年

・第二部　第一章「『男女の協働』とキリスト教公共哲学——賀川ハルが覚醒婦人協会（一九二一—二三）において目指した婦人運動」『キリストと世界』第二五号、東京基督教大学、二〇一五年

五．地図・写真一覧

○地図　掲載頁

（一、二、六　筆者作成。三、四　賀川豊彦記念松沢資料館『雲の柱』より転載。五　賀川豊彦記念松沢資料館提供）

○写真　掲載頁

（1、2、3、4、6、8、10、11、12、13、15　賀川豊彦記念松沢資料館提供。5、14　筆者撮影。7　菅沼孝子氏提供。9　東京基督教大学提供。）

おわりに

本書は、二〇一七年に東京基督教大学大学院に提出した博士論文「賀川ハル研究――信仰・女性・市民社会」をもとに、修正・加筆を行ったものである。

出会い

博士論文としてハル研究に取り組む中で、多くの方々との良き出会いが与えられた。研究会などを通して少しずつお知り合いになる機会が与えられ、その方々がまた次の方を紹介してくださる、というようにその輪が広がっていった。賀川夫妻のお孫様、生前の賀川家と親しくしていた近所に住んでいた方、また賀川家の敷地に住んで大学に通っていた方、賀川夫妻と共に活動していた方や、その姿を見て育ったお子様方、賀川夫妻の立ち上げた松沢幼稚園で三〇年以上教諭として働いていた方、そして賀川ハル研究のきっかけとなった『賀川ハル史料集』を編纂された三原氏など、論文執筆が終わる頃には一五名の方にお目にかかって直接お話を伺うことができた。このような方々から、ハルの家庭での姿、教会での姿、また、活動団体の理事長としての姿など、文献を読んでいるだけでは知り得なかったハルの様々なエピソードをお聞きしているうちに、私は賀川夫妻には直接会ったことはないにもかかわらず、出会ったことがあるのではないかと錯覚さえするほど、賀川夫妻を身近に感じるようになった。

また、「現地を訪れるように」という助言をかつての恩師であり賀川研究者でもある黒川知文教授（元愛知教育大学）よりいただき、機会あるごとに関係地を訪問してきた。特に、賀川豊彦学会を通して出会った研究者の方々や松沢資料館副館長杉浦氏らと共に「踏査隊」と称して御殿場、岩手、新潟、豊橋、本所周辺、上北沢周辺など賀川夫妻の関係各地を訪ね歩いたことは、楽しい思い出である。

これから

論文執筆を通して、今後さらに取り組むべき多くの課題も見えてきた。博士論文の執筆を始めたころは、博士論文を研究のゴールのように考えていたが、論文が終わりに近づくにつれ、この論文は研究のスタートであると思うようになった。研究を継続することを通して、私もハルのように、人々と共に生き、人々を生かすことを学んでいきたいと願っている。

謝辞

この度、二〇一七年度公益財団法人賀川事業団雲柱社「第二回出版助成」を受け、本書の刊行が実現した。賀川夫妻のスピリットを継承し、出版助成の制度の道を開いてくださった旧・松沢生活協同組合の皆様、また雲柱社の皆様に心より感謝申し上げたい。

研究にあたっては、共立基督教研究所共同研究助成（二〇一三年度）、平塚らいてう賞奨励賞（二〇一四年度）、共立基督教研究所個人研究助成（二〇一五年度）、上廣倫理財団研究助成（二〇一五年度、二〇一六年度）の各助成によって、研究が可能になったことにも、この場をお借りして、感謝を申し上げたい。

研究のために、惜しみなく関連資料をご提供くださった松沢資料館副館長杉浦秀典氏を始め資料館の皆様、日本基督教団松沢教会の関係者の皆様にも感謝申し上げたい。豊彦・ハル書簡のテキスト化に当たっては、杉浦秀典氏をはじめ、東京基督教大学大学院・山口陽一教授、共立基督教研究所・高橋伸幸氏、日本キリスト改革派勝田台教会・遠山佳枝氏からも多くの助言をいただいた。この場をお借りして御礼を申し上げる。また、出版を引き受けて下さった不二出版の細田哲史氏、編集の労を執って下さった仲村悠史氏、校正を担当していただいた加藤明子氏、本書デザイン等を行っていただいた藤原印刷の皆様にも感謝を申し上げる。賀川夫妻は、大きな戦争の時代を生き、その生涯を通して世界の平和を願い続けた。表紙を飾る、大空に羽ばたくオリーブをくわえた平和の象徴である鳩は、賀川夫妻の祈りを表している。また、多くの時間を割き、忍耐強く対話をしてきてくださった学部生時代からの恩師であり博士論文主指導教官でもある稲垣久和教授（東京基督教大学大学院）を始め、東京基督教大学大学院の先生方、そして大学院の実務を担い励ましの声をかけてくださった職員の方々に感謝を申し上げたい。さらに、快くインタビューを引き受け賀川夫妻の思い出を語ってくださった皆様、研究会の場などで適切な助言をくださった研究者の方々に、そして一番身近で研究を応援し、祈り、支え続けてくれた家族に心からの感謝を伝えたい。最後に、ハルとの出会いを与え、この研究を導いてくださった神に感謝を捧げる。

二〇一八年八月　平和を願い続けた賀川夫妻の祈りに心を合わせつつ

さ行

な行

は行

索　引

あ行

か行

【著者略歴】

岩田 三枝子（いわた　みえこ）
1975年生まれ。東京基督教大学神学部卒業。東京基督神学校（M.Div.）、Calvin Theological Seminary（Th.M.）、Institute for Christian Studies（Master of Worldview Studies）、東京基督教大学大学院神学研究科神学専攻博士後期課程修了。博士（神学）。
「大正期における婦人運動――覚醒婦人協会と賀川ハルを中心に」により、第10回平塚らいてう賞奨励賞受賞。
現在　東京基督教大学神学部准教授。
共訳書　R・マウ『アブラハム・カイパー入門―キリスト教世界観・人生観への手引き―』（教文館、2012年）、アリスター・マクグラス『キリスト教の霊性』（教文館、2006年）ほかがある。

評伝 賀川ハル ―賀川豊彦とともに、人々とともに―

2018年9月15日　初版第一刷発行
定価（本体5,800円＋税）

著　者　岩田三枝子
発行者　小林淳子
発行所　不二出版株式会社
〒112-0005　東京都文京区水道2-10-10
電話03-5981-6704　振替00160・2・94084
印刷・製本所　藤原印刷

Printed in Japan　ISBN 978-4-8350-8250-9